Ursachen der persistenten Produktivitätsunterschiede
zwischen den westdeutschen Bundesländern

Hohenheimer Volkswirtschaftliche Schriften

Band 70

PL ACADEMIC RESEARCH

Nicole Waidlein

Ursachen der persistenten Produktivitäts-unterschiede zwischen den westdeutschen Bundesländern

Eine empirische Analyse für den Zeitraum von 1950 bis 1990

PL ACADEMIC RESEARCH

Bibliografische Information der Deutschen Nationalbibliothek
Die Deutsche Nationalbibliothek verzeichnet diese Publikation in der Deutschen Nationalbibliografie; detaillierte bibliografische Daten sind im Internet über http://dnb.d-nb.de abrufbar.

Zugl.: Hohenheim, Univ., Diss., 2012

Gedruckt auf alterungsbeständigem,
säurefreiem Papier.

D 100
ISSN 0721-3085
ISBN 978-3-631-64101-9

Internationaler Verlag der Wissenschaften
Frankfurt am Main 2013

PL Academic Research ist ein Imprint der Peter Lang GmbH.

Peter Lang – Frankfurt am Main · Bern · Bruxelles · New York · Oxford · Warszawa · Wien

www.peterlang.de

Für Lientje & Stina

Danksagung

Die vorliegende Dissertation entstand am Lehrstuhl für Wirtschafts- und Sozialgeschichte mit Agrargeschichte der Universität Hohenheim. Meinem verehrten Doktorvater Prof. Dr. Jochen Streb bin ich zu größtem Dank verpflichtet, da er mir nicht nur stets mit Rat und Anregungen beiseite stand, sondern mir auch den Freiraum und die Unterstützung gegeben hat mit zwei kleinen Kindern meine Dissertation zu vollenden. Ich bin zudem Prof. Dr. Andreas Kleine für seine Hilfe bei der Berechnung des Malmquist-Index sehr dankbar. Darüber hinaus möchte ich Prof. Dr. Harald Hagemann für seine Tätigkeit als Zweitgutachter und seine Anregungen sehr danken. Ebenso möchte ich meinen Eltern großen Dank äußern, die mich während meiner gesamten Ausbildung stets unterstützt haben. Von Herzen möchte ich schließlich meinem Mann Steffen danken, der mir zu jeder Zeit den größten Rückhalt gegeben hat.

Stuttgart, den 31. Januar 2013 Nicole Waidlein

Inhaltsverzeichnis

Abbildungsverzeichnis

Tabellenverzeichnis

Abkürzungsverzeichnis

BB	Bergbau
BIP	Bruttoinlandsprodukt
BRD	Bundesrepublik Deutschland
BW	Baden-Württemberg
BA	Bayern
BE	Berlin
DEA	Data Envelopment Analyse
FE	Fixer Effekt
GG	Grundgesetz
GK$	Geary-Khamis Dollar
GP	Grundstoff- und Produktionsgütergewerbe
HB	Bremen
HE	Hessen
HH	Hamburg
IG	Investitionsgüter produzierendes Gewerbe
NG	Nahrungs- und Genussmittelgewerbe
NS	Niedersachsen
NRW	Nordrhein-Westfalen
PCSE	Panel Corrected Standard Errors
PISA	Programme for International Student Assessment
RE	Random Effekt
RP	Rheinland-Pfalz
SA	Saarland
SH	Schleswig-Holstein
TFP	Totale Faktorproduktivität
TSCS	Time-Series Cross-Section
VarK	Variationskoeffizient
VG	Verbrauchsgüter produzierendes Gewerbe
VI	Verarbeitendes Gewerbe
WVS	World Value Survey

1 Problemstellung: Beständige Einkommensunterschiede der westdeutschen Bundesländer

1.1 Motivation und Fragestellung

Die Konvergenz-Hypothese besagt, dass wirtschaftlich rückständige Länder die Möglichkeit haben zu einem Produktivitätsführer aufzuschließen, wodurch sich unterschiedliche Länder in ihrem Lebensstandard angleichen. Die westdeutschen Bundesländer als Teil eines vergleichsweise homogenen Landes gleichen sich in ihrer Produktionstechnologie, Humankapitalausstattung und Wirtschaftsstruktur deutlich mehr als unterschiedliche Nationen, weshalb sie ein besonders hohes Potenzial zur Konvergenz besitzen. Jedoch weisen die deutschen Bundesländer – entgegen der Vorhersage der Konvergenz-Hypothese – bis heute nicht zu vernachlässigende Unterschiede in ihrem Lebensstandard auf. Diese Unterschiede bestehen nicht nur zwischen Ost- und Westdeutschland, sondern auch zwischen dem Norden und Süden des Landes. Diese Beobachtung kann mit Hilfe des Bruttoinlandsproduktes je Einwohner verdeutlicht werden.[1]

Bereits 1990, dem Jahr der deutschen Wiedervereinigung, lagen vergleichsweise große Unterschiede im Niveau der Pro-Kopf-Einkommen gemessen mit Hilfe des Bruttoinlandsproduktes je Einwohner in den westdeutschen Bundesländern vor. Diese Einkommensunterschiede sind bis heute bestehen geblieben, wie die Angaben aus 2010 verdeutlichen.

Hamburg besaß 1990 und ebenso 2010 das höchste Pro-Kopf-Einkommen unter den westdeutschen Bundesländern. Zur Verdeutlichung der relativen Unterschiede wurden die Pro-Kopf-Einkommen der übrigen Länder ins Verhältnis zu Hamburg (HH = 100) gesetzt. Das zweithöchste Pro-Kopf-Einfkommen erreichte Bremen mit 80 Prozent des Pro-Kopf-Einkommens von Hamburg. Im Jahr 1990 folgten Hessen mit 72 Prozent, Baden-Württemberg mit 71 Prozent und Berlin mit ebenfalls 71 Prozent des hamburgischen Pro-Kopf-Einkommens. An diese Spitzengruppe schlossen sich Bayern (68 Prozent), Nordrhein-Westfalen (64 Prozent) und Rheinland-Pfalz (59 Prozent) an. Die Schlusslichter bildeten das Saarland und Schleswig-Holstein mit jeweils 58 Prozent sowie Niedersachsen mit 56 Prozent des Pro-Kopf-Einkommens von Hamburg. Ein Blick auf das Jahr 2010 zeigt, dass die Unterschiede zwischen den westdeutschen Bundesländern in

1 Das Bruttoinlandsprodukt wird nach dem Inlandskonzept berechnet, demnach hat beispielsweise der Stadtstaat Hamburg mit den dort ansässigen Firmenzentralen ein vergleichsweise hohes Bruttoinlandsprodukt und Schleswig-Holstein als direkter Nachbar eine relativ niedrige Wirtschaftsleistung.

Tabelle 1 BIP je Einwohner der Bundesländer in Euro, 1990 und 2010

Bundesland	1990		2010	
	BIP/Kopf	HH=100	BIP/Kopf	HH=100
Baden-Württemberg	22.251	71	33.651	68
Bayern	21.102	68	35.337	71
Berlin	22.099	71	27.499	55
Bremen	24.885	80	42.046	85
Hamburg	31.232	100	49.638	100
Hessen	22.572	72	37.101	75
Niedersachsen	17.371	56	26.974	54
Nordrhein-Westfalen	19.937	64	30.421	61
Rheinland-Pfalz	18.368	59	26.861	54
Saarland	18.027	58	29.472	59
Schleswig-Holstein	18.032	58	26.712	54

Quelle: Eigene Berechnungen auf Basis von Statistische Ämter des Bundes und der Länder (2011), Volkswirtschaftliche Gesamtrechnung der Länder, in: http://www.vgrdl.de/Arbeitskreis_VGR/tbls/WZ2003tab01.asp.

den letzten 20 Jahren weiter zugenommen haben. 2010 erreichten Niedersachsen, Rheinland-Pfalz und Schleswig-Holstein lediglich ein Niveau von 54 Prozent des Pro-Kopf-Einkommens von Hamburg. Werden die Stadtstaaten aufgrund ihrer strukturellen Besonderheiten[2] ausgeklammert und lediglich die Flächenstaaten betrachtet, dann besaß 1990 Hessen das höchste Pro-Kopf-Einkommen. Im Vergleich dazu verfügte Schleswig-Holstein über 80 Prozent des hessischen BIP pro Kopf. 2010 hatte ebenfalls Hessen das höchste Pro-Kopf-Einkommen unter den Flächenstaaten inne. Der Abstand zu Schleswig-Holstein, das über 72 Prozent des hessischen Pro-Kopf-Einkommens verfügte, hat sich somit vergrößert.

Zusätzlich verdeutlichen die Arbeitslosenquoten der Bundesländer, dass in den süddeutschen Ländern im Jahr der Wiedervereinigung eine günstigere ökonomische Situation als in den übrigen Regionen der BRD herrschte. Zum Vergleich sind ebenfalls Werte für das Jahr 2011 aufgeführt. Demnach besaßen 1990 Baden-Württemberg und Bayern mit 4,1 und 5,1 Prozent die niedrigsten Arbeitslosenquoten unter den westdeutschen Bundesländern. An dieser Situation hat sich auch 2011 nichts geändert.

2 Vgl. hierzu Abschnitt 4.1 in dieser Untersuchung.

Tabelle 2 Arbeitslosenquote bezogen auf die abhängigen zivilen Erwerbspersonen der Bundesländer in Prozent, 1990 und 2011

Bundesland	1990	2011
Baden-Württemberg	4,1	4,5
Bayern	5,1	4,3
Berlin	9,4	15,5
Bremen	13,5	12,7
Hamburg	10,5	9,0
Hessen	5,7	6,6
Niedersachsen	9,4	7,6
Nordrhein-Westfalen	9,0	8,9
Rheinland-Pfalz	6,3	5,9
Saarland	9,7	7,4
Schleswig-Holstein	8,7	8,2

Quelle: Siehe auch Tabelle 63 im Anhang sowie Statistik der Bundesagentur für Arbeit (2011), Arbeitslosigkeit im Zeitverlauf, Nürnberg.

Aus diesen Beobachtungen ergeben sich drei entscheidende Fragen:

1. Seit wann existieren diese persistenten Unterschiede in den Pro-Kopf-Einkommen der westdeutschen Bundesländer?
2. Ist es in der Vergangenheit zu einer Angleichung der Pro-Kopf-Einkommen zwischen den Bundesländern gekommen?
3. Welche Faktoren determinieren das langfristige Wirtschaftswachstum auf Bundesländerebene?

Die folgende Analyse wird sich dabei auf den Beobachtungszeitraum von 1950 bis 1990 konzentrieren, da für die Zeit vor 1950 die Datenlage auf Bundesländerebene ungenügend ist und nach 1990 eine Konsistenz der Daten aufgrund der deutschen Wiedervereinigung nicht mehr gewährleistet ist. Es werden die 11 westdeutschen Bundesländer (Baden-Württemberg, Bayern, Berlin, Bremen, Hamburg, Hessen, Niedersachsen, Nordrhein-Westfalen, Rheinland-Pfalz, Saarland sowie Schleswig-Holstein) in die Analyse mit einbezogen. Auf die Besonderheiten der Stadtstaaten Berlin, Bremen und Hamburg wird an den entsprechenden Stellen in dieser Arbeit hingewiesen.

Die Frage hinsichtlich einer Angleichung der Lebensverhältnisse der westdeutschen Bundesländer spielt seit den Anfängen der BRD eine wichtige Rolle. Deshalb wurde bereits 1950 der Länderfinanzausgleich als Ausgleichsmechanismus eingeführt, bei dem die finanzstarken Bundesländer die finanzschwachen unterstützen. Das Ziel des Länderfinanzausgleichs findet sich im Art. 107 Abs. 2 Grundgesetz (GG):

„Durch das Gesetz ist sicherzustellen, dass die unterschiedliche Finanzkraft der Länder angemessen ausgeglichen wird […]"

Zwar wird von einem Ausgleich der Finanzkraft und nicht der Lebensverhältnisse gesprochen, jedoch ergibt sich die Finanzkraft eines Landes aus dessen Steueraufkommen, das sich wiederum größtenteils aus dem gesamtwirtschaftlichen Output des Bundeslandes ergibt. Der Ausgleich der Finanzkraftunterschiede erfolgt dabei auf drei Wegen. Auf einem ersten Weg soll der Ausgleich durch eine gewichtete Verteilung der Umsatzsteuer geschehen. Als weiterer Ausgleich dient der Finanzausgleich zwischen den Ländern. Schließlich übernimmt der Bund die sogenannten Bundesergänzungszuweisungen an leistungsschwache Bundesländer. Im Rahmen des Länderfinanzausgleichs erhalten finanzschwache Bundesländer von finanzstarken Bundesländern Ausgleichszahlungen.[3] Hierdurch kommt es zu einer deutlichen Verringerung der Finanzkraftunterschiede. Ein Bundesland, das beispielsweise 70 Prozent unter der durchschnittlichen Finanzkraft je Einwohner liegt, erreicht nach dem Länderfinanzausgleich 91 Prozent. Erhält dieses Land zusätzlich Bundesergänzungszuweisungen liegt die Finanzkraft je Einwohner schließlich bei 97,5 Prozent. Demgegenüber verringert sich die Finanzkraft je Einwohner bei einem finanzstarken Bundesland von beispielsweise 130 Prozent auf 109 Prozent.[4]

Fragwürdig bleibt, ob der Länderfinanzausgleich seine gewünschte Wirkung tatsächlich zeigt oder ob nicht doch die Gefahr des Moral Hazard überwiegt. Letzterem zufolge fehlt Empfängerländern der Anreiz, die erhaltenen finanziellen Mittel in Bereiche zu investieren, die langfristiges Wirtschaftswachstum ermöglichen, um schließlich selbst zu einem Geberland zu werden oder gar das Ende des Finanzausgleichs einläuten zu können. Werden aktuelle Zahlen zum Finanzausgleich betrachtet, dann zeigt sich, dass mittlerweile lediglich die vier Geberländer Baden-Württemberg mit 1,8 Mrd. Euro, Bayern mit 3,7 Mrd. Euro, Hessen mit 1,8 Mrd. Euro und Hamburg mit 62 Mio. Euro insgesamt 12 wirtschaftlich schwachen Bundesländern gegenüberstehen.

Anders als heute war das System im Betrachtungszeitraum noch vergleichsweise ausgeglichen. Die folgende Abbildung stellt die Entwicklung des horizontalen Länderfinanzausgleichs von 1950 bis 1990 zwischen den westdeutschen Bundesländern dar. Berlin wird erst seit 1995 zusammen mit den ostdeutschen Bundesländern in das System einbezogen. Zur besseren langfristigen Vergleichbarkeit wurden die Zahlungsströme zusätzlich in konstanten Preisen von 1995 berechnet.

3 Der Länderfinanzausgleich bemisst sich nach der Finanzkraft je Einwohner, die sich aus der Summe der Einnahmen und zu 64 Prozent aus der Summe der Einnahmen der Gemeinden ergibt. Die wichtigste Einnahmeart sind die Steuereinnahmen. Durch den Länderfinanzausgleich wird die Reihenfolge der Länder bezüglich ihrer Finanzkraft je Einwohner nicht verändert.

4 Vgl. Bundesministerium der Finanzen (o.A.), Der bundesstaatliche Finanzausgleich.

Abbildung 1 Horizontaler Länderfinanzausgleich von 1950 bis 1990 (in Preisen von 1995)

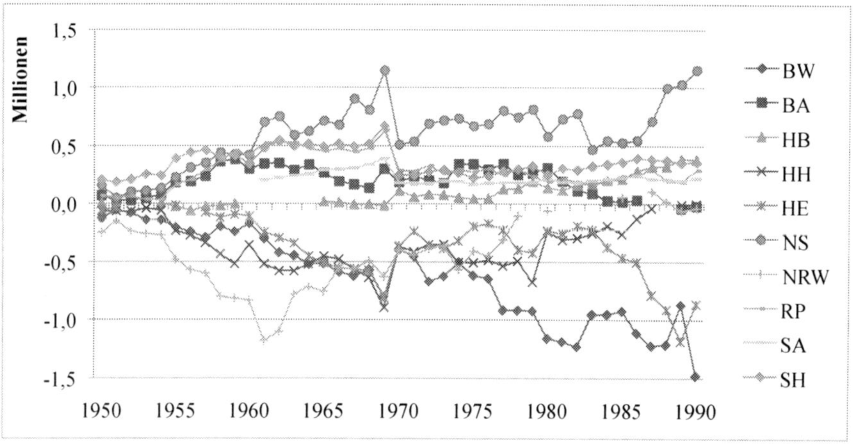

Quelle: Eigene Berechnungen auf Basis von Tabelle 62 im Anhang.

Im Betrachtungszeitraum standen den vier ständigen Geberländern Baden-Württemberg, Hamburg, Hessen und Nordrhein-Westfalen lediglich sechs Nehmerländern gegenüber. Zu diesen zählte damals auch Bayern. Zu Beginn des Finanzausgleichs Anfang der 1950er Jahre waren die Zahlungsströme vergleichsweise moderat. Aber bereits seit Mitte der 1950er Jahre entwickelten sich die Ausgleichsbeiträge und die Ausgleichszuweisungen immer weiter auseinander. Bis 1957 war Schleswig-Holstein Hauptnehmerland. Seitdem war Niedersachsen das Bundesland, das die höchsten Ausgleichszuweisungen erhielt. Auf der Seite der Geberländer leistete bis 1966 Nordrhein-Westfalen die höchsten Beiträge. Seit 1971 hat Baden-Württemberg diese Stellung übernommen. Aber auch Hessen zahlte einen immer größer werdenden Beitrag. Zum Ende des Betrachtungszeitraums waren Nordrhein-Westfalen und Hamburg auf dem Weg zu den Nehmerländern. Im Rahmen des Länderfinanzausgleichs hat es lediglich Bayern Ende der 1980er Jahre geschafft, zu einem Geberland zu werden.

Die Schere zwischen den wirtschaftlich erfolgreichen Ländern (vornehmlich im Süden) und den wirtschaftlich rückständigen Ländern hat sich in Westdeutschland trotz der Vorhersagen der Konvergenz-Hypothese und den unterstützenden Maßnahmen des Länderfinanzausgleichs nicht geschlossen. Demnach ist die Frage nach den Ursachen für diese beständigen Unterschiede in den Pro-Kopf-Einkommen der westdeutschen Bundesländer von entscheidender Bedeutung.

1.2 Aufbau der Arbeit

Zur Beantwortung der aufgekommenen Fragen, wird in dieser Untersuchung folgendermaßen vorgegangen. Im nachstehenden Kapitel 2 wird der theoretische Rahmen für diese Arbeit vorgestellt, der insbesondere jene Ansätze enthält, die in der Lage sind, die wirtschaftliche Entwicklung Westdeutschlands in der Nachkriegszeit zu erklären. Hierfür werden zum einen zwei Ansätze zur sogenannten Konvergenz-Hypothese vorgestellt, die auf Abramovitz (1986) sowie auf Solow (1956) zurückgehen. Diese Autoren haben die bedeutendsten Beiträge zu diesem Ansatz geliefert. In diesem Zusammenhang wird auch der Begriff der wirtschaftlichen Konvergenz eingeführt sowie die Maße der β- und σ-Konvergenz vorgestellt. Einen weiteren und teilweise konkurrierenden Erklärungsansatz stellt die Rekonstruktionstheorie dar, die insbesondere auf den ungarischen Ökonomen Jánossy (1966) und Werner Abelshauser (2004) zurückgeht.

Im Anschluss daran wird in Kapitel 3 ein Literaturüberblick über die empirische Konvergenzforschung gegeben. Dafür wird eine Unterteilung der Studien nach ihrer Untersuchungsebene vorgenommen. Zunächst werden solche Untersuchungen betrachtet, die die Konvergenz ganzer Länder analysiert haben. Anschließend werden Studien vorgestellt, die die Konvergenz von Regionen eines Landes oder mehrerer Länder untersucht haben. Im letzten Schritt werden Untersuchungen in Augenschein genommen, die sich ausschließlich mit deutschen Regionen befasst haben. Insgesamt ist die Literatur zur empirischen Konvergenzforschung äußerst umfangreich, weshalb hier vor allem die wichtigsten Studien vorgestellt werden.

Im 4. Kapitel werden die westdeutschen Bundesländer auf ihre wirtschaftliche Entwicklung und Konvergenz hin untersucht. In einem ersten Schritt wird eine Analyse der Startbedingungen im Jahr 1950 bezüglich der Pro-Kopf-Einkommen in den westdeutschen Bundesländern vorgenommen. Es stellt sich die Frage, ob Startunterschiede der Pro-Kopf-Einkommen zwischen den Bundesländern vorlagen und was die Gründe für diese Startunterschiede waren. Hierfür wird in Anlehnung an eine Cobb-Douglas Produktionsfunktion der jeweilige Einfluss des Kapitals, der Arbeit und des Produktivitätsniveaus auf die Höhe der Pro-Kopf-Einkommen der Bundesländer im Jahr 1950 bestimmt.

Danach wird ein Vergleich der Pro-Kopf-Einkommen sowie des Wachstums der Pro-Kopf-Einkommen in den Bundesländern im Zeitraum von 1950 bis 1990 vorgenommen und auf Konvergenz untersucht. In diesem Abschnitt wird auf die Frage geantwortet, ob es im Betrachtungszeitraum überhaupt zu einer Konvergenz der Pro-Kopf-Einkommen gekommen ist.

Im 5. Kapitel dieser Untersuchung wird auf Basis einer Cobb-Douglas Produktionsfunktion die Hauptdeterminante des Wirtschaftswachstums untersucht.

Das Produktivitätsniveau kann in theoretischer und empirischer Hinsicht als der entscheidende Motor für langfristiges Wirtschaftswachstum angesehen werden. In dieser Untersuchung werden zwei Methoden zur Bestimmung des Produktivitätsniveaus vorgestellt: das Level Accounting und die dynamische Data Envelopement Analysis (DEA). Im Zuge des Level Accountings wird die Produktivität der Bundesländer mit Hilfe der totalen Faktorproduktivität nach Solow (1956, 1957) bestimmt. Hierfür wird zum einen eine gemeinsame Produktionsfunktion für alle Bundesländer unterstellt und zum anderen jedem Bundesland eine eigene Produktionsfunktion zuerkannt. Anschließend wird der moderne Malmquist-Index als Ansatz der DEA insbesondere dazu verwendet, um die Robustheit der klassischen totalen Faktorproduktivität zu überprüfen. Zu beantworten bleibt die Frage, ob die unterschiedliche Entwicklung der Produktivität die ausbleibende Konvergenz der Pro-Kopf-Einkommen in den westdeutschen Bundesländern erklären kann.

Es schließt sich ein dritter und letzter Untersuchungsschritt in dieser Arbeit an. Hierbei soll insbesondere die folgende Frage beantwortet werden: Was waren die jeweiligen Ursachen für die bis Mitte der 1960er Jahre zu beobachtende Konvergenz der Produktivität und die ausbleibende Konvergenz im Anschluss daran?

Zur Beantwortung dieser Fragen werden zunächst in Kapitel 6 die möglichen Determinanten der Produktivität auf theoretischer Ebene diskutiert. Als sinnvolle Determinanten auf Bundesländerebene erweisen sich Innovationen, Humankapital, Reallokation der Ressourcen (insbesondere der sektorale Strukturwandel sowie die interregionale Mobilität), außenwirtschaftliche Offenheit, regionale Institutionen (insbesondere die Kultur und das Sozialkapital) sowie die geografischen Besonderheiten (speziell die Ausstattung mit natürlichen Ressourcen).

Im 7. Kapitel werden die Möglichkeiten zur empirischen Messbarkeit dieser Determinanten diskutiert und im Anschluss daran diese Determinanten einzeln auf Bundesländerebene empirisch analysiert.

In Kapitel 8 wird dann der Einfluss der Determinanten auf das Produktivitätsniveau der Bundesländer im Rahmen einer Regressionsanalyse bestimmt. Hierzu werden neben der verwendeten Methode auch die Probleme der Endogenität und Multikollinearität sowie deren mögliche Lösungen genauer beleuchtet. Aufgrund der speziellen *Time-Series Cross-Section* Datenstruktur, bei der die Anzahl der beobachteten Perioden T die Anzahl der Beobachtungseinheiten I (Bundesländer) deutlich überschreitet, wird die Methode mit korrekt geschätzten Standardfehlern (*panel corrected standard errors: PCSE*) nach Beck und Katz (1995) verwendet. Der Abschnitt 8.4 präsentiert und interpretiert die Ergebnisse der Regressionsanalyse.

Schließlich fasst Kapitel 9 die gesamte Untersuchung zusammen, zieht die Schlussfolgerungen aus der empirischen Analyse und beantwortet die Forschungsfragen dieser Arbeit.

2 Theoretischer Rahmen

2.1 Theoretische Herleitung der Konvergenz-Hypothese

In diesem Abschnitt wird die sogenannte Konvergenz-Hypothese theoretisch hergeleitet. Ganz allgemein besagt die Konvergenz-Hypothese, dass ärmere Länder schneller wachsen als reichere Länder und es somit zu einer Konvergenz der Pro-Kopf-Einkommen kommt. Im Zuge dessen kann ein aufholendes Land das führende Land sogar überholen. Jedoch greift im Anschluss daran der Konvergenzmechanismus abermals und das ins Hintertreffen geratene Land kann wieder zum führenden Land aufschließen. Zur Erklärung der Konvergenz-Hypothese können der traditionelle Catching-up Ansatz sowie die neoklassische Wachstumstheorie herangezogen werden.

2.1.1 Der Catching-up Ansatz

Der Catching-up Ansatz besteht nicht aus einem formalen Modell, sondern aus beschreibenden Elementen. Ganz allgemein besagt diese Sichtweise, dass die wirtschaftliche Rückständigkeit eines Landes zu einem Produktivitätsführer[5], wie sie nach einem exogenen Schock (etwa einem Krieg) auftritt, in manchen Ländern genutzt werden kann, um mit Hilfe von Kapitalakkumulation, Strukturwandel und Technologieimporten aufzuschließen. Dieser Prozess hält so lange an, wie die rückständigen Länder etwas von dem Produktivitätsführer lernen können. Verringert sich der Produktivitätsrückstand zum führenden Land, so verringert sich ebenfalls das zu imitierende Wissen und der Catching-up Prozess kommt letztendlich zum Erliegen.[6]

Die zurückliegenden Länder haben einen Anreiz zu dem Produktivitätsführer aufzuschließen, da in diesen Ländern Investitionen in neue Technologien höhere Erträge liefern und gleichzeitig ein Anpassungsdruck aufgrund des internationalen Wettbewerbs besteht. Möglich wird dieser Aufholprozess durch liberalen Außenhandel, der zu einer Erhöhung der Betriebsgröße, der Direktinvestitionen sowie zu einer weiteren Zunahme der Arbeitsteilung führt. Im Zuge des Aufhol-

5 Im Betrachtungszeitraum waren die USA der Produktivitätsführer.

6 Vgl. Baumol, William; Blackman, Sue; Wolff, Edward (1992), Productivity and American Leadership: the long view, Cambridge, S. 89 f. Vgl. hierzu auch Gerschenkron, Alexander (1966), Economic Backwardness in Historical Perspective: a book of essays, New York, S. 5-30 sowie 353-364.

prozesses gleichen sich die Produktionstechnologien, die Kapitalintensitäten, die Nachfrage- und Sektoralstruktur sowie die Forschungs- und Bildungsanstrengungen zwischen den aufholenden Ländern und dem Produktivitätsführer an.[7]

Eben dieser Aufholprozess schien sich nach dem Zweiten Weltkrieg zwischen den wirtschaftlich rückständigen Ländern Europas und dem damaligen Produktivitätsführer USA zu vollziehen.[8]

Moses Abramovitz (1986) entwickelte seit Ende der 1980er Jahre die Aufholhypothese entscheidend weiter, indem er feststellte, dass der oben beschriebene Aufholprozess nicht zwangsläufig in jedem Land stattfinden muss. Abramovitz zufolge seien für einen erfolgreichen Aufholprozess die sogenannten *social capabilities* notwendig. Die social capabilities umfassen unter anderem die politischen Institutionen eines Landes, die das Einkommen, die Eigentumsrechte sowie den Handel schützen und eine Regierung enthalten, die für die Bereitstellung einer effizienten Infrastruktur aufkommt.

Der bedeutendste Bestandteil der social capabilities ist jedoch die Fähigkeit der Bevölkerung eines Landes fortgeschrittene Technologien aus dem Ausland imitieren und implementieren zu können. Dafür muss nicht nur die entsprechende Menge, sondern auch die entsprechende Qualität an Humankapital im Land verfügbar sein. Zudem müssen im Land Erfahrungen bezüglich der Organisation und des Managements von Großunternehmen sowie hinsichtlich finanzieller Institutionen vorhanden sein. Schließlich muss ein Markt existieren, der Kapital mobilisiert und für Investitionen bereitstellt.[9] Nach Abramovitz lagen in der Nachkriegszeit diese notwendigen Elemente für einen erfolgreichen Aufholprozess in den westeuropäischen Ländern vor.[10]

Folglich sagt der Catching-up Ansatz eine internationale Konvergenz zwischen jenen Ländern voraus, die über hinreichend weit ausgebildete social capabilities verfügen. Wenn eine internationale Konvergenz in der Nachkriegszeit möglich war, dann sollte es diesem Ansatz zufolge auch zwischen den westdeutschen Bundesländern zu einer Konvergenz gekommen sein, da die Regionen eines Landes viel eher über die gleichen social capabilities verfügen als unterschiedliche Nationen.

---

7 Vgl. Lindlar, Ludger (1997), Das mißverstandene Wirtschaftswunder, Tübingen, S. 86 f.

8 Vgl. Baumol/Blackman/Wolff (1992), S. 89 f. Sowie Lindlar (1997), S. 85 f.

9 Vgl. Abramovitz, Moses (1990), The Catch-up Factor in Postwar Economic Growth, in: Economic Inquiry, 28(1), S. 2-3.

10 Vgl. Abramovitz, Moses (1986), Catching-up, forging ahead, and falling behind, in: Journal of Economic History, 46(2), S. 385 ff.

2.1.2 Die neoklassische Wachstumstheorie

Neben dem traditionellen Catching-up Ansatz kann die neoklassische Wachstumstheorie zur Erklärung der internationalen Konvergenz herangezogen werden. Dabei handelt es sich bei der neoklassischen Wachstumstheorie um einen formalen Ansatz. Sie geht insbesondere auf das Modell von Solow aus dem Jahre 1956 zurück.[11] Hierbei wird häufig eine neoklassische Produktionsfunktion vom Typ Cobb-Douglas angenommen, die im Allgemeinen die folgende Form hat

$$(1) \quad Y = F(A, K, L) = A \cdot L^{\alpha} \cdot K^{\kappa}$$

mit dem gesamtwirtschaftlichen Output Y, der Arbeit L, dem Kapital K und dem Produktivitätsniveau A. Letztere Größe spiegelt neben dem häufig genannten technischen Fortschritt beispielsweise auch den Bestand an Humankapital, die Bemühungen zur innerbetrieblichen Effizienz und den Wandel der Industrie- und Beschäftigtenstruktur wider. In der Literatur wird das Produktivitätsniveau häufig nur im Zusammenhang mit technischem Fortschritt diskutiert. In dieser Arbeit wird das Produktivitätsniveau weiter gefasst und beinhaltet alle Einflussgrößen – insbesondere qualitative Verbesserungen – die nicht von den materiellen Produktionsfaktoren Arbeit und Kapital erfasst werden. Kapitel 6 dieser Untersuchung wird die möglichen Bestandteile des Produktivitätsniveaus auf theoretischer Ebene näher beleuchten.

Darüber hinaus müssen für eine neoklassische Produktionsfunktion die folgenden Annahmen gelten:

1. Es gilt das Gesetz des abnehmenden Grenzertrages, demnach sind die Grenzproduktivitäten der materiellen Produktionsfaktoren Arbeit und Kapital mit zunehmendem Faktoreinsatz abnehmend.
2. Der Homogenitätsgrad der Produktionsfunktion ist gleich eins, d.h. die Summe der Exponenten der materiellen Produktionsfaktoren ist gleich eins ($\alpha + \kappa = 1$). Dabei führt eine Vervielfachung der Produktionsfaktoren Arbeit und Kapital um den Faktor λ zu einer Vermehrung des Outputs um λ.
3. Darüber hinaus gilt die Annahme der vollkommenen Konkurrenz. Folglich werden die Produktionsfaktoren Arbeit und Kapital gemäß ihrem Wertgrenzprodukt entlohnt. In diesem Fall entsprechen die Produktionselastizitäten α und κ dem jeweiligen relativen Faktoreinkommen.[12]

---

11 Vgl. Solow, Robert (1956), A Contribution to the Theory of Economic Growth, in: Quarterly Journal of Economics, 70(1), S. 65-94. Ebenso Solow, Robert (1957), Technical Change and the Aggregate Production Function, in: The Review of Economics and Statistics, 39(3), S. 312-320.

12 Vgl. Barro, Robert; Sala-i-Martin, Xavier (1998), Wirtschaftswachstum, München, S. 12 und 19 f.

Wird die Gleichung (1) in intensiver Schreibweise ausgedrückt, dann ergibt sich die folgende Gleichung

(2) $$\frac{Y}{L} = A \cdot \left(\frac{K}{L}\right)^{\kappa} = y = A \cdot k^{\kappa}$$

mit dem Output je Erwerbstätiger y und der Kapitalintensität k.[13] Des Weiteren setzt sich in diesem Modell die Güternachfrage (ebenfalls in intensiver Schreibweise) aus dem Pro-Kopf-Konsum (c) und den Pro-Kopf-Investitionen (i) zusammen.[14]

(3) $$y = c + i$$

Der Pro-Kopf-Konsum ergibt sich wiederum aus einem Anteil des Einkommens, der nicht für Sparen ausgegeben wird.

(4) $$c = (1 - s) \cdot y,$$

mit der Sparquote s, die einen Wert zwischen 0 und 1 annehmen kann und exogen vorgegeben ist. Wird nun Gleichung (4) in Gleichung (3) eingesetzt, ergibt sich nach einer einfachen Umformung der folgende Zusammenhang

(5) $$i = s \cdot y = s \cdot f(k)$$

Die Pro-Kopf-Ersparnis stimmt stets mit den Pro-Kopf-Investitionen überein. Die Investitionen bestimmen zudem die Kapitalakkumulation in der Volkswirtschaft. Aus jedem Wert der Kapitalintensität (k) ergibt sich ein Wert für den gesamtwirtschaftlichen Output (y). Die Sparquote (s) bestimmt darüber hinaus, wie der Output (y) in Konsum und Investitionen aufgeteilt wird. Neben den Investitionen hängt der Kapitalstock ebenfalls von der Abschreibungsrate (δ) ab, die als konstant angenommen wird. Die Veränderung des Kapitalstocks über die Zeit ergibt sich demnach aus den Investitionen abzüglich der Abschreibung.

(6) $$\Delta k = i - \delta \cdot k = s \cdot f(k) - \delta \cdot k$$

Des Weiteren führt das Bevölkerungswachstum (n) zu einer sinkenden Kapitalintensität (k), da das Kapital auf eine größere Anzahl von Erwerbstätigen, die sich aus dem Bevölkerungswachstum ergibt, aufgeteilt werden muss. Die Rate des Bevölkerungswachstums ist ebenfalls exogen vorgegeben.

13 Vgl. im Folgenden Mankiw, Gregory N. (2003), Makroökonomie, Stuttgart, S. 212-247.

14 Staatsausgaben und Nettoexporte werden hier vernachlässigt.

(7) $\Delta k = i - (\delta + n) \cdot k = s \cdot f(k) - (\delta + n) \cdot k$

Erhöht sich die Wachstumsrate der Bevölkerung, dann verringert sich der Pro-Kopf-Kapitalstock und das Land weist somit ein niedrigeres Pro-Kopf-Einkommen auf.

Im Wachstumsgleichgewicht sind die Wachstumsraten der Kapitalintensität und des Outputs pro Kopf gleich Null. Es kommt in diesem Modell somit zu keinem langfristigen Wachstum, wenn sich nicht das Produktivitätsniveau (A) erhöht. Zudem hat das Produktivitätsniveau in allen Ländern die gleiche exogen gegebene Wachstumsrate. Diese Annahme entspricht der Vorstellung, dass beispielsweise der technische Fortschritt ohne jeglichen Faktoreinsatz generiert werden kann. Zudem ist eine Produktivitätsveränderung gleich einem öffentlichen Gut und wirkt entweder Harrod-neutral, d.h. arbeitsvermehrend, Solow-neutral, d.h. kapitalvermehrend oder Hicks-neutral, d.h. neutral im Sinne einer Erhöhung der Grenzproduktivität beider Produktionsfaktoren. In dieser Untersuchung wird von einer Hicks-neutralen Produktivitätsveränderung ausgegangen, wobei die drei Neutralitätskonzepte unter Verwendung einer Cobb-Douglas Produktionsfunktion kompatibel sind.Die folgende Abbildung verdeutlicht, wie es in diesem Modell zu Anpassungswachstum und zu Wachstum aufgrund einer exogenen Produktivitätsveränderung kommen kann.

Abbildung 2 Anpassungswachstum und Produktivitätsveränderung im Solow Modell

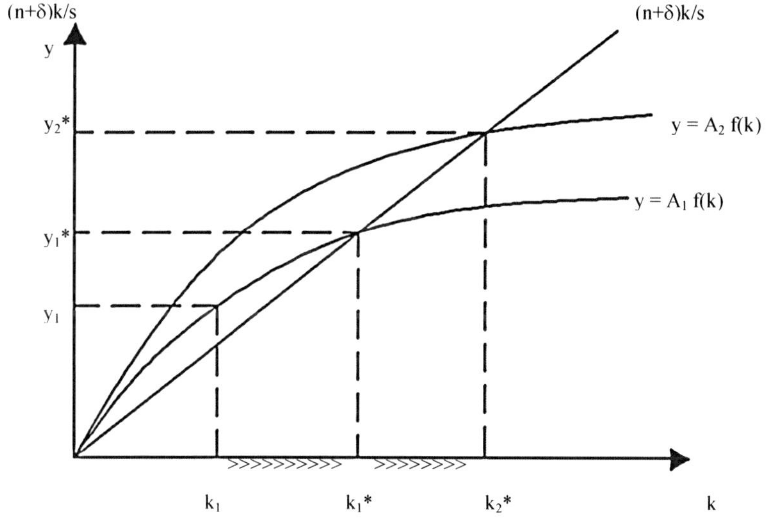

Quelle: Eigene Darstellung in Anlehnung an Frenkel, Michael; Hemmer, Hans-Rimbert (1999), Grundlagen der Wachstumstheorie, München, S. 141.

Die obige Abbildung verdeutlicht, dass die Arbeitsproduktivität (y) ohne eine exogene Erhöhung des Produktivitätsniveaus (A) nur steigt, solange die Kapitalintensität (k) unterhalb der gleichgewichtigen Kapitalintensität (k*) liegt. In diesem Falle gilt:

(8) $y = A_1 \cdot f(k) > (n+\delta) \cdot k/s$

(9) $\Delta k = s \cdot f(k) - (n+\delta) \cdot k > 0$

Liegt eine Volkswirtschaft unterhalb ihres langfristigen Gleichgewichts, dann sind die Investitionen größer als die Abschreibungen und das die Kapitalintensität mindernde Bevölkerungswachstum ($s \cdot f(k) > (\delta + n) \cdot k$) und der Kapitalstock wächst. Der Kapitalstock wächst so lange bis sich die Investitionen und die Abschreibung sowie das die Kapitalintensität mindernde Bevölkerungswachstum entsprechen. Im Steady-State-Niveau verändert sich der Kapitalstock (k*) nicht ($\Delta k = 0$), die Volkswirtschaft befindet sich in ihrem langfristigen Gleichgewicht. Das Gleichgewicht ist stabil, da das Gesetz des abnehmenden Grenzertrages gilt. Umso weiter die Kapitalakkumulation voranschreitet, desto weniger stark nimmt $s \cdot f(k)$ im Vergleich zu $(\delta+n) \cdot k$ zu. Demnach geht das Wachstum des Kapitalstocks immer weiter zurück, je näher ein Land seinem langfristigen Gleichgewicht kommt. Länder, die sich weiter von ihrem langfristigen Steady-State-Niveau befinden, wachsen demnach schneller als Länder, die ihrem Steady-State-Niveau näher sind.

Im Zuge des Anpassungswachstums steigen sowohl die Kapitalintensität (k) als auch die Arbeitsproduktivität (y). y_1 steigt auf y_1^*. Ist das Gleichgewicht erreicht, kann es nur noch infolge einer Erhöhung des Produktivitätsniveaus (A) zu weiterem Wachstum kommen. Wenn sich A_1 auf A_2 erhöht, dann steigt ebenfalls k_1^* auf k_2^* und y_1^* auf y_2^*. Dieses Wachstum findet aufgrund der gestiegenen Produktivität statt.

In diesem Zusammenhang unterscheidet die neoklassische Wachstumstheorie zwischen den beiden Konzepten der bedingten und unbedingten Konvergenz. Unter der Annahme der bedingten Konvergenz gleicht sich jedes Land an sein eigenes langfristiges Wachstumsgleichgewicht an. Dabei weist jedes Land die ihm eigene Sparquote, Wachstumsrate der Bevölkerung oder Technologie auf. Unterscheiden sich die Länder jedoch nicht in den exogen vorgegebenen Faktoren, dann konvergieren sie an ein gemeinsames langfristiges Wachstumgleichgewicht. Es liegt dann unbedingte Konvergenz vor.[15]

Für die bereits industrialisierten Länder sind die Annahmen bezüglich ähnlicher Technologieniveaus, Investitionsquoten und Wachstumsraten der Bevöl-

---

15 Vgl. Barro, Robert; Sala-i-Martin, Xavier (2003), Economic Growth, New York, S. 17.

kerung erfüllt, weswegen es zwischen diesen Ländern auch zur absoluten (unbedingten) Konvergenz kommen kann.[16]

Konvergenz kann in der empirischen Analyse auf unterschiedliche Weise gemessen werden. Die am häufigsten verwendeten Konzepte sind die sogenannte β- und σ-Konvergenz.[17] Die β-Konvergenz besagt, dass aufgrund der Annahme der abnehmenden Grenzerträge des Kapitals das Wachstum des Pro-Kopf-Einkommens negativ korreliert ist mit dem Ausgangsniveau des Pro-Kopf-Einkommens. Demnach wachsen ärmere Länder schneller als reiche Länder und es kommt zwischen diesen Ländern zur Konvergenz. Dieser Zusammenhang wird mit Hilfe einer Regressionsanalyse überprüft, wobei der β-Koeffizient des Anfangsniveaus der Pro-Kopf-Einkommen diesen negativen Zusammenhang wiedergibt. Wenn aber Konvergenz als ein Rückgang der Streuung der Pro-Kopf-Einkommen verstanden werden soll, dann ist die sogenannte σ-Konvergenz ein sinnvolleres Konvergenzmaß. Sie ist definiert als die Standardabweichung der Pro-Kopf-Einkommen dividiert durch den Mittelwert der Pro-Kopf-Einkommen. Die σ-Konvergenz zeigt an, wie sich die Unterschiede in den Pro-Kopf-Einkommen zwischen den Ländern im Zeitablauf verändern.

Da die β-Konvergenz eine notwendige, aber keine hinreichende Bedingung für die σ-Konvergenz ist, wird in der vorliegenden Untersuchung insbesondere auf die σ-Konvergenz zurückgegriffen. Zudem ist hier von übergeordnetem Interesse, ob eine Konvergenz zwischen den westdeutschen Bundesländern überhaupt und in welchem Zeitraum stattgefunden hat. Demgegenüber spielt die Konvergenzgeschwindigkeit, wie sie mit Hilfe der β-Konvergenz bestimmt wird, in dieser Untersuchung kaum eine Rolle.

2.2 Die Rekonstruktionstheorie

Einen weiteren Erklärungsansatz für die westdeutsche Nachkriegsprosperität stellt die Rekonstruktionstheorie dar. Sie besagt, dass nach dem Zweiten Weltkrieg die Lücke zwischen dem tatsächlichen und dem potenziellen gesamtwirtschaftlichen Output der Auslöser für das hohe Wirtschaftswachstum in der damaligen Zeit war. Die folgende Abbildung verdeutlicht diesen Zusammenhang.[18]

---

16 Vgl. Jones, Charles (2002), Introduction to Economic Growth, New York, S. 68.

17 Vgl. Sala-i-Martin, Xavier (1996), The Classical Approach to Convergence Analysis, in: Economic Journal, 106(437), S. 1019-1036.

18 Die Berechnungsmethode der hier verwendeten Daten von Maddison wurde zwar von Ritschl und Spoerer (1997) kritisiert, jedoch umfasst ihre Neuberechnung nur den Zeitraum von 1901 bis 1944 und von 1946 bis 1995. Für die hier vorgenommen Trendberechnung wurden die Daten von Maddison vorgezogen, da sie seit 1850 in einer Zeitreihe vorliegen. Die möglichen Unter-

Hierbei gibt die schwarze Linie den potenziellen Output und die graue Linie den tatsächlichen Output jeweils gemessen mit Hilfe des realen BIP pro Kopf wieder. Der potenzielle Output entspricht dabei dem langfristigen linearen Trendoutput, wobei meist eine durchschnittliche jährliche Wachstumsrate zwischen 1,5 und 1,7 Prozent angenommen wird. Je größer eine Störung des langfristigen wirtschaftlichen Wachstums ist, desto größer wird die Lücke zwischen dem tatsächlichen Output und dem potenziellen Output und desto schneller kann eine Volkswirtschaft im Zuge der Rekonstruktion wachsen.

Abbildung 3 BIP pro Kopf Deutschlands in 1990 int. GK$ und linearer Trend, 1850-2007

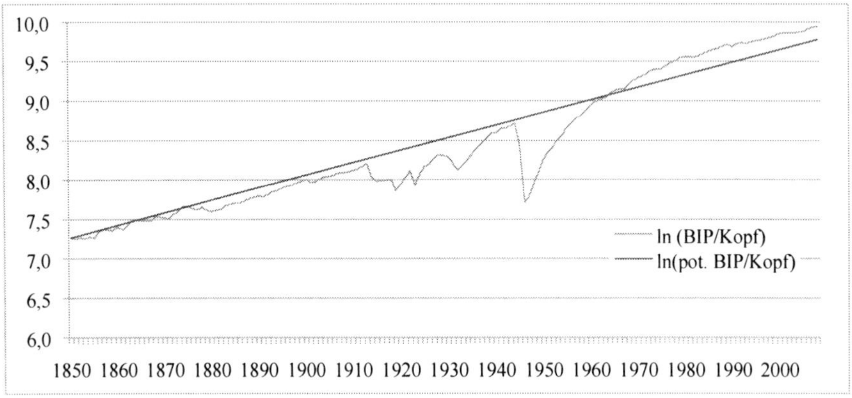

Quelle: Eigene Darstellung auf Basis von Maddison, Angus (2010), Historical Statistics of the World Economy, in: http://www.ggdc.net/MADDISON/oriindex.htm.

Wenn sich die Lücke zwischen dem potenziellen und dem tatsächlichen Output geschlossen hat, geht das Wirtschaftswachstum wieder auf den gemäßigten langfristigen Wachstumstrend zurück. Dieser langfristige Wachstumspfad wurde in Westdeutschland etwa Mitte der 1960er Jahre wieder erreicht.[19]

Dem ungarischen Ökonomen Jánossy (1966) zufolge wird der langfristige Wachstumstrend durch das im Arbeitskräftepotenzial verkörperte Wissen und Können determiniert. Dem Wachstum des Kapitalstocks spricht Jánossy nur eine untergeordnete Rolle zu, da die Kapitalakkumulation vergleichsweise leicht an-

schiede der Berechnungsmethoden sind für die hier verwendete Abbildung unerheblich, da lediglich der theoretische Zusammenhang grafisch dargestellt werden soll. Vgl. auch Ritschl, Albrecht; Spoerer, Mark (1997), Das Sozialprodukt in Deutschland nach den amtlichen Volkseinkommens- und Sozialproduktsstatistiken 1901-1995, in: Jahrbuch für Wirtschaftsgeschichte 1997/II, S. 11-37.

19 Vgl. Abelshauser, Werner (2005), Deutsche Wirtschaftsgeschichte seit 1945, Bonn, 281 ff.

gepasst werden kann. Wird infolge eines exogenen Schocks wie beispielsweise einem Krieg der Kapitalstock zerstört, dann kann eine Volkswirtschaft durch Investitionen rasch zu ihrem langfristigen Wachstumstrend zurückkehren, solange die Qualifikationsstruktur der Erwerbstätigen erhalten geblieben ist und sich zudem gemäß dem langfristigen Trend weiterentwickelt hat.[20]

Lindlar (1997) verweist in diesem Zusammenhang auf die Parallelen zur neoklassischen Wachstumstheorie. Beide Ansätze gehen von einer exogen gegebenen Rate des technischen Fortschritts bzw. des Qualifikationswachstums (hier: Produktivitätsniveau) aus, die das langfristige Wachstum des Pro-Kopf-Einkommens bestimmen. Lediglich nach einem exogenen Schock kann mit Hilfe der Kapitalakkumulation eine einmalige Anpassung an den langfristigen Wachstumstrend erfolgen.[21]

Abelshauser (2005) greift diese Gedanken auf und führt das westdeutsche Wirtschaftswachstum der 1950er und 1960er Jahre insbesondere auf den Zustrom von hochqualifiziertem Humankapital, das in den Flüchtlingen und Vertriebenen[22] verkörpert war, die rasche Sachkapitalbildung sowie den sektoralen Strukturwandel zurück. Letzteres drückt sich insbesondere in einem Rückgang der landwirtschaftlichen Erwerbstätigkeit aus. [23]

2.3 Zwischenfazit zum theoretischen Rahmen

Die Ideen des Catching-up Ansatzes, der neoklassischen Wachstumstheorie und der Rekonstruktionstheorie, die insbesondere zur Klärung der Nachkriegsprosperität auf nationaler Ebene konzipiert wurden, werden im weiteren Verlauf dieser Arbeit auf die regionale Ebene, d.h. auf die westdeutschen Bundesländer

20 Vgl. Jánossy, Franz (1966), Das Ende der Wirtschaftswunder: Erscheinung und Wesen der wirtschaftlichen Entwicklung, Frankfurt, S. 47-60.

21 Vgl. Lindlar (1997), S. 62.

22 Vertriebene werden nach dem Bundesvertriebenengesetz (BVFG) vom 19. Mai 1953 in §1 Abs. 1 wie folgt definiert: „Vertriebener ist, wer als deutscher Staatsangehöriger oder deutscher Volkszugehöriger seinen Wohnsitz in den ehemals unter fremder Verwaltung stehenden deutschen Ostgebieten oder in den Gebieten außerhalb der Grenzen des Deutschen Reiches nach dem Gebietsstande vom 31. Dezember 1937 hatte und diesen im Zusammenhang mit den Ereignissen des zweiten Weltkrieges infolge Vertreibung, insbesondere durch Ausweisung oder Flucht, verloren hat. [...] " Als Flüchtlinge werden in §3 Abs. 1 folgende Personen genannt: „Sowjetzonenflüchtling ist ein deutscher Staatsangehöriger oder deutscher Volksangehöriger, der seinen Wohnsitz in der sowjetischen Besatzungszone oder im sowjetisch besetzten Sektor von Berlin hat oder gehabt hat, von dort flüchten musste, um sich einer von ihm nicht zu vertretenden und durch die politischen Verhältnisse bedingten besonderen Zwangslage zu entziehen, und dort nicht durch sein Verhalten gegen die Grundsätze der Menschlichkeit oder Rechtsstaatlichkeit verstoßen hat.[...]"

23 Vgl. Abelshauser (2005), S. 275-314.

übertragen. Hieraus ergeben sich für die weitere Untersuchung wichtige Besonderheiten.

Aus theoretischer Sicht scheinen sich die westdeutschen Bundesländer in besonderem Maße bezüglich ihrer social capabilities sowie der exogen gegebenen Faktoren, wie sie von der neoklassischen Wachstumstheorie genannt werden, zu gleichen. Aus diesem Grund sollten die Bundesländer ein besonders hohes Potenzial zur Konvergenz ihrer Lebensstandards besitzen. Demzufolge kann absolute Konvergenz erwartet werden.

Darüber hinaus wird der Technologiediffusion eine tragende Rolle im Wachstumsprozess zugesprochen. Die räumliche Verbreitung von Wissen sollte zwischen den Regionen eines vergleichsweise kleinen Landes deutlich zügiger vonstatten gehen als zwischen verschiedenen Ländern. Dies ist ein weiterer Grund, weshalb Konvergenz erwartet werden kann.

Ferner betonen sowohl der Catching-up Ansatz als auch die Rekonstruktionstheorie die Bedeutung des sektoralen Strukturwandels im Anpassungsprozess. Insbesondere der Rückgang der landwirtschaftlichen Erwerbstätigkeit hat einen entscheidenden Einfluss auf die Nachkriegsprosperität in der Bundesrepublik Deutschland und somit vermutlich auch in den landwirtschaftlich geprägten Bundesländern ausgeübt.

Demgegenüber scheint die Kapitalakkumulation lediglich für einen einmaligen Anpassungsprozess nach einem Schock, wie er beispielsweise im Zuge der Zerstörung des Kapitalstocks durch den Zweiten Weltkrieg oder durch eine exogene Erhöhung des Produktivitätsniveaus (A) auftritt, und nicht für das langfristige Wirtschaftswachstum von entscheidender Bedeutung zu sein. Somit erhöht sich die Kapitalintensität meist als Folge eines Produktivitätsanstiegs.

Die in diesem Kapitel vorgestellten theoretischen Zusammenhänge bezüglich der Konvergenz-Hypothese werden im folgenden Kapitel anhand eines Literaturüberblicks zur Konvergenzdebatte auf ihre empirische Relevanz hin überprüft.

3 Literaturüberblick zur empirischen Konvergenzforschung

Die empirischen Untersuchungen zur Frage, ob ärmere Länder hinsichtlich ihres Einkommensniveaus zu den reicheren Ländern aufschließen, sind reichhaltig. Einen einführenden Literaturüberblick zur Konvergenzdebatte liefert unter anderem Islam (2003).[24]

In der empirischen Konvergenzforschung können Untersuchungen unterschieden werden, die sich entweder mit der Konvergenz von unterschiedlichen Ländern oder von Regionen eines Landes oder mehrerer Länder (beispielsweise der EU) beschäftigen. Zudem variieren die verwendeten Untersuchungsmethoden. Demnach lassen sich neben den hauptsächlich durchgeführten Querschnittsuntersuchungen auch Paneldatenanalysen oder Zeitreihenanalysen finden. Je nach verwendeter Methode und Länder- bzw. Regionensample können sich die Ergebnisse dieser Konvergenzanalysen unterscheiden.

Darüber hinaus wurden viele Konvergenzuntersuchungen unternommen, um die Überlegenheit einer Theorie – entweder der neoklassischen Wachstumstheorie oder der neuen (endogenen) Wachstumstheorie – gegenüber der jeweils anderen zu belegen. Aus der neoklassischen Wachstumstheorie folgt absolute Konvergenz bzw. je nach Auslegung auch bedingte Konvergenz. Demgegenüber sagt die endogene Wachstumstheorie eine Divergenz der Pro-Kopf-Einkommen zwischen unterschiedlichen Ländern vorher.

3.1 Untersuchungen zur Konvergenz von Ländern

Die ersten Untersuchungen zur Konvergenz von Ländern hatten noch keine formale Fundierung aus der Wachstumstheorie. In seinem viel zitierten Aufsatz „Catching-up, Forging Ahead, and Falling Behind" untersucht *Abramovitz (1986)* mit Hilfe des damals neu erschienen Datensatzes von Maddison (1982) den Output je Arbeitsstunde von 16 industrialisierten Ländern[25] im Zeitraum von 1870 bis 1979

24 Vgl. Islam, Nazrul (2003), What have we learnt from the convergence debate?, in: Journal of Economic Surveys, 17(3), S. 309-362.

25 Diese sind Australien, Belgien, Dänemark, Deutschland, Finnland, Frankreich, Großbritannien, Italien, Japan, Kanada, Niederlande, Norwegen, Österreich, Schweden, Schweiz und USA.

auf Konvergenz.[26] Abramovitz berechnet drei Maße zur Überprüfung der Konvergenz. Den Mittelwert der relativen Arbeitsproduktivität (im Verhältnis zum Produktivitätsführer USA bzw. Großbritannien), den Variationskoeffizienten der relativen Arbeitsproduktivität und schließlich den Korrelationskoeffizienten zwischen dem Startniveau der Arbeitsproduktivität und der Wachstumsrate im Folgezeitraum. Auch wenn Abramovitz die Aussagekraft der Arbeitsproduktivität als Maß für technologisches Catching-up einschränken muss, da die Arbeitsproduktivität ebenso von der Kapitalintensität, der Humankapitalausstattung oder der Ausstattung an natürlichen Ressourcen abhängt, kommt er zu dem Ergebnis, dass β- und σ- Konvergenz im Betrachtungszeitraum vorlagen. Er selbst verwendet diese Bezeichnungen jedoch noch nicht. Abramovitz zufolge hat lediglich die Zeit des Zweiten Weltkrieges den internationalen Konvergenzprozess gestört. Jedoch räumt Abramovitz ein, dass es sich bei seiner Länderauswahl um bereits erfolgreich industrialisierte Länder handelt und somit deren Konvergenz alles andere als überraschend ist.

Werden zudem kürzere Perioden betrachtet, so zeigt sich, dass vor 1913 das Catching-up Potenzial noch nicht vollständig ausgebildet war, da zum einen die Landwirtschaft ein wichtiger Einflussfaktor war, deren Produktivität nicht ohne weiteres gesteigert werden konnte. Außerdem war die „soziale Kompetenz" noch nicht so weit ausgebildet, als dass die neuesten Technologien problemlos von allen Ländern hätten übernommen werden können. Nach 1913 wurde der Catching-up Prozess von politischen und finanzwirtschaftlichen Problemen, der Großen Depression und dem zurückgehenden Außenhandel gehemmt. Anschließend vergrößerte der Zweite Weltkrieg nochmals das Catching-up Potenzial. Nach 1945 konnte dann das volle Potenzial ausgenutzt werden. Nach Abramovitz Ansicht lag eine große technologische Lücke zwischen den USA und den übrigen untersuchten Ländern vor, die *social capabilities* waren vorhanden sowie weitere wachstumsfördernde Bedingungen wie der Einflussverlust der Monopole, die wachstumsfreundliche Haltung der Regierungen sowie der Gewerkschaften. Ferner verbesserte sich die Technologiediffusion, der internationale Handel wurde ausgeweitet, ein flexibles Arbeitsangebot durch Migration und Strukturwandel lagen vor. Aufgrund dieser günstigen und stabilen Rahmenbedingungen für das Wachstum wurden vermehrt Investitionen getätigt. Somit hing nach Ansicht von Abramovitz die Geschwindigkeit des Catching-up von der Diffusion des Wissens, der Mobilität der Ressourcen und der Investitionsquote ab.[27]

Ebenso untersucht *Baumol (1986)* unter anderem die β- und σ-Konvergenz der 16 OECD Länder mit Hilfe der Langzeitdaten von Maddison (1982) im Zeitraum von 1870 bis 1980. Auch er findet absolute Konvergenz hinsichtlich der

26 Vgl. auch Maddison, Angus (1982), Phases of Capitalist Development, New York.
27 Vgl. Abramovitz (1986).

Arbeitsproduktivität (BIP pro Arbeitsstunde) zwischen den OECD Ländern. Eine Ausweitung seiner Untersuchung auf 72 Länder im Zeitraum von 1950 bis 1980 führt hingegen zu dem Ergebnis, dass keine absolute Konvergenz für alle Länder vorzufinden ist, aber sich einige Länder zu sogenannten „Konvergenzclubs" angleichen. So bilden die Industrienationen, die kommunistisch geführten Ostblockstaaten sowie Länder mit mittlerem Einkommen jeweils einen Konvergenzclub. Die unterentwickelten Länder weisen jedoch keine Konvergenz weder untereinander noch zu anderen Ländern der Welt auf.[28]

Als Antwort auf Baumols Untersuchung zeigt *De Long (1988)*, dass Baumols Länderauswahl einer sogenannten Verzerrung durch Strichprobenselektion (*sample selction bias*) unterliegt, da Baumol im ersten Teil seiner Arbeit lediglich jene Länder untersucht, die heute hoch entwickelte Industrienationen sind. Es verwundert also nicht, dass sich diese Länder langfristig angeglichen haben, worauf auch schon Abramovitz (1986) in seiner Untersuchung hingewiesen hat. Als Lösung schlägt De Long vor, die Länder nicht ex post sondern ex ante für eine Untersuchung auszuwählen, also gerade jene Länder auf Konvergenz zu untersuchen, die beispielsweise im Jahr 1870 geeignet zu sein schienen, in Zukunft zu konvergieren.[29]

Grier und Tullock (1989) erweitern eine von Kormendi und Mequire (1985) durchgeführte Analyse und untersuchen 113 Länder im Zeitraum von 1950 bis 1981 auf Konvergenz des Pro-Kopf-Einkommens. Sie kontrollieren in ihrer Cross-Section Time-Series Regression für das Startniveau des Pro-Kopf-Einkommens, das Bevölkerungswachstum, die Inflation, die Standardabweichung der Inflation und die Standardabweichung des Einkommenswachstums sowie für den Staatskonsum. Sie kommen ebenfalls zu dem Ergebnis, dass eine starke Konvergenz lediglich in den OECD Ländern vorliegt. In ihrem Sample aus afrikanischen bzw. asiatischen Ländern finden sie jedoch keine Konvergenz, da die wirtschaftlich erfolgreichen Länder schneller wachsen als die übrigen Länder. Sie vermuten, dass insbesondere soziale und politische Institutionen über einen längeren Zeitraum von 20 bis 30 Jahren einen bedeutenden Einfluss auf das Wirtschaftswachstum haben. Ihre Ergebnisse zeigen somit, dass sie kein empirisches Modell für alle untersuchten Länder besitzen. Schließlich betonen sie, dass die von Abramovitz (1986) angeführten social capabilities von großer Bedeutung zu sein scheinen.[30]

28 Vgl. Baumol, William (1986), Productivity Growth, Convergence, and Welfare: What the Long-Run Data Show, in: American Economic Review, 76(5), S. 1072-1085.

29 Vgl. De Long, Bradford (1988), Productivity Growth, Convergence, and Welfare: Comment, in: American Economic Review, 78(5), S. 1138-1154.

30 Vgl. Gier, Kevin; Tullock, Gordon (1989), An Empirical Analysis of Cross-National Economic Growth, 1951-80, in: Journal of Monetary Economics, 24(2), S. 259-276.

Dowrick und Nguyen (1989) untersuchen die β-Konvergenz des BIP pro Kopf sowie der totalen Faktorproduktivität der OECD Länder in der Nachkriegszeit. Für den Zeitraum von 1950 bis 1985 finden sie absolute β-Konvergenz des BIP pro Kopf, auch wenn die Angleichung nach 1973 schwächer wird. Eine erweiterte Regression um die Kontrollvariablen Beschäftigungswachstum (als Proxy für Erwerbstätigenwachstum) und Investitionsquote (als Proxy für Wachstum des Kapitalstocks) führt zu dem Ergebnis, dass bedingte β-Konvergenz vorliegt. Die Konvergenz der OECD Länder in der Nachkriegszeit kann demnach weder auf höhere Investitionsquoten noch auf höhere Erwerbstätigenquoten in den ärmeren Ländern zurückgeführt werden. In dieser erweiterten Regression interpretieren die Autoren den Koeffizienten des Anfangsniveaus des BIP pro Kopf als die Aufholrate der totalen Faktorproduktivität.[31] Auch in dieser Untersuchung führt die Ausweitung der Stichprobe auf Nicht-OECD Länder zu dem Resultat, dass keine β-Konvergenz sondern Divergenz vorliegt. Lediglich die Erweiterung um die Kontrollvariablen Bevölkerungswachstum und Investitionsquote führt zu bedingter β-Konvergenz in allen Samples.

Des Weiteren unterteilen die Autoren für die OECD Länder den Betrachtungszeitraum in drei Subperioden (1950-60, 1960-73 und 1973-85), um zu überprüfen, ob die Konvergenz von einer Angleichung der TFP oder lediglich von der Rekonstruktion nach dem Zweiten Weltkrieg getrieben wurde. Es zeigt sich, dass die Konvergenz durch eine Angleichung der TFP und nicht durch die Rekonstruktion erklärt werden kann, da die Rekonstruktion lediglich bis Anfang der 1960er Jahre angedauert hat. Insgesamt kann die β-Konvergenz des Einkommens der OECD Länder nicht auf unterschiedliches Wachstum der materiellen Inputfaktoren zurückgeführt werden, sondern auf eine Angleichung der totalen Faktorproduktivität.

In einem letzten Schritt korrigieren Dowrick und Nguyen die vom OECD Durchschnitt abweichenden Wachstumsraten des BIP pro Kopf der einzelnen OECD Länder unter anderem um das Catching-up Potenzial. Hierzu werden die zuvor geschätzten Koeffizienten für die Anfangniveaus des Pro-Kopf-Einkommens zu Hilfe genommen. Die Autoren wollen dafür kontrollieren, dass Länder mit einem geringeren Potenzial zum Aufholen definitionsgemäß geringere Wachstumsraten aufweisen (müssen). Diese bereinigten Wachstumsraten werden anschließend in die Komponenten Arbeitsintensivierung, Kapitalintensivierung und totale Faktorproduktivität zerlegt. Es ergaben sich die folgenden Ergebnisse: das Wachstum der Länder USA, Kanada, Luxemburg und Australien lag nicht länger unter dem OECD-Durchschnitt. Demgegenüber können die hohen Wachstumsraten in Griechenland, Spanien, Portugal und Italien auf das Catching-up

31 Die totale Faktorproduktivität entspricht dem bisher verwendeten Begriff des Produktivitätsniveaus.

Potenzial zurückgeführt werden. Hinsichtlich der korrigierten Wachstumsraten schneiden die Länder Japan, Deutschland, Österreich, Norwegen und Frankreich am besten ab. Jedoch kann ein Großteil der Entwicklung insbesondere in Deutschland nicht durch das Modell erklärt werden. Die Autoren schließen daraus, dass die Rekonstruktion hier eine entscheidende Rolle gespielt haben muss. Den relativen Erfolg Deutschlands nach 1973 führen die Autoren zudem auf die hohen Investitionen im Vergleich zum Bevölkerungswachstum zurück.[32]

Auch *Wolff (1991)* untersucht den Zusammenhang zwischen der totalen Faktorproduktivität, der Kapitalintensität und dem Konvergenzprozess in den sieben Ländern Kanada, Frankreich, Deutschland, Italien, Japan, Großbritannien und den USA im Zeitraum von 1870 bis 1979. Wolff legt seiner Untersuchung drei Hypothesen zugrunde. (1) Die Catching-up Hypothese besagt, dass Länder, die einen großen Abstand zu den technologisch führenden Ländern besitzen, die höchsten Wachstumsraten hinsichtlich des technologischen Fortschritts verzeichnen. (2) Eine Angleichung der Arbeitsproduktivität in den industrialisierten Ländern ist Folge einer Konvergenz der Kapitalintensitäten. (3) Die totale Faktorproduktivität und die Kapitalintensität beeinflussen sich über verschiedene Kanäle gegenseitig positiv. Wolff findet für alle drei Hypothesen Bestätigung in seinen Daten. Die totalen Faktorproduktivitäten der sieben Länder konvergieren im Zeitraum von 1870 bis 1979. Die Konvergenz der TFP ist nach dem Zweiten Weltkrieg am stärksten. Diese starke Angleichung kann teilweise auf das Catching-up von Deutschland und Japan nach 1945 zurückgeführt werden. Die Kapitalintensitäten konvergieren ebenfalls, wobei dieser Angleichungsprozess nach 1960 stärker ist. Die USA besitzen im Zeitraum von 1880 bis 1938 eine dreimal höhere Kapitalintensität als der Durchschnitt der übrigen Länder. Schließlich weisen das Wachstum der totalen Faktorproduktivität und die Kapitalintensität eine positive Korrelation von 0,79 für den gesamten Betrachtungszeitraum auf. In der Nachkriegszeit ist der Zusammenhang mit 0,95 am stärksten.[33]

Barro (1991) erweitert die Analyse der β-Konvergenz in Anlehnung an die neue Wachstumstheorie um Humankapital als erklärende Variable für 98 Länder im Zeitraum von 1960 bis 1985. Humankapital spielt in einer Reihe von endogenen Wachstumsmodellen eine entscheidende Rolle. Diese sagen vorher, dass Länder mit einer höheren Ausstattung an Humankapital rascher Innovationen hervorbringen und demnach schneller wachsen als Länder mit einer vergleichsweise niedrigen Humankapitalausstattung. Barro benutzt Einschulungsraten im primären und sekundären Bereich als Indikatoren für den Humankapitalbestand im

---

32 Vgl. Dowrick, Steve; Nguyen, Duc-Tho (1989), OECD Comparative Economic Growth 1950-85: Catch-up and Convergence, in: American Economic Review, 79(5), S. 1010-1030.

33 Vgl. Wolff, Edward (1991), Capital Formation and Productivity Convergence Over the Long Term, in: American Economic Review, 81(3), S. 565-579.

Jahr 1960. Im Rahmen seines erweiterten Modells wachsen weniger entwickelte Länder schneller als Industrieländer, wenn erstere über eine überdurchschnittliche Humankapitalausstattung innerhalb der Gruppe der weniger entwickelten Länder verfügen. Zudem weisen Länder mit hohem Humankapitalbestand geringere Fruchtbarkeitsraten und höhere Investitionsquoten auf. Schließlich haben der Staatskonsum sowie politische Instabilität einen negativen Einfluss auf das Einkommensniveau.[34]

In ihrer viel zitierten Untersuchung nehmen *Mankiw, Romer und Weil (1992)* an, dass alle Länder die gleiche Produktionsfunktion, die gleiche Rate des technischen Fortschritts und die gleiche Abschreibungsrate besitzen.[35] Sie untersuchen drei verschiedene Länderstichproben mit 98 non-oil, 75 intermediate und 22 OECD Ländern im Zeitraum von 1960 bis 1985.[36] In einem ersten Schritt können sie bestätigen, dass die Sparquote einen positiven und die Wachstumsrate der Bevölkerung einen negativen Einfluss auf das Wirtschaftswachstum ausüben, wie von Solow vorhergesagt wurde. Ihr Modell erklärt 60 Prozent der Variation der Einkommen in ihrem Länderquerschnitt. Jedoch ist der Einfluss der beiden erklärenden Variablen zu hoch als theoretisch vorhergesagt, so dass die Autoren eine weitere erklärende Variable – das Humankapital – in ihre Analyse aufnehmen. Der Indikator für Humankapital[37] erhöht die Aussagekraft des Modells auf 80 Prozent und mindert den überhöhten Einfluss der beiden Variablen Sparquote und Bevölkerungswachstum auf das theoretisch vorhergesagte Maß.

Im Anschluss daran testen die Autoren auf β-Konvergenz. In einem ersten Modell wird lediglich das Anfangsniveau des Einkommens von 1960 als erklärende Variable aufgenommen. Es liegt – abgesehen von den OECD Ländern - keine absolute β-Konvergenz vor. In einem zweiten Modell werden die Sparquote und das Bevölkerungswachstum aufgenommen. In diesem erweiterten Modell liegt bedingte β-Konvergenz vor. Wird schließlich das Humankapital in die Regression aufgenommen, verliert das Anfangsniveau des Einkommens weiter an Bedeutung und die Aussagekraft des Modells erhöht sich.

Ihre Untersuchung zeigt, dass jene Länder konvergieren, die sich hinsichtlich der Sparquote, des Bevölkerungswachstums und der Humankapitalausstattung gleichen. Demnach widersprechen nach Ansicht der Autoren diese

34 Vgl. Barro, Robert (1991), Economic Growth in a Cross Section of Countries, in: Quarterly Journal of Economics, 106(102), S. 407-443.

35 Vgl. Mankiw, Gregory; Romer, David; Weil, David (1992), A Contribution to the Empirics of Economic Growth, in: Quarterly Journal of Economics, 107(2), S. 407-437.

36 Dabei handelt es sich um 98 nicht-Öl-produzierende Länder, 75 Länder, die über ausreichend Primärdaten zum Einkommen verfügen und 1960 mehr als 1 Mio. Einwohner besaßen sowie 22 OECD Länder mit mehr als 1 Mio. Einwohnern.

37 Die Autoren benutzen sekundäre Einschulungsraten und multiplizieren diese mit dem Anteil der Bevölkerung im Alter von 15 bis 19 Jahren.

Ergebnisse nicht dem Solow Modell, da lediglich für jene Faktoren kontrolliert wurde, die nach diesem Modell das Steady-State-Wachstum entscheidend determinieren.

Barro und Lee (1994) untersuchen die Wachstumsraten von 116 Ländern im Zeitraum von 1965 bis 1985. Sie finden fünf Ursachen, die die Unterschiede in den Wachstumsraten erklären können. Einen positiven Einfluss übt der sogenannte bedingte Konvergenz-Effekt aus, wonach Länder mit niedrigem BIP pro Kopf im Verhältnis zur Anfangsausstattung an Humankapital[38] rascher wachsen. Einen ebenfalls positiven Einfluss hat eine hohe Investitionsquote. Darüber hinaus haben die Staatstätigkeit gemessen mit Hilfe der Staatsquote, Marktverzerrung gemessen mit Hilfe der Schwarzmarktprämie sowie politische Instabilität approximiert mit der Anzahl der Revolutionen jeweils einen negativen Einfluss auf die Wachstumsrate. Zudem beeinflusst die Ausbildung der Frauen die Fertilitätsrate negativ. Die männliche sowie weibliche Ausbildung hat einen positiven Einfluss auf die Lebenserwartung und einen negativen Einfluss auf die Kindersterblichkeit. Rätselhaft bleibt der beobachtete negative Zusammenhang zwischen der Ausbildung der Frauen und dem Wirtschaftswachstum.[39]

Islam (1995) schließt seine Arbeit an die Untersuchung von Mankiw, Romer und Weil (1992) an. Jedoch führt er eine Paneldatenanalyse für die gleichen drei Ländergruppen bestehend aus 96 NONOIL, 74 INTER und 22 OECD Ländern durch. Der Vorteil dieses Ansatzes liegt darin, dass für unbeobachtbare, länderspezifische Effekte mit Hilfe von fixen Effekten kontrolliert werden kann. Zudem trifft Islam ebenso wie Mankiw, Romer und Weil die Annahme, dass die TFP-Wachstumsrate in allen Ländern gleich sind. Demgegenüber lässt er zu, dass das Anfangsniveau der TFP zwischen den Ländern variieren kann.

Die Ergebnisse dieses Ansatzes zeigen, dass die Konvergenzgeschwindigkeit mit 6 Prozent höher ist und die Produktionselastizität des Kapitals niedriger ausfällt. Islam führt diese realistischeren Ergebnisse darauf zurück, dass nun mit Hilfe der fixen Effekte für die Verzerrung aufgrund von ausgelassenen Variablen (*omitted variable bias*) kontrolliert werden konnte. Diese Verzerrung kann ganz allgemein auf alle Einflüsse zurückgeführt werden, die nicht beobachtet und demnach in einer Querschnittsregression nicht berücksichtigt werden können. Insbesondere das Produktivitätsniveau (A) wird in einer Querschnittsregression aufgrund seiner nicht Beobachtbarkeit weggelassen bzw. ist im Fehlerterm enthalten. Die Regressionsergebnisse sind dann verzerrt, da die verwendeten erklä-

---

38 Humankapital wird hier gemessen mit Hilfe des Anfangsniveaus des sekundären Schulbesuchs (Bildung) und der Lebenserwartung (Gesundheit).

39 Barro, Robert; Lee, Jong-Wha (1994), Losers and Winners in Economic Growth, in: Proceedings of the World Bank Annual Conference on Development Economics 1993, Washington D.C., S. 267-297.

renden Variablen ebenfalls den Einfluss der ausgelassenen erklärenden Variablen widerspiegeln können. Die Verzerrung ist umso größer, je mehr die ausgelassene Variable mit einer der übrigen erklärenden Variablen kollinear ist.

Islam kommt zu dem Ergebnis, dass Unterschiede im Produktivitätsniveau einen großen Einfluss auf die persistenten Unterschiede in den Einkommensniveaus der Länder haben. Eine Verbesserung des Produktivitätsniveaus führt direkt zu einer Verbesserung der ökonomischen Situation. Der Autor weist aber darauf hin, dass seine Untersuchung zwar zu dem Ergebnis geführt hat, dass eine raschere Konvergenz stattfindet, jedoch handelt es sich hierbei lediglich um bedingte Konvergenz. Die Länder gleichen sich demnach nicht an ein gemeinsames Einkommensniveau an, sondern jedes Land konvergiert an sein eigenes langfristiges Wachstumsgleichgewicht.

Schließlich führt die Aufnahme des Humankapitals als Kontrollvariable zu keinem signifikanten Ergebnis in den Ländergruppen. Islam führt dies sowohl auf die schlechte Messbarkeit des Humankapitalstocks als auch auf die nicht eindeutige Wirkungsweise des Humankapitals im Catching-up Prozess zurück.[40]

Ebenso kritisieren *Caselli, Esquivel und Lefort (1996)* in ihrem Ansatz die übliche Vorgehensweise einer Querschnittsanalyse zum Konvergenzverhalten von Ländern. Sie werfen den meisten Studien zwei Fehler vor. Demnach vernachlässigen die meisten Studien länderspezifische Unterschiede hinsichtlich der Technologie und der Präferenzen, was zu einer – wie von Islam bereits beobachteten – Verzerrung aufgrund von ausgelassenen Variablen führt. Darüber hinaus wird in den meisten Studien die Problematik der Endogenität zwar teilweise angedacht, aber in der empirischen Analyse oftmals vernachlässigt, was ebenfalls die Ergebnisse in Wachstumsanalysen verzerrt. Die drei Autoren lösen diese Problematik, indem sie ein dynamisches Modell (GMM-Estimator) für ihre Paneldaten verwenden. Zusätzlich bilden sie die ersten Differenzen und instrumentieren die erklärenden Variablen, indem sie diese mit einer zeitlichen Verzögerung von einem Jahr in die Regression aufnehmen. Auf diese Weise möchten sie der Verzerrung aufgrund von ausgelassenen Variablen sowie der Endogenität vorbeugen. Sie überprüfen zunächst die Aussagekraft des Solow Modells und kommen zu anderen Ergebnissen als Mankiw, Romer und Weil (1992). Letztere hatten das einfache Modell (ohne Humankapital) abgelehnt, da die Produktionselastizität des Kapitals zu hoch war. Demgegenüber schätzen Caselli, Esquivel und Lefort im einfachen Solow Modell eine Produktionselastizität von lediglich 10 Prozent, weshalb sie das Modell aufgrund der geringen Produktionselastizität ebenfalls ablehnen. Sie weisen aber auch das erweiterte Modell zurück, da die Produktionselastizität des Kapitals nun noch niedriger ausfällt.

40 Vgl. Islam, Nazrul (1995), Growth Empirics: A Panel Data Approach, in: Quarterly Journal of Economics, 110(4), S. 1127-1170.

Zur Analyse der β-Konvergenz verwenden sie die gleichen Spezifikationen wie Barro und Lee (1994) und kommen auch hier zu anderen Ergebnissen. Ihre Konvergenzrate beträgt 10 Prozent. Sie schließen daraus, dass sich die meisten Länder in der Nähe ihres Steady-State-Niveaus befinden, und die Unterschiede in den Einkommensniveaus auf unterschiedliche Steady-States zurückgeführt werden können. Diese Unterschiede scheinen stark von der verwendeten Technologie beeinflusst zu werden.[41]

3.2 Untersuchungen zur Konvergenz von Regionen

Neben Untersuchungen zur Konvergenz von Ländern wurden auch viele Analysen hinsichtlich der Konvergenz von Regionen eines Landes oder einer Ländergruppe (etwa Europa) unternommen. Die Annahme bezüglich gleicher Steady-States und der daraus resultierenden absoluten Konvergenz ist bei Regionen eines Landes weitaus realistischer als bei unterschiedlichen Nationen.

In ihrer 1991 erschienen Untersuchung analysieren *Barro und Sala-i-Martin* zunächst 47 US-amerikanischen Staaten und die vier Regionen East, South, West und Midwest auf β- sowie auf σ-Konvergenz des Einkommens im Zeitraum von 1880 bis 1988. Sie leiten die Konvergenzgleichung formal aus der neoklassischen Wachstumstheorie ab, wobei sie das Cass-Koopmans Modell mit der neoklassischen Wachstumstheorie kombinieren.

Für die US-amerikanischen Staaten schätzen sie zunächst Querschnittsregressionen für verschiedene Subperioden[42]. Erst nach Aufnahme von regionalen Dummies und einer Kontrollvariablen für die Sektorstruktur[43] neben dem Startniveau des Einkommens ist der β-Koeffizient vergleichsweise konstant in den Subperioden.

Hinsichtlich der σ-Konvergenz stellen die Autoren eine Angleichung der Einkommen zwischen den US-amerikanischen Staaten fest. Ein temporärer Anstieg des Variationskoeffizienten in den 1920er und 1970er Jahren kann auf einen Schock in der Landwirtschaft bzw. den Ölpreisschock zurückgeführt werden, welche die Staaten unterschiedlich hart getroffen haben. Zudem findet eine Angleichung der vier Regionen East, South, West und Midwest sowie eine Konvergenz innerhalb der vier Regionen im Zeitablauf statt.

41 Vgl. Caselli, Francesco; Esquivel, Gerardo; Lefort, Fernando (1996), Reopening the Convergence Debate: A new Look at Cross-Country Growth Empirics, in: Journal of Economic Growth, 1(3), S. 363-389.

42 Diese sind 1880-1900, 1900-20, 1920-30, 1930-40, 1940-50, 1950-60, 1960-70, 1970-80 und 1980 bis 1988.

43 Einkommen aus dem Agrarsektor sowie Einkommen aus den 9 größten Sektoren.

Darüber hinaus betrachten die Autoren den Zusammenhang zwischen Migration und Wachstum. Es zeigt sich, dass Menschen zum einen wärmere Staaten bevorzugen und höhere Pro-Kopf-Einkommen zu höherer Immigration führen. Jedoch kann Migration nur einen geringen Teil der β-Konvergenz erklären.

Ferner untersuchen sie die Entwicklung des Bruttonationalproduktes in den US-amerikanischen Staaten im Zeitraum von 1963 bis 1986. Auch hier erhalten die Autoren robuste Ergebnisse für den β-Koeffizienten in den Subperioden[44], wenn sie regionale Dummies einführen und für die Wirtschaftsstruktur kontrollieren.

Im letzten Teil ihrer Untersuchung analysieren Barro und Sala-i-Martin die Entwicklung des Bruttoinlandsproduktes in 73 Regionen von sieben europäischen Ländern[45] im Zeitraum von 1950 bis 1985. Sie unterteilen den Zeitraum abermals in Subperioden[46]. Die Analyse der β-Konvergenz ergibt in der letzten Variante, wenn Dummies für die Länder hinzugefügt werden und für die Wirtschaftsstruktur[47] kontrolliert wird, dass der geschätzte β-Koeffizient stabil über alle Subperioden ist. Die europäischen Regionen weisen eine ähnlich hohe Konvergenzgeschwindigkeit auf wie die US-amerikanischen Regionen. Die Schätzung des β-Koeffizienten für die jeweiligen Länder zeigt, dass Deutschland mit einer Konvergenzgeschwindigkeit von 2 Prozent im Mittelfeld der europäischen Länder liegt. Hinsichtlich der σ-Konvergenz stellen die Autoren eine Angleichung der Regionen innerhalb der jeweiligen Länder fest. Insbesondere die Betrachtung der vier großen europäischen Länder Deutschland, Großbritannien, Italien und Frankreich zeigt, dass Italien die höchste und Deutschland die zweithöchste Streuung des BIP pro Kopf aufweisen. Im Jahr 1985 hat in Italien $\sigma = 0{,}26$, in Deutschland $\sigma = 0{,}2$, in Frankreich $\sigma = 0{,}15$ und in Großbritannien $\sigma = 0{,}1$ betragen. Im Vergleich hierzu wiesen die USA ein $\sigma = 0{,}15$ auf. Auch wenn die Streuung des Einkommens in den Regionen der betrachteten Länder beispielsweise in Italien hoch ist, kommen die Autoren zu dem Ergebnis, dass diese Unterschiede nicht bestehen bleiben, sondern es zu einer Angleichung kommen wird, wie die Analyse der σ- und β-Konvergenz für die europäischen Regionen gezeigt hat. Die Untersuchung hat zudem ergeben, dass gerade Regionen eines Landes ähnliche Steady-State-Niveaus aufweisen. Im Hinblick auf das wiedervereinigte Deutschland weisen Barro und Sala-i-Martin darauf hin, dass sich die

44 Diese sind 1963-69, 1969-75, 1975-81, 1981-86.

45 Hierzu zählen Deutschland, Großbritannien, Italien, Frankreich, Niederlande, Belgien und Dänemark.

46 1950-60, 1960-70, 1970-80 und 1980-85.

47 Gemessen mit Hilfe des Beschäftigtenanteils in der Landwirtschaft und im produzierenden Gewerbe.

Einkommenslücke zwischen West- und Ostdeutschland bei einer Konvergenzgeschwindigkeit von 2 Prozent in 35 Jahren lediglich halbieren wird. Von einer kurzfristigen Angleichung kann in diesem Zusammenhang also nicht gesprochen werden.[48]

Sala-i-Martin (1996) widerlegt in dieser Studie alle Einwände gegen die zuvor beobachtete β- und σ-Konvergenz in den amerikanischen, japanischen und europäischen Regionen. Demnach konvergieren die unterschiedlichen Regionen alle mit einer ähnlichen Rate von 2 Prozent. Diese Konvergenzgeschwindigkeit kann dem Autor zufolge weder auf Messfehler, noch auf Preisniveaukonvergenz, noch auf Random Walks (Nicht-Stationarität), noch auf regionale Verteilungspolitik der Regierungen zurückgeführt werden. Schließlich kommt nach Sala-i-Martin das neoklassische Wachstumsmodell mit vollständiger oder teilweiser Kapitalmobilität und einem um Humankapital erweiterten Kapitalbegriff den empirischen Ergebnissen am nächsten.[49]

Evans und Karras (1996) untersuchen die 48 US-amerikanischen Staaten auf Konvergenz im Zeitraum von 1970 bis 1986. In diesem Zeitreihenansatz konvergieren zwei Länder i und j, wenn die Differenz des logarithmierten Outputs (y_{it} - y_{jt}) für jedes Paar (i, j) stationär[50] ist. Absolute Konvergenz liegt dann vor, wenn der unbedingte Mittelwert aus (y_{it} - y_{jt}) für jedes Paar (i, j) gleich Null ist. Die Stationarität wird anschließend mit Einheitswurzeltests untersucht. Die Autoren untersuchen insbesondere das Technologieniveau, die Kapitalquote sowie die Kapitalrendite. Sie kommen zu dem Ergebnis, dass sich die Steady-State-Niveaus der US-Staaten unterscheiden und es im Gegensatz zu den Ergebnissen von Barro und Sala-i-Martin (1991) zu bedingter und nicht zu absoluter Konvergenz der US-amerikanischen Staaten kommt. [51]

3.3 Untersuchungen zur Konvergenz deutscher Regionen

Schließlich wird in diversen Studien die Konvergenz bzw. Divergenz von (west-) deutschen Regionen analysiert.

48 Vgl. Barro, Robert; Sala-i-Martin, Xavier (1991), Convergence across States and Regions, in: Brookings Papers on Economic Activity, 22(1), S. 107-158.

49 Vgl. Sala-i-Martin, Xavier (1996), Regional cohesion: Evidence and theories of regional growth and convergence, in: European Economic Review, 40(6), S. 1325-1352.

50 Eine Zeitreihe ist stationär, wenn die statistischen Eigenschaften wie Erwartungswert, Varianz und Kovarianz im Zeitablauf unverändert bleiben.

51 Vgl. Evans, Paul; Karras, Georgios (1996), Do economies converge? Evidence from a panel of U.S. states, in: Review of Economics and Statistics, 78(3), S. 384-388.

Seitz (1995) untersucht zunächst, ob β-Konvergenz des Wachstums der Bruttowertschöpfung pro Kopf zwischen den 328 westdeutschen Kreisen sowie den 167 Arbeitsmarktregionen von 1980 bis 1990 vorlag. In seiner Regressionsanalyse, die sich auf ein um Humankapital erweitertes Solow-Modell stützt, kontrolliert er für die Industriestruktur (Beschäftigtenanteile in 16 Sektoren)[52], das Humankapital (Beschäftigte ohne abgeschlossene Berufsausbildung, mit Berufsausbildung und mit FH- bzw. Uni-Abschluss) sowie die Investitionsaktivitäten (Investitionen je Beschäftigter) in den Regionen. Seitz kommt zu dem Ergebnis, dass zwar eine signifikante aber langsame Konvergenz zwischen den westdeutschen Regionen stattfindet. Insbesondere Regionen mit einem hohen Anteil an Humankapital können höhere Wachstumsraten realisieren.

Darüber hinaus untersucht Seitz die drei Regionstypen Stadtregionen, Umlandregionen sowie ländliche Regionen, zwischen denen große Unterschiede bestehen, wobei Stadtregionen untereinander sowie Umlandregionen untereinander konvergieren. Demgegenüber sind ländliche Regionen sehr heterogen und eine Konvergenz findet hier nur sehr langsam statt. Demnach bilden die ländlichen Regionen keinen Konvergenzclub.

Zudem analysiert Seitz die regionale Angleichung der Lohnquote für verschiedene Qualifikationsstufen. Er kommt zu dem Schluss, dass insbesondere Löhne für hoch qualifizierte Arbeitskräfte schneller konvergieren als für gering qualifizierte Arbeitskräfte. Seitz führt dies zum Teil auf die tendenziell höhere Mobilität besser qualifizierter Arbeitskräfte zurück.[53]

Herz und Röger (1995) untersuchen ebenfalls im Rahmen einer Querschnittsregression die regionale β-Konvergenz der 75 westdeutschen Raumordnungsregionen im Zeitraum von 1957 bis 1988. Sie finden klare Hinweise darauf, dass bedingte β-Konvergenz mit einer Geschwindigkeit von 4 Prozent in den untersuchten Regionen im Betrachtungszeitraum vorliegt. In ihrer Regressionsanalyse kontrollieren die Autoren für Humankapital, die Anfangsausstattung an Ressourcen sowie für die Technologie zu Beginn des Betrachtungszeitraums. Das Humankapital messen sie mit dem Anteil der Personen mit Abitur. Um für die Anfangsausstattung mit Ressourcen und des technologischen Niveaus zu kontrollieren, konstruieren die Autoren Dummies, indem sie die Regionen hinsichtlich ihres Anfangsniveaus des Pro-Kopf-Einkommens unterteilen und annehmen, dass das technologische Niveau sowie die Ressourcenausstattung positiv die Anfangsunterschiede in den Pro-Kopf-Einkommen beeinflussen. Somit umfasst der

---

52 Hierzu zählen Landwirtschaft, Energie, Bergbau, Chemie, Eisen und Stahl, Maschinen und Fahrzeuge, Elektro, Holz, Leder und Textil, Nahrung, Bau, Handel, Verkehr, Banken und Versicherungen, sonstige Dienstleistungen und Staat.

53 Vgl. Seitz, Helmut (1995), Konvergenz: Theoretisches Aspekte und empirische Befunde für westdeutsche Regionen, in: Konjunkturpolitik, 41(2), S. 168-198.

erste Dummy 25 Regionen mit niedrigem Pro-Kopf-Einkommen und der zweite Dummy jene Regionen mit mittlerem Pro-Kopf-Einkommen im Jahr 1957. In dieser Untersuchung ist die Konvergenzgeschwindigkeit im Zeitraum von 1957 bis 1970 höher als von 1970 bis 1988.[54]

Bohl (1998) kritisiert ebenfalls die Methode der Querschnittsanalyse zur Untersuchung von absoluter und bedingter β-Konvergenz. Er hingegen untersucht die Konvergenz der deutschen Bundesländer auf der Basis von Panel-Einheitswurzeltests, einem Ansatz wie ihn bereits Evans und Karras (1996) verwendet haben. Bohl kommt zu dem Ergebnis, dass eine Einheitswurzel vorliegt und die Daten demnach nicht stationär sind. Somit ist es im Zeitraum von 1960 bis 1994 zu keiner Angleichung des realen BIP pro Kopf in den westdeutschen Bundesländern gekommen. Bohl vermutet zudem, dass die Unterschiede im Pro-Kopf-Output auch in Zukunft bestehen werden.[55]

Buscher, Felder und Steiner (1999) untersuchen in ihrer Arbeit das Wirtschaftswachstum der westdeutschen Bundesländer von 1970 bis 1996 ebenfalls auf Konvergenz. Die Autoren stellen weder einen Konvergenz- noch einen Divergenzprozess fest. Tendenziell konnten im Betrachtungszeitraum zurückliegende Länder wie Rheinland-Pfalz, Schleswig-Holstein, das Saarland und Niedersachsen nicht zu den führenden Bundesländern wie Hamburg und Bremen aufschließen. Gleichwohl zeigten Hessen und Bayern eine überdurchschnittliche Entwicklung. Verlierer dieser Zeit war Nordrhein-Westfalen aufgrund seiner nachteiligen Industriestruktur. Hinsichtlich des Konvergenzprozesses zwischen Ost- und Westdeutschland sind die Autoren skeptisch und glauben nicht, dass es in den nächsten 20 Jahren zu einer Angleichung kommen wird. Die Autoren sind zudem der Meinung, dass die nominalen Konvergenzkriterien zwischen den Mitgliedstaaten der Europäischen Währungsunion nicht ausreichen, um eine reale Konvergenz zu gewährleisten. Jedoch zeigen die Ergebnisse zur (ausbleibenden) Konvergenz der Bundesländer auch, dass einheitliche Gesetze und Besteuerung sowie ein einheitliches Sozialversicherungssystem keine Garantie dafür sind, dass es zu einer realen Konvergenz zwischen den Staaten der EWU kommt.[56]

Einen weiteren Standpunkt nimmt die Arbeit von *Kellermann (1998)* ein. Sie geht der Frage nach, ob die regionale Konvergenz der Arbeitsproduktivität durch finanzpolitische Eingriffe beeinflusst werden kann. Die Autorin kommt in ihrer Paneldatenanalyse für die westdeutschen Bundesländer im Zeitraum von 1950 bis

---

54 Vgl. Herz, Bernhard; Röger, Werner (1995), Economic Growth and Convergence in Germany, in: Weltwirtschaftliches Archiv, 131(1), S. 132-143.

55 See Bohl, Martin (1998): Konvergenz westdeutscher Regionen? Neue empirische Ergebnisse auf Basis von Panel-Einheitswurzeltests, in: Konjunkturpolitik, 44(1), S. 82 – 99.

56 Vgl. Buscher, Herbert; Felder, Johannes; Steiner, Viktor (1999), Regional Convergence and Economic Performance. A case study of West German Laender (Center for European Economic Research (ZEW)).

1993 zu dem Ergebnis: „*Die Abnahme des Variationskoeffizienten im Zeitablauf zeigt σ-Konvergenz an.*"[57]

Darüber hinaus untersucht sie die β-Konvergenz der Arbeitsproduktivität in der Industrie der westdeutschen Bundesländer mit Hilfe eines Solow Modells, das um öffentliche Inputfaktoren sowie Besteuerung erweitert wurde. Sie findet ebenfalls eine Konvergenzgeschwindigkeit von 2 Prozent von 1970 bis 1993. Ihre Ergebnisse zeigen zudem, dass öffentliche Inputfaktoren einen positiven und Besteuerung einen negativen Einfluss auf das Wachstum der Arbeitsproduktivität ausüben.[58]

Funke und Strulik (1999) verwenden sowohl einen Querschnitts- als auch einen Pandeldatenansatz und führen einen Panel-Einheitswurzeltest zur Analyse der Konvergenz durch. Sie finden für den Zeitraum von 1970 bis 1994 zwar bedingte β-Konvergenz für die westdeutschen Bundesländer, aber gleichwohl persistente Unterschiede in den regionalen Steady-States. In ihrer Studie ist abermals Hessen der Gewinner im Konvergenzprozess. Die Autoren merken an, dass der Länderfinanzausgleich, der eigentlich zur Reduzierung regionaler Unterschiede eingeführt wurde, nicht angemessen wirkt. Darüber hinaus prophezeien die Autoren im Hinblick auf die europäische Integration, dass erfolgreiche Cluster zwar über einen langen Zeitraum bestehen werden, aber dass Regionen außerhalb eines solchen Clusters wirtschaftlich rückständig bleiben werden.[59]

Jungmittag (2007) zeigt für den Zeitraum von 1995 bis 2001, dass die herrschenden Unterschiede hinsichtlich der Pro-Kopf-Einkommen und der Arbeitsproduktivität zwischen den Bundesländern auf Unterschiede der totalen Faktorproduktivität zurückgeführt werden können. Hierzu benutzt er den outputorientierten Malmquist-Index, um Innovationen und Aufholprozesse im Zeitablauf zu identifizieren. Anschließend untersucht Jungmittag mit Hilfe einer Korrelationsanalyse, inwiefern die unterschiedlichen Wachstumsraten der totalen Faktorproduktivität auf Unterschiede hinsichtlich der Innovationsaktivität sowie der sektoralen Beschäftigungsstruktur zurückgeführt werden können. Die Innovationsaktivitäten misst Jungmittag mit Hilfe von Innovationsinputindikatoren wie dem Anteil der F&E-Ausgaben und dem F&E-Personal sowie Innovationsoutputindikatoren

---

57 Kellermann, Kersten (1998), Die interregionale Konvergenz der Arbeitsproduktivität: eine Analyse unter besonderer Berücksichtigung von öffentlichen Inputfaktoren und des Finanzausgleichs, Berlin, S. 98. Kellermann geht jedoch nicht darauf ein, dass der Variationskoeffizient insbesondere bis Mitte der 1960er Jahre sinkt und anschließend bis 1986 zwar schwankt, es aber zu keiner weiteren Konvergenz kommt. Zwischen 1986 und 1988 nimmt der Koeffizient nochmals leicht ab. Doch auch zwischen 1988 und 1993 kann von keiner weiteren Konvergenz gesprochen werden.

58 Vgl. Kellermann (1998).

59 Vgl. Funke, Michael; Strulik, Holger (1999), Regional Growth in West Germany: convergence or divergence?, in: Economic Modelling, 16(4), S. 489-502.

wie den Patentanmeldung beim Europäischen Patentamt. Er kommt in seiner Untersuchung zu dem Ergebnis, dass die Wachstums- und Niveauunterschiede der Pro-Kopf-Einommen und der Arbeitsproduktivität weniger durch Unterschiede der Kapitalintensität, sondern vielmehr durch Differenzen der totalen Faktorproduktivität hervorgerufen werden, die zu einer weiteren Divergenz der Bundesländer führen können. Zudem scheinen die Wachstumsraten der totalen Faktorproduktivität mit der Innovationsaktivität sowie der Spezialisierung auf technologie- und wissensintensive Sektoren korreliert zu sein.[60]

Schließlich untersuchen Döring, Blume und Türck (2008) in ihrer Querschnittsuntersuchung, ob die Wirtschaftspolitik der Bundesländer tatsächlich für die unterschiedliche wirtschaftliche Leistungskraft der Bundesländer verantwortlich ist oder ob andere langfristige und wenig beeinflussbare Faktoren größere Einflusskraft besitzen. Die Autoren kommen zu dem Ergebnis, dass mit 72 Prozent der größte Teil der wirtschaftlichen Leistungsfähigkeit der Bundesländer durch langfristige Faktoren wie die geografische Lage, die Siedlungsstruktur, die Einstellung der Bevölkerung (Sozialkapital) und die Sektoralstruktur erklärt werden und somit auf die Pfadabhängigkeit zurückgeführt werden kann. Folglich bleibt der Wirtschaftspolitik, die meist nur kurz- und mittelfristig ausgerichtet ist, nur ein geringer Einfluss auf den wirtschaftlichen Erfolg der Bundesländer.[61]

3.4 Zwischenfazit zur empirischen Konvergenzforschung

Der Literaturüberblick zur empirischen Konvergenzforschung hat gezeigt, dass absolute Konvergenz gemessen mit Hilfe der β-Konvergenz der Pro-Kopf-Einkommen bestenfalls zwischen bereits industrialisierten Nationen oder Regionen eines Landes vorzufinden ist. Werden demgegenüber heterogene Ländergruppen untersucht, dann liegt höchstens bedingte Konvergenz vor: Die Länder konvergieren nur dann, wenn für Einflussgrößen wie beispielsweise das Bevölkerungswachstum, die Sparquote, das Humankapital oder die Institutionen kontrolliert wird. Dabei nähert sich jedes Land bei der bedingten Konvergenz an sein eigenes langfristiges Wachstumsgleichgewicht an, ohne dass es zu einer Angleichung der

60 Vgl. Jungmittag, Andre (2007), Innovationen, Beschäftigungsstruktur und Wachstum der totalen Faktorproduktivität. Eine Data Envelopment und Korrelationsanalyse für die deutschen Bundesländer, in: Jahrbuch für Regionalwissenschaft, 27(2), S. 143-170.

61 Vgl. Döring, Thomas; Blume, Lorenz; Türck, Matthias (2008), Ursachen der unterschiedlichen Wirtschaftskraft der deutschen Länder. Gute Politik oder Resultat günstiger Rahmenbedingungen? Baden-Baden.

Pro-Kopf-Einkommen zwischen diesen Ländern kommen muss. Somit können große Unterschiede zwischen den Ländern bestehen bleiben, auch wenn bedingte Konvergenz stattfindet.

Darüber hinaus haben die empirischen Studien etwa von Evans und Karras (1996), Bohl (1998) oder Funke und Strulik (1999) gezeigt, dass Querschnittsuntersuchungen zur langfristigen Analyse der Konvergenz unangemessen sind, da dynamische Entwicklungen im Zeitablauf nicht nachverfolgt werden und zudem nicht für länderspezifische Unterschiede etwa in der Technologie oder in den Präferenzen kontrolliert werden können. Letzteres führt zu einer Verzerrung der Ergebnisse aufgrund von ausgelassenen Variablen (*omitted variable bias*).

Aus diesem Grund wird in der vorliegenden Analyse ein Paneldatenansatz gewählt. Zum einen kann für die Analyse der Konvergenz der westdeutschen Bundesländer die σ-Konvergenz bestimmt werden, wodurch es möglich wird, zu jedem Zeitpunkt einen Vergleich der Bundesländer vorzunehmen und ein Urteil über ihre Konvergenz bzw. Divergenz zu fällen. Ein Vergleich eines Anfangszeitpunktes mit den durchschnittlichen Wachstumsraten des Folgezeitraumes, wie dies im Falle der β-Konvergenz getan wird, besitzt weit weniger Informationsgehalt.

Zum anderen wird in der späteren Regressionsanalyse ein Paneldatenansatz gewählt, um nicht nur für länderspezifische Besonderheiten zu kontrollieren, sondern auch um dynamische Entwicklungen über die Zeit modellieren zu können. Zudem wird die Problematik der Endogenität erörtert und es werden mögliche Lösungsansätze aufgezeigt. Auf die generelle Vernachlässigung dieser Problematik hatten bereits Caselli, Esquivel und Lefort (1996) hingewiesen.

Darüber hinaus untersuchen die meisten Studien insbesondere zu deutschen Regionen zwar das Konvergenzverhalten der Bundesländer über einen mehr oder weniger langen Zeitraum, jedoch wird die Frage nach den eigentlichen Ursachen für die beobachtete Entwicklung nicht hinreichend erläutert. Zwar geht Jungmittag (2007) vergleichsweise ausführlich auf die möglichen Ursachen für die Unterschiede in den Bundesländern ein, jedoch umfasst seine Studie lediglich einen kurzen Zeitraum von 1995 bis 2001. Allgemein wird als Ursache für die Unterschiede in den Pro-Kopf-Einkommen (bzw. der Arbeitsproduktivität) die Produktivität genannt. Doch was sich genau hinter dieser Größe verbirgt, wird kaum weiter hinterfragt.

Das Ziel der vorliegenden Arbeit ist nicht nur zu zeigen, wann es im Zeitraum von 1950 bis 1990 zu einer Angleichung im Pro-Kopf-Einkommen der Bundesländer gekommen ist. Vielmehr wird der Frage nachgegangen, welche Faktoren überhaupt für die Entwicklung der Pro-Kopf-Einkommen verantwortlich sind und somit die mögliche Konvergenz bzw. Divergenz der westdeutschen Bundesländer erklären können.

Der hier verwendete Paneldatensatz hat zudem die Vorteile, dass für länderspezifische Effekte kontrolliert und zudem die Dynamik der wirtschaftlichen Entwicklung im gesamten Betrachtungszeitraum berücksichtigt werden kann.

In der folgenden empirischen Analyse der westdeutschen Bundesländer wird zunächst eingehend die Entwicklung sowie die mögliche Angleichung der Pro-Kopf-Einkommen untersucht.

4 Empirische Konvergenzanalyse: Die wirtschaftliche Entwicklung der westdeutschen Bundesländer, 1950-90

In diesem Kapitel wird die Entwicklung der Pro-Kopf-Einkommen der westdeutschen Bundesländer untersucht. In einem ersten Schritt wird das Startniveau der Pro-Kopf-Einkommen im Jahr 1950 betrachtet und mögliche Ursachen für die Startunterschiede zwischen den Bundesländern diskutiert. Anschließend wird die Entwicklung der Pro-Kopf-Einkommen sowie der σ-Konvergenz über den gesamten Betrachtungszeitraum analysiert.

4.1 Die Startbedingung: Die Pro-Kopf-Einkommen der Bundesländer im Jahr 1950

Bereits zu Beginn des Betrachtungszeitraums lagen Unterschiede in den Pro-Kopf-Einkommen vor. Die nachstehende Tabelle gibt die Rangfolge der Bundesländer im Jahr 1950 hinsichtlich der Pro-Kopf-Einkommen gemessen mit Hilfe des BIP pro Kopf in Preisen von 1995 wieder (Spalte I). Zudem wurde das reale BIP pro Kopf der einzelnen Bundesländer ins Verhältnis zum realen BIP pro Kopf von Hamburg gesetzt (Spalte II). Demnach hatte Hamburg ein Pro-Kopf-Einkommen von 100 (Prozent) und die übrigen Bundesländer entsprechend weniger.

Hinsichtlich der Interpretation dieser Zahlen muss jedoch berücksichtigt werden, dass die Stadtstaaten strukturelle Besonderheiten besitzen, die sie von den übrigen Flächenstaaten unterscheiden. Bei Stadtstaaten handelt es sich um Regionen mit hoher Wirtschafts- und Steuerkraft, die über eine überdurchschnittlich hohe Arbeitsplatzdichte und über eine hohe Wertschöpfung verfügen. Die Stadtstaaten besitzen keine peripheren Regionen, die die durchschnittliche wirtschaftliche Leistungskraft mindern, wie dies in den übrigen Flächenstaaten der Fall ist. Zudem besteht zumindest für die Stadtstaaten Hamburg und Bremen eine starke wirtschaftliche Verflechtung mit dem Umland. Berlin verfügt aufgrund seiner peripheren und abgeschnittenen Lage nicht über diese Verflechtung.[62] Folglich werden in Stadtstaaten wie Bremen und Hamburg Erwerbstätige aus dem Umland angezogen, die zwar zur Erwirtschaftung des Einkommens in den Stadt-

62 Vgl. Heinemann, André (2005), Die Wirtschaftskraft der Stadtstaaten im Vergleich mit Großstädten, Bremer Diskussionsbeiträge zur Finanzpolitik, S. 3.

Tabelle 3 Rangfolge im BIP pro Kopf der Bundesländer in DM in Preisen von 1995 für das Jahr 1950

Platz	Bundesland	I	II
		BIP pro Kopf	Hamburg = 100
1	Hamburg	14.372	100
2	Bremen	12.298	86
3	Nordrhein-Westfalen	9.316	65
4	Baden-Württemberg	8.096	56
5	Hessen	7.713	54
6	Berlin	6.849	48
7	Bayern	6.736	47
8	Rheinland-Pfalz	6.596	46
9	Niedersachsen	6.338	44
10	Schleswig-Holstein	5.664	39
11	Saarland	–	–

Quelle: Eigene Berechnungen auf Basis von Tabelle 64.

staaten beitragen, aber ihren Wohnsitz im Umland haben. Dies führt zu einer Erhöhung der Pro-Kopf-Wertschöpfung in den Stadtstaaten und einer Minderung der Pro-Kopf-Wertschöpfung in den angrenzenden Bundesländern wie Schleswig-Holstein und Niedersachsen. Schließlich besitzen Stadtstaaten meist einen überdurchschnittlich hohen Anteil an Beschäftigten im Dienstleistungssektor. Bereits 1950 lag der Anteil der Erwerbspersonen im Dienstleistungsbereich in Bremen bei knapp 55 Prozent und in Hamburg bei 60 Prozent.[63] Zum Vergleich lag der Erwerbspersonenanteil des tertiären Sektors in den übrigen Bundesländern bei durchschnittlich 33 Prozent. Folglich hat der überdurchschnittliche wirtschaftliche Erfolg der Stadtstaaten auch immer seine Ursachen in den strukturellen Besonderheiten. Berlin als Stadtstaat kann, wie bereits erwähnt, hiervon aufgrund seiner isolierten Lage nicht in gleichem Maße profitieren wie Hamburg und Bremen. Diese Sonderstellung Berlins wird in der folgenden Untersuchung immer wieder deutlich.

Die Tabelle 3 zeigt die Unterschiede in den Pro-Kopf-Einkommen der Bundesländer im Jahr 1950.[64] Demnach verfügten 1950 die Stadtstaaten Hamburg mit 14.372 (HH = 100) und Bremen mit 12.298 DM (HB = 86) über die höchsten Pro-Kopf-Einkommen. Es folgte Nordrhein-Westfalen mit einem realen BIP pro Kopf

---

63 Vgl. Kommission der europäischen Gemeinschaft (1969), Regionale Entwicklung der landwirtschaftlichen Erwerbsbevölkerung, Teil 2 BR Deutschland, Brüssel, S. 42.

64 Für das Saarland liegen Daten ab 1954 vor.

von 9.316 DM (NRW = 65). Zu diesem Zeitpunkt zählte Nordrhein-Westfalen noch zu den wohlhabenden westdeutschen Bundesländern. Dieser Spitzengruppe folgten Baden-Württemberg und Hessen mit jeweils 8.096 (BW = 56) und 7.713 DM (HE = 54). Schließlich besaßen Berlin, Bayern, Rheinland-Pfalz und Niedersachsen mit 6.849 (BE = 48), 6.736 (BA = 47), 6.596 (RP = 46) und 6.338 DM (NS = 44) über weniger als die Hälfte des Pro-Kopf-Einkommens von Hamburg. Das Schlusslicht bildete 1950 Schleswig-Holstein mit einem realen BIP pro Kopf von 5.664 DM, was lediglich 39 Prozent des hamburgischen Pro-Kopf-Einkommens entsprach. Werden die Stadtstaaten von dieser Betrachtung einmal ausgeschlossen, dann besaß Schleswig-Holstein knapp 61 Prozent des Pro-Kopf-Einkommens von Nordrhein-Westfalen. Es lagen folglich bedeutende Unterschiede in den Pro-Kopf-Einkommen zwischen allen Bundesländern sowie zwischen den Flächenstaaten vor.

4.2 Die Ursachen für die Startunterschiede in den Pro-Kopf-Einkommen im Jahr 1950

Wie können diese unterschiedlichen Niveaus im Pro-Kopf-Einkommen der Bundesländer im Jahr 1950 erklärt werden? Zur Beantwortung dieser Frage kann die einfache Cobb-Douglas Produktionsfunktion, die den funktionellen Zusammenhang zwischen dem Output (Y), der Arbeit (L), dem Kapital (K) sowie der Produktivität (A) wiedergibt, helfen.[65] In intensiver Schreibweise hat sie die folgende Form[66]

$$(2) \quad \frac{Y}{L} = A \cdot \left(\frac{K}{L}\right)^{\kappa}$$

Die Arbeitsproduktivität (Y/L) ergibt sich aus der Produktivität (A) und der Kapitalintensität (K/L). Hierbei gelten weiterhin die Annahmen bezüglich konstanter Skalenerträge, einem abnehmenden Grenzertrag, vollkommener Konkurrenz sowie Hicks-neutraler Produktivitätsveränderung.

Die Gleichung (2) gibt den Output je Erwerbstätigen (Arbeitsproduktivität) wieder. Zur Untersuchung des Pro-Kopf-Einkommens muss diese Gleichung erweitert werden, indem beide Seiten mit dem Quotienten aus Erwerbstätige je Einwohner (Einwohner = E) multipliziert werden. Hieraus ergibt sich die folgende Gleichung:

---

65 Vgl. Solow (1957).

66 Siehe auch Kapitel 2.1.2.

(10) $\frac{Y}{L}\cdot\frac{L}{E}=A\cdot\left(\frac{K}{L}\right)^{\kappa}\cdot\frac{L}{E}=\frac{Y}{E}=A\cdot\left(\frac{K}{L}\right)^{\kappa}\cdot\frac{L}{E}$

Das Pro-Kopf-Einkommen (Y/E) hängt dementsprechend von dem Produktivitätsniveau (A), der Kapitalintensität (K/L) und dem Erwerbstätigenanteil an der Bevölkerung (L/E) ab.

In den folgenden Abschnitten wird der jeweilige Einfluss der drei Faktoren Kapital, Arbeit und Produktivität auf das Pro-Kopf-Einkommen untersucht, um festzustellen, welche dieser Faktoren zu den beobachteten unterschiedlichen Niveaus der Pro-Kopf-Einkommen in den westdeutschen Bundesländern geführt haben können.

4.2.1 Der Einfluss des Produktionsfaktors Kapital auf das Pro-Kopf-Einkommen im Jahr 1950

Unter dem Begriff *Kapital* wird in der volkswirtschaftlichen Gesamtrechnung das Anlagevermögen verstanden. Es wird zwischen dem Brutto- und Netto-Anlagevermögen unterschieden. Zur Bewertung des Brutto-Anlagevermögens wird der Neuwert der Anlagen herangezogen. Demgegenüber wird zur Berechnung des Netto-Anlagevermögens der Zeitwert[67] der Anlagen erfasst. Folglich gibt das Netto-Anlagevermögen die Modernität der Anlagen wieder. Der Bestand des Anlagevermögens im Jahr 1950 wurde durch mehrere Faktoren beeinflusst. Wie bereits im Rahmen des neoklassischen Wachstumsmodells gezeigt wurde, wird das Anlagevermögen durch Investitionen erhöht und durch Alterung bzw. Abschreibung vermindert. Darüber hinaus sind Kriegszerstörung und Demontage, die das Anlagevermögen geschmälert haben, für das Jahr 1950 relevant.

Zur Bestimmung des Kapitalstocks im Jahr 1950 wird zunächst das Ausmaß der Kriegszerstörung durch den Zweiten Weltkrieg betrachtet, das auf unterschiedliche Weise gemessen werden kann. Als Indikatoren lassen sich Trümmerungen, Wohnungsverluste, Grundsteuerausfall und Vermögenssteuerausfall finden.[68]

Einen ersten Maßstab stellt der Trümmerschutt dar, der auf die früheren Einwohner eines Gebietes umgerechnet wird. Problematisch ist hierbei, dass nicht genau festgelegt wurde, was genau zum Trümmerschutt gezählt werden musste. So wurden in einigen Städten lediglich liegende Trümmer erfasst, andere Städte nahmen stehende Trümmer oder zum Abbruch bestimmte Gebäudereste auf.

---

67 Der Zeitwert ist der Wert, der beim gegenwärtigen Verkauf einer Anlage erzielt werden würde.

68 Vgl. Deutscher Städtetag (1949), Statistisches Jahrbuch deutscher Gemeinden, 37. Jahrgang, Berlin, S. 368.

Wieder andere Städte zählten ausbaufähige Gebäudereste und den Schutt beschädigter Gebäude hinzu. Ebenso wurden Kellerfundamente hinzugerechnet oder weggelassen. Es wurde zwischen aufgelockerter (d. h. die aufgelockerte Abfuhr- und Verarbeitungsmenge) und unaufgelockerter Trümmermasse (d.h. die feste Masse an zerstörter Bausubstanz) unterschieden, wobei auch hier die Angaben unterschiedlich exakt waren. Zur Bestimmung des Zerstörungsgrades wird in dieser Arbeit neben anderen Indikatoren die unaufgelockerte Trümmermasse herangezogen.[69]

Bei den Wohnungsverlusten werden entweder zerstörte Wohnungen in Prozent des Wohnungsbestandes eines Basisjahres oder total zerstörte Wohnungen in Prozent der Wohnungen vor der Zerstörung berechnet. Als Grundlage dient hier die Auszählung der Wohnungen aus den Grundstückslisten der Volkszählung des Jahres 1939.

Schließlich kann die Abnahme der Grundsteuer als weiterer Indikator für die Kriegszerstörung herangezogen werden. Dabei muss beachtet werden, dass sich das Grundsteueraufkommen etwa durch Eingemeindungen, eingehende Steuerrückstände aus dem Vorjahr oder durch eine Erhöhung des Hebesatzes hatte verändern können. Zudem konnten die Kriegszerstörung und der Grundsteuerausfall sehr unterschiedlich ausfallen, da Familien beispielsweise übrig gebliebene Kellerräume bewohnten, für die Grundsteuern gezahlt werden mussten. Ebenso waren Wohnungen überbelegt, weswegen keine Grundsteuersenkung gewährt wurde, da das Mietaufkommen unverändert geblieben war. Oder es waren neue Häuser entstanden, die im Vergleichsjahr 1938 noch nicht vorhanden waren. Zudem wurden unterschiedliche Berechnungsfaktoren für die Grundsteuer bei Neu- und Altbauten herangezogen, weswegen die Höhe des Grundsteuerausfalls auch davon abhing, ob Neu- oder Altbauten zerstört wurden.[70]

Der Vermögenssteuerausfall wird hier nicht als Indikator für die Kriegszerstörung herangezogen, da dieser nur im Gebiet der Britischen Besatzungszone erhoben wurde.

Die Tabelle 4 gibt die Werte für die vier Indikatoren der Kriegszerstörung in den Bundesländern wieder. Für Baden-Württemberg wurde der Durchschnitt über die damals noch existierenden drei Landesteile Baden, Württemberg-Baden und Württemberg-Hohenzollern gebildet. Alle Werte stellen nur einen Richtwert dar, da, wie bereits erläutert, eine exakte Bestimmung des Ausmaßes der Kriegszerstörung zur damaligen Zeit nicht möglich war.[71] Nichtsdestotrotz helfen die nachstehenden Indikatoren den Umfang der Kriegszerstörung in den Bundesländern einzuschätzen.

---

69 Vgl. Deutscher Städtetag (1949), S. 361 f.

70 Weitere Faktoren siehe Deutscher Städtetag (1949), S. 370.

71 Vgl. hierzu auch Deutscher Städtetag (1949), S. 361-373.

Um die Situation in den Bundesländern besser vergleichen und somit beurteilen zu können, wird ein Index der Kriegszerstörung gebildet, der die drei Indika-

Tabelle 4 Indikatoren der Kriegszerstörung in den Bundesländern

Jahr 1950	Zerstörte Wohnungen in Prozent des Wohnungsbestandes von 1939	Totalzerstörte Wohnungen in Prozent der Wohnungen vor der Zerstörung	Trümmerungen (unaufgelockert) cbm je Einwohner	Abnahme der Grundsteuer von 1939-46 in Prozent
Baden-Württemberg	25,4*	7,4*	5,5*	–13,9*
Bayern	29,9	12,5	9,9	–30,0
Berlin	37,0	–	12,7	–45,1
Bremen	48,5	41,0	15,5	–37,5
Hamburg	53,5	49,1	20,9	–43,7
Hessen	45,8	13,7	17,8	–44,1
Niedersachsen	37,1	12,0	9,9	–27,1
Nordrhein-Westfalen	45,5	30,0	15,2	–37,5
Rheinland-Pfalz	44,8	16,3	10,4	–37,3
Saarland	–	–	–	–
Schleswig-Holstein	32,1	10,5	8,0	–17,9

Quelle: Deutscher Städtetag (1949), Statistisches Jahrbuch deutscher Gemeinden, 37. Jahrgang, Berlin, S. 361-373.
** Mittelwert aus den drei Gebieten Baden, Württemberg-Hohenzollern und Württemberg-Baden.*

toren zerstörte Wohnungen, Trümmerungen und Abnahme der Grundsteuer umfasst. Der Indikator „totalzerstörte Wohnungen" wird nicht berücksichtigt, da für Berlin kein Wert vorliegt. Da die drei Indikatoren in unterschiedlichen Einheiten gemessen wurden, ist es schwierig diese direkt gegenüberzustellen. Um nun die Einzelindikatoren vergleichbar zu machen, werden die Werte aller Teilindikatoren auf einen Bereich zwischen 0 und 1 normiert. Dies geschieht mit Hilfe der folgenden Formel[72]

$$(11)\quad Norm(K_i) = \frac{K_i - Min(K_i)}{Max(K_i) - Min(K_i)}$$

Hierbei ist K_i der Wert eines Teilindikators im Bundesland i. Max (K_i) und Min (K_i) sind die Mindest- bzw. Höchstwerte eines Teilindikators innerhalb der Gruppe der Bundesländer. Anschließend gehen die drei Indikatoren jeweils mit glei-

72 Vgl. Eicher, Theo u.a. (2008), Institutionen und Wirtschaftswachstum in den OECD Ländern, in: ifo Schnelldienst, 61(11), S. 28.

chem Gewicht in den Index ein. Somit gibt der Wert 1,0 an, dass die größte Zerstörung innerhalb der Bundesländer vorliegt, der Wert 0,0 steht für die geringste Zerstörung. Das Ergebnis dieser Berechnung gibt die folgende Tabelle wieder.

Tabelle 5 Index der Kriegszerstörung der Bundesländer

Bundesland	Index der Kriegszerstörung
Hamburg	0,99
Hessen	0,83
Bremen	0,74
Nordrhein-Westfalen	0,70
Berlin	0,63
Rheinland-Pfalz	0,59
Niedersachsen	0,38
Bayern	0,32
Schleswig-Holstein	0,18
Baden-Württemberg	0,00
Saarland	–

Quelle: Eigene Berechnungen auf Basis von Tabelle 4.

Der Berechnung des Index der Kriegszerstörung zufolge wiesen Hamburg mit 0,99, Hessen mit 0,83 und Bremen mit 0,74 die größte Zerstörung durch den Zweiten Weltkrieg auf. Diesen Ländern folgten Nordrhein-Westfalen (0,70), Berlin (0,63) und Rheinland-Pfalz (0,59). Eine vergleichsweise geringe Zerstörung erlitten die süddeutschen sowie die überwiegend agrarisch geprägten Bundesländer Niedersachsen (0,38), Bayern (0,32), Schleswig-Holstein (0,18) und Baden-Württemberg (0,00). Wird der Index der Kriegszerstörung nun in Zusammenhang mit dem Pro-Kopf-Einkommen der Bundesländer im Jahr 1950 gebracht, so ergibt sich die folgende Abbildung 4. Auf der Abszisse ist der Index der Kriegszerstörung und auf der Ordinate das Pro-Kopf-Einkommen im Jahr 1950 zu sehen.

Die betrachteten Variablen weisen eine positive Korrelation von 0,6381 bei einem Signifikanzniveau von 5 Prozent auf. Dementsprechend waren Länder, die 1950 über ein vergleichsweise hohes Pro-Kopf-Einkommen verfügt haben, stärker von der Kriegszerstörung betroffen als Länder mit einem relativ niedrigen Pro-Kopf-Einkommen.

In diesem Zusammenhang unterscheidet die nachstehende Tabelle 6 nochmals zwischen Regionen innerhalb der Bundesländer und verdeutlicht, dass Ballungsgebiete stärker zerstört wurden als ländliche Regionen.

Abbildung 4 Zusammenhang zwischen Kriegszerstörung und Pro-Kopf-Einkommen der Bundesländer im Jahr 1950

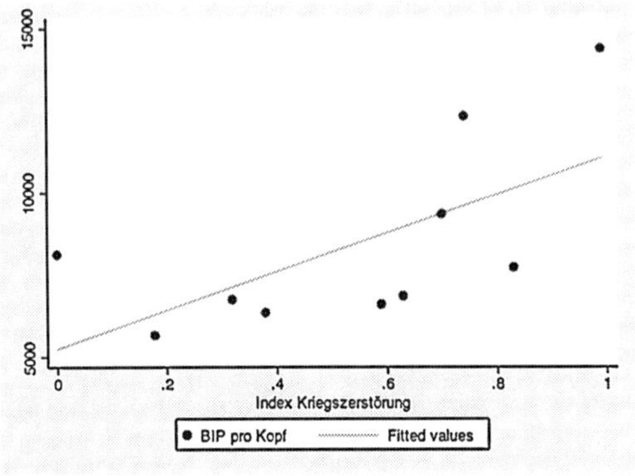

Quelle: Eigene Berechnungen und Darstellung auf Basis von Tabelle 5 sowie Tabelle 64.

Eine Ausnahme stellt Hessen dar, in dem das Ballungsgebiet Rhein-Main mit 43,9 Prozent etwas weniger stark zerstört wurde als das gesamte Bundesland mit 45,6 Prozent. Insgesamt lag die größte Zerstörung entlang der Westgrenze sowie im rheinisch-westfälischen Raum vor. Im restlichen Bundesgebiet wurden insbesondere die größeren Städte zerstört.[73] Somit wurden im Zweiten Weltkrieg überwiegend industrielle Ballungsgebiete und weniger ländliche Regionen angegriffen. Der Zusammenhang zwischen der Kriegszerstörung und dem Pro-Kopf-Einkommen im Jahr 1950 verdeutlicht aber auch, dass die Kriegszerstörung nicht so stark gewesen ist, als dass sie die industriellen Zentren und damit die Wirtschaft der Bundesländer längerfristig gelähmt hätte. Ein Grund hierfür ist vermutlich, dass im Zuge der Bombardements der Alliierten überwiegend Wohnungen sowie das Transportsystem zerstört wurden und nicht, wie häufig angenommen, Industrieanlagen. Selbst die Alliierten waren überrascht, als sie feststellen mussten, dass ein Großteil der deutschen Produktionskapazitäten den Zweiten Weltkrieg unbeschadet überstanden hatte.[74]

Hierzu hat auch die starke Investitionstätigkeit während des Nazi-Regimes beigetragen, die die Kriegsschäden und Demontagen völlig kompensiert hat. Zwar wird über das Ausmaß der Investitionen und die anschließende Zerstörung weiterhin debattiert, diese Debatte ändert jedoch nichts an dem vergleichsweise hohen Bestand des Anlagevermögens nach dem Zweiten Weltkrieg.[75]

73 Vgl. Steinberg (1991), S. 51.

74 Vgl. Abelshauser (2005), S. 68 ff.

75 Vgl. hierzu Scherner, Jonas (2010), Nazi Germany's Preparation for War: Evidence from Revised Industrial Investment Series, in: European Review of Economic History, 14(3), S. 433-468.

Tabelle 6 Kriegszerstörung in den Regionen der Bundesrepublik Deutschland

Bundesland, Ballungsgebiet, Region	Zerstörte Wohnungen in Prozent des Wohnungsbestandes von 1939
Schleswig-Holstein	32,9
Hamburg	53,5
• Ballungsgebiet Hamburg	53,2
Bremen	48,5
• Ballungsgebiet Bremen	48,0
Niedersachsen	37,4
• Ballungsgebiet Hannover	50,2
Norddeutschland	44,9
Nordrhein-Westfalen	43,9
• Ballungsgebiet Rhein-Ruhr	47,0
Hessen	45,6
• Ballungsgebiet Rhein-Main	43,9
Rheinland-Pfalz	45,4
Saarland	–
Westdeutschland	44,3
Baden-Württemberg	29,0
• Ballungsgebiet Rhein-Neckar	40,5
• Ballungsgebiet Stuttgart	24,1
Bayern	30,6
• Ballungsgebiet Nürnberg	40,6
• Ballungsgebiet München	33,0
Süddeutschland	29,9
Ballungsgebiete insgesamt	45,3
Übrige Städte	30,3
Bundesgebiet	41,3
Groß-Berlin	37,0

Quelle: Steinberg, Heinz Günter (1991), Die Bevölkerungsentwicklung in Deutschland im Zweiten Weltkrieg: mit einem Überblick über die Entwicklung von 1945 bis 1990, Bonn, S. 53.

Die nachstehenden Tabellen geben das Brutto- sowie das Netto-Anlagevermögen in der Industrie im Gebiet der Bundesrepublik Deutschland im Jahr 1939 und 1950 wieder.

Es wird deutlich, dass sowohl das Brutto- als auch das Netto-Anlagevermögen der Industrie im Zeitraum von 1939 bis 1950 gestiegen ist. Eine Ausnahme bildeten Kleinbetriebe, die aber lediglich einen Anteil von 2 Prozent am gesamten Anlagevermögen der Industrie der Bundesrepublik auf sich vereinten. Den größten Anteil am industriellen Anlagevermögen hatte der Bereich Bergbau, Grundstoff- und Produktionsgüterindustrien mit 52 Prozent inne, wobei der Bergbau zu den Verlierern des Investitionsbooms während der Kriegswirtschaft zählte. Es folgte

Tabelle 7 Brutto-Anlagevermögen der Industrie im Gebiet der BRD 1939 und 1950 in Mrd. DM in Preisen von 1950

	Bergbau, Grundstoff-, Produktions-güter-industrie	Investitions-güter-industrie	Verbrauchs-güter-industrie	Nahrungs- u. Genussmittel-industrie	Zusammen	Klein-betriebe	Industrie, insgesamt
1939	29,77	11,88	8,63	5,58	55,86	1,43	57,29
1950	32,62	12,68	9,51	6,24	61,06	1,41	62,46

Quelle: Krengel, Rolf (1958), Anlagevermögen, Produktion und Beschäftigung der Industrie im Gebiet der Bundesrepublik von 1924 bis 1956, Berlin, S. 94.

Tabelle 8 Netto-Anlagevermögen der Industrie im Gebiet der BRD 1939 und 1950 in Mrd. DM in Preisen von 1950

	Bergbau, Grundstoff-, Produktions-güter-industrie	Investitions-güter-industrie	Verbrauchs-güter industrie	Nahrungs- u. Genussmittel-industrie	Zusammen	Klein-betriebe	Industrie, insgesamt
1939	16,63	6,22	4,70	2,99	30,54	0,72	31,25
1950	18,25	7,46	5,48	3,50	34,69	0,70	35,40

Quelle: Krengel, Rolf (1958), Anlagevermögen, Produktion und Beschäftigung der Industrie im Gebiet der Bundesrepublik von 1924 bis 1956, Berlin, S. 96.

die Investitionsgüterindustrie mit 20 Prozent am industriellen Anlagevermögen der BRD. Die Verbrauchsgüterindustrie mit 15 Prozent und die Nahrungs- und Genussmittelindustrie mit 10 Prozent vereinten neben den Kleinbetrieben den geringsten Anteil des westdeutschen Anlagevermögens auf sich.

Somit profitierten in besonderem Maße die Grundstoff- und Produktionsgüterindustrie sowie die Investitionsgüterindustrie (hier: Maschinen-, Stahl- und Fahrzeugbau, Eisen-, Stahl- und Metallwarenindustrie, feinmechanische und optische Industrie, chemische und Kraftstoffindustrie, eisenschaffende sowie Nicht-Metall- und Gießereiindustrie) von den Investitionen in der Kriegswirtschaft. In diesen Bereichen hatte das Anlagevermögen eine starke Verjüngung erfahren.[76]

Da für das Jahr 1950 keine Angaben über das Anlagevermögen in den Bundesländern vorliegen, wird an dieser Stelle der Versuch unternommen, das Anlagevermögen zu schätzen. Die Idee ist, mit Hilfe der Beschäftigtenanteile in der Industrie abzuschätzen, wie hoch das industrielle Anlagevermögen in den Bun-

76 Vgl. Abelshauser, Werner (1999), Die NS-Kriegswirtschaft und das westdeutsche Wirtschaftswunder nach 1945, in: Vierteljahrshefte für Zeitgeschichte, 47(4), S. 535 f.

desländern gewesen ist. Hierbei wird unterstellt, dass in jenen Bundesländern, in denen mehr Beschäftigte in der Industrie gearbeitet haben, auch ein höheres Anlagevermögen vorhanden war. Es wird somit für alle Bundesländer die gleiche Kapitalintensität in der Industrie für das Jahr 1950 angenommen. Das Brutto-Anlagevermögen der Industrie der gesamten BRD wurde dementsprechend mit Hilfe der Beschäftigtenanteile der Bundesländer an der Industrie der gesamten BRD gewichtet. Das Ergebnis dieser Berechnung gibt die folgende Tabelle wieder.

Tabelle 9 Geschätztes Brutto-Anlagevermögen der Industrie in den Bundesländern in Mrd. DM in Preisen von 1950, im Jahr 1950

Bundesland	I	II
	Beschäftigtenanteile an Industrie der BRD, 1950 in Prozent	Geschätztes Brutto-Anlagevermögen in Mrd. DM in Preisen von 1950
Baden-Württemberg	16,09	10,05
Bayern	16,41	10,25
Berlin	3,22	2,01
Bremen	1,15	0,72
Hamburg	3,03	1,89
Hessen	8,28	5,17
Niedersachsen	9,21	5,75
NRW	34,98	21,85
Rheinland-Pfalz	4,96	3,10
Schleswig-Holstein	2,68	1,67
BRD	100	62,46

Quelle: Eigene Berechungen auf Basis von Statistisches Bundesamt (1951), Statistisches Jahrbuch für die Bundesrepublik Deutschland, Stuttgart, S. 164 f.; sowie Krengel, Rolf (1958), Anlagevermögen, Produktion und Beschäftigung der Industrie im Gebiet der Bundesrepublik von 1924 bis 1956, Berlin, S. 96.

Die Spalte I der Tabelle 9 gibt die Beschäftigtenanteile der Bundesländer an der Industrie der BRD wieder. Demnach waren im Jahr 1950 beispielsweise 16,09 Prozent der gesamten Industriebeschäftigten der BRD in Baden-Württemberg beschäftigt. Auf Baden-Württemberg entfielen im Rahmen der hier vorgenommenen Schätzung 16,09 Prozent des industriellen Anlagevermögens der BRD. Die Spalte II zeigt das auf diese Weise geschätzte Bruttoanlagevermögen der Bundesländer. Dieser Berechnung zufolge verfügte Nordrhein-Westfalen über das größte industrielle Anlagevermögen mit geschätzten 21,85 Mrd. DM (= 34,98 % · 62,46 Mrd. DM). An zweiter und dritter Stelle folgten Bayern und Baden-Württemberg mit 10,25 bzw. 10,05 Mrd. DM. An vierter Stelle stand Niedersachen mit 5,75 Mrd. DM. Hieran schlossen sich Hessen mit 5,17 Mrd. DM und Rheinland-Pfalz mit 3,10 Mrd. DM an. Die Schlusslichter bildeten Berlin mit 2,01 Mrd. DM, Hamburg mit 1,89 Mrd. DM, Schleswig-Holstein mit 1,67 Mrd. DM sowie Bremen mit 0,72 Mrd. DM.

Das auf diese Weise geschätzte Brutto-Anlagevermögen vernachlässigt jedoch jenes Anlagevermögen, das nicht zur Industrie gezählt wird. Nach einer Berechnung des DIW umfasste im Jahr 1950 das Brutto-Anlagevermögen aller Wirtschaftsbereiche der BRD 901.990 Mio. DM in Preisen von 1970.[77] Auf Bundesländerebene liegen ebenfalls keine Angaben zum Anlagevermögen aller Wirtschaftsbereiche vor. Deshalb wird wieder eine Schätzung vorgenommen. In dieser Schätzung wird mit Hilfe des durchschnittlichen Anteils am gesamtdeutschen Bruttoanlagevermögen von 1960 bis 1976, den die Bundesländer jeweils besaßen, das Brutto-Anlagevermögen für das Jahr 1950 auf Bundesländerebene bestimmt. Dieses Vorgehen wird dadurch gerechtfertigt, dass der Anteil, den die Bundesländer am gesamten Brutto-Anlagevermögen inne hatten, im Betrachtungszeitraum vergleichsweise konstant war, wie die Spalten I und II der Tabelle 10 verdeutlichen.

Demnach hatte beispielsweise Baden-Württemberg im Zeitraum von 1960 bis 1976 einen Anteil von 15,5 Prozent am Brutto-Anlagevermögen der BRD inne. Im Folgezeitraum von 1970 bis 1990 lag der Anteil Baden-Württembergs bei 16 Prozent. Für Baden-Württemberg wurde folglich eine Anlagevermögen von 139.436 Mio. DM geschätzt, das einem Anteil von 15,5 Prozent vom gesamten Anlagevermögen der BRD (901.990 Mio. DM) entspricht.

Das Ergebnis des geschätzten Brutto-Anlagevermögens für das Jahr 1950 ist in Spalte III der Tabelle 10 wiedergegeben. Nordrhein-Westfalen verfügte abermals über das höchste Brutto-Anlagevermögen mit 231.734 Mio. DM. Es folgten Bayern mit 161.111 Mio. DM und Baden-Württemberg mit 139.436 Mio. DM. An vierter Stelle lag wieder Niedersachsen mit 103.659 Mio. DM. Es schlossen sich Hessen mit 85.244 Mio. DM und Rheinland-Pfalz mit 54.234 Mio. DM an. Bis hierher hat sich an der Rangordnung hinsichtlich des Anlagevermögens im Vergleich zur alternativen Berechnung in Tabelle 9, in der lediglich das industrielle Anlagevermögen berechnet wurde, nichts geändert. Ein Unterschied ergab sich jedoch für Schleswig-Holstein, das in der zweiten Berechnungsvariante mit 36.348 Mio. DM ein höheres Brutto-Anlagevermögen als Hamburg (30.825 Mio. DM) und Berlin (28.253 Mio. DM) aufweist. Schlusslichter bildeten das Saarland mit 18.445 Mio. DM und Bremen mit 12.573 Mio. DM. Da es sich bei diesen

77 Vgl. Görzig, Bernd u.a. (1977), Daten zur Entwicklung des Produktionspotentials, des Einsatzes von Arbeitskräften und Anlagevermögen sowie der Einkommensverteilung in den Wirtschaftsbereichen der Bundesrepublik Deutschland, 1950-75, Berlin, S. A19.

Tabelle 10 Geschätztes Brutto-Anlagevermögen der gesamten Wirtschaft in den Bundesländern in Mio. DM in Preisen von 1970 im Jahr 1950

Bundesland	I Durchschnittlicher Anteil am Brutto-Anlagevermögen 1960-76 in Prozent	II Durchschnittlicher Anteil am Brutto-Anlagevermögen 1970-90 in Prozent	III Geschätztes Brutto-Anlagevermögen in Mio. DM in Preisen von 1970
Baden-Württemberg	15,5	16,0	139.436
Bayern	17,9	18,6	161.111
Berlin	3,1	3,2	28.253
Bremen	1,4	1,3	12.573
Hamburg	3,4	3,2	30.825
Hessen	9,5	9,6	85.244
Niedersachsen	11,5	11,2	103.659
NRW	25,7	25,0	231.734
Rheinland-Pfalz	6,0	6,0	54.234
Saarland	2,0	1,9	18.445
Schleswig-Holstein	4,0	4,0	36.348
BRD	100	100	901.990

Quelle: Görzig, Bernd u.a. (1977), Daten zur Entwicklung des Produktionspotentials, des Einsatzes von Arbeitskräften und Anlagevermögen sowie der Einkommensverteilung in den Wirtschaftsbereichen der Bundesrepublik Deutschland, 1950-75, Berlin, S. A19.; Volkswirtschaftliche Gesamtrechnung der Länder (verschiedene Jahrgänge), Entstehung, Verteilung und Verwendung des Sozialproduktes: Gemeinschaftsveröffentlichung der Statistischen Landesämter, Stuttgart; sowie eigene Berechnungen. Spalte III berechnet sich aus dem Brutto-Anlagevermögen der BRD multipliziert mit dem durchschnittlichen Anteil der Länder am Brutto-Anlagevermögen im Zeitraum von 1960-76 (Spalte I).

Daten um Schätzungen handelt, bilden sie lediglich Richtwerte, die allein zur Orientierung dienen sollen.

Darüber hinaus können das soeben geschätzte Brutto-Anlagevermögen der Industrie und der gesamten Wirtschaft aufgrund des unterschiedlichen Basisjahres der Preise nicht innerhalb eines Bundeslandes miteinander verglichen werden. Jedoch können die Anteile aus industriellem Brutto-Anlagevermögen und gesamten Anlagevermögen zwischen den Bundesländern gegenüber gestellt werden. Dabei zeigt sich, dass Nordrhein-Westfalen ein vergleichsweise hohes industrielles Brutto-Anlagevermögen im Verhältnis zum gesamtwirtschaftlichen Anlagevermögen besaß. Im Gegensatz dazu hatte Schleswig-Holstein ein vergleichsweise geringes industrielles Anlagevermögen am gesamten Kapitalstock. Dieses Ergebnis ist nicht überraschend: demnach entfiel im Jahr 1950 ein großer Anteil des Anlagevermögens in Nordrhein-Westfalen auf die Industrie.

In Schleswig-Holstein hatte vermutlich der primäre Sektor einen vergleichsweise hohen Anteil am gesamten Anlagevermögen des Bundeslandes inne. In den übrigen Bundesländern unterschieden sich die Verhältnisse aus industriellem Anlagevermögen und gesamtwirtschaftlichem Anlagevermögen nicht entscheidend.

Um überdies tatsächlich einschätzen zu können, welchen Einfluss das Anlagevermögen auf das Niveau der Pro-Kopf-Einkommen hatte, muss zusätzlich die Höhe der Erwerbstätigen in den Bundesländern bestimmt werden. Anschließend kann die Kapitalintensität gebildet und deren Einfluss auf die Höhe der Pro-Kopf-Einkommen beurteilt werden. Im folgenden Abschnitt wird die Ausstattung der Bundesländer mit dem Produktionsfaktor Arbeit im Jahr 1950 eingehend untersucht.

4.2.2 Der Einfluss des Produktionsfaktors Arbeit auf das Pro-Kopf-Einkommen im Jahr 1950

Die Entwicklung des Produktionsfaktors Arbeit war in besonderem Maße vom Zweiten Weltkrieg betroffen. Zum einen waren viele Männer im erwerbsfähigen Alter im Krieg gefallen und zum anderen ließ die Welle der Flüchtlinge und Vertriebenen die demografische Struktur Westdeutschlands eine neue Gestalt annehmen. Die Bevölkerung war im Jahr 1946 im Vergleich zum Jahr 1939 in der amerikanischen Besatzungszone um 20,3 Prozent und in der britischen Zone um 12,5 Prozent angewachsen. Lediglich in der französischen Besatzungszone und in Berlin ging die Bevölkerung um 4,1 bzw. 26,7 Prozent zurück. Für den Bevölkerungsrückgang in der französischen Zone war die Flüchtlingspolitik der französischen Militärregierung verantwortlich, da sie ihre Zone für Flüchtlinge geschlossen hatte.[78] Insgesamt war die Bevölkerung auf dem Gebiet der Bundesrepublik seit 1939 von 39,4 Mio. Menschen (mit West-Berlin, ohne Saarland) bis 1950 auf 47,7 Mio. Menschen angewachsen. Für diesen Zuwachs waren allein die Flüchtlinge und Vertriebenen verantwortlich, da die Bevölkerung auf dem Gebiet der Bundesrepublik im Zuge des Krieges um 3,3 Prozent geschrumpft war.[79]

In diesem Zusammenhang hat Vonyó (2012) gezeigt, dass nach Kriegsende eine Fehlallokation des Produktionsfaktors Arbeit in Westdeutschland vorlag. Die Mehrzahl der Flüchtlinge und Vertriebenen hatte in den ländlichen Regionen

78 Vgl. Abelshauser (2005), S. 72-74.

79 Vgl. Ambrosius, Gerold (1996), Der Beitrag der Vertriebenen und Flüchtlinge zum Wachstum der westdeutschen Wirtschaft nach dem Zweiten Weltkrieg, in: Jahrbuch für Wirtschaftsgeschichte, 1996/2, S. 47. Sowie Steinberg (1991), S. 94.

Deutschlands Zuflucht gefunden, da dort die Wohnungsnot durch die Kriegszerstörung vergleichsweise gering war, es mehr Nahrungsmittel gab und schließlich das Landschaftsbild an ihre Heimat erinnerte. Diese Fehlallokation der Arbeit führte dazu, dass in den ländlichen Regionen Westdeutschlands ein Arbeitskräfteüberschuss herrschte und in den Industriezentren ein Arbeitskräftemangel vorzufinden war.[80]

Die ungleiche Verteilung der Vertriebenen und Flüchtlinge auf die Bundesländer verdeutlicht Spalte I der Tabelle 11, die den Anteil der Vertriebenen und Flüchtlinge an der Bevölkerung in den Bundesländern im Jahr 1950 zeigt.

Tabelle 11 Bevölkerungs- und Erwerbsstruktur in den Bundesländern in Prozent im Jahr 1950

	I	II	III	IV	V
Bundesland	Anteil Vertriebene und Flüchtlinge an Bevölkerung	Industriali-sierungsgrad Variante I	Industriali-sierungsgrad Variante II	Arbeitslosenrate Variante I	Arbeitslosenrate Variante II
BW	16,2	42,19	26,11	4,36	2,74
BA	**23,8**	26,51	15,45	13,80	8,53
BE	-	-	17,86	-	27,20
HB	12,9	31,33	26,39	10,76	9,22
HH	11,8	24,70	21,75	13,32	11,91
HE	20,9	30,67	20,13	9,59	6,51
NS	**32,9**	23,90	16,16	17,00	12,16
NRW	13,2	46,30	36,10	4,84	3,81
RP	6,8	29,92	15,35	8,20	4,38
SA	-	-	-	-	-
SH	**37,9**	17,47	13,21	25,19	20,28

Quelle: Eigene Berechnungen auf Basis von Statistik der Bundesrepublik Deutschland (1955), Die Vertriebenen und Flüchtlinge in der Bundesrepublik Deutschland in den Jahren 1946 bis 1953, Band 114, Stuttgart, S. 13; Bundesminister für Arbeit und Sozialordnung (1955), Arbeits- und Sozialstatistische Mitteilungen, S. 75 Statistisches Bundesamt (1958), Die Industrie der BRD Sonderheft 9, Beschäftigung und Umsatz, Brennstoff- und Energieversorgung 1950-54, Jahreszahlen der Industrieberichterstattung, S. 4 sowie und Tabelle 68 im Anhang dieser Untersuchung.

80 Vgl. Vonyó, Tamás (2012), The Bombing of Germany: The Economic Geography of Wartime Dislocation in West German Industry; in: European Review of Economic History, 16(1), S. 97-118.

Insbesondere Schleswig-Holstein mit 37,9 Prozent, Niedersachen mit 32,9 Prozent sowie Bayern mit 23,8 Prozent nahmen verhältnismäßig viele Flüchtlinge nach dem Zweiten Weltkrieg auf. Dementsprechend stieg die Zahl der Erwerbspersonen im Zeitraum von 1939 bis 1950 in Schleswig-Holstein um 28,4 Prozent, in Niedersachsen um 21,9 Prozent und Bayern um 17 Prozent an. Im Vergleich hierzu wuchs die Anzahl der Erwerbspersonen im Bundesgebiet von 1939 bis 1950 lediglich um 8,5 Prozent.[81]

Zur Beurteilung des Zusammenhangs zwischen Wirtschaftsstruktur und Arbeitsmarktlage werden der Industrialisierungsgrad als der Anteil der Industriebeschäftigten an allen Erwerbstätigen sowie die Arbeitslosenquote berechnet.[82]

Die Arbeitslosenquote kann auf zweierlei Weise bestimmt werden. Zum einen können die Arbeitslosen auf alle Erwerbspersonen bezogen werden. Zum anderen kann das Verhältnis aus Arbeitslosen und abhängigen Erwerbspersonen berechnet werden. Die letztere Quote hat in der BRD die längere Tradition. Ebenso kann der Industrialisierungsgrad auf alle Erwerbstätigen oder auf die abhängigen Erwerbstätigen bezogen werden. Da hier keine Berechnungsmethode der anderen eindeutig vorzuziehen ist, wird im Folgenden der Zusammenhang zwischen dem Industrialisierungsgrad und der Arbeitslosenquote auf beide Weisen dargestellt.

In einem ersten Schritt werden lediglich die abhängigen Erwerbspersonen sowie die abhängigen Erwerbstätigen in die Betrachtung einbezogen (Variante I), ähnlich wie dies im Aufsatz von Vonyó bereits geschehen ist. Im Gegensatz zu Vonyó, der Stichtagszahlen benutzt hat, werden hier Jahresdurchschnittswerte verwendet. Im zweiten Schritt wird der Zusammenhang auf Basis aller Erwerbstätigen sowie aller Erwerbspersonen untersucht (Variante II).

Beide Abbildungen bestätigen die vermutete Fehlallokation des Faktors Arbeit. Der hohe Anteil an Flüchtlingen und Vertriebenen als potenzielle Arbeitskräfte sowie der geringe Industrialisierungsgrad führten tendenziell zu einem hohen Anteil an Arbeitslosen in den ländlichen Regionen Westdeutschlands. Der Zusammenhang ist in Variante I eindeutiger als in Variante II. Die beiden Variablen weisen in Variante I eine Korrelation von -0,9030 bei einem Signifikanzniveau von einem Prozent auf. Hier wurden die Arbeitslosenquote sowie der Industrialisierungsgrad auf Basis der abhängigen Erwerbspersonen bzw. abhängigen Erwerbstätigen berechnet. Für dieses Vorgehen, in dem die Selbständigen und mithelfenden Familienangehörigen nicht mit in die Betrachtung einbezogen werden, spricht, dass die Selbständigen und mithelfenden Familienangehörigen vermutlich größtenteils in Betrieben mit weniger als 10 Beschäftigten arbeiten. Diese Betriebe werden aber nicht von der Statistik erfasst und sind folglich nicht in der Zahl der in-

81 Vgl. Bundesministerium Arbeit (1952), Wohnbevölkerung und Erwerbspersonen in den Ländern, Bonn, S. 39.

82 Vgl. hierzu auch Vonyó (2012), S. 100.

Abbildung 5 Zusammenhang zwischen Industrialisierungsgrad und Arbeitslosenquote der Bundesländer in Prozent für 1950, Variante I

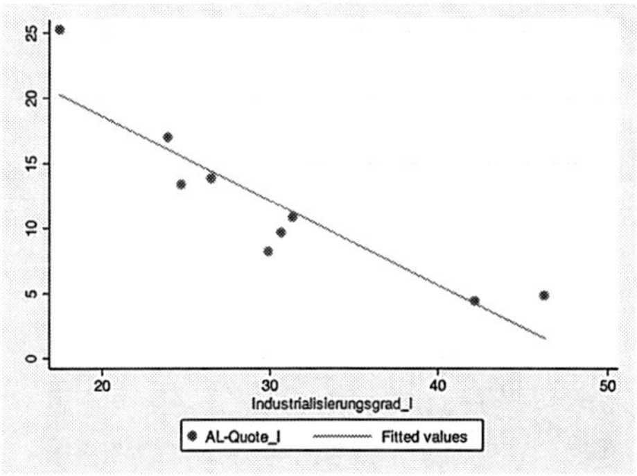

Quelle: Eigene Darstellung auf Basis von Tabelle 11.

Abbildung 6 Zusammenhang zwischen Industrialisierungsgrad und Arbeitslosenquote der Bundesländer in Prozent für 1950, Variante II

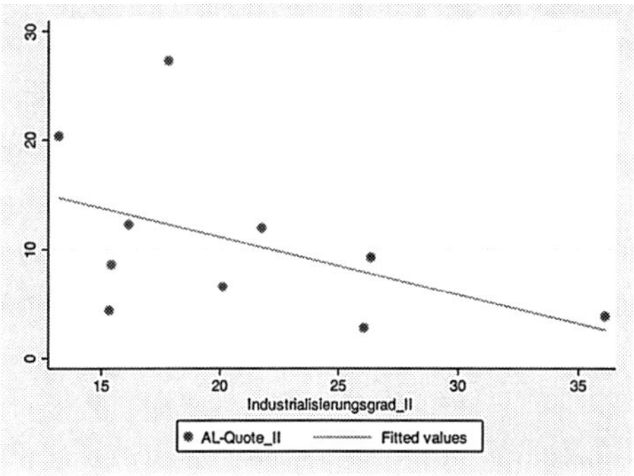

Quelle: Eigene Darstellung auf Basis von Tabelle 11.

dustriell Beschäftigten enthalten. Dementsprechend wird der Industrialisierungsgrad in der ersten Variante nicht unterschätzt. Folglich fallen die Werte des Industrialisierungsgrades in Tabelle 11 in Variante I deutlich höher aus als in Variante II.

Abbildung 6 verdeutlicht zum Vergleich den Zusammenhang zwischen den beiden Indikatoren Industrialisierungsgrad und Arbeitslosenquote, die ebenfalls mit Hilfe von Jahresdurchschnittswerten auf Basis *aller* Erwerbspersonen bzw. Erwerbstätiger berechnet wurden. Der eindeutige Zusammenhang, wie er sich aus der ersten Variante ergeben hat, kann nicht bestätigt werden. Im Gegenteil liegt nun bei der Berechnung des Korrelationskoeffizienten kein signifikanter Zusammenhang mehr zwischen dem Industrialisierungsgrad und der Arbeitslosenquote vor.

Ungeachtet dieser Berechnungsunterschiede bleibt für die weitere Untersuchung interessant, inwieweit die Reallokation des Produktionsfaktors Arbeit einen Einfluss auf die wirtschaftliche Entwicklung der Bundesländer genommen hat.

Um nun bestimmen zu können, welchen Einfluss der Produktionsfaktor Arbeit auf die Unterschiede im Pro-Kopf-Einkommen im Jahr 1950 hatte, wird der Quotient aus Erwerbstätigen und Bevölkerung (L/E) berechnet. Das Ergebnis dieser Berechnung ist in Tabelle 12 wiedergegeben.

Tabelle 12 Erwerbstätigenquote in den Bundesländern in Prozent von 1950

BW	BA	BE	HB	HH	HE	NS	NRW	RP	SA	SH
50,6	45,9	**36,1**	41,3	42,4	44,4	**39,0**	42,8	48,8	42,8	**31,8**

Quelle: Eigene Berechnungen auf Basis von Statistisches Bundesamt (1967), Bevölkerungsstruktur und Wirtschaftskraft der Bundesländer, S. 32 f. sowie Tabelle 68.

Der berechnete Erwerbstätigenanteil an der Bevölkerung fiel insbesondere in Schleswig-Holstein mit 31,8 Prozent, in Berlin mit 36,1 und Niedersachsen mit 39 Prozent vergleichsweise niedrig aus. Den Zusammenhang zwischen dem Erwerbstätigenanteil und dem Pro-Kopf-Einkommen im Jahr 1950 zeigt die folgende Abbildung 7.

Abbildung 7 Zusammenhang zwischen Erwerbstätigenanteil und BIP pro Kopf der Bundesländer im Jahr 1950

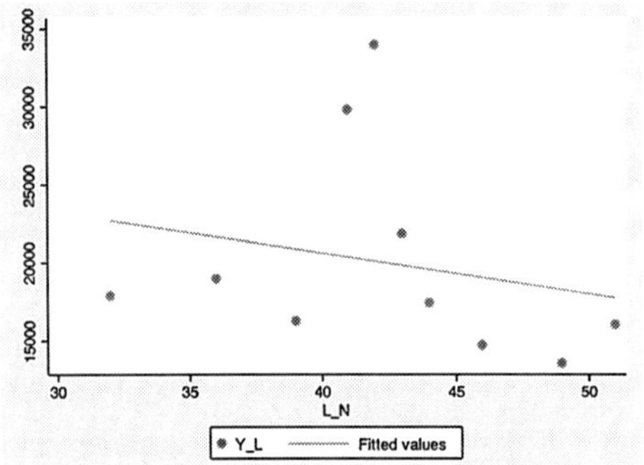

Quelle: Eigene Darstellung auf Basis von Tabelle 64 und Tabelle 12.

Wie die Abbildung vermuten lässt, bestätigt die Berechnung des Korrelationskoeffizienten, dass kein signifikanter Zusammenhang zwischen der Erwerbstätigenquote und dem Pro-Kopf-Einkommen im Jahr 1950 zu finden ist.

Abbildung 8 Zusammenhang zwischen Erwerbstätigenanteil und BIP pro Kopf im Jahr 1950 ohne Hamburg und Bremen

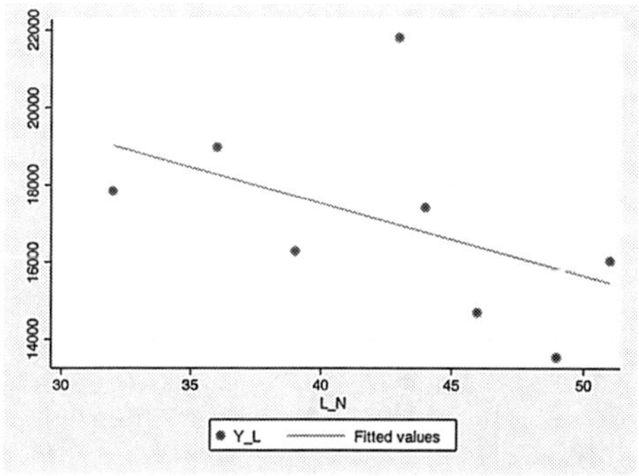

Quelle: Eigene Darstellung auf Basis von Tabelle 64 und Tabelle 12.

Werden die beiden Ausreißer Hamburg und Bremen aus der Betrachtung ausgeschlossen, da sie in Bezug auf ihre Erwerbstätigenquote ein überdurchschnittich hohes Pro-Kopf-Einkommen aufwiesen, zeigt sich, dass der Erwerbstätigenanteil umso größer ist, je höher das Pro-Kopf-Einkommen ausfällt. Der Korrelationskoeffizient bleibt aber auch hier insignifikant.

Es kann somit keine eindeutige Aussage über den Einfluss der Erwerbstätigenquote auf das Pro-Kopf-Einkommen im Jahr 1950 gemacht werden. Vermutlich war der Einfluss jedoch gering.

Da nun die Angaben zu den Erwerbstätigen im Jahr 1950 bekannt sind, kann auch die Kapitalintensität mit Hilfe des bereits geschätzten Brutto-Anlagevermögens berechnet werden. Hierzu wird das geschätzte Brutto-Anlagevermögen ins Verhältnis gesetzt zu den Erwerbstätigen in den Bundesländern. Die Spalte II der Tabelle 13 gibt die Ergebnisse dieser Berechnung wieder. Bremen und Hamburg verfügten mit 56.129 und 46.847 DM über die höchste Kapitalintensität. Es folgten Hessen (45.294 DM), Baden-Württemberg (44.279 DM), Schleswig-Holstein (44.058 DM) und Nordrhein-Westfalen (41.935 DM). Die Schlusslichter bildeten Niedersachsen (39.414 DM), Bayern (38.543 DM), Rheinland-Pfalz (38.193 DM) und Berlin (36.550) mit der niedrigsten Kapitalausstattung je Erwerbstätiger.

Den möglichen Zusammenhang zwischen der Höhe der Kapitalintensität und dem Pro-Kopf-Einkommen im Jahr 1950 zeigt die nachstehende Abbildung.

Abbildung 9 Zusammenhang zwischen Kapitalintensität und BIP pro Kopf in den Bundesländern im Jahr 1950

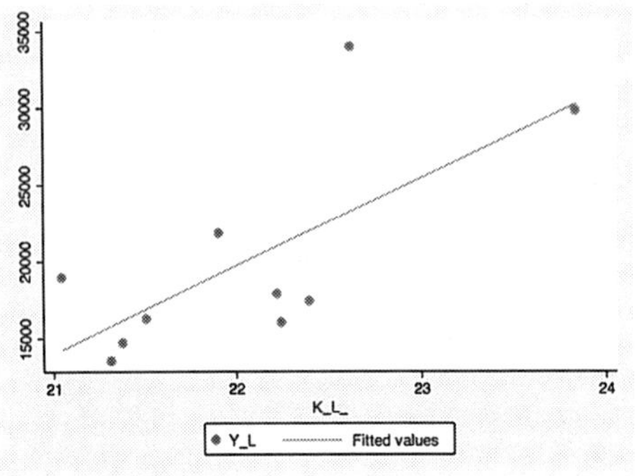

Quelle: Eigene Darstellung auf Basis von Tabelle 64 und Tabelle 13.

Die Abbildung 9 verdeutlicht, dass Bundesländer mit einer höheren Kapitalintensität im Jahr 1950 auch über ein höheres Pro-Kopf-Einkommen verfügt haben. Diesen Zusammenhang bestätigt auch die Bestimmung des Korrelationskoeffizienten zwischen dem realen BIP pro Kopf und der Kapitalintensität (potenziert mit der Produktionselastizität $\kappa = 0{,}29$)[83]. Die Berechnung des Korrelationskoeffizienten lieferte einen Wert von 0,6980 bei einer Irrtumswahrscheinlichkeit von 5 Prozent. Demzufolge kann die Kapitalintensität aller Wahrscheinlichkeit nach einen Teil der Variation der Pro-Kopf-Einkommen in den Bundesländern im Jahr 1950 erklären.

4.2.3 Der Einfluss der Produktivität auf das Pro-Kopf-Einkommen im Jahr 1950

Schließlich wird die Produktivität der Bundesländer in die Betrachtung mit einbezogen. Wie bereits erwähnt, umfasst das Produktivitätsniveau all jene Faktoren, die den gesamtwirtschaftlichen Output erhöhen, aber nicht durch die materiellen Produktionsfaktoren Arbeit und Kapital erfasst werden. Hierzu zählen alle Faktoren, die unter anderem die Qualität der materiellen Inputfaktoren steigern wie beispielsweise organisatorischer und technischer Fortschritt, Veränderung des Humankapitals durch Bildung sowie Learning by Doing, aber auch Strukturwandel und Größenvorteile.

83 Zur Bestimmung der Produktionselastizitäten siehe Abschnitt 5.1.

Nach einer einfachen Umformung der Gleichung (2) kann das nicht beobachtbare Produktivitätsniveau A aus den übrigen beobachtbaren Produktionsfaktoren berechnet werden.

$$(12) \quad A = \left(\frac{Y}{L}\right) \cdot \left(\frac{K}{L}\right)^{-\kappa}$$

Folglich ergibt sich die sogenannte totale Faktorproduktivität (TFP) aus der Arbeitsproduktivität und der Kapitalintensität. Für die BRD wurde eine bereinigte Lohnquote von $\alpha = 0{,}71$ für das Jahr 1950 berechnet, die nun für alle Bundesländer angenommen wird.[84] Aus der Annahme konstanter Skalenerträge ergibt sich somit $\kappa = 1 - \alpha = 1 - 0{,}71 = 0{,}29$. Die absoluten Werte der totalen Faktorproduktivität sind in der Spalte III vermerkt. Zusätzlich wurde die TFP der Bundesländer zur TFP von Hamburg – dem Produktivitätsführer – ins Verhältnis gesetzt (siehe Spalte IV).

Tabelle 13 Berechnung der totalen Faktorproduktivität der Bundesländer im Jahr 1950

Bundesland	I	II	III	IV
	Arbeits-produktivität	Kapital-intensität	Totale Faktorproduktivität (mit $\kappa = 0{,}29$)	Relative totale Faktorproduktivität HH = 100
Baden-Württemberg	16.014	44.279	720	48
Bayern	14.678	38.543	687	46
Berlin	18.950	36.550	900	60
Bremen	29.763	56.129	1.249	83
Hamburg	33.924	46.847	1.500	100
Hessen	17.389	45.294	776	52
Niedersachsen	16.252	39.414	755	50
NRW	21.785	41.935	995	66
Rheinland-Pfalz	13.513	38.193	634	42
Saarland	–	–	–	–
Schleswig-Holstein	17.833	44.058	803	54

Quelle: Eigene Berechnungen auf Basis von Tabelle 3 und den Werten von 1950 in Tabelle 68 sowie Tabelle 71.

Im Jahr 1950 besaßen die Stadtstaaten Hamburg (HH = 100) und Bremen (HB = 83) die höchsten Werte der totalen Faktorproduktivität, gefolgt von Nordrhein-

84 Vgl. Abschnitt 5.1 für eine detaillierte Erläuterung zur Berechnung der totalen Faktorproduktivität und der Lohnquote.

Westfalen (NRW = 66) und Berlin (BE = 60). Hieran schlossen sich Schleswig-Holstein (SH = 54), Hessen (HE = 52) und Niedersachsen (NS = 50) an. Die Schlusslichter waren Baden-Württemberg (BW = 48) Bayern (BA = 46) und Rheinland-Pfalz (RP = 42), die weniger als die Hälfte der totalen Faktorproduktivität von Hamburg im Jahr 1950 besaßen. Für das Saarland liegen keine Werte vor.

Schließlich wird der Zusammenhang zwischen der totalen Faktorproduktivität und dem Pro-Kopf-Einkommen untersucht. Das Ergebnis zeigt Abbildung 10. Es kann ein positiver Zusammenhang zwischen der totalen Faktorproduktivität im Jahr 1950 und dem BIP pro Kopf der westdeutschen Bundesländer festgestellt werden.

Abbildung 10 Zusammenhang zwischen TFP und BIP pro Kopf in den Bundesländern im Jahr 1950

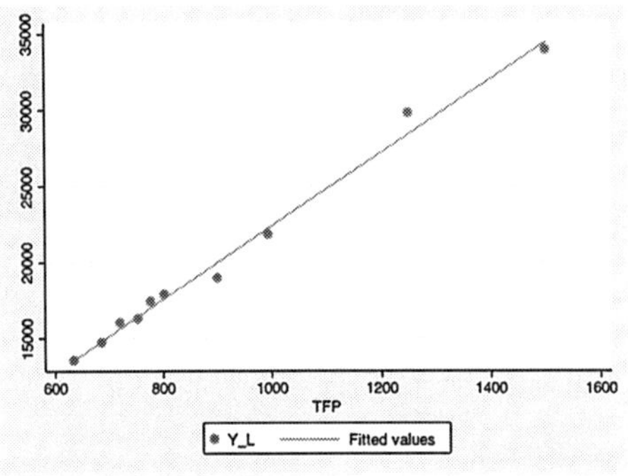

Quelle: Eigene Berechnungen auf Basis von Tabelle 64 und Tabelle 13.

Auch der Korrelationskoeffizient bestätigt diese Beobachtung, er beträgt 0,9952 bei einem Signifikanzniveau von einem Prozent. Je höher die totale Faktorproduktivität im Jahr 1950 war, desto höher fiel auch das Pro-Kopf-Einkommen aus. Problematisch ist nun, dass unter den Begriff der totalen Faktorproduktivität alle Einflussgrößen fallen, die nicht von den materiellen Produktionsfaktoren Arbeit und Kapital erfasst werden. Was sich genau hinter diesem „measure of ignorance“[85] verbirgt, wird ausführlich im Kapitel 6 dieser Untersuchung geklärt.

85 Abramovitz, Moses (1956), Resource and Output Trends in the United States since 1870, in: American Economic Review, 46(2), S. 11.

4.2.4 Zwischenfazit zu den Ursachen der Startunterschiede im Pro-Kopf-Einkommen

Wie die einfache Korrelationsanalyse gezeigt hat, können die Startunterschiede der Pro-Kopf-Einkommen in den westdeutschen Bundesländern im Jahr 1950 durch die Unterschiede in der Kapitalintensität sowie in der Produktivität der Bundesländer erklärt werden. Beide Größen waren positiv und hoch signifikant mit den Pro-Kopf-Einkommen der Bundesländer korreliert. Eine Regressionsanalyse konnte im Rahmen dieses Kapitels nicht durchgeführt werden, da zum einen mit den 11 westdeutschen Bundesländern zu wenig Beobachtungseinheiten zur Verfügung standen und zum anderen davon ausgegangen werden kann, dass sich die hier betrachteten Variablen langfristig beeinflussen und somit eine Regressionsanalyse eines einzelnen Jahres wenig Sinn macht.

Welchen Beitrag die Kapitalintensität und die totale Faktorproduktivität zum Pro-Kopf-Einkommen jeweils geleistet haben, kann schließlich auf ganz einfache Weise bestimmt werden. Hierzu wird auf die Gleichung (2) der natürliche Logarithmus (ln) angewendet und erhält die folgende Form.

$$(13)\quad \ln\left(\frac{Y}{L}\right)=\ln(A)+\kappa\cdot\ln\left(\frac{K}{L}\right)$$

Zur Bestimmung des jeweiligen Beitrags der totalen Faktorproduktivität und der Kapitalintensität zur Arbeitsproduktivität müssen beide Größen durch die logarithmierte Arbeitsproduktivität geteilt werden. Das Ergebnis dieser Berechnung liefert die nachstehende Tabelle 14.

In allen Bundesländern konnten etwa 30 Prozent der Arbeitsproduktivität durch die Kapitalintensität im Jahr 1950 erklärt werden. Die übrigen knapp 70 Prozent wurden durch die totale Faktorproduktivität beeinflusst.[86] Demnach hatte die Produktivität bereits zu Beginn des Betrachtungszeitraumes den größten Einfluss auf das Pro-Kopf-Einkommen der westdeutschen Bundesländer. Dieser Zusammenhang muss in der folgenden Untersuchung in der langen Frist überprüft werden.[87] Nur auf diese Weise kann geklärt werden, ob der beobachtete Zusammenhang auch im gesamten Betrachtungszeitraum Gültigkeit besitzt. Ebenso

86 Clark (2007) zeigt in seiner Untersuchung, dass die Kapitalakkumulation etwa 23 Prozent des Wachstums des Pro-Kopf-Outputs in Deutschland im Zeitraum von 1960 bis 2000 erklärt. In seiner Untersuchung hat die Produktivität somit einen noch größeren Einfluss von 77 Prozent. Vgl. Clark, Gregory (2007), A farewell to alms: a brief history of the world, Princeton, S. 200. In der Studie von Solow (1957), in der er den Wachstumsprozess der USA von 1909 bis 1949 untersucht hat, hat die TFP noch einen Wert von 87,5 Prozent des Wachstums der Arbeitsproduktivität eingenommen.

87 Vgl. Abschnitt 5.2 in dieser Untersuchung.

Tabelle 14 Einfluss der Kapitalintensität und der TFP auf die Arbeitsproduktivität in den Bundesländern in Prozent, 1950

Bundesland	κ ln(K/L) / ln(Y/L)	lnTFP / ln(Y/L)
Baden-Württemberg	32,1	67,9
Bayern	31,9	68,1
Berlin	30,9	69,1
Bremen	30,8	69,2
Hamburg	29,9	70,1
Hessen	31,8	68,2
Niedersachsen	31,7	68,3
Nordrhein-Westfalen	30,9	69,1
Rheinland-Pfalz	32,2	67,8
Saarland	-	-
Schleswig-Holstein	31,7	68,3

Quelle: Eigene Berechnungen auf Basis von Tabelle 13.

muss noch untersucht werden, welche Determinanten sich hinter dem schleierhaften Begriff der totalen Faktorproduktivität verbergen.

4.3 Analyse der Pro-Kopf-Einkommen in den Bundesländern im Zeitraum von 1950 bis 1990

In diesem Abschnitt werden die Pro-Kopf-Einkommen sowie das Wachstum der Pro-Kopf-Einkommen der westdeutschen Bundesländer im gesamten Betrachtungszeitraum von 1950 bis 1990 mit Hilfe des Bruttoinlandsproduktes pro Kopf in konstanten Preisen von 1995 untersucht. Zusätzlich wird die Konvergenz der Pro-Kopf-Einkommen mit Hilfe der β-Konvergenz sowie der σ-Konvergenz des realen BIP pro Kopf der westdeutschen Bundesländer von 1950 bis 1990 analysiert.

In der folgenden Abbildung 11 wurde zur besseren Vergleichbarkeit das Pro-Kopf-Einkommen der Bundesländer ins Verhältnis zum Pro-Kopf-Einkommen von Hamburg (HH=100) gesetzt, da Hamburg im gesamten Betrachtungszeitraum mit Abstand über das höchste Pro-Kopf-Einkommen verfügt hat. Wie im vorherigen Kapitel bereits deutlich wurde, besaßen die Bundesländer bereits zu Beginn des Beobachtungszeitraums unterschiedlich hohe reale BIP pro Kopf.[88] Die weitere Entwicklung der realen BIP pro Kopf zeigt, dass über den gesam-

88 Für das Saarland liegen Daten ab 1955 vor.

ten Betrachtungszeitraum Hamburg und Bremen mit Abstand über das höchste Pro-Kopf-Einkommen verfügten. Berlin als weiterer Stadtstaat wies lediglich im Zeitraum von 1974 bis 1989 das dritthöchste BIP pro Kopf auf, konnte sich jedoch nicht stark von den übrigen Bundesländern abheben.

Abbildung 11 Relatives BIP pro Kopf der Bundesländer in Preisen von 1995, HH = 100

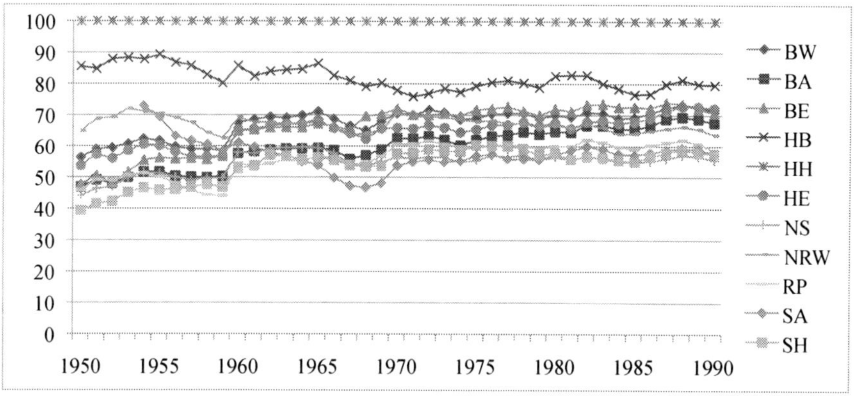

Quelle: Eigene Berechungen auf Basis von Tabelle 64.

Unter den Flächenstaaten verlor Nordrhein-Westfalen seine Spitzenposition bereits im Jahr 1961 an Baden-Württemberg und wurde im Jahr 1978 ebenfalls von Hessen und 1983 von Bayern überholt. Schleswig-Holstein, das Saarland und Niedersachsen teilten sich über den gesamten Zeitraum die letzten Ränge und verfügten im Jahre 1990 mit 41.249 (SH = 58), 41.238 DM (SA = 58) und 39.735 DM (NS = 56) über das geringste Pro-Kopf-Einkommen unter den westdeutschen Bundesländern. Im Vergleich dazu wiesen Hessen und Baden-Württemberg ein reales BIP pro Kopf von 51.634 (HE = 72) und 50.900 DM (BW = 71) auf. Der einstige Spitzenreiter Nordrhein-Westfalen lag im Jahr 1990 lediglich im Mittelfeld und besaß ein reales BIP pro Kopf von 45.606 DM (NRW = 64).

Somit können die Bundesländer hinsichtlich der Entwicklung ihrer Pro-Kopf-Einkommen in verschiedene Gruppen eingeteilt werden. Zunächst bilden die Stadtstaaten als Ausnahmen mit besonderen Bedingungen eine Gruppe. Es kann darüber hinaus eine Gruppe der „aufholenden“ Länder identifiziert werden, die aus dem Mittelfeld an die Spitze der westdeutschen Bundesländer gelangt sind. Hierzu zählen Baden-Württemberg, Hessen und Bayern. Als eindeutiger Verlierer kann Nordrhein-Westfalen klassifiziert werden. Schließlich verbleiben die übrigen Bundesländer Niedersachsen, Rheinland-Pfalz, das Saarland und Schleswig-Holstein, die ihre wirtschaftliche Stellung unter den westdeutschen Bundesländern weder bedeutend verbessern noch verschlechtern konnten, auf den letzten Rängen.

Nun wird die mittlere jährliche Wachstumsrate des realen BIP pro Kopf der Bundesländer mit in die Betrachtung einbezogen. Die hier gewählte Einteilung der Perioden richtet sich nach einer Beobachtung, die von Giersch, Paqué und Schmieding (2005) gemacht wurde. Demnach kann mit Hilfe der mittleren jährlichen Wachstumsraten des realen BIP die wirtschaftliche Entwicklung der BRD in die fünf Phasen 1948-50, 1950-60, 1960-73, 1973-80 und 1980 bis 1990 eingeteilt werden. Die erste Phase von 1948 bis 1950 wird hier vernachlässigt. Auf Bundesebene wurde in jeder Periode eine niedrigere mittlere jährliche Wachstumsrate des BIP als in der vorherigen Periode erreicht. In der Bundesrepublik lagen die folgenden Wachstumsraten vor: 1950/60: 8,2 Prozent; 1960/73: 4,4 Prozent; 1973/80: 2,2 Prozent; 1980/90: 2,1 Prozent.[89]

Tabelle 15 Mittlere jährliche Wachstumsraten des BIP pro Kopf der Bundesländer (in Preisen von 1995) in Prozent

Periode	BW	BA	BE	HB	HH	HE	NS	NRW	RP	SA	SH	Mittelwert
1950-60	8,32	8,59	9,70	6,44	6,41	8,48	9,33	7,11	8,26		9,52	8,13
1960-73	5,92	5,89	6,06	4,19	4,27	5,49	5,22	5,23	6,84	3,68	6,12	5,27
1973-80	2,54	3,16	3,21	3,78	2,87	3,03	2,86	2,37	2,51	3,28	2,58	2,90
1980-90	2,35	2,58	2,17	2,19	2,08	2,84	2,07	1,73	1,98	2,39	2,17	2,22

Quelle: Eigene Berechnungen auf Basis von Tabelle 64.

In den 1950er Jahren konnten die höchsten Wachstumsraten des realen BIP pro Kopf in allen Bundesländern erzielt werden. Dabei hatten Berlin, Niedersachsen und Schleswig-Holstein mit über 9 Prozent die mit Abstand höchsten Wachstumsraten in den 1950er Jahren. Die niedrigste Wachstumsrate entfiel auf Hamburg. Von Periode zu Periode nahmen die Wachstumsraten in allen Bundesländern ab. In der Zeit von 1960 bis 1973 wiesen Rheinland-Pfalz, Schleswig-Holstein und Berlin mit über 6 Prozent deutlich höhere Wachstumsraten als die übrigen Länder auf. Saarland besaß in dieser Zeit die niedrigste Rate. In der dritten Periode hatten Bremen, das Saarland und Hamburg die höchsten Wachstumsraten. Nordrhein-Westfalen konnte hingegen nur ein Wachstum von 2,37 verwirklichen. In den 1980er Jahren wurden lediglich Wachstumsraten von unter 3 Prozent erreicht, wobei Hessen mit 2,84 Prozent und Bayern mit 2,58 Prozent das höchste Wirtschaftswachstum verzeichnen konnten. Nordrhein-Wesfalen bildete abermals das Schlusslicht mit lediglich 1,73 Prozent. Insgesamt zeigen die zwischen den

89 Vgl. Giersch, Herbert; Paqué, Karl-Heinz; Schmieding, Holger (2005), The Fading Miracle: four decades of market economy in Germany (Revised and Updated), Cambridge, S. 2 ff.

Bundesländern stark variierenden Wachstumsraten der Pro-Kopf-Einkommen, dass Westdeutschland keinesfalls als ein homogener Wirtschaftsraum angesehen werden kann.

Zusätzlich werden die Wachstumsraten der Pro-Kopf-Einkommen über den gesamten Zeitraum betrachtet. Hierzu wurde der gleitende 5-Jahresdurchschnitt der jährlichen Wachstumsraten der Pro-Kopf-Einkommen gebildet. Dabei glättet der gleitende Durchschnitt die Wachstumsraten von konjunkturellen Schwankungen.

Abbildung 12 Gleitender 5-Jahresdurchschnitt der jährlichen Wachstumsraten des realen BIP pro Kopf der Bundesländer

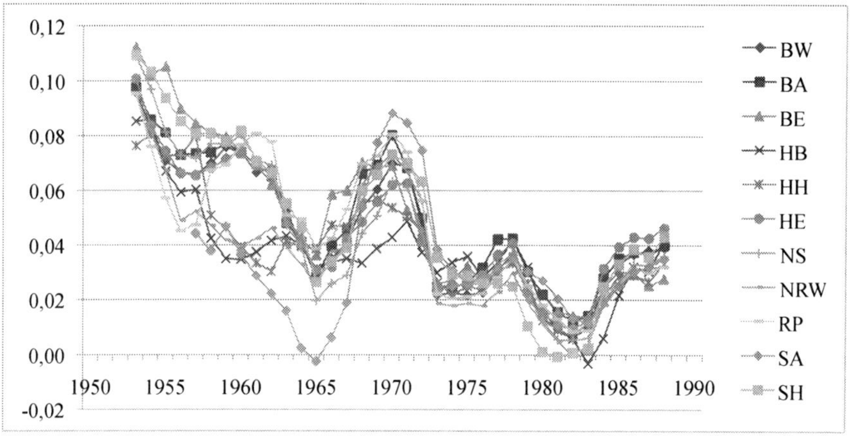

Quelle: Eigene Berechnungen auf Basis von Tabelle 64.

Die Berechnung des gleitenden 5-Jahresdurchschnittes der Wachstumsraten der realen BIP pro Kopf zeigt, dass die Wachstumsraten erst seit Anfang der 1970er Jahren einem gemeinsamen Trend gefolgt sind. In den 1950er und der 1960er Jahre wiesen die Länder Saarland, Hamburg, Bremen und Nordrhein-Westfalen stark unterdurchschnittliche Wachstumsraten auf. Die Wachstumsraten reduzierten sich seit Anfang der 1970er Jahre in allen Bundesländern stufenweise und erreichten Anfang der 1980er Jahre mit der zweiten Ölpreiskrise ihren Tiefpunkt. Zum Ende des Betrachtungszeitraums stiegen die Wachstumsraten wieder an.

Um schließlich die Frage beantworten zu können, ob nun eine Angleichung der Pro-Kopf-Einkommen stattgefunden hat, wie es die Konvergenz-Hypothese vorhersagt, können die beiden bereits vorgestellten Konvergenzmaße der β- und der σ-Konvergenz angewendet werden.

Die Schwächen der β-Konvergenz wurden bereits in Abschnitt 2.1.2 erläutert. In der vorliegenden Arbeit wird deshalb zur endgültigen Beurteilung der Konvergenz ausschließlich auf die σ-Konvergenz zurückgegriffen. Um jedoch zu verdeutlichen, wie irreführend das Konzept der β-Konvergenz sein kann, wurde für die Perioden 1950 bis 1960, 1960 bis 1973, 1973 bis 1980, 1980 bis 1990 sowie für den gesamten Zeitraum von 1950 bis 1990 der Zusammenhang zwischen dem Ausgangsniveau der Pro-Kopf-Einkommen und deren Wachstumsraten im Folgezeitraum grafisch dargestellt. In der folgenden Abbildung ist auf der Abszisse das Ausgangsniveau der Pro-Kopf-Einkommen (in logarithmierter Form) und auf der Ordinate die durchschnittliche Wachstumsrate im Folgezeitraum abgetragen.

Abbildung 13 β-Konvergenz des realen BIP pro Kopf der Bundesländer

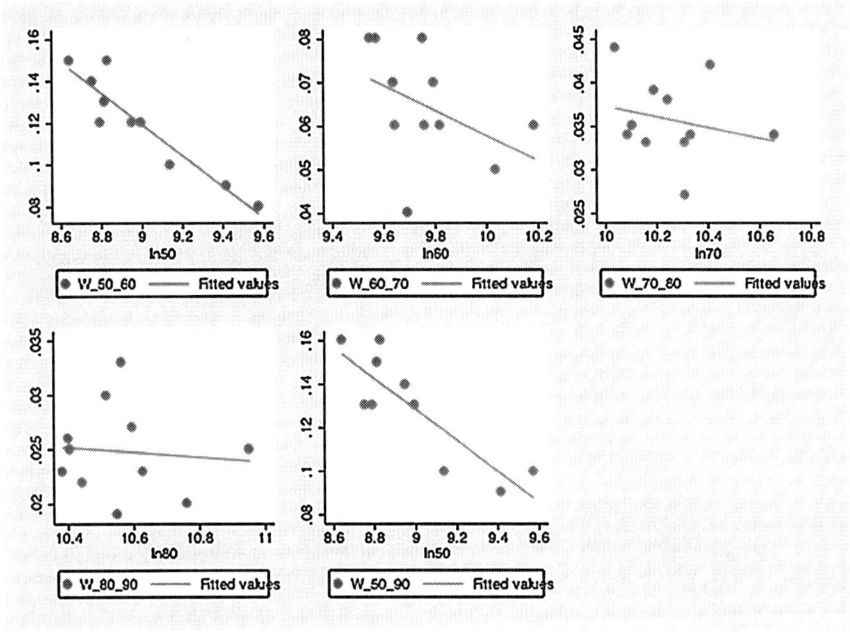

Quelle: Eigene Darstellung auf Basis von Tabelle 64.

Die grafische Darstellung der β-Konvergenz zeigt, dass bei Betrachtung der vier einzelnen Dekaden lediglich in den ersten beiden Dekaden des Betrachtungszeitraumes der vorhergesagte Verlauf der neoklassischen Wachstumstheorie vorzufinden ist: Länder mit einem niedrigeren Pro-Kopf-Einkommen weisen tendenziell eine höhere Wachstumsrate auf als Länder mit einem relativ hohen Pro-Kopf-Einkommen. Demnach dürfte es aller Wahrscheinlichkeit nach lediglich in den ersten beiden Perioden zu einer Konvergenz der Pro-Kopf-Einkommen der westdeutschen Bundesländer gekommen sein. Wird demgegenüber der gesamte Zeitraum betrachtet, dann fand eine Angleichung der Pro-Kopf-Einkommen statt: Bundesländer, die 1950 ein niedriges Pro-Kopf-Einkommen aufwiesen, sind bis 1990 im Durchschnitt schneller gewachsen als Bundesländer mit einem vergleichsweise hohen Pro-Kopf-Einkommen.

Mit Hilfe der β-Konvergenz sollte demnach kein Urteil gefällt werden, ob eine Konvergenz der Pro-Kopf-Einkommen vorlag oder nicht, da lediglich die durchschnittlichen Wachstumsraten eines Zeitraums (z.B. von 1950 bis 1990) betrachtet werden, jedoch die Dynamik in den einzelnen Jahren völlig unberücksichtigt bleibt. Die Berechnung der β-Konvergenz für den Zeitraum von 1950 bis 1990 vernachlässigt die scheinbar divergente Entwicklung in den 1970er und 1980er Jahren, die sich zeigt, wenn die einzelnen Dekaden betrachtet werden.

Deshalb wird nun die σ-Konvergenz (der Variationskoeffizient = VarK) berechnet, um festzustellen, ob im Betrachtungszeitraum zu jedem Zeitpunkt eine Konvergenz oder Divergenz der realen Pro-Kopf-Einkommen der Bundesländer vorlag. Die Abbildung 14 gibt die Entwicklung des Variationskoeffizienten für alle Bundesländer sowie nur für die Flächenstaaten wieder. Die Berechnung der σ-Konvergenz der realen BIP pro Kopf bestätigt die zuvor geäußerte Vermutung: lediglich bis zur Mitte der 1960er Jahre ist es zwischen den westdeutschen Bundesländern zu einer Konvergenz der Pro-Kopf-Einkommen gekommen.

Abbildung 14 Entwicklung der σ-Konvergenz der Pro-Kopf-Einkommen der Bundesländer

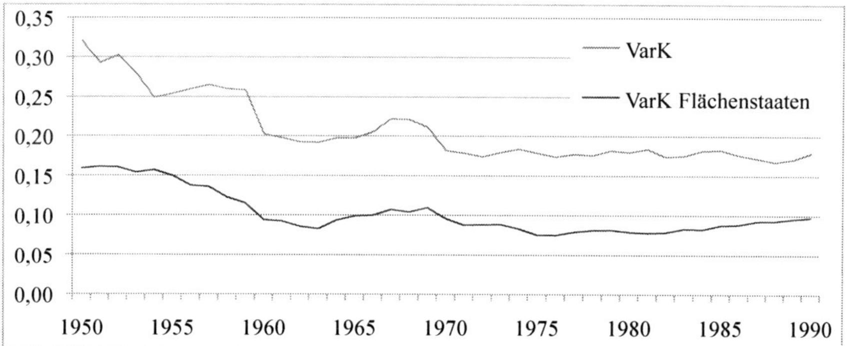

Quelle: Siehe Tabelle 65 im Anhang.

Der Variationskoeffizient verminderte sich von σ = 0,32 im Jahr 1950 auf σ = 0,19 im Jahr 1963. Von 1963 bis 1968 schloss sich eine Phase der Divergenz an, der Variationskoeffizient stieg von $\sigma = 0{,}19$ auf $\sigma = 0{,}22$. Von 1968 bis 1972 konvergierte das reale BIP pro Kopf nochmals von σ 0,22 auf $\sigma = 0{,}17$. Ab Mitte der 1970er Jahre blieben die Unterschiede im BIP pro Kopf der Bundesländer bestehen und es kam zu keiner weiteren Konvergenz. Auffallend ist zudem die Divergenz der Bundesländer in der Rezession von 1966/67. Entweder wirkte sich dieses Konjunkturtief unterschiedlich stark auf das Pro-Kopf-Einkommen der Bundesländer aus oder aber die Bundesländer konnten unterschiedlich gut auf den wirtschaftlichen Einbruch reagieren.

Eine ähnliche Entwicklung zeigt sich bei der Berechnung der σ-Konvergenz des realen BIP pro Kopf der Flächenstaaten. Die Pro-Kopf-Einkommen erreichen ohne die Stadtstaaten Berlin, Bremen und Hamburg ein höheres Konvergenzniveau (niedriger Variationskoeffizient). Demnach sank der Variationskoeffizient von $\sigma = 0{,}16$ im Jahr 1950 auf $\sigma = 0{,}08$ im Jahr 1963 und stieg anschließend wieder auf $\sigma = 0{,}11$ (1969) an. Bis 1976 konvergierte das reale BIP pro Kopf nochmals und der Variationskoeffizient erreichte wieder einen Wert von $\sigma = 0{,}08$. Schließlich kam es zwischen den Flächenstaaten abermals zu einer Divergenz, so dass der Variationskoeffizient von $\sigma = 0{,}08$ (1984) auf $\sigma = 0{,}10$ (1990) anstieg. Im Unterschied zur Konvergenz aller Bundesländer blieb die Divergenz in der Zeit von 1954 bis 1957 zwischen den Flächenstaaten aus.

Aus diesen Beobachtungen ergeben sich schließlich für die weitere Untersuchung zwei bedeutende Fragen:

1. Weshalb endet die Konvergenz der Pro-Kopf-Einkommen der westdeutschen Bundesländer in den 1960er Jahren?
2. Welche Ursachen können diese anhaltenden Unterschiede im Lebensstandard zwischen den westdeutschen Bundesländern haben?

4.4 Die Entwicklung der Pro-Kopf-Einkommen in den Regionen Nord-, Süd- und Westdeutschland

Wie bereits erwähnt wurde, stellen die Stadtstaaten Hamburg und Bremen eine Besonderheit bezüglich der starken Verflechtung mit dem Umland unter den Bundesländern dar. Um diese Problematik abzuschwächen, wird nun zusätzlich die Entwicklung der Pro-Kopf-Einkommen in den drei Regionen Norddeutschland (Bremen, Hamburg, Niedersachsen und Schleswig-Holstein), Süddeutschland (Baden-Württemberg und Bayern) und Westdeutschland (Hessen, Nordrhein-Wesfalen, Rheinland-Pfalz und Saarland) betrachtet. Berlin wird aufgrund seiner peripheren Lage von dieser Betrachtung ausgeschlossen.

Die Entwicklung der Pro-Kopf-Einkommen gemessen mit Hilfe des realen BIP pro Kopf der drei westdeutschen Regionen zeigt einen einheitlicheren Verlauf als zwischen den einzelnen Bundesländern.

Abbildung 15 Entwicklung des BIP pro Kopf in Preisen von 1995 in den drei Regionen der BRD

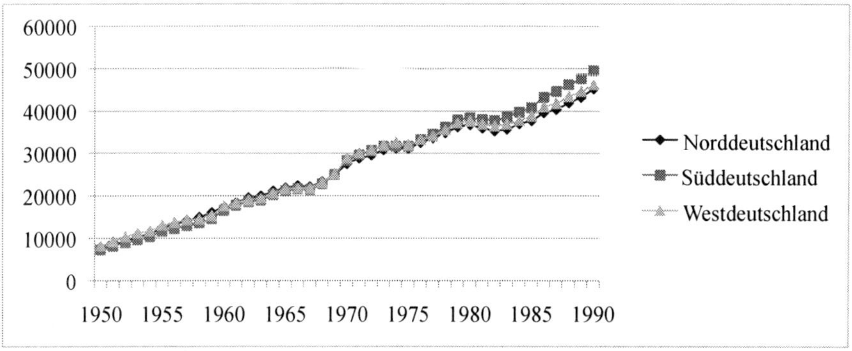

Quelle: Siehe Tabelle 66 im Anhang.

Im Jahr 1950 lag Westdeutschland mit 8.198 DM pro Kopf (West = 100) an erster Stelle. Auf dem zweiten Platz befand sich Norddeutschland mit 7.558 DM (Nord = 92). Süddeutschland lag mit 7.289 DM (Süd = 89) auf dem letzten Platz. Das Pro-Kopf-Einkommen Süddeutschlands lag lediglich 11 Prozent unter dem westdeutschen Pro-Kopf-Einkommen. Im Jahr 1958 überstieg das Pro-Kopf-Einkommen Norddeutschlands jenes von Westdeutschland. Norddeutschland verlor jedoch seine Spitzenposition 1969 an West- und Süddeutschland. Schließlich überstieg das Pro-Kopf-Einkommen von Süddeutschland im Jahr 1977 das Pro-Kopf-Einkommen von Westdeutschland. Norddeutschland verweilte auf dem letzten Platz. Im Jahr 1990 verfügten Süddeutschland über 49.484 DM (Süd = 100), Westdeutschland über 46.196 DM (West = 93) und Norddeutschland über 45.247 DM (Nord = 91). Norddeutschland besaß demnach 91 Prozent des Pro-Kopf-Einkommens von Süddeutschland.

Darüber hinaus wird die σ-Konvergenz der realen BIP pro Kopf der drei westdeutschen Regionen betrachtet. Wie die Abbildung 16 bereits vermuten lässt, erreichen die drei Regionen der BRD ein deutlich höheres Konvergenzniveau als die Bundesländer.

Nach einer kurzen Phase der Divergenz zwischen 1950 und 1953 lag insbesondere im Zeitraum von 1953 bis 1969 eine starke Konvergenz der Pro-Kopf-Einkommen vor. Der Variationskoeffizient verringerte sich von $\sigma = 0{,}061$ auf $\sigma = 0{,}003$. Anschließend fand bis 1987 eine divergente Entwicklung statt und der

Abbildung 16 Entwicklung der σ-Konvergenz der Pro-Kopf-Einkommen in den drei westdeutschen Regionen

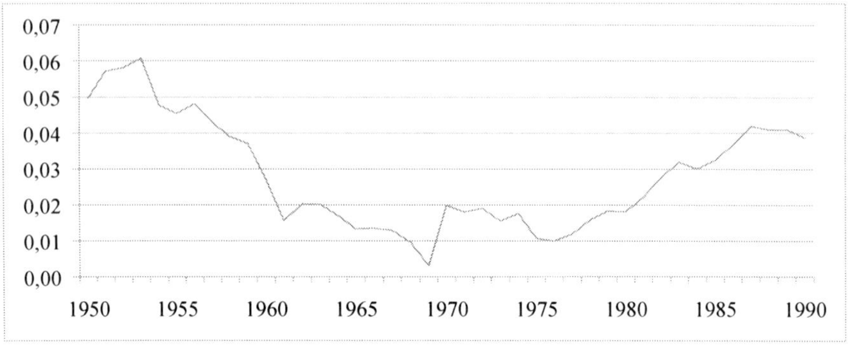

Quelle: Siehe Tabelle 66 im Anhang.

Variationskoeffizient erhöhte sich auf σ = 0,042. In den drei folgenden Jahren kam es nochmals zu einer leichten Konvergenz, so dass 1990 der Variationskoeffizient einen Wert von σ = 0,039 erreichte. Trotz der insgesamt stärkeren Konvergenz der drei westdeutschen Regionen, ergibt sich auch hier die Frage, wieso die Konvergenz der Pro-Kopf-Einkommen Ende der 1960er Jahre zum Erliegen kommt.

4.5 Zwischenfazit zur Entwicklung der Pro-Kopf-Einkommen der Bundesländer im Zeitraum von 1950 bis 1990

Die Analyse der Pro-Kopf-Einkommen auf Bundesländerebene sowie auf der Ebene der drei westdeutschen Regionen hat gezeigt, dass eine Zweiteilung der wirtschaftlichen Entwicklung im Betrachtungszeitraum vorlag. Bis zur Mitte der 1960er Jahre kam es zu einer Angleichung der Pro-Kopf-Einkommen auf der Ebene der Bundesländer sowie auf Ebene der drei Regionen. In der zweiten Hälfte des Betrachtungszeitraumes blieben die vorhandenen Unterschiede in den Pro-Kopf-Einkommen bestehen. Zur Beantwortung der Frage, welche Ursachen es für diese persistenten Unterschiede in den Pro-Kop-Einkommen geben kann, wird im folgenden Kapitel die Entwicklung der Hauptdeterminante des Wirtschaftswachstums – die Produktivität – im Betrachtungszeitraum ausführlich untersucht.

5 Analyse der Produktivität der westdeutschen Bundesländer von 1950 bis 1990

Bereits im Abschnitt 4.2.3 hat sich gezeigt, dass im Jahr 1950 die Produktivität die Hauptdeterminante für das Pro-Kopf-Einkommen der Bundesländer gewesen ist. Zur Klärung der Ursachen für die zweigeteilte Entwicklung der Pro-Kopf-Einkommen im Betrachtungszeitraum wird in diesem Kapitel das Produktivitätsniveau ebenfalls mit Hilfe der totalen Faktorproduktivität berechnet und anschließend ausführlich analysiert. Im Rahmen des Growth Accounting wird die totale Faktorproduktivität in Form von Wachstumsraten bestimmt, die für die Analyse eines Landes oder einer Region im Zeitablauf durchaus sinnvoll sind. Werden jedoch verschiedene Länder oder Regionen über die Zeit hinweg miteinander verglichen, so kann die Wachstumsrate der totalen Faktorproduktivität irreführend sein. Wie die Theorien zur Konvergenz-Hypothese verdeutlicht haben, haben gerade weniger entwickelte Länder dank des Catching-up Potenzials die Möglichkeit höhere Wachstumsraten der totalen Faktorproduktivität zu realisieren. Deshalb wird für die folgende Analyse der Produktivitätsentwicklung der Bundesländer eine Version der totalen Faktorproduktivität verwendet, die auf Basis einer geometrischen Kennziffer berechnet wird. Wie bereits im Abschnitt 4.2.3 wird hier das Produktivitätsniveau der Bundesländer nach folgender Formel

$$(14) \quad A_{it} = \frac{Y_{it}}{L_{it}^{\alpha} \cdot K_{it}^{\kappa}} = \frac{y_{it}}{k_{it}^{\kappa}},$$

mit dem Produktivitätsniveau A, dem gesamtwirtschaftlichen Output Y, der Arbeit L und dem Kapital K berechnet. Die totale Faktorproduktivität wird auf diese Weise für jedes Jahr t und jedes Bundesland i für den Zeitraum von 1950 bis 1990 bestimmt.

Ferner hängt die Höhe der totalen Faktorproduktivität davon ab, wie die Inputfaktoren gemessen werden. Alle nicht berücksichtigten Verbesserungen der Qualität der Inputfaktoren – hierzu zählen verbesserte Technologien, Verbesserung der Produktion und des Vertriebs, Verminderung von Marktverzerrungen, Verbesserung der Wirtschaftspolitik – können in die Höhe der TFP mit eingehen. In der vorliegenden Untersuchung wird beispielsweise die qualitative Verbesserung des Produktionsfaktors Arbeit durch Ausbildung und Erfahrung nicht berücksichtigt, weshalb sich diese Qualitätsverbesserung in der TFP widerspiegeln wird.[90]

90 Vgl. Helpman, Elhanan (2004), The Mystery of Economic Growth, Cambridge, S. 23.

So kommt etwa der führende empirische Produktivitätsforscher Jorgenson (2001) in seiner Untersuchung über die Ursachen des beschleunigten Produktivitätswachstums in den USA im Zuge der „New Economy" zu dem Ergebnis, dass die Produktivitätszuwächse auf die Entwicklungen im Bereich der Informationstechnologien zurückgeführt werden können.[91]

Zudem ist problematisch, dass die Bedeutung der Produktivität für das Wirtschaftswachtum nicht exakt bestimmt werden kann, da eine hohe Produktivität wiederum einen positiven Einfluss auf die Kapitalakkumulation hat, wie bereits im Rahmen des neoklassischen Wachstumsmodells gezeigt wurde. Demnach steigert ein höheres Produktivitätsniveau das Wertgrenzprodukt des Kapitals und macht Investitionen lohnend. Ohne einen Anstieg der Produktivität wäre es in diesem Fall gar nicht erst zu einem Anstieg des Kapitalstocks gekommen. So wird meist fälschlicherweise ein Teil des Wirtschaftswachstums der Kapitalakkumulation gutgeschrieben, obwohl die eigentliche Ursache ein Anstieg der Produktivität war. Die Bedeutung der Produktivität wird demnach häufig in empirischen Studien unterschätzt.[92]

Trozt dieser Schwierigkeiten existiert eine Vielzahl von Untersuchungen, die versuchen den Einfluss der Produktivität auf das Wirtschaftswachstum zu quantifizieren. So finden beispielsweise Klenow und Rodriguez-Clare (1997) für ihr Sampel von 98 Ländern heraus, dass 90 Prozent des Wachstums der Arbeitsproduktivität durch das Produktivitätswachstum erklärt werden kann. Der Einfluss des Produktivitätsniveaus auf die Arbeitsproduktivität ist mit 60 Prozent etwas moderater.[93] Auch Hall und Jones (1999) betonen die Bedeutung der Produktivität für das Wirtschaftswachstum.[94] In der Untersuchung von Easterly und Levine (2001) sind durchschnittlich 60 Prozent des Produktivitätswachstums für das Wachstum des Pro-Kopf-Einkommens verantwortlich.[95] Ebenso weist Clark (2007) darauf hin, dass empirische Studien gezeigt haben, dass in den letzten zweihundert Jahren lediglich ein Viertel des Wachstums der Arbeitsproduktivität durch Kapitalakkumulation in den industrialisierten Ländern erklärt werden konnte. Hieraus folgt, dass ganze drei Viertel des Wachstums der Arbeitsproduktivität aus einer Erhöhung der Produktivität folgen. [96]

---

91 Vgl. Jorgenson, Dale (2001), Information Technology and the U.S. Economy, in: American Economic Review, 91(1), S. 1-32.

92 Vgl. Helpman (2004), S. 26.

93 Vgl. Klenow, Peter; Rodriguez-Clare, Andres (1997), The neoclassical revival in growth economics: has it gone too far. NBER Macroeconomics Annual 1997, S 73-102.

94 Vgl. Hall, Robert; Jones, Charles (1999), Why do some countries produce so much more output per worker than others?, in: Quarterly Journal of Economics, 114(1), S. 83-116.

95 Vgl. Easterly, William; Levine, Ross (2001), Its not Factor Accumulation: Stylized Facts and Growth Models, Working Papers of the Central Bank of Chile No. 164.

96 Vgl. Clark (2007), S. 197-200.

Demnach kann die Produktivität als die entscheidende Hauptdeterminante des Wirtschaftswachstums angesehen werden. Aus diesem Grund wird zur Identifizierung der Ursachen für die seit den 1960er Jahren anhaltenden Unterschiede in den Pro-Kopf-Einkommen eine detaillierte Analyse der Produktivitätsniveaus der westdeutschen Bundesländer durchgeführt. Dabei wird in diesem Kapitel zunächst die Frage beantwortet, ob die unterschiedliche Entwicklung der Produktivitätsniveaus die ausbleibende Konvergenz der Pro-Kopf-Einkommen erklären kann. Die nachfolgenden Kapitel widmen sich dann der Frage, auf welche Faktoren die Unterschiede der Produktivität in den Bundesländern zurückgeführt werden können.

5.1 Berechnung der totalen Faktorproduktivität der Bundesländer

Bevor die totale Faktorproduktivität berechnet wird, werden zunächst die übrigen Bestandteile der Cobb-Douglas Produktionsfunktion, die zur Berechnung der TFP dienen, betrachtet. Die Arbeitsproduktivität wird mit Hilfe des Arbeitsvolumens (Arbeitszeit je Erwerbstätiger) und der Netto-Wertschöpfung in Preisen von 1970 berechnet. Da die Arbeitszeit je Erwerbstätiger nicht auf Bundesländerebene vorliegt, wird die Jahresarbeitszeit auf Bundesebene für die Länder verwendet. Hierdurch kann lediglich die Arbeitszeitverkürzung über die Zeit und nicht Unterschiede zwischen den Bundesländern berücksichtigt werden. Des Weiteren fehlen die Angaben zu den Erwerbstätigen auf Länderebene im Zeitraum von 1951 bis 1956. In der Zeit von 1957 bis 1959 liegen Stichtagszahlen vor. Für das Jahr 1950 sowie ab 1960 sind Angaben zu den Erwerbstätigen in Jahrsdurchschnittszahlen vorhanden. Die fehlenden Angaben zu den Erwerbstätigen für den Zeitraum von 1951 bis 1959 wurden mit Hilfe einer linearen Interpolation geschätzt. Hierbei können jedoch Schwankungen der Erwerbstätigenzahl, hervorgerufen durch den Konjunkturzyklus, nicht berücksichtigt werden. Die Tabelle 73 im Anhang gibt die Entwicklung der Arbeitsproduktivität auf Bundesländerebene wieder.[97] Im Betrachtungszeitraum ist die Arbeitsproduktivität (Nettowertschöpfung in Preisen von 1970 bezogen auf das Arbeitsvolumen) in allen Bundesländern angestiegen.

97 Die in diesem Abschnitt berechneten Arbeitsproduktivität und Kapitalintensität unterscheiden sich von der Arbeitsproduktivität und Kapitalintensität im Abschnitt 4.2, da in Abschnitt 4.2 anstelle des Arbeitsvolumens die Erwerbstätigenzahl benutzt wurde. Angaben zur Arbeitszeit liegen lediglich auf Bundesebene vor, weshalb bei einem Vergleich der Bundesländer zu einem bestimmten Zeitpunkt die Verwendung der Erwerbstätigenzahl anstatt des Arbeitsvolumens keinen Unterschied macht.

Hamburg verfügte über die höchste Arbeitsproduktivität im gesamten Zeitraum. Bis 1968 besaß Bremen die zweithöchste Arbeitsproduktivität. In der Zeit von 1968 bis 1976 übernahm Nordrhein-Westfalen diese Position. Seit dem Ende der 1970er Jahre hatte Hessen die zweithöchste Arbeitsproduktivität inne und konnte sich deutlich von den übrigen Bundesländern (abgesehen von Hamburg) abheben. Die niedrigsten Arbeitsproduktivitäten besaßen im gesamten Betrachtungszeitraum Rheinland-Pfalz, Bayern, das Saarland und Schleswig-Holstein.

Angaben zum Netto-Anlagevermögen auf Bundesländerebene existieren erst seit 1960. Für die 1950er Jahre konnten Schätzungen lediglich mit Hilfe des Brutto-Anlagevermögens der BRD vorgenommen werden.[98] Deshalb wird hier das Brutto- an Stelle des Netto-Anlagevermögens (in Preisen von 1970) als Kapitalgröße zur Berechnung der totalen Faktorproduktivität verwendet. Die Tabelle 74 im Anhang zeigt die Kapitalintensität (Brutto-Anlagevermögen bezogen auf das Arbeitsvolumen) in den Bundesländern. Die Kapitalintensität ist ebenfalls in allen Bundesländern im Betrachtungszeitraum angestiegen. Die höchste Kapitalintensität besaß das Saarland, aber auch Schleswig-Holstein und Rheinland-Pfalz verfügten über eine vergleichsweise hohe Kapitalintensität. Die Stadtstaaten Berlin, Bremen und Hamburg hatten die niedrigste Kapitalintensität im gesamten Zeitraum inne. Nordrhein-Westfalen besaß interessanterweise speziell seit den 1970er Jahren eine relativ geringe Kapitalintensität.

Zusätzlich müssen zur Berechnung der totalen Faktorproduktivität die Produktionselastizitäten α und κ bestimmt werden. Der Einfachheit halber wird hier α berechnet. κ ergibt sich dann gemäß der getroffenen Annahme zu den konstanten Skalenerträgen aus $\kappa = 1 - \alpha$. Die Produktionselastizität α ist definiert als:

$$(15) \quad \alpha = \frac{\partial Y}{\partial L} \cdot \frac{L}{Y}$$

Unter der Annahme der vollkommenen Konkurrenz, wenn also die Produktionsfaktoren gemäß ihrem Wertgrenzprodukt entlohnt werden, entspricht die Produktionselastizität α dem Anteil, den die Arbeiter vom regionalen Einkommen erhalten und ist demnach gleich der durchschnittlichen Lohnquote (λ).

$$(16) \quad \lambda = \frac{\text{Lohn}}{\text{Volkseinkommen}} = \frac{w \cdot L}{p \cdot Y},$$

mit dem Lohn w, der Arbeit L, dem Preis p und dem gesamtwirtschaftlichen Output Y. Die Lohnquote ergibt sich aus dem Verhältnis von Einkommen aus unselbständiger Arbeit und dem Volkseinkommen. Angaben über das Einkommen aus unselbständiger Arbeit liegen auf Länderebene für den Zeitraum von 1960 bis 1990 vor, weshalb auch die Lohnquote nur für diesen Zeitraum berechnet wer-

98 Vgl. zum genauen Vorgehen Abschnitt 4.2.1.

den kann. Darüber hinaus kann die Lohnquote bereinigt werden. Dann führen Veränderungen der Beschäftigungsstruktur gegenüber einem Basisjahr nicht zu einer Veränderung der Lohnquote. Insbesondere erhöht sich die Lohnquote nicht, wenn sich der Anteil der abhängigen Beschäftigten an allen Erwerbstätigen erhöht.[99] Im Betrachtungszeitraum hat der Anteil der abhängigen Erwerbstätigen in allen Bundesländern zugenommen. Diese Entwicklung führt zu einer steigenden unbereinigten Lohnquote im Zeitablauf.

Für die Berechnung der totalen Faktorproduktivität wird die bereinigte Lohnquote verwendet, so dass die Lohnquote nicht von einer Veränderung der Erwerbsstruktur beeinflusst wird. Nun stellt sich die Frage, welches Jahr als Basisjahr für die bereinigte Lohnquote gewählt werden soll. Fällt die Wahl auf ein Jahr zu Beginn des Betrachtungszeitraums, dann fällt die Lohnquote vergleichsweise niedrig aus. Wird hingegen das Jahr 1990 als Basisjahr gewählt, so ist auch die Lohnquote höher.

Wird allen Bundesländern eine gemeinsame Produktionsfunktion unterstellt, d.h. die bereinigte Lohnquote der BRD entspricht der Produktionselastizität α aller Bundesländer, dann spielt die Wahl des Basisjahres keine Rolle. Eine höhere Produktionselastizität spiegelt sich lediglich in der Höhe der TFP aller Länder wider. Es kommt dabei nicht zu einer Rangverschiebung innerhalb der Ländergruppe.

Wird hingegen jedem Bundesland eine eigene Produktionsfunktion und somit eine eigene Produktionselastizität zuerkannt, hat die Wahl des Basisjahres sehr wohl Auswirkung auf die Leistungsfähigkeit der Bundesländer untereinander. Um dieser Problematik entgegenzutreten, wird die Berechnung der bereinigten Lohnquote zunächst genauer betrachtet. Die bereinigte Lohnquote ergibt sich aus folgender Formel[100]:

$$(17)\quad \lambda_{bereinigt} = \frac{\left(\frac{Arbeitnehmerentgelt}{Beschäftigte}\right)_t}{\left(\frac{Volkseinkommen}{Erwerbstätige}\right)_t} \cdot \left(\frac{Beschäftigte}{Erwerbstätige}\right)_{Basisjahr} = $$

$$= \left(\frac{Arbeitnehmerentgelt}{Volkseinkommen}\right)_t \cdot \left(\frac{Erwerbstätige}{Beschäftigte}\right)_t \cdot \left(\frac{Beschäftigte}{Erwerbstätige}\right)_{Basisjahr}$$

Die Umformung zeigt, dass sich die bereinigte Lohnquote aus der Multiplikation der unbereinigten Lohnquote in t mit dem Anteil der Erwerbstätigen an den Beschäftigten in t und mit dem Anteil der Beschäftigten an den Erwerbstätigen in

99 Vgl. Brümmerhoff, Dieter; Lützel, Heinrich (2002), Lexikon der Volkswirtschaftlichen Gesamtrechnung, München, S. 256.

100 Vgl. beispielsweise Siebke, Jürgen (1999), Verteilung, in: Bender, u.a. (Hrsg.), Vahlens Kompendium der Wirtschaftstheorie und Wirtschaftspolitik, München, S. 417-454, hier: S. 423.

einem Basisjahr ergibt. Anstatt nun willkürlich ein Basisjahr für den Anteil der Beschäftigten an den Erwerbstätigen zu wählen, wird der durchschnittliche Anteil der Beschäftigten an den Erwerbstätigen im gesamten Betrachtungszeitraum in den jeweiligen Bundesländern zur Berechnung der bereinigten Lohnquote herangezogen.[101] Hieraus ergeben sich die folgenden durchschnittlichen bereinigten und zum Vergleich unbereinigten Lohnquoten für die Bundesländer sowie für die BRD.

Tabelle 16 Durchschnittliche bereinigte und unbereinigte Lohnquote der Bundesländer (Basis=Durchschnitt 1960-90)

Bundesland	Bereinigte Lohnquote	Unbereinigte Lohnquote
Baden-Württemberg	0,65	0,68
Bayern	0,64	0,67
Berlin	0,79	0,79
Bremen	0,73	0,75
Hamburg	0,67	0,68
Hessen	0,67	0,69
Niedersachsen	0,67	0,69
Nordrhein-Westfalen	0,71	0,72
Rheinland-Pfalz	0,66	0,70
Saarland	0,81	0,81
Schleswig-Holstein	0,66	0,67
BRD	0,67	0,70

Quelle: Eigene Berechnungen auf Basis von Tabelle 75.

Ein Vergleich der bereinigten mit den unbereinigten Lohnquoten zeigt, dass die unbereinigte Lohnquote entweder höher ausfällt oder im Falle von Berlin und dem Saarland gleich der bereinigten Lohnquote ist. Die durchschnittliche bereinigte Lohnquote lag im Betrachtungszeitraum in der gesamten BRD bei 67 Prozent. Die Länder Baden-Württemberg, Bayern, Rheinland-Pfalz und Schleswig-Holstein besaßen im Vergleich dazu eine niedrigere Lohnquote. Die Lohnquote von Hessen, Hamburg und Niedersachsen entsprach genau dem Bundesdurchschnitt. Eine überdurchschnittlich hohe Lohnquote hatten Berlin, Bremen, Nordrhein-Westfalen und das Saarland. Es fällt auf, dass es insbesondere in Berlin mit $\alpha = 0{,}79$ und dem Saarland mit $\alpha = 0{,}81$ äußerst hohe Lohnquoten gab.

101 Die bereinigten Lohnquoten der Bundesländer im Zeitraum von 1960 bis 1990 sind in der Tabelle 75 im Anhang abgebildet.

5.2 Analyse der totalen Faktorproduktivität der Bundesländer von 1950 bis 1990

Im diesem Abschnitt wird die Entwicklung der totalen Faktorproduktivität der Bundesländer untersucht. Dazu wird in einem ersten Schritt allen Bundesländern eine gemeinsame Produktionsfunktion unterstellt, das heißt, dass für alle Bundesländer die gleichen Produktionselastizitäten α und κ gelten. Es wird somit die Produktionsfunktion mit Hilfe der bereinigten Lohnquote der BRD, die im Betrachtungszeitraum durchschnittlich $\alpha = 0{,}67$ betrug, berechnet. In der nachstehenden Abbildung wird die auf diese Weise berechnete totale Faktorproduktivität der einzelnen Bundesländer für jedes Jahr im Vergleich zur totalen Faktorproduktivität des Produktivitätsführers Hamburg (HH = 100) dargestellt.

Abbildung 17 TFP_I der Bundesländer bei gemeinsamer Produktionsfunktion (HH=100)

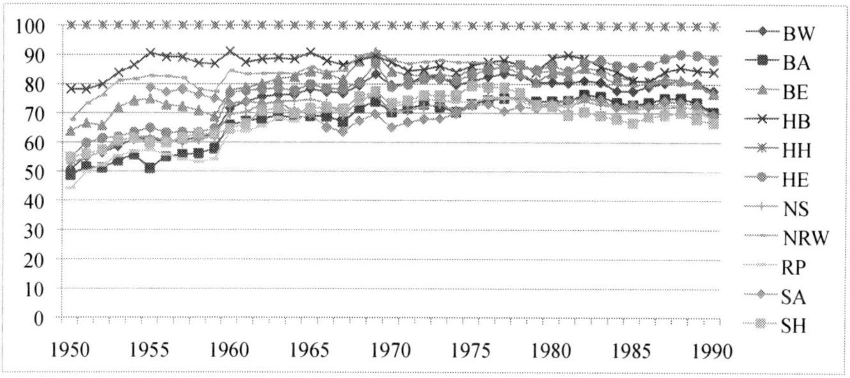

Quelle: Eigene Berechungen auf Basis von Tabelle 76.

Wird allen Bundesländern die gleiche Produktionsfunktion unterstellt, dann war Hamburg über den gesamten Beobachtungszeitraum der Produktivitätsführer. Die Entwicklung der TFP der westdeutschen Bundesländer im Vergleich zur TFP von Hamburg zeigt eine zweigeteilte Entwicklung. Bis etwa Ende der 1960er Jahre kam es tendenziell zu einer Angleichung der totalen Faktorproduktivitäten. Lag die TFP der Länder im Jahr 1950 noch zwischen 44 Prozent in Rheinland-Pfalz und 78 Prozent in Bremen jeweils in Relation zur TFP von Hamburg, so waren es im Jahr 1969 zwischen 70 Prozent im Saarland und 91 Prozent in Nordrhein-Westfalen. Die beiden Länder Nordrhein-Westfalen und Bremen hatten bis zum Ende der 1960er Jahre eine überdurchschnittlich hohe TFP. In der Zeit von 1970 bis 1990 kam es weder zu einer Angleichung der TFP der Bundesländer untereinander noch zum Produktivitätsführer Hamburg. Die niedrigsten Werte der TFP besaßen im gesamten Zeitraum Bayern (1952-56), Rheinland-Pfalz (1950-52; 1956-64), das Saarland (1965-79) sowie Schleswig-Holstein (1980-90). Erstaunlich ist hier, dass Bayern trotz seiner überdurchschnittlichen wirtschaftlichen Entwicklung hinsichtlich des Pro-Kopf-Einkommens nur eine unterdurchschnittliche Entwicklung der TFP aufwies.

Des weiteren stellt sich die Frage, ob die Annahme bezüglich einer gemeinsamen Produktionsfunktion für die westdeutschen Bundesländer tatsächlich gerechtfertigt ist. Im Folgenden ist das Ergebnis für die totale Faktorproduktivität unter der Annahme einer bundeslandeigenen Produktionsfunktion dargestellt. Dabei wurde die TFP mit einer bereinigten Lohnquote und demnach mit einem α und κ für jedes Bundesland berechnet. Aufgrund der fehlenden Werte zur Lohnquote auf Länderebene in den 1950er Jahren wird die für den Zeitraum von 1960 bis 1990 berechnete bereinigte durchschnittliche Lohnquote auch für die 1950er Jahre angenommen. Wird eine Produktionsfunktion für jedes Bundesland unterstellt, dann zeigt die Entwicklung der TFP der Bundesländer ein anderes Bild, wie die nachstehende Abbildung verdeutlicht. Da es im Betrachtungszeitraum keinen eindeutigen Produktivitätsführer gab, wurden die TFP nicht in Relation zu einem Bundesland gesetzt. Auffallend ist, dass im Jahr 1950 die Bundesländer hinsichtlich ihrer TFP in zwei Gruppen eingeteilt werden können.

Abbildung 18 TFP_II der Bundesländer bei jeweiliger Produktionsfunktion

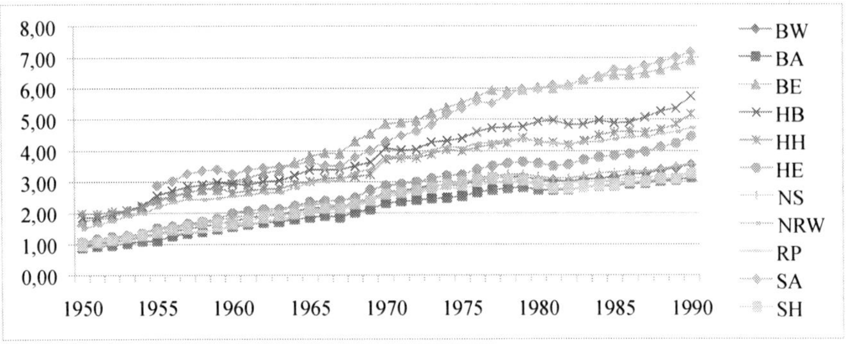

Quelle: Siehe Tabelle 77 im Anhang.

Zur Gruppe mit vergleichsweise niedriger TFP zählten Baden-Württemberg, Bayern, Hessen, Niedersachsen, Rheinland-Pfalz und Schleswig-Holstein. Demgegenüber wiesen die Länder Berlin, Bremen, Hamburg und Nordrhein-Westfalen eine relativ hohe TFP im Jahr 1950 auf. Aus der Gruppe mit niedriger TFP konnte sich lediglich Hessen seit Mitte der 1970er Jahre lösen. Darüber hinaus sticht die überdurchschnittlich hohe TFP von Berlin und dem Saarland ins Auge. Wird die TFP mit Hilfe dieser zweiten Variante berechnet, dann kann Hamburg seine führende Stellung nicht halten. Das niedrigste Produktivitätsniveau hatte Bayern in den meisten Jahren zwischen 1950 und 1990.

Somit haben die unterschiedlichen Lohnquoten der Bundesländer auch zu ganz unterschiedlichen Produktionsfunktionen geführt, mit deren Hilfe die TFP der Länder ermittelt wurde. Ganz allgemein weicht die totale Faktorproduktivität in Variante II im Vergleich zur Variante I bei einer hohen Lohnquote nach oben und bei einer niedrigen Lohnquote nach unten ab. Je höher die Lohnquote ist, desto höher ist die totale Faktorproduktivität ceteris paribus. Dieser Zusammenhang zwischen einer Veränderung der Produktionselastizität und der totalen Faktorproduktivität kann verdeutlicht werden, indem die Cobb-Douglas Produktionsfunktion nach α bzw. κ (aufgrund der Identität $\alpha = 1-\kappa$) abgeleitet wird.

(18) $A = y \cdot k^{-\kappa} = y \cdot e^{-\kappa \cdot \ln(k)}$

(19) $\frac{\partial A}{\partial \kappa} = -y \cdot e^{-\kappa \cdot \ln(k)} \cdot \ln(k) = -y \cdot k^{-\kappa} \cdot \ln(k)$

Wie die Ableitung verdeutlicht, hängt die totale Faktorproduktivität negativ von der Produktionselastizität κ ab. Werden nun die beiden Produktionsfaktoren Arbeit L und Kapital K sowie der Output Y konstant gehalten und lediglich die Produktionselastizität variiert, dann steigt die totale Faktorproduktivität, wenn κ sinkt (bzw. α steigt).

Nachdem die Entwicklung der totalen Faktorproduktivität in absoluten Werten untersucht wurde, wird nun das Wachstum der TFP analysiert. Zunächst wurden die mittleren jährlichen Wachstumsraten der TFP in den Bundesländern für die Perioden 1951-60, 1961-70, 1971-80 und 1980-90 mit Hilfe des geometrischen Mittels berechnet. Die höchsten Wachstumsraten der TFP bei gemeinsamer Produktionsfunktion wurden in den 1950er Jahren erreicht.

Die höchsten Wachstumsraten in dieser Periode hatten Rheinland-Pfalz mit 6,8 Prozent und Baden-Württemberg mit 6,6 Prozent. Demgegenüber besaß Hamburg mit 3 Prozent das niedrigste TFP-Wachstum. In der zweiten und dritten betrachteten Periode lagen bereits deutlich niedrigere mittlere jährliche Wachstumsraten der TFP vor. Lediglich Schleswig-Holstein und Rheinland-Pfalz mit jeweils 4,8 Prozent sowie Baden-Württemberg mit 4,6 Prozent konnten vergleichsweise hohe Wachstumsraten in der zweiten Periode erzielen. In den 1970er Jahren konnte nur das Saarland seine mittlere jährliche Wachstumsrate im Vergleich zur Vorperiode steigern und hatte mit 2,6 Prozent das höchste TFP-Wachstum. In den 1980er Jahren wurden in allen Bundesländern abgesehen von Baden-Württemberg und Hamburg niedrigere Wachstumsraten als in der Vorperiode realisiert. Hessen

Tabelle 17 Mittlere jährliche Wachstumsraten der TFP_I der Bundesländer bei gemeinsamer Produktionsfunktion

Bundesland	1951-60	1961-70	1971-80	1981-90
Baden-Württemberg	6,6%	4,6%	1,5%	1,6%
Bayern	6,1%	4,2%	1,9%	1,4%
Berlin	5,0%	4,3%	1,3%	1,1%
Bremen	4,5%	3,0%	1,6%	1,4%
Hamburg	3,0%	3,5%	1,4%	2,0%
Hessen	6,5%	3,7%	2,3%	2,2%
Niedersachsen	5,9%	3,6%	1,8%	1,3%
Nordrhein-Westfalen	5,3%	3,9%	1,0%	0,9%
Rheinland-Pfalz	6,8%	4,8%	1,4%	1,3%
Saarland	-	2,3%	2,6%	1,4%
Schleswig-Holstein	4,7%	4,8%	1,3%	1,1%

Quelle: Eigene Berechnungen auf Basis von Tabelle 76.

hatte das höchste TFP-Wachstum mit 2,2 Prozent und Nordrhein-Westfalen mit 0,9 Prozent das niedrigste.

Zusätzlich wurde der gleitende 5-Jahresdurchschnitt des TFP-Wachstums bei einer gemeinsamen Produktionsfunktion betrachtet.

Abbildung 19 Gleitender 5-Jahresdurchschnitt der TFP_I-Wachstumsraten der Bundesländer bei gemeinsamer Produktionsfunktion

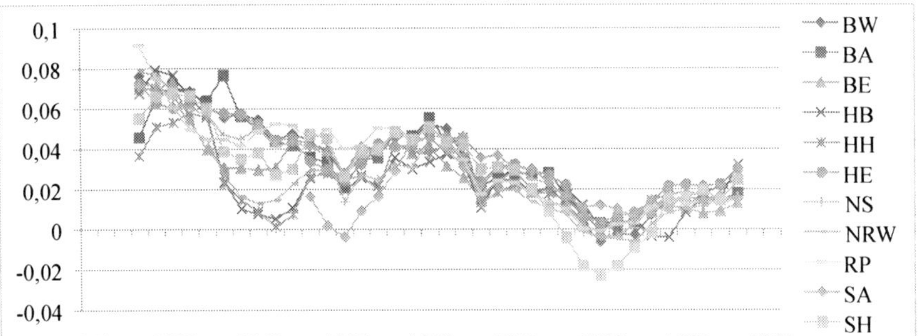

Quelle: Eigene Berechnungen auf Basis von Tabelle 76 im Anhang.

Die Berechnung des gleitenden 5-Jahresdurchschnitts der TFP-Wachstumsraten zeigt zweierlei. Zum einen haben sich die Wachstumsraten der TFP in den Bundesländern erst zu Beginn der 1970er Jahre angeglichen. Zum anderen nahmen die Wachstumsraten tendenziell bis Anfang der 1980er Jahre ab und stiegen anschließend wieder leicht an.

In den 1960er Jahren wiesen Hamburg, Bremen, Nordrhein-Westfalen und das Saarland außergewöhnlich niedrige Wachstumsraten der TFP auf. Ende der 1970er Jahre und Anfang der 1980er verzeichnete insbesondere Schleswig-Holstein niedrige und zudem negative Wachstumsraten der TFP.

Die nachstehende Tabelle zeigt die Ergebnisse der Berechnung der mittleren jährlichen TFP-Wachstumsraten der Variante II, bei der für jedes Bundesland eine eigene Produktionsfunktion angenommen wurde. Auffallend ist zunächst bei einem direkten Vergleich der Tabellen 17 und 18, dass sich die Wachstumsraten der TFP der beiden Varianten sehr ähnlich entwickelt haben. Somit hat die unterschiedliche Berechnungsmethode der TFP lediglich zu Niveauunterschieden geführt, die durch die Höhe der Produktionselastizität κ bestimmt wurde.

Tabelle 18 Mittlere jährliche Wachstumsrate der TFP_II der Bundesländer bei jeweiliger Produktionsfunktion

Bundesland	1951-60	1961-70	1971-80	1981-90
Baden-Württemberg	6,4%	4,5%	1,4%	1,5%
Bayern	5,9%	4,0%	1,7%	1,3%
Berlin	5,7%	4,9%	2,2%	1,4%
Bremen	4,7%	3,3%	1,9%	1,5%
Hamburg	3,0%	3,5%	1,4%	2,0%
Hessen	6,4%	3,7%	2,3%	2,2%
Niedersachsen	5,9%	3,6%	1,8%	1,3%
Nordrhein-Westfalen	5,5%	4,1%	1,2%	1,0%
Rheinland-Pfalz	6,7%	4,7%	1,3%	1,3%
Saarland	-	2,9%	3,4%	1,8%
Schleswig-Holstein	4,6%	4,7%	1,2%	1,1%

Quelle: Eigene Berechnungen auf Basis von Tabelle 77 im Anhang.

Die Wachstumsraten der TFP verdeutlichen zudem, dass Bundesländer wie Baden-Württemberg, Bayern, Niedersachsen, Rheinland-Pfalz und Schleswig-Holstein, die 1950 ein niedriges Startniveau der TFP_II hatten, ihr theoretisches Catching-up Potenzial nicht genutzt haben, da sie im Folgezeitraum nur vergleichsweise niedrige Wachstumsraten der TFP realisieren konnten.

Die Berechnung des gleitenden 5-Jahresdurchschnitts der TFP-Wachstumsraten bei ländereigenen Produktionsfunktionen zeigt logischerweise auch einen ähnlichen Verlauf wie bei der ersten Variante der TFP.

Es variiert lediglich die Höhe der Wachstumsraten. Eine Angleichung der Wachstumsraten der TFP_II findet erst in den 1970er Jahren statt und die Wachstumsraten nehmen stufenweise ab. Auffallend ist auch hier die stark negative Wachstumsrate der TFP_II von Schleswig-Holstein im Jahr 1980.

Abbildung 20 Gleitender 5-Jahresdurchschnitt der TFP_II-Wachstumsraten der Bundesländer bei jeweiliger Produktionsfunktion

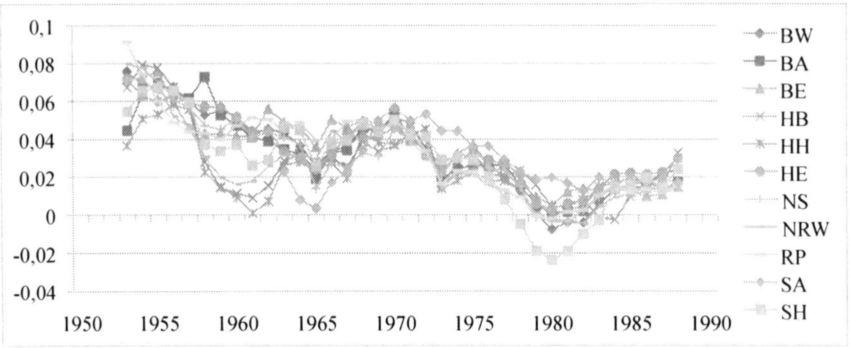

Quelle: Eigene Berechnungen auf Basis von Tabelle 77 im Anhang.

Um zu guter Letzt auch beurteilen zu können, ob es zu einer Angleichung der totalen Faktorproduktivitäten zwischen den Bundesländern im Zeitablauf gekommen ist, wird im Folgenden die σ-Konvergenz beider TFP-Varianten berechnet. Zusätzlich wird die σ-Konvergenz der TFP der Flächenstaaten bestimmt.

Abbildung 21 σ -Konvergenz der TFP_I bei gemeinsamer Produktionsfunktion

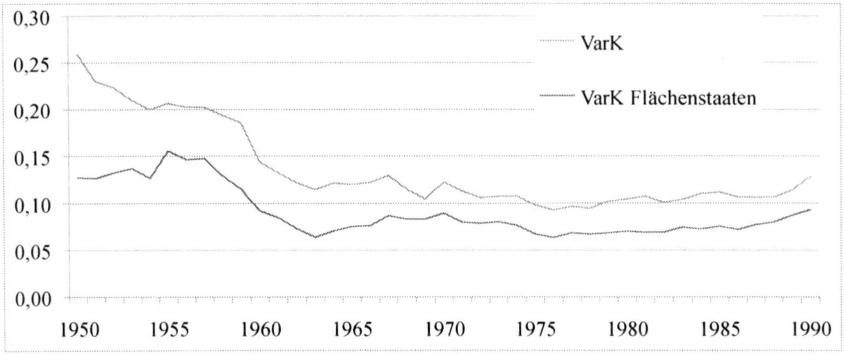

Quelle: Siehe Tabelle 78 im Anhang.

Die Konvergenzanalyse der totalen Faktorproduktivität bei einer gemeinsamen Produktionsfunktion (TFP_I) hat ergeben, dass bis 1963 eine starke und bis 1976 eine sehr abgeschwächte Konvergenz stattgefunden hat. Zu Divergenz kam es in den Jahren 1954 und 1955, 1962 bis 1967 sowie 1969 und 1970. Insgesamt verringert sich der Variationskoeffizient von σ = 0,27 (1950) auf σ = 0,11 (1963) und schließlich auf σ = 0,09 (1976). Am Ende des Betrachtungszeitraums ist wieder eine leichte Divergenz zu beobachten. Der Variationskoeffizient stieg von σ = 0,10 im Jahr 1980 auf σ = 0,13 im Jahr 1990. Werden ledglich die Flächenstaaten bei der Berechnung der σ-Konvergenz der TFP bei gemeinsamer Produktionsfunktion berücksichtigt, dann ergibt sich zwar insgesamt ein höheres Konvergenzniveau, jedoch kann für den Zeitraum von 1950 bis 1955 von keiner Angleichung gesprochen werden. Der Variationskoeffizient stieg von σ = 0,13 (1950) auf σ = 0,16 (1955). Im Anschluss daran vollzog sich bis 1963 eine starke Konvergenz, der Variationskoeffizient sank auf σ = 0,06. Bis 1970 erhöhte sich der Koeffizient auf σ = 0,09 und fiel anschließend wieder auf σ = 0,06 im Jahr 1976 ab. Im restlichen Betrachtungszeitraum kam es zu keiner weiteren Angleichung der TFP_I der Flächenstaaten.

Wird zudem die σ-Konvergenz der TFP_II bei unterschiedlichen Produktionsfunktionen für die Bundesländer berechnet, dann ergibt sich das folgende Bild.

Abbildung 22 σ -Konvergenz der TFP_II bei jeweiliger Produktionsfunktion

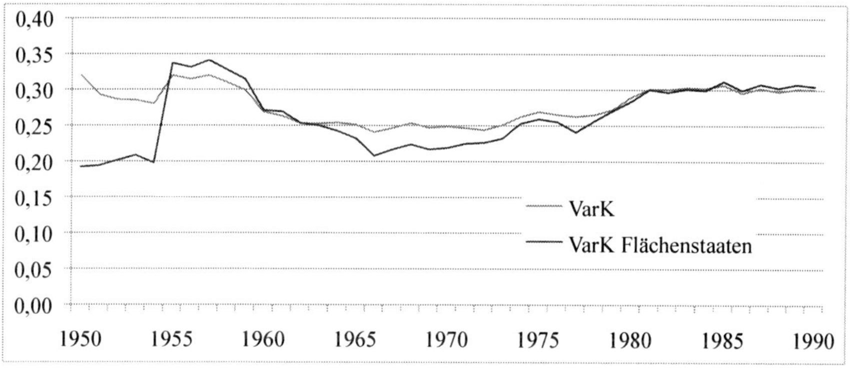

Quelle: Siehe Tabelle 78 im Anhang.

Unter Berücksichtigung aller westdeutschen Bundesländer fand bis zur Mitte der 60er Jahre tendenziell eine Angleichung der Produktivitätsniveaus statt. Der Variationskoeffizient verringerte sich von σ = 0,33 (1950) auf σ = 0,24 (1966). Jedoch kam es in den Jahren zwischen 1955 (σ = 0,28) und 1957 (σ = 0,32) zu einer Erhöhung des Variationkoeffizienten. Nach 1973 lag eine Phase der Divergenz vor, wobei der Variationskoeffizient bis 1981 auf einen Wert von σ = 0,30 angestiegen ist. Bis zum Ende des Betrachtungszeitraums kann weder von einer Divergenz noch von einer Konvergenz gesprochen werden.

Werden auch an dieser Stelle nur die Flächenstaaten zur Berechnung der σ-Konvergenz berücksichtigt, so zeigt sich, dass von 1950 bis 1957 eine starke Divergenz der TFP_II vorlag. Der Variationskoeffizient stieg von $\sigma = 0{,}19$ auf $\sigma = 0{,}34$. Es folgte auch hier eine Phase der Angleichung, der Variationskoeffizient sank auf $\sigma = 0{,}21$ im Jahr 1966. In der Folgezeit lag Divergenz vor. Der Variationskoeffizient erhöhte sich auf einen Wert von $\sigma = 0{,}30$, auf dem er bis zum Ende des Betrachtungszeitraum verharrte.

Insgesamt lag das Konvergenzniveau bei der TFP_I bei gemeinsamer Produktionsfunktion deutlich höher als bei der TFP_II bei jeweiliger Produktionsfunktion.

Die Vermutung liegt nun nahe, dass die persistenten Unterschiede in der totalen Faktorproduktivität – unabhängig von der Berechnungsmethode – einen bedeutenden Einfluss auf die ebenso anhaltenden Unterschiede im Pro-Kopf-Einkommen der Bundesländer hatten. Zur Überprüfung dieser Vermutung wird die bereits verwendete Cobb-Douglas Produktionsfunktion in intensiver Schreibweise und logarithmierter Form herangezogen.[102]

(20) $\ln(y) = \ln(A) + \kappa \cdot \ln(k)$

Auf diese Weise kann der Einfluss der totalen Faktorproduktivität und der Kapitalintensität auf die Entwicklung der Arbeitsproduktivität leicht bestimmt werden. Die Tabellen 19 und 20 geben die Ergebnisse für beide TFP-Varianten wieder.

Tabelle 19 Durchschnittlicher Einfluss der Kapitalintensität und der TFP_I auf die Arbeitsproduktivität in den Bundesländern, 1950-90

Bundesland	κ · ln(k) / ln(y)	ln(A) / ln(y)
Baden-Württemberg	0,39	0,61
Bayern	0,40	0,60
Berlin	0,39	0,61
Bremen	0,39	0,61
Hamburg	0,38	0,62
Hessen	0,39	0,61
Niedersachsen	0,40	0,60
Nordrhein-Westfalen	0,39	0,61
Rheinland-Pfalz	0,40	0,60
Saarland	0,40	0,60
Schleswig-Holstein	0,40	0,60

Quelle: Eigene Berechnungen auf Basis von Tabelle 73, Tabelle 74 sowie Tabelle 76.

102 Vgl. Formel (13) in Abschnitt 4.2.4.

Wird die totale Faktorproduktivität mit einer gemeinsamen Produktionsfunktion für alle Bundesländer berechnet, so zeigt sich, dass im Betrachtungszeitraum die Entwicklung der TFP durchschnittlich einen Einfluss von etwa 60 Prozent auf die Entwicklung der Arbeitsproduktivität ausgeübt hat. Die Werte variieren kaum über die Zeit sowie zwischen den Bundesländern. 40 Prozent der Entwicklung der Arbeitsproduktivität können der Kapitalakkumulation gutgeschrieben werden. Diese Ergebnisse entsprechen den Werten, die üblicherweise in empirischen Studien gefunden werden.

Demgegenüber hat die TFP nach der zweiten Berechnungsmethode mit einer bundesländereigenen Produktionsfunktion zu etwas anderen Ergebnissen geführt, wie die nachstehende Tabelle verdeutlicht.

Tabelle 20 Durchschnittlicher Einfluss der Kapitalintensität und der TFP_II auf die Arbeitsproduktivität in den Bundesländern, 1950-90

Bundesland	$\kappa \cdot \ln(k)/\ln(y)$	$\ln(A)/\ln(y)$
Baden-Württemberg	0,42	0,58
Bayern	0,43	0,57
Berlin	0,25	0,75
Bremen	0,32	0,68
Hamburg	0,38	0,62
Hessen	0,39	0,61
Niedersachsen	0,40	0,60
Nordrhein-Westfalen	0,34	0,66
Rheinland-Pfalz	0,41	0,57
Saarland	0,23	0,77
Schleswig-Holstein	0,41	0,59

Quelle: Eigene Berechnungen auf Basis von Tabelle 73, Tabelle 74 sowie Tabelle 77.

Insbesondere in den Bundesländern mit einer hohen totalen Faktorproduktivität wie in Berlin und im Saarland, hatte die TFP verständlicherweise einen höheren Einfluss auf die Entwicklung der Arbeitsproduktivität. Jedoch wird ebenfalls deutlich, dass unabhängig von der Berechnungsmethode die totale Faktorproduktivität in den übrigen Bundesländern zu etwa 60 Prozent die Entwicklung des Arbeitsproduktivität erklärt.

Demnach hat die Berechnung der TFP im Rahmen des klassischen Level Accounting gezeigt, dass insbesondere die Bestimmung der Produktionselastizitäten problematisch sein kann und mit der Höhe der Produktionselastizitäten auch die Höhe der TFP variiert. Um dieses Problem zu beheben, wird im folgenden Abschnitt ein alternatives Produktivitätsmaß vorgestellt, das ebenfalls zur Berechnung des Produktivitätsniveaus herangezogen wird, bei dem aber keine restriktiven Annahmen bezüglich der Elastizitäten α und κ getroffen werden müssen.

5.3 Test der totalen Faktorproduktivität auf Robustheit: Ein Vergleich mit dem Malmquist-Index

Die Data Envelopment Analysis (DEA) ist ein Verfahren zur Effizienzmessung, das auch zur Untersuchung von dynamischen Prozessen verwendet wird. Dabei wird auf den sogenannten Malmquist-Index zurückgegriffen, der nach dem Ökonomen Sten Malmquist benannt wurde. Caves, Christensen und Diewert (1982) haben als Erste diesen Index zur Produktivitätsmessung genutzt.[103] Der Malmquist-Index gibt an, wie sich die Produktivität einer sogenannten „decision making unit" (DMU) zwischen zwei Perioden ändert. Die Distanzfunktion misst den Abstand einer DMU i (hier: Bundesland i) zum Zeitpunkt t = 1,...,T zum effizienten Rand einer Frontierfunktion. Sie kann in input- oder outputorientierter Form dargestellt werden. Wenn von einer Technologiemenge unter konstanten Skalenerträgen ausgegangen wird, unterscheiden sich die input- und outputorientierten Distanzfunktionen nicht. Formal lässt sich die Distanzfuntion in outputorientierter Form wie folgt darstellen.[104]

$$(21) \quad D_i^t\left(x_i^t, y_i^t\right) = \inf\left\{\Theta : \left(x_i^t, \frac{y_i^t}{\Theta}\right) \in S^t\right\}$$

Dabei ist die Technologie definiert als $S^t = \{(x^t, y^t): x^t \text{ produziert } y^t\}$ mit als Outputvektor und als Inputvektor. Die Distanzfunktion ist gleich eins für alle Input-Output-Kombinationen, die auf der Output-Isoquante liegen. In diesem Fall ist die Produktion technisch effizient, da mit den vorhandenen Produktionsfaktoren der technisch mögliche Output (d.h. 100 Prozent) produziert wird. Umso weiter eine Input-Output-Kombination vom effizienten Rand der Technologie entfernt ist, desto mehr müsste die Outputmenge erhöht werden und desto kleinere Werte nimmt die Distanzfunktion an.[105]

---

103 Vgl. Caves, Douglas; Christensen, Laurits; Diewert, Erwin (1982), The Economic Theory of Index Numbers and the Measurement of Input, Output and Productivity, in: Econometrica, 50(6), S. 1393-1414.

104 Vgl. Cantner, Uwe; Krüger, Jens; Hanusch, Horst (2007), Produktivitäts- und Effizienzanalyse: der nicht-parametrische Ansatz, Berlin, S.247 ff.

105 Vgl. Cantner/Krüger/Hanusch (2007), S. 251.

Die Produktionspunkte, die auf der Output-Isoquante liegen, stellen die Best-Practice-Frontierfunktion dar, die als Maßstab für die relative Effizienz der Produktionspunkte aller betrachteten DMUs dient.[106] Der Malmquist-Index kann nun zur Technologiemenge der Periode t oder der Periode t+1 berechnet werden:

$$(22)\quad M_i^{t} = \frac{D_i^{t}\left(x_i^{t+1}, y_i^{t+1}\right)}{D_i^{t}\left(x_i^{t}, y_i^{t}\right)} \text{ oder } M_i^{t+1} = \frac{D_i^{t+1}\left(x_i^{t+1}, y_i^{t+1}\right)}{D_i^{t+1}\left(x_i^{t}, y_i^{t}\right)}$$

Erfahrungsgemäß kann aber nicht eindeutig bestimmt, welche Technologiemenge zur Messung der Produktivität besser geeignet ist, weshalb vorwiegend das geometrische Mittel der beiden Indizes berechnet wird.

$$(23)\quad M_i = \left[\frac{D_i^{t}\left(x_i^{t+1}, y_i^{t+1}\right)}{D_i^{t}\left(x_i^{t}, y_i^{t}\right)} \cdot \frac{D_i^{t+1}\left(x_i^{t+1}, y_i^{t+1}\right)}{D_i^{t+1}\left(x_i^{t}, y_i^{t}\right)}\right]^{\frac{1}{2}}$$

Das geometrische Mittel soll dabei Verzerrungen vorbeugen, die entstehen, wenn als Referenz die Technologiemenge aus lediglich einer Periode herangezogen wird. Der erste Term in der Klammer vergleicht dabei die Distanz eines Landes in den Perioden t und t+1 zu der Frontierfunktion der Periode t. Der zweite Term nimmt diesen Vergleich zur Frontierfunktion der Periode t+1 vor.[107] Darüber hinaus kann der Malmquist-Index nach einer Erweiterung und einer Umformung in zwei Komponenten zerlegt werden, die eine Änderung der relativen Effizienz (EF) sowie eine Änderung des technischen Fortschritts (TF) widerspiegeln.

$$(24)\quad M_i = \frac{D_i^{t+1}\left(x_i^{t+1}, y_i^{t+1}\right)}{D_i^{t}\left(x_i^{t}, y_i^{t}\right)} \cdot \left[\frac{D_i^{t}\left(x_i^{t+1}, y_i^{t+1}\right)}{D_i^{t+1}\left(x_i^{t+1}, y_i^{t+1}\right)} \cdot \frac{D_i^{t}\left(x_i^{t}, y_i^{t}\right)}{D_i^{t+1}\left(x_i^{t}, y_i^{t}\right)}\right]^{\frac{1}{2}}$$

Der Bruch vor der Klammer stellt eine Änderung der relativen Effizienz dar, die durch die Veränderung der Distanz der Input-Output-Kombination zur Frontierfunktion der Perioden t und t+1 wiedergegeben wird. Liegt eine DMU in der Periode t+1 näher an der Frontierfunktion als in der Periode t, hat sie die Produktionsmöglichkeiten in t+1 besser genutzt und eine Tendenz zum technologischen Aufholen (Catching-up) gezeigt. Dieser Ausdruck spiegelt neben der Technologiediffusion auch die Kapazitätsauslastung und die Wettbewerbsbedingungen in einem Land wider.[108]

106 Vgl. Krüger, Jens (2000), Produktivität und Wachstum im internationalen Vergleich, Köln, S. 96 f.

107 Vgl. Krüger (2000), S. 102 ff.

108 Vgl. Färe, Rolf u.a. (1994), Productivity Growth, Technical Progress, and Efficiency Change in Industrialized Countries, in: American Economic Review, 84(1), S. 71.

Der zweite Ausdruck gibt den technischen Fortschritt wieder, der über das geometrische Mittel der intertemporalen Verschiebungen der Frontierfunktionen bestimmt wird. Hierbei wird die Distanz der Produktionspunkte in den beiden Perioden t und t+1 zur Frontierfunktion der Periode t+1 und t bestimmt. Ausschlaggebend sind die Richtung sowie das Ausmaß der Verschiebung der Frontierfunktion. Der technische Fortschritt gibt die relative Verschiebung der Frontierfunktion wieder. Dabei kann ein Land einen hohen Wert für den technischen Fortschritt haben, ohne die Frontierfunktion selbst vorangetrieben zu haben. Der technische Fortschritt gibt in diesem Fall an, welchen Einfluss Innovationen auf die Produktivitätssteigerung im Land hatten.[109]

Das bisher Gesagte lässt sich grafisch anhand eines einfachen Beispiels mit einem Input (x) und einem Output (y) verdeutlichen. In der nachstehenden Abbildung ist die Veränderung des Produktionspunktes von A in t nach B in t+1 eines Landes dargestellt. Die Verschiebung der Frontierfunktion von S^t zu S^{t+1} wird dabei von einem zweiten nicht betrachteten Land ausgelöst.

Abbildung 23 Beispiel zur Berechnung des Malmquist-Index

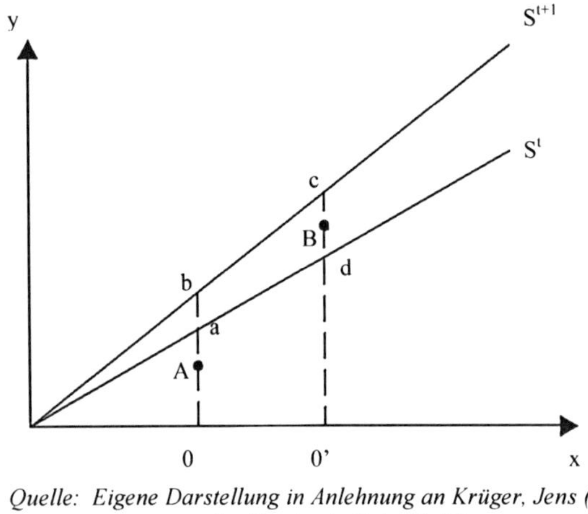

Quelle: Eigene Darstellung in Anlehnung an Krüger, Jens (2000), Produktivität und Wachstum im internationalen Vergleich, Köln, S. 105.

Mit Hilfe der obigen Grafik können die technische Effizienz und der technische Fortschritt folgendermaßen bestimmt werden:

$$(25)\quad EF = \frac{0'B / 0'c}{0A / 0a}$$

109 Vgl. Färe u.a. (1994), S. 71 sowie Krüger (2000), S. 95 ff.

(26) $TF = \left[\frac{0'B/_{0'd}}{0'B/_{0'c}} \cdot \frac{0A/_{0a}}{0A/_{0b}} \right] = \left[\frac{0'c}{0'd} \cdot \frac{0b}{0a} \right]$

Um schließlich den Malmquist-Index in mittlere jährliche Veränderungen umzurechnen, wird die folgende Formel verwendet: [110]

(27) $\Delta M_i^{(t_1,t_2)} = \left[\left(\prod_{t=t_1+1}^{t_2} M_i^t \right)^{\frac{1}{(t_2-t_1)}} - 1 \right] \cdot 100$

Diese Formel kommt zur Anwendung, da es sich bei dem Malmquist-Index ursprünglich um multiplikative Verknüpfungen handelt, die Wachstumsfaktoren entsprechen.[111]

Schließlich sind die Vorteile des Malmquist-Index vielfältig. Es müssen weder Informationen zu den Faktorpreisen noch neutraler technischer Fortschritt (Produktivitätsveränderung) wie im Falle der Cobb-Douglas Produktionsfunktion vorliegen. Folglich müssen keine konstanten Skalenerträge und keine vollständige Konkurrenz angenommen werden. Es werden somit keine Annahmen über das Wettbewerbsverhalten der Wirtschaftssubjekte getroffen. Überdies kann die Veränderung der Produktivität in eine Effizienzveränderung sowie in technischen Fortschritt zerlegt werden. Jedoch hat die Verwendung der dynamischen DEA auch Nachteile. So wird nur die Frontierfunktion der Stichprobe als Effizienzmaßstab herangezogen, wobei nicht gesagt ist, ob die untersuchten DMU's auch tatsächlich effizient produzieren. [112] Zudem kann allen DMU's lediglich die gleiche Produktionsfunktion zuerkannt werden.

Die Berechnung des Malmquist-Index für die westdeutschen Bundesländer hat zu den folgenden Ergebnissen geführt.[113]

Die Berechnung der mittleren jährlichen Veränderung des Malmquist-Index hat ergeben, dass in den 1950er Jahren die höchsten Wachstumsraten des Malmquist-Index – abgesehen von Hamburg – vorlagen. In den 1950er Jahren hatten die Bundesländer Rheinland-Pfalz mit 9,60 Prozent, Baden-Württemberg mit 8,60 und Bayern mit 8,62 Prozent die höchsten Wachstumsraten des Malmquist-Index. Hamburg als Produktivitätsführer hatte die niedrigste Wachstumsrate mit 4,08

---

110 Vgl. das geometrische Mittel: $G = \sqrt[n]{\prod_{i=1}^{n} x_i} = \left(\prod_{i=1}^{n} x_i \right)^{\frac{1}{n}}$ (multipliziert mit 100, d. h. Angaben in Prozent). Das geometrische Mittel wird bei Mittelung von Wachstumsraten oder multiplikativen Verknüpfungen verwendet.

111 Vgl. Jungmittag (2007), S. 156.

112 Vgl. Krüger (2000), S. 109 f.

113 An dieser Stelle danke ich vielmals Andreas Kleine für die Unterstützung bei der Berechnung des Malmquist-Index in LINGO.

Tabelle 21 Durchschnittliche jährliche Veränderung des Malmquist-Index der Bundesländer in Prozent

	BW	BA	BE	HB	HH	HE	NS	NRW	RP	SA	SH
ΔMalm (1951-60)	8,60	8,62	6,94	5,53	4,08	8,55	8,35	7,10	9,60	5,76	7,33
ΔMalm (1961-70)	5,90	5,57	6,03	4,70	5,24	5,17	5,13	5,61	6,15	3,64	5,86
ΔMalm (1971-80)	3,64	3,99	3,76	3,33	3,62	4,40	3,88	2,89	3,50	4,39	3,20
ΔMalm (1981-90)	2,56	2,44	1,91	2,18	2,64	2,98	2,15	1,83	2,34	2,38	2,05

Quelle: Eigene Berechnungen auf Basis von Tabelle 79 im Anhang.

Prozent. In den folgenden Dekaden sind die Wachstumsraten des Malmquist-Index immer weiter gesunken. Dieses Ergebnis ist der Berechnung der mittleren Wachstumsraten der totalen Faktorproduktivität (bei gemeinsamer Produktionsfunktion) sehr ähnlich, wobei die jährliche Veränderung des Malmquist-Index tendenziell höher ausfällt. In den 1960er Jahren hatten Rheinland-Pfalz die höchste und das Saarland die niedrigste Wachstumsrate des Malmquist-Index. In der dritten Dekade konnte Hessen die höchste und Nordrhein-Westfalen die niedrigste Wachstumsrate realisieren. In den 1980er Jahren fiel die Wachstumsrate des Malmquist-Index abermals in Hessen am höchsten und in Nordrhein-Westfalen am niedrigsten aus.

Viel interessanter als Wachstumsraten ist im Rahmen dieser Untersuchung die Entwicklung der Produktivitätsniveaus der Bundesländer. Hierfür wird die Veränderung der Produktivität von Jahr zu Jahr, die durch den Malmquist-Index wiedergegeben wird, mit der folgenden Formel zu Produktivitätsniveaus kumuliert.

$$(28)\quad Malm_i = D_i^{1950}\left(x_i^{1950}, y_i^{1950}\right)\cdot \prod_{t=1951}^{t=1990} M_i^t$$

Zur Berechnung der Produktivitätsniveaus der Bundesländer wird die relative Effizienz aus dem Basisjahr 1950 als Ausgangsniveau genommen und mit dem Malmquist-Index der folgenden Jahre multipliziert. Das Ergebnis dieser Berechnung gibt die folgende Abbildung wieder. Die Produktivitätsniveaus der Bundesländer, die nun mit Hilfe des Malmquist-Index berechnet wurden, zeigen eine sehr ähnliche Entwicklung wie die totale Faktorproduktivität bei gemeinsamer Produktionsfunktion im vorherigen Abschnitt.

Die Produktivitätsniveaus auf Basis des Malmquist-Index zeigen ebenfalls eine zweigeteilte Entwicklung. Einer Phase der Angleichung bis Mitte der 1960er Jahre folgt eine Phase ohne größere Veränderungen zwischen den Produktivitätsniveaus der Bundesländer.

Es ist jedoch anzumerken, dass für das Saarland die fehlende Werte der Nettowertschöpfung zwischen 1950 und 1955 geschätzt werden mussten. Dies war notwendig, da das Saarland nur in die Berechnung des Produktivitätsniveaus mit

Abbildung 24 Produktivitätsniveaus auf Basis des Malmquist-Index der Bundesländer von 1950 bis 1990, (HH=100)

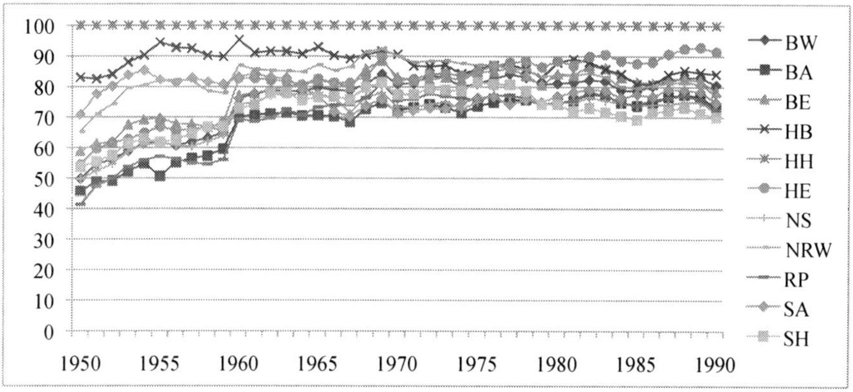

Quelle: Eigene Berechnungen auf Basis von Tabelle 80 im Anhang.

Hilfe des Malmquist-Index integriert werden konnte, wenn auch ein Wert für die relative Effizienz des Basisjahres 1950 berechnet werden konnte. Hierzu wurde die folgende Schätzmethode angewendet

$$(29)\quad x_t = x_{t+1} - x_{t+1}\left(\frac{x_{t+2} - x_{t+1}}{x_{t+1}}\right)$$

Dementsprechend ergibt sich der gesuchte Wert x_t im Jahr t aus dem Wert des Jahres t+1 abzüglich der Veränderung des Wertes x_{t+1} zum Jahr t+2. Es wurde folglich die Wachstumsrate zwischen den Perioden t+1 und t+2 ebenfalls für die Periode t und t+1 angenommen. Die Tatsache, dass eine Schätzung vorgenommen werden musste, stellt folglich einen Nachteil dieser Berechnungsmethode der Produktivitätsniveaus dar.

5.4 Zwischenfazit zur Produktivitätsentwicklung der Bundesländer

Zunächst wurde die totale Faktorproduktivität auf Basis einer gemeinsamen Produktionsfunktion sowie einer bundeslandeigenen Produktionsfunktion berechnet. Die Unterschiede in der jeweiligen Berechnungsmethode beruhen ausschließlich auf der Höhe der Produktionselastizitäten. Es hat sich gezeigt, dass insbesondere Berlin und das Saarland vergleichsweise hohe Lohnquoten besaßen, die zu einer überdurchschnittlich hohen TFP in den beiden Ländern geführt hat.

Insbesondere die Berechnung der totalen Faktorproduktivität bei gemeinsamer Produktionsfunktion hat gezeigt, dass ebenfalls eine zweigeteilte Entwicklung der TFP im Betrachtungszeitraum vorlag. Zudem wurde die Vermutung bestätigt, dass die persistenten Unterschiede in der TFP einen bedeutenden Einfluss auf die ebenso anhaltenden Unterschiede im Pro-Kopf-Einkommen der Bundesländer hatten. Durchschnittlich 60 Prozent der Entwicklung der Arbeitsproduktivität konnten auf die Entwicklung der TFP zurückgeführt werden.

Darüber hinaus wurde der moderne Malmquist-Index speziell dazu berechnet, um die Validität der totalen Faktorproduktivität nach der klassischen Level Accounting Methode zu überprüfen. Dabei kann lediglich die TFP bei gemeinsamer Produktionfunktion einem Vergleich unterzogen werden, da auch der Malmquist-Index unter der Annahme einer gemeinsamen Produktionsfunktion für alle Beobachtungseinheiten bestimmt wird. Wie bereits ein Vergleich der Abbildung 17 und Abbildung 24 vermuten lässt, kann kein gravierender Unterschied in den jeweiligen Produktivitätsniveaus festgestellt werden. Um zu überprüfen, wie ähnlich sich die beiden Methoden zur Berechnung der Produktivität tatsächlich sind, wurde der Korrelationskoeffizient zwischen dem Produktivitätsniveau nach Malmquist und nach der totalen Faktorproduktivität bei gemeinsamer Produktionsfunktion bestimmt. Der Korrelationskoeffizient erreichte einen Wert von 0,9743 bei einem Signifikanzniveau von einem Prozent. Demzufolge kann die traditionelle Berechnungsmethode der totalen Faktorproduktivität trotz der restriktiven Annahmen bezüglich der konstanten Skalenerträge, des vollständigen Wettbewerbs und der Hicks-neutralen Produktivitätsveränderungen zumindest auf Bundesländerebene als robust angesehen werden. Dementsprechend wird in der empirischen Analyse in Kapitel 8 ausschließlich das Produktivitätsniveau, wie es sich aus der klassischen totalen Faktorproduktivität ergibt, verwendet.

6 Theoretische Analyse der Determinanten der Produktivität

Nachdem im vorherigen Kapitel die Produktivität als die Hauptdeterminante des Wachstums der Pro-Kopf-Einkommen untersucht wurde, wird nun im Rahmen einer theoretischen Analyse die Produktivität in ihre möglichen Bestandteile zerlegt, um in der späteren empirischen Analyse den jeweiligen Einfluss dieser Bestandteile auf die Entwicklung der Produktivität der Bundesländer bestimmen zu können. Im Zuge dessen wird die Frage beantwortet, welche Einflussgrößen die Produktivität der Bundesländer determiniert haben und weiterhin determinieren. Zur Beantwortung dieser Frage kann jedoch keine in sich geschlossene Theorie herangezogen werden, die bei der Auswahl der entsprechenden Determinanten der Produktivität behilflich ist.

Bereits frühe Untersuchungen wie von Solow (1957) oder von Denison (1967) geben erste Hinweise darauf, welche Faktoren sich hinter dem Begriff der Produktivität verbergen. Ganz allgemein beinhaltet die Produktivität all jene Einflüsse, die Wirtschaftswachstum generieren, aber nicht von der quantitativen Messung der materiellen Produktionsfaktoren Arbeit und Kapital erfasst werden.

Solow (1957) interpretierte die Produktivität – sein Solow-Residuum – als technischen Fortschritt. Denison (1967) geht in seinen Überlegungen weiter. Er war einer der ersten, der sich mit der westeuropäischen Nachkriegsprosperität auseinandergesetzt hat. In seiner 1967 erschienen Untersuchung „Why Growth Rates Differ“ unterscheidet er als Hauptquellen des Wirtschaftswachstums zwischen vermehrtem Faktoreinsatz sowie einer Zunahme der Produktivität. Ein vermehrter Einsatz der Produktionsfaktoren Arbeit, Kapital und Boden hat nach Denison keine entscheidende Rolle für die Nachkriegsprosperität der westlichen Industriestaaten gespielt. Hingegen hat eine Veränderung der Produktivität den größten Einfluss auf das Wirtschaftswachstum in den untersuchten Ländern ausgeübt. Denison unterscheidet insgesamt fünf Quellen des Produktivitätswachstums:

1. Eine Verbesserungen des technologischen und betrieblichen Wissens
2. Die Reallokation der Ressourcen durch den Bedeutungsverlust der Landwirtschaft, der Rückgang der selbständigen Erwerbstätigen sowie ein Abbau der Handelsbarrieren
3. Keine Behinderung des Wachstumsprozesses etwa durch die Regierung oder Gewerkschaften, wodurch keine optimale Ressourcenallokation zustande kommen würde

4. Größere Märkte ermöglichen eine Reduzierung der Produktionskosten durch Spezialisierung und Größenvorteile (economies of scale)
5. Eine bessere Ausnutzung der vorhandenen Ressourcen

Speziell die Reallokation der Ressourcen sowie Größenvorteile hatten nach Denison den größten Stellenwert für die westdeutsche Nachkriegsprosperität.[114] Diesen Zusammenhang verdeutlicht die nachstehende Tabelle, die den prozentualen Einfluss der jeweiligen Größen auf das Wachstum des westdeutschen Nationaleinkommens wiedergibt.

Tabelle 22 Prozentuale Verteilung der Wachstumsraten des deutschen Nationaleinkommens je beschäftigter Person zwischen den Wachstumsquellen, 1950-1962

Wachstumsquellen	1950-1962	1950-1955	1955-62
Bereinigtes Nationaleinkommen	100	100	100
Gesamter Faktoreinsatz	14	6	25
Arbeit	-2	> 0,5	-5
Kapital	18	8	32 (115)
Boden	-2	-2	-2
Produktivität	86	94	75
Wissensverbesserung	15	11	20
Verbesserte Ressourcenallokation	19	19	20
Größenvorteile (economies of scale)	31	29	33

Quelle: In Anlehnung an Denison, Edward (1967), Why Growth Rates Differ: Postwar Experience in Nine Western Countries, Washingthon D.C., S. 309.

Demnach trug die Zunahme der Produktivität im Zeitraum von 1950 bis 1962 zu 86 Prozent zum Wachstum des Nationaleinkommens je Beschäftigter bei. Eine weitere Aufschlüsselung der Produktivität ergab, dass die Wissensverbesserung zu 15 Prozent, eine verbesserte Ressourcenallokation zu 19 Prozent sowie Größenvorteile zu 31 Prozent zu einer Erhöhung des Nationaleinkommens je Beschäftigter beigesteuert haben.

Somit geben die Arbeiten von Solow und Denison erste Hinweise darauf, dass unter anderem der technische Fortschritt, das Wissen, die Reallokation der Ressourcen sowie die Größenvorteile die Produktivität eines Landes beeinflussen können.

Zusätzlich liefern unter anderem die neuen Wachstumstheorien theoretisch fundiert eine Reihe von Größen, die durch eine Verbesserung der Produktivität

114 Vgl. Denison, Edward (1967), Why Growth Rates Differ: Postwar Experience in Nine Western Countries, Washington D.C., S. 7-11.

115 Der Wert wurde mit Hilfe der Tabelle 21-11 auf S. 308 in Denison (1967) korrigiert.

langfristig Wirtschaftswachstum und somit ein höheres Pro-Kopf-Einkommen herbeiführen können. Hierzu werden das Humankapital, Innovationen durch Forschung und Entwicklung sowie Imitation durch Technologiediffusion sowie Wissens-Spillover gezählt. Auch diese Einflussgrößen verbergen sich hinter der Produktivitätskomponente.

Darüber hinaus wird insbesondere in der neuen Institutionenökonomik zwischen sogenannten fundamentalen Determinanten (*deep determinants of growth*) und den abgeleiteten Determinanten (*proximate causes of growth*) des Wirtschaftswachstums unterschieden. Zur ersteren Gruppe von Wachstumsdeterminanten werden die Institutionen, die Geographie sowie die internationale Integration gezählt. Unter dem Begriff der Geographie werden Faktoren wie das Klima, die Ausstattung mit natürlichen Ressourcen, das Krankheitsrisiko (etwa für Malaria), die Transportkosten sowie die Diffusion von Wissen und Technologien verstanden. Integration steht für die Offenheit eines Landes und die Möglichkeit, über Außenhandel die Produktivität zu steigern. Schließlich wird Institutionen wie den Eigentumsrechten, dem Vertragsrecht und der Rechtsstaatlichkeit eine alles entscheidende Bedeutung für das Wirtschaftswachstum zugesprochen. Im Gegensatz dazu umfassen die *proximate causes of growth* die Akkumulation von Real- und Humankapital sowie Innovationen. Die Vertreter der neuen Institutionenökonomik sind der Ansicht, dass die fundamentalen Determinanten des Wirtschaftswachstums entscheidenden Einfluss darauf haben, welche Gesellschaft überhaupt Innovationen hervorbringen sowie Real- und Humankapital akkumulieren kann und als Folge daraus wächst.[116]

In der hier vorgelegten Untersuchung werden nun (Bundes-) Länder betrachtet, für die einige – nicht alle – der eben genannten Wachstumsdeterminanten als gleich bzw. sehr ähnlich angenommen werden können. Hierzu zählen die wichtigsten Institutionen wie die Rechtsstaatlichkeit, die Eigentumsrechte und das Vertragsrecht, die in allen westdeutschen Bundesländern gleichermaßen Gültigkeit besitzen. Aber auch die Geographie variiert nur begrenzt zwischen den Regionen Westdeutschland. Das Krankheitsrisiko ist in allen Bundesländern gleich niedrig, die Transportkosten unterscheiden sich nicht erheblich,[117] die Diffusion von Wissen sollte aufgrund der geografischen Nähe gleichermaßen rasch vonstatten gehen können. Jedoch ist die Ausstattung mit natürlichen Ressourcen in

---

116 Vgl. Rodrik, Dani; Subramanian, Arvind; Trebbi, Francesco (2004), Institutions Rule: The Primacy of Institutions over Geography and Integration in Economic Development, in: Journal of Economic Growth, 9(2), S. 132 f.

117 Wolf findet in diesem Zusammenhang heraus, dass West- und Ostdeutschland insbesondere vor dem Ersten Weltkrieg aufgrund der geografischen Gegebenheiten (Verlauf der Wasserwege und natürliche Ressourcen) ökonomisch wenig integriert waren. Vgl. Wolf, Nikolaus (2009), Was Germany ever united? Evidence from Intra- and International Trade, 1885-1933, in: Journal of Economic History, 69(3), S. 846-881.

den Bundesländern unterschiedlich groß. Also sollte dieser Faktor in der späteren Regressionsanalyse berücksichtigt werden.

Es bleibt demnach festzuhalten, dass sich insbesondere die fundamentalen Wachstumsdeterminanten in den Bundesländern nicht bedeutend unterscheiden. Dementsprechend kann sich die vorliegende Untersuchung darauf konzentrieren zu untersuchen, welchen Einfluss die *proximate causes of growth* haben. Zu beantworten bleibt somit die Frage, welche Ursachen für die persistenten Produktivitätsunterschiede gefunden werden können, wenn die notwendigen institutionellen, geografischen und politischen Rahmenbedingungen in den Bundesländern kaum variieren.

In den folgenden Abschnitten 6.1 bis 6.7 wird ein theoretischer Überblick über die möglichen Determinanten der Produktivität gegeben.

6.1 Innovationen und Wissen

6.1.1 Wissen und Wissens-Spillover

Für die Entstehung von Innovationen ist die Schaffung, Verbreitung und Anwendung von Wissen notwendig. Dabei kann Wissen in zwei Formen vorkommen, als kodifiziertes (explizites) Wissen und als stillschweigendes (implizites) Wissen.

Tabelle 23 Systematik des Wissens

Wissensart		Inhalte
Explizit, kodifiziert	Know-what	Informationen oder Wissen über Tatsachen
	Know-why	Wissen über wissenschaftliche Prinzipien und Theorien
Implizit, stillschweigend	Know-how	Qualifikation / praktische Fähigkeit bestimmte Aufgaben zu lösen
	Know-who	Wissen, wer was weiß bzw. tun kann (z.B. Fachleute)

Quelle: Maier, Gunther; Tödtling, Franz; Trippl, Michaela (2006), Regional- und Stadtökonomik 2, Wien, S. 112.

Explizites Wissen liegt in abstrakter Form vor und kann mit Hilfe von Datenträgern wie beispielsweise Büchern oder CDs transportiert und somit auf einfache Weise vermittelt werden. Im Gegensatz dazu ist implizites Wissen von Situation und Kontext abhängig und dementsprechend schwer zu kommunizieren. Implizites Wissen ist zudem an Personen oder Unternehmen gebunden und kann am besten von „Angesicht zu Angesicht" weitergegeben werden.[118]

118 Vgl. Maier, Gunther; Tödtling, Franz; Trippl, Michaela (2006), Regional- und Stadtökonomik 2, Wien, S. 111 f.

Ferner kann zwischen synthetischer und analytischer Wissensbasis unterschieden werden. *Synthetisches Wissen* herrscht in Industrien vor, in denen Innovationen insbesondere durch die Anwendung oder die Kombination von bereits existierendem Wissen entstehen. Dabei spielen implizites Wissen, Learning by Doing sowie praktische Fähigkeiten eine große Rolle. Dieses Wissen entsteht meist, wenn Unternehmer und ihre Kunden gemeinsam versuchen aufgetretene Probleme zu lösen. Hingegen nimmt Forschung und Entwicklung (F&E) eine untergeordnete Rolle ein. Industrien, in denen synthetisches Wissen von Bedeutung ist, sind beispielsweise der Maschinenbau, die Metallverarbeitung, der Anlagenbau oder der Schiffsbau. Hierbei handelt es sich um traditionelle Industriezweige, in denen es vermehrt zu inkrementellen Innovationen kommt.

Analytisches Wissen tritt demgegenüber in Industriezweigen auf, in denen wissenschaftliche Ergebnisse und kodifiziertes Wissen von Bedeutung sind. Hierbei findet einen systematische Suche nach Innovationen meist in F&E-Abteilungen statt, wodurch es vergleichsweise häufig zu radikalen Innovationen kommt. Zudem weisen diese Industrien eine hohe Abhängigkeit von externen Wissensquellen wie etwa Universitäten oder andere Forschungseinrichtungen auf. Industrien, in denen analytisches Wissen eine wichtige Rolle spielt, sind beispielsweise die Biotechnologie sowie Informations- und Kommunikationstechnologien.[119]

Schließlich kann Wissen in der Theorie in zwei Formen vorliegen. Zum einen kann Wissen ein öffentliches Gut sein, das sich einmal entdeckt „unendlich" schnell verbreitet, so dass jeder Marktteilnehmer davon profitieren kann. Zum anderen kann Wissen aber auch als privates Gut vorkommen. Dann ist dessen Nutzung entweder zeitlich, etwa durch ein Patent, oder räumlich begrenzt und verschafft seinem Besitzer einen zeitlich und/oder räumlichen begrenzten Wettbewerbsvorteil.

Darüber hinaus ist es allgemein anerkannt, dass insbesondere die Konzentration wirtschaftlicher Aktivitäten in sogenannten Agglomerationen Wissens-Spillover fördern.[120] Demgegenüber wird weiterhin die Frage kontrovers diskutiert, auf welche Art und Weise sich Wissen verbreitet. Es können verschiedene Erklärungsansätze für die Diffusion von Wissen unterschieden werden.[121]

So sind Vertreter der sogenannten Marhall-Arrow-Romer-Externalitäten (MAR-Externalitäten) der Auffassung, dass sich Wissens-Spillover vor allem

119 Vgl. Asheim, Björn; Gertler, Meric (2006), The Geography of Innovation, in: Nelson/Mowery/Fagerberg (Hrsg.), The Oxford Handbook of Innovation, Oxford, S. 294-298.

120 Vgl. u.a. Christ, Julian (2012), Innovative Places in Europe: research clustering, co-patenting networks and the growth of regions, Frankfurt a. M..

121 Vgl. im Folgenden Glaeser, Edward u. a. (1992), Growth in Cities, in: Journal of Political Economy, 100(6), S. 1126-1132.

zwischen Unternehmen der gleichen Branche ereignen.[122] Durch Spionage, Imitation und die Wanderung von hoch qualifizierten Arbeitskräften zwischen Unternehmen können sich Innovationen und Wissen rasch zwischen den Unternehmen ausbreiten. Hier spielen die industrielle Spezialisierung und Konzentration eine entscheidende Rolle im Diffusionsprozess. Zudem sagt dieser Ansatz vorher, dass die Marktform des Monopols besser für das Wirtschaftswachstum geeignet ist als der vollständige Wettbewerb. Monopole haben demnach einen größeren Anreiz Innovationen hervorzubringen, da sie den Wissensfluss leichter einschränken können und folglich Erträge aus Innovationen ihnen – dem Erfinder – zugute kommen. Auch Porter (1990) ist der Ansicht, dass Wissens-Spillover in spezialisierten Industrien einer Region das Wachstum fördern. Jedoch geht er davon aus, dass besonders Wettbewerb die Diffusion und rasche Adaption von Innovationen erleichtert.[123] Diese beiden Ansätze haben die gemeinsame Ansicht, dass sich Industrien räumlich spezialisieren sollten, um die vorhandenen Wissens-Spillover besser nutzen zu können.

Demgegenüber ist Jacobs (1970) der Meinung, dass sich besonders unterschiedliche Industrien in einer Region positiv beeinflussen.[124] Erst wenn eine Region hinsichtlich ihrer industriellen Struktur diversifiziert ist, kann sie außerordentlich rasch wachsen. Ebenso werden diese sogenannten Jacobs-Externalitäten leichter über vollständigen Wettbewerb weitergegeben.[125]

Schließlich hat Murmann (2003) gezeigt, dass Wissens-Spillover zwischen Unternehmen und Bildungseinrichtungen ebenfalls eine große Bedeutung beigemessen werden muss. Er verdeutlicht diesen Zusammenhang am Beispiel der deutschen Synthesefarbenindustrie während der zweiten Hälfte des 19. und Anfang des 20. Jahrhunderts. Murmann postuliert, dass die Innovationsfähigkeit der Synthesefarbenindustrie auf den hoch qualifizierten Chemikern in jener Zeit beruhte. Dabei wurden die Chemiker nicht vollständig im Unternehmen selbst ausgebildet, sondern erhielten ihre grundlegende Ausbildung in Universitäten, Berufsschulen und polytechnischen Instituten. Nach ihrer Ausbildung arbeiteten die Chemiker dann in F&E-Laboratorien der Synthesefarben Unternehmen und versuchten neue Produkte oder Produktionsprozesse hervorzubringen. Möglich

122 Vgl. Marshall, Alfred (1890), Principles of Economics, London. Arrow, Kenneth (1962), The Economic Implications of Learning by Doing, in: Review of Economic Studies, 29(3), S. 155-173. Romer, Paul (1986), Increasing Returns and Long-run Growth, in: Journal of Political Economy, 94(5), S. 1002-1037.

123 Vgl. Porter, Michael (1990), The competitive advantage of nations, London.

124 Vgl. Jacobs, Jane (1970), The Economy of Cities, New York.

125 Vgl. Glaeser u.a. (1992), S. 1127 f. und Kiese, Matthias (2008), Stand und Perspektiven der regionalen Clusterforschung, in: Schätzl/Kiese (Hrsg.), Cluster und Regionalentwicklung: Theorie, Beratung und praktische Umsetzung, Dortmund, S. 16.

wurde dieses Zusammenspiel durch das herrvorragende Bildungssystem, über das Deutschland seit den 1830er Jahren verfügte.[126]

Unabhängig davon, welcher Ansatz nun in den westdeutschen Bundesländern Gültigkeit besitzt, wird deutlich, dass Wissen und die damit verbundenen Wissens-Spillover eine wichtige Rolle im Innovationsprozess spielen.

6.1.2 Innovationen

Als entscheidende Determinante der Produktivitätsentwicklung kann die Innovationsfähigkeit eines Landes angesehen werden. Bereits Schumpeter (1942) hat auf die Bedeutung von Innovationen für die wirtschaftliche Entwicklung hingewiesen:

> „*Der fundamentale Antrieb, der die kapitalistische Maschine in Bewegung setzt und hält, kommt von den neuen Konsumgütern, den neuen Produktions- und Transportmethoden, den neuen Märkten, den neuen Formen der industriellen Organisation, welche die kapitalistische Unternehmung schafft. [...Dieser Prozess] der unaufhörlich die Wirtschaftsstruktur von innen heraus revolutioniert, unaufhörlich die alte Struktur zerstört und unaufhörlich eine neue schafft. Dieser Prozess der «schöpferischen Zerstörung» ist das für den Kapitalismus wesentliche Faktum.*“[127]

Schumpeter bietet eine vergleichsweise breite Definition des Begriffs Innovation. Für ihn umfassen Innovationen neue Kombinationen von Produktionsmitteln. Hierzu zählt er Produktinnovationen, die ein neues Produkt oder ein Produkt verbesserter Qualität schaffen können, Prozessinnovationen, die Erschließung neuer Märkte oder neuer Hilfsmittel und schließlich die Einführung neuer Organisationsformen, wie die Entstehung oder der Niedergang eines Monopols.[128]

Darüber hinaus können Innovationen nach ihrem Ausmaß zwischen inkrementelle und radikale Innovationen unterschieden werden. Zu ersteren zählen kleine und kontinuierlich stattfindende Verbesserungen von Produkten und Produktionsverfahren, die am häufigsten auftreten. Unter radikalen Innovationen wird die Erfindung von völlig neuen Produkten und Produktionsverfahren verstanden, die vergleichsweise selten auftreten.[129]

---

126 Vgl. Murmann, Johann Peter (2003), Knowledge and Competitive Advantage: the coevolution of firms, technology, and national institutions, Cambridge, S. 51 ff.

127 Schumpeter, Joseph (1993), Kapitalismus, Sozialismus und Demokratie, Tübingen, S. 137 f.

128 Vgl. Schumpeter, Joseph (1951), Theory of Economic Development, an inquiry into profits, capital, credit, interest, and the business cycle, Cambridge, S. 65. Auf Deutsch erstmals erschien 1911.

129 Vgl. Maier/Tödling/Trippl (2006), S. 107 f.

Es stellt sich nicht nur die Frage nach der Art von Innovationen, sondern auch wie sich ein Innovationsprozess gestaltet. Die folgende Abbildung zeigt ein vergleichsweise komplexes nichtlineares Innovationsmodell, das als *Chain-linked model* oder Rückkopplungsmodell bezeichnet wird.[130]

Abbildung 25 Chain-linked model

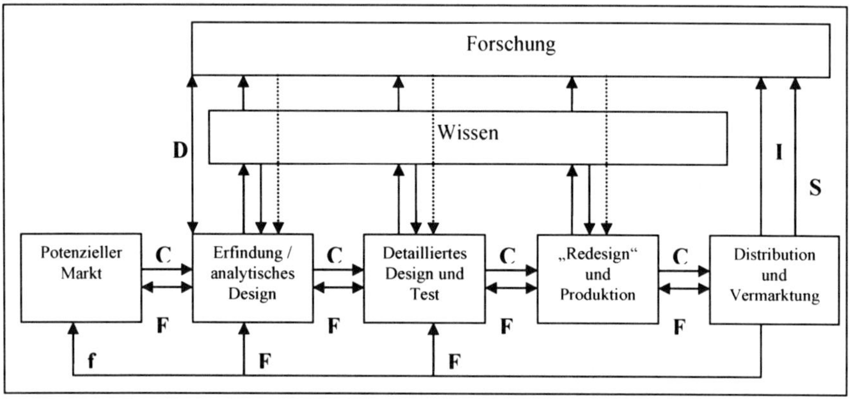

Quelle: In Anlehnung an: Kline, Stephen; Rosenberg, Nathan (1986), An Overview of Innovation; in: Landau/Rosenberg (Hrsg.), The positive sum strategy, Washington D.C., S. 275-306, hier: S. 290.

In diesem Modell entstammen Innovationen nicht zwingend Wissenschaft und Forschung, sondern können auch von Kunden, Lieferanten oder Kooperationspartnern eines Unternehmens initiiert werden. Darüber hinaus ist dieses Innovationsmodell durch mehrere Feed-back-Schleifen gekennzeichnet, wobei Wissen aus späteren Entwicklungsphasen zurück zu früheren Phasen fließen kann.[131]

In diesem Modell existieren fünf verschiedene Innovationspfade. Der erste Pfad wird als zentrale Innovationskette (*central-chain-of-innovation*) (C) bezeichnet. Er beginnt mit dem Vorhandensein eines potenziellen Marktes und geht über die Erfindung hin zur Entwicklung und Produktion und endet schließlich bei der Vermarktung. Der zweite Pfad des Innovationsprozesses besteht aus einer Reihe von Feed-back-Schleifen (F und f). Durch die Feed-back-Schleifen werden die einzelnen Prozessschritte wiederholt. Diese Feed-backs sind Teil einer Kooperation zwischen der Produktbeschreibung, der Produktentwicklung, dem Produktionsprozess, dem Marketing und der Service-Komponente einer Produk-

130 Vgl. Ruhrmann, Heike (2007), Nationale Innovationssysteme: eine komparative Analyse am Beispiel Irlands und Finnlands, Frankfurt a. M., S. 61.

131 Vgl. ebenso Ruhrmann (2007), S. 57-63.

tionslinie. Sie sind von entscheidender Bedeutung für die Verbesserung der Produkte und des Produktionsprozesses. Darüber hinaus sind Innovationen meist nicht ohne Wissen und Forschung möglich, da diese beiden Komponenten den Innovationsprozess nicht nur zu Beginn, sondern auch während der gesamten Dauer des Prozesses beeinflussen. Diese gegenseitige Beeinflussung beschreibt den dritten Pfad des Innovationsmodells (D sowie Pfeile zwischen Forschung, Wissen und der zentralen Innovationskette). Kann ein Problem alleinig mit dem vorhandenen Wissen gelöst werden, dann wird die Forschung nicht mehr in die Problemlösung mit einbezogen.

Der vierte Pfad wird ebenfalls mit D bezeichnet und bedeutet, dass bahnbrechende Innovationen direkt aus dem Forschungsbereich neue Unternehmen und Industrien hervorbringen können. Dieser Fall tritt dem Modell zufolge nur sehr selten ein. Der letzte Pfad (I) besteht aus Rückflüssen von der Produktion hin zur Forschung. Mit S wird schließlich kein eigener Innovationspfad mehr beschrieben, sondern die finanzielle Unterstützung der Forschung durch Unternehmen. Hierbei wird die Entwicklung eines speziellen Produktes unterstützt, um rascher an Informationen zu gelangen und den Entwicklungsprozess genau beobachten zu können. Die derart gewonnenen Informationen fließen allen Bestandteilen des gesamten Innovationsprozesses wieder zu.[132]

Das hier beschriebene Innovationsmodell kann den Innovationsprozess in all seiner Komplexität nicht vollständig abdecken, doch vermittelt es eine Idee davon, wie vielfältig sich ein Innovationsprozess gestalten kann.[133]

Darüber hinaus ist der Zusammenhang zwischen Innovationen und Wirtschaftswachstum, wie er von der neuen (endogenen) Wachstumstheorie untersucht wird, für diese Untersuchung von besonderer Bedeutung. Die Modelle der neuen Wachstumstheorie sind dadurch gekennzeichnet, dass das langfristige Wirtschaftswachstum auf Innovationen beruht, die wiederum durch die Forschungs- und Entwicklungstätigkeiten entstehen. In diesen Modellen ist die Produktivität nicht mehr exogen vorgegeben, sondern kann durch Investitionen in Forschung und Entwicklung beeinflusst werden.[134]

---

132 Vgl. Kline, Stephen; Rosenberg, Nathan (1986), An Overview of Innovation; in: Landau/Rosenberg (Hrsg.), The positive sum strategy, Washington D.C., S. 289-294. Für eine detailliertere Beschreibung siehe Kline, Stephen (1985), Research, Invention, Innovation and Production: Models and Reality, Stanford.

133 Vgl. Ruhrmann (2007), S. 62 f. Für eine Beschreibung des auf dem Chain-linked model weiter entwickelten Netzwerkmodells siehe beispielsweise Meißner, Dirk (2001), Wissens- und Technologietransfer in nationalen Innovationssystemen, Dresden, S. 86 f. sowie Rothwell, Roy (1992), Successful industrial innovation: critical factors for the 1990s, in: R&D Management, 22(3), S. 236 f.

134 Vgl. Hemmer, Hans-Rimbert; Lorenz, Andreas (2004), Grundlagen der Wachstumsempirie, München, S. 63 f.

In einer ersten Generation von sogenannten F&E-basierten Wachstumsmodellen hängt das Wirtschaftswachstum positiv vom Einsatz des Humankapitals im F&E-Bereich ab. Je mehr F&E betrieben wird, desto mehr Innovationen können hervorgebracht werden und zu desto mehr Wirtschaftswachstum kann es kommen. Hierzu zählen die Modelle mit zunehmender Produktvielfalt (horizontale Innovationen) von Romer (1990), Grossman und Helpman (1991a, Kapitel 3) oder Young (1993).[135]

Im Modell von Romer (1990) beispielsweise existieren drei Sektoren, zwischen denen es zu externen Effekten aufgrund von Wissens-Spillovern kommt. Im F&E-Sektor wird mit Hilfe des Humankapitals und dem bestehenden Wissensstand neues Wissen in Form von Erfindungen von Zwischenprodukten generiert. Diese Erfindungen werden über Patente vermarktet. Zudem entsteht neues Wissen, das wiederum allen Forschern im F&E-Sektor zugute kommt. Im Zwischenproduktsektor werden die im F&E-Sektor hervorgebrachten Erfindungen zur Herstellung von Zwischenprodukten genutzt. Der Endproduktsektor nutzt die Zwischenprodukte sowie Arbeit und Humankapital zur Herstellung von Endprodukten. Der Output kann entweder konsumiert oder für neues Kapital gespart werden.

Insgesamt gilt, je mehr Humankapital vorhanden ist, desto mehr Wissen kann generiert werden, das wiederum zur Herstellung von Erfindungen genutzt werden kann. Schließlich steigern die produzierten Endprodukte wieder den Wissensstand. Romer kommt zu dem Ergebnis, dass es aufgrund dieser Spillover-Effekte zu einem fortdauernden Innovationsprozess kommt. Er schließt darüber hinaus darauf, dass Länder mit einem höheren Humankapitalbestand schneller wachsen als Länder mit einem niedrigeren Humankapitalbestand.[136]

Neben den Modellen zur Produktvielfalt können auch Modelle mit zunehmender Produktqualität (vertikale Innovationen) zu dieser ersten Generation der endogenen Wachstumstheorie gezählt werden. Zu diesem Bereich gehört unter anderen das Modell von Aghion und Howitt aus dem Jahre 1992.[137] Dabei knüpfen Aghion und Howitt in ihren modelltheoretischen Überlegungen an Schumpeter an, indem sie die Bedeutung des Unternehmens als schöpferischen Zerstörer be-

---

135 Vgl. Grossman, Gene; Helpman, Elhanan (1991a), Innovation and Growth in the Global Economy, Massachusettes; Young, Alwyn (1993), Invention and Bounded Learning by Doing, in: Journal of Political Economy, 101(3), S. 443- 472; sowie Maußner, Alfred; Klump, Rainer (1996), Wachstumstheorie, Berlin, S. 256-262.

136 Vgl. Romer, Paul (1990), Endogenous Technological Change, in: Journal of Political Economy, 98(5), S. 71-102; sowie Koschatzky, Knut (2001), Räumliche Aspekte im Innovationsprozess: ein Beitrag zur neuen Wirtschaftsgeographie aus Sicht der regionalen Innovationsforschung, Münster, S. 70 f.

137 Vgl. hierzu Aghion, Philippe; Howitt, Peter (1992), A Model of Growth through Creative Destruction; in: Econometrica, 60(2), S. 323-351.

tonen.[138] In diesem Ansatz wird Wirtschaftswachstum allein durch technischen Fortschritt hervorgerufen. Der technische Fortschritt ist wiederum ein Produkt aus dem Wettbewerb von Unternehmen, die Forschung betreiben und Innovationen hervorbringen. Dabei stellt jede Innovation ein Zwischenprodukt dar, das für die Herstellung eines Endproduktes genutzt wird und folglich die Produktion effizienter gestaltet. Die forschenden Unternehmen haben stets einen Anreiz weiterhin Forschung zu betreiben, da sie auf den Monopolgewinn nach erfolgreicher Patentierung einer Innovation hoffen können. Eine Innovation ist nichts mehr wert, sobald die nächste Erfindung die vorherige ersetzt.[139]

Ebenso entwickelten Grossman und Helpman (1991a, Kapitel 4) ein Modell zur verbesserten Produktqualität, in dem alte Produkte durch neue verbesserte Produkte verdrängt werden.[140] Sie nutzen den Begriff der Qualitätsleiter, auf der jedes Produkt seine Qualität unbegrenzt verbessern kann, d. h. auf der Qualitätsleiter emporsteigen kann. Durch die Verbesserung der Qualität können die Produktionskosten bei der Konsumgüterproduktion reduziert werden. Je nach der Höhe des Ressourceneinsatzes im Forschungssektor können Stufen im Zeitablauf erklommen werden. Dabei ist nicht sicher, wann es den Forschern wieder gelingt eine Qualitätsstufe einzunehmen.[141] In diesem Modell von Grossman und Helpman spielen technologische Spillover ebenfalls eine zentrale Rolle, indem ein neu auf den Markt gebrachtes Gut untersucht und imitiert werden kann. Dieses neu erlangte Wissen erleichtert wiederum nachfolgende Innovationen. Jedoch stehen nur Teile dieses neu erlangten Wissens anderen zur Verfügung.[142]

Dieser ersten Generation von Modellen zu F&E-basiertem Wachstum stehen die Modelle der zweiten Generation des F&E-basierten Wachstums gegenüber. Ein Kritikpunkt an der ersten Generation von Modellen ist der Skaleneffekt, nach dem ein größerer Forschungsaufwand in einem Land theoretisch zu einer proportionalen Erhöhung der Wachstumsraten führt.

Die Modelle der zweiten Generation versuchen nun der empirischen Beobachtung gerecht zu werden, dass eine Vervielfachung des Forschungsaufwandes beispielsweise gemessen mit Hilfe des Forschungspersonals eines Landes eben nicht zu einer ebenso starken Erhöhung des Wirtschaftswachstums geführt hat.[143] Der Skaleneffekt ergibt sich aus theoretischer Sicht aus zwei Faktoren. Zum einen führt eine größere Bevölkerung zu einem größen Angebot an potenziellem F&E-

138 Vgl. Frenkel/Hemmer (1999), S. 262 f.

139 Vgl. Aghion/Howitt (1992), S. 323-351.

140 Vgl. hierzu Grossman, Gene; Helpman, Elhanan (1991), Quality Ladders in the Theory of Growth, in: Review of Economic Studies, 58(1), S. 43-61.

141 Vgl. Grossman/Helpman (1991a), S. 84-85; sowie Maußner/Klump (1996), S. 262-265.

142 Vgl. Grossman/Helpman (1991a), S. 84-85; sowie Koschatzky (2001), S. 76.

143 Vgl. Jones, Charles (1995), R&D-Based Models of Economic Growth; in: Journal of Political Economy, 103(4), S. 759 f.

Personal. Zum anderen erhöht die größere Bevölkerung auch die Nachfrage nach Produkten und Dienstleistungen. Der auf diese Weise größer gewordene Markt kann von den Erfindern genutzt werden.[144]

Innerhalb dieser zweiten Generation lassen sich abermals zwei Gruppen von Modellen unterscheiden. Zur ersten Gruppe gehören die sogenannten semi-endogenen Wachstumsmodelle.[145] Das Modell von Jones (1995) unterscheidet sich in seiner Struktur nicht vom Romer Modell (1990) – auch hier gibt es drei Sektoren. Jedoch unterscheiden sich die Annahmen, wie Innovationen im F&E-Sektor entstehen. Demnach nimmt der Grenzertrag im F&E-Sektor mit dem Wissensbestand ab, somit treten Erfindungen mit größer werdendem Wissensstock seltener auf. Zudem stellen die Erwerbstätigen den entscheidenden Inputfaktor für Innovationen dar, der weiterhin exogen vorgegeben ist. Aus diesem Grund handelt es sich lediglich um ein *semi*-endogenes Wachstumsmodell.[146]

Daneben entwickelt Segerstrom (1998) ein Modell, in dem Unternehmen in Forschung und Entwicklung investieren, um durch Innovation ein Produkt besserer Qualität auf den Markt zu bringen. Dabei trifft der Autor die folgende Annahme: Je weiter ein Land technologisch fortgeschritten ist und umso mehr Innovationen es bereits besitzt, desto schwieriger wird es für dieses Land neue Innovationen hervorzubringen. Somit kann dieses Modell erklären, warum die Intensität an F&E zwar zugenommen hat, aber sich das Wirtschaftswachstum nicht in gleichem Maße erhöht hat.[147]

Zur zweiten Gruppe werden die sogenannten voll-endogenen Wachstumsmodelle gezählt.[148] Hier erweitert Young (1998) das Modell der Qualitätsleiter, indem er sowohl horizontale (Vielfalt) als auch vertikale (Qualität) Innovationen zulässt. Diesem Modell zufolge müssen immer mehr Arbeitskräfte im F&E-Bereich eingesetzt werden, um die immer größere Zahl an Produkten zu verbessern. Auf diese Weise kann eine konstante Wachstumsrate der Produktivität auf-

144 Vgl. Howitt, Peter (1999), Steady Endogenous Growth with Population and R&D Inputs Growing, in: Journal of Political Economy, 107(4), S. 715.

145 Vgl. Jones (1995). Kortum, Samuel (1997), Research, Patenting, and Technological Change, in: Econometrica, 65(6), S. 1389-1419. Segerstorm (1998), Endogenous Growth without Scale Effects; in: American Economic Review, 88(5), S. 1290-1310. Li, Chol-Won (2000), Endogenous vs. Semi-Endogenous Growth in a Two-R&D-Sector Model, in: Economic Journal, 110(462), S. 109-122.

146 Vgl. Jones (1995).

147 Vgl. Segerstrom (1998).

148 Vgl. Young, Alwyn (1998), Growth without Scale Effects, in: Journal of Political Economy, 106(1), S. 41-63. Howitt (1999). Dinopoulos, Elias; Thompson, Peter (2000), Schumpeterian Growth Without Scale Effects, in: Journal of Economic Growth, 3(4), S. 313-335. Peretto, Pietro (1998), Technological Change and Population Growth, in: Journal of Economic Growth, 3(4), S. 283-311. Peretto, Pietro; Smulders, Sjak (2002), Technological Distance, Growth and Scale Effects, in: Economic Journal, 112(481), S. 603-624.

recht gehalten werden, auch wenn die Bevölkerung wächst. Aber ebenso haben Subventionen für Innovationen keinen langfristigen Effekt auf die Wachstumsrate, da sie sich ebenfalls auf eine größer werdende Anzahl von Innovationen verteilen.[149]

Aus der Kritik an dieser letzten Annahme ist das Modell von Howitt (1999) entstanden. Er erweitert das Modell von Aghion und Howitt (1992) um die Annahme, die bereits Young (1998) getroffen hat: es gibt vertikale und horizontale Innovationen. In Howitts Modell sinken die Grenzerträge von horizontaler F&E schneller als von vertikaler F&E, wodurch der Skaleneffekt beseitigt wird. In diesem Modell existiert ein langfristiges Wachstumsgleichgewicht bei zunehmender Bevölkerung und wachsenden F&E-Inputs. Unter diesen Annahmen wird langfristiges Wachstum durch die Veränderung von institutionellen, technologischen und politischen Parametern bestimmt, die wiederum direkt die Anreize für F&E-Anstrengungen beeinflussen.[150]

Ferner lösen Peretto und Smulders (2002) das Problem des Skaleneffekts, indem sie in ihrem Modell annehmen, dass in einer wachsenden Volkswirtschaft neue Unternehmen in den Markt eintreten, die in unterschiedlichen Bereichen tätig sind und somit spezialisiertere Produkte hervorbringen. Diese größere Volkswirtschaft mit mehr Unternehmen akkumuliert zwar mehr Wissen, jedoch kommt es zu weniger Wissens-Spillovern, da der Wissensstock zu differenziert ist. Nur ein Teil des firmeneigenen Wissens kann von anderen Unternehmen genutzt werden, wenn diese Unternehmen im gleichen Bereich tätig sind.[151]

So unterschiedlich die Modelle dieser einzelnen Gruppen der endogenen Wachstumstheorie auch erscheinen, kommen sie dennoch zu der gemeinsamen Aussage, dass Forschungs- und Entwicklungsanstrengungen und dem daraus folgenden Ergebnis – den Innovationen – eine entscheidende positive Bedeutung im langfristigen Wachstumsprozess und damit der Produktivitätsentwicklung zugesprochen werden muss. Aus diesem Grund wird in der noch ausstehenden Regressionsanalyse der Einfluss von Innovationen auf die Produktivitätsentwicklung der westdeutschen Bundesländer untersucht werden.

6.2 Humankapital

Eine weitere Determinante der Produktivitätsentwicklung stellt das Humankapital dar. Das Humankapital umfasst das individuelle Arbeitspotenzial, das durch

149 Vgl. Young (1998).
150 Vgl. Howitt (1999).
151 Vgl. Peretto/Smulders (2002).

Bildung und Ausbildung geschaffen werden kann. Dabei spiegelt sich das Humankapital in allen erworbenen, wirtschaftlich verwertbaren Kenntnissen, Fähigkeiten und Verhaltensweisen eines Individuums wider, die die Produktivität und damit das Einkommen des Produktionsfaktors Arbeit erhöhen.[152] Humankapital umfasst nur die an bestimmte Individuen gebundenen Fähigkeiten und Kenntnisse, wohingegen Wissen, wie bereits gesehen, auch ungebundene Erkenntnisse enthält, die beispielsweise in Büchern oder Forschungsberichten zu finden sind.[153]

In der (Wachstums-) Theorie kann der Einfluss des Humankapitals auf die Produktivitätsentwicklung über drei verschiedene Kanäle erfolgen.

Einen ersten Wirkungskanal stellt das sogenannte *Learning by Doing* dar. Demnach erhöht sich das im Humankapital verkörperte Wissen durch Erfahrung, das sich wiederum positiv auf die Produktivität auswirkt. Eine der ersten Arbeiten zu diesem Thema lieferte Wright (1936) als er die zur Produktion von Flugzeugen benötigte Arbeitszeit untersuchte. Wright kam zu dem Ergebnis, dass die Arbeitszeit je produziertem Flugzeug mit der Anzahl der produzierten Flugzeuge desselben Typs abnimmt. Dieser Zusammenhang wird häufig grafisch mit Hilfe der sogenannten Lernkurve dargestellt. [154]

Einer der ersten formalen Ansätze zum Learning by Doing geht auf Arrow (1962) zurück. Er sieht Lernen ebenfalls als das Ergebnis von Erfahrung an, wodurch die Produktivität erhöht wird. In diesem Modell von Arrow wird neues Wissen im Zuge von Investitionen und Produktion endeckt. Dieses Wissen steht anschließend als öffentliches Gut allen Unternehmen zur Verfügung.[155]

Über einen weiteren Wirkungskanal nimmt das Humankapital direkten Einfluss auf das Produktivitätsniveau, wie zum Beispiel in den Modellen von Lucas (1988) oder Mankiw, Romer und Weil (1992). Das Humankapital wird als ein weiterer Produktionsfaktor in diesen Modellen integriert und als Alternative zu technischem Fortschritt gesehen. Diesen Ansätzen zufolge kann eine Erhöhung des Humankapitals auch bei gleich bleibender Technologie zu Produktivitätswachstum führen.[156]

---

152 Vgl. Dichtl, Erwin; Issing, Ottmar (1994), Vahlens Großes Wirtschaftslexikon, München, S. 929.

153 Vgl. Döring, Thomas (2004), Räumliche Wissens-Spillovers und regionales Wirtschaftswachstum: Stand der Forschung und Wirtschaftspolitische Implikationen, in: Schmollers Jahrbuch – Zeitschrift für Wirtschafts- und Sozialwissenschaften, 124, S. 99.

154 Vgl. Wright, Theodore (1936), Factors affecting the cost of airplanes, in: Journal of Aeronautical Science, 3(4), S. 122-128.

155 Vgl. Arrow (1962).

156 Vgl. Lucas, Robert (1988), On the Mechanics of Economic Development, in: Journal of Monetary Economics, 22(1), S. 3-42; ebenso Barro, Sala-i-Martin (2003), S. 251-266. Sowie Mankiw, Romer, Weil (1992).

Im Zwei-Sektoren-Modell von Lucas (1988) wird die Akkumulation der beiden Kapitalarten Sach- und Humankapital erklärt. In einem Sektor wird Sachkapital hergestellt, das für konsumtive oder investive Zwecke verwendet wird. Im Bildungssektor wird Humankapital durch Humankapital geschaffen, wobei der Bildungssektor humankapitalintensiver produziert als der Sachgütersektor. Liegt das Verhältnis von Real- zu Humankapital unter seinem langfristigen Gleichgewicht, dann ist das Humankapital vergleichsweise reichlich vorhanden. Der Grenzertrag des Humankapitals ist dann im Sachgütersektor relativ gering, weshalb Anreize bestehen das Humankapital im Bildungssektor zu verwenden. Ist hingegen das Humankapital der Engpassfaktor, dann wird es entsprechend weniger im Bildungssektor eingesetzt.[157] Da das Humankapital die Produktivität der Produktionsfaktoren im Sachgütersektor erhöht, kann das Modell erklären, warum jene Länder schneller wachsen, in denen Humankapital reichlicher vorhanden ist. Ebenso erholen sich Länder eher von einer Zerstörung des Sachkapitals (z. B. durch Krieg) als von einer Vernichtung des Humankapitals.[158] Auf diesen Zusammenhang hatte auch schon die Rekonstruktionstheorie hingewiesen.[159]

Schließlich ist in diesem Modell das Wachstum des Humankapitals eine zentrale Größe für das Wirtschaftswachstum der Volkswirtschaft, wohingegen sich das Niveau des Humankapitals auf das Niveau des Outputs der Volkswirtschaft bei gegebener Wachstumsrate auswirkt.[160] Die Bildung von Humankapital ist in diesen Ansätzen der Motor des Wirtschaftswachstums.

Im Rahmen eines dritten Wirkungskanals des Humankapitals lassen sich Ansätze finden, in denen das Humankapital indirekt über die Adaption fremder Technologien sowie über Forschung & Entwicklung und die daraus resultierenden Innovationen Einfluss auf die Produktivitätsentwicklung eines Landes nimmt.

Das Modell von Nelson und Phelps aus dem Jahre 1966 gehört noch nicht zu den endogenen Wachstumsmodellen. Gleichwohl dachten die Autoren schon darüber nach, wie neue Technologien, die die Produktivität und somit das Wachstum eines Landes erhöhen, am besten in einer Volkswirtschaft übernommen werden können. Sie sind der Ansicht, dass der Bestand an Humankapital für die Adaption fremder Technologien von entscheidender Bedeutung ist. Demnach sind gut ausgebildetete Arbeitskräfte am Besten dafür geeignet neue Technologien anzuwenden. Ihren Überlegungen zufolge kann beispielsweise ein gebildeter Farmer besser entscheiden, ob eine Innovation erfolgsversprechend ist als ein ungebildeter Farmer. Der gebildete Farmer führt diese Innovation dann als erster ein. Er hat

157 Vgl. Frenkel/Hemmer (1999), S. 211 f.

158 Vgl. Hemmer/Lorenz (2004), S. 63.

159 Siehe Abschnitt 2.2.

160 Vgl. Frenkel/Hemmer (1999), S. 213.

gegenüber den anderen Farmern einen Wettbewersvorteil und kann die höheren Erträge für sich verbuchen. Im Gegensatz zum Modell von Lucas hat Humankapital lediglich dann eine positive Wirkung, wenn sich auch die verwendete Technologie verbessert. Zudem ist hier der Bestand an Humankapital – der Humankapitalstock – die entscheidende Einflussgröße für das Wirtschaftswachstum.[161]

Benhabib und Spiegel (1994) erweitern das Modell von Nelson und Phelps. Dabei gehen die Autoren davon aus, dass mehr Humankapital nicht nur für die Adaption von fremden Technologien notwendig, sondern auch für die Erfindung neuer Technologien von entscheidender Bedeutung ist.[162]

Schließlich bauen Acemoglu, Aghion und Zilibotti (2002) die vorhandenen Modelle aus und unterscheiden zusätzlich zwischen Bildung im primären, sekundären sowie im tertiären Bereich. Dabei treffen sie die Annahme, dass Humankapital mit vorwiegend primärer und sekundärer Bildung entsprechend gut für den Imitationsprozess – also das Catching-up – geeignet ist. Demgegenüber ist Humankapital mit tertiärer Bildung besonders in jenen Ländern von Nutzen, die sich in der Nähe der technologischen Grenze befinden und somit Innovationen hervorbringen müssen, um weiteres Wirtschaftswachstum zu generieren. Folglich sollte ein Land, das sich der weltweiten technologischen Grenze nähert, vermehrt in die Schaffung von tertiärem Humankapital investieren.[163]

Für die vorliegende Untersuchung, in der die Bundesländer eines hoch industrialisierten Landes wie der BRD betrachtet werden, bedeutet dies, dass insbesondere das tertiäre Humankapital in der empirischen Analyse berücksichtigt werden muss. In diesem Zusammenhang muss ebenso überprüft werden, inwieweit das tertiäre Humankapital und die Innovationen eines Bundeslandes miteinander korreliert sind. Schließlich stellt das tertiäre Humankapital auch einen Inputfaktor im Innovationsprozess dar und könnte somit theoretisch auf zwei Wegen die Produktivität der Bundesländer beeinflussen.[164]

161 Vgl. Nelson, Richard; Phelps, Edmund (1966), Investment in Humans, Technological Diffusion, and Economic Growth, in: American Economic Review, 56(1/2), S. 69-75.

162 Vgl. Benhabib, Jess; Spiegel, Mark (1994), The role of human capital in economic development. Evidence from aggregate cross-country data, in: Journal of Monetary Economics, 34(2), S. 143-173. Aghion, Philippe (2008), Higher Education and Innovation, in Perspektiven der Wirtschaftspolitik, 9 Supplement, S.29 f.

163 Vgl. Aghion (2008), S. 33 f.

164 Für eine ausführliche Erläuterung der Problematik der Mulitkollinearität siehe Abschnitt 8.3.

6.3 Reallokation der Ressourcen

Zur Reallokation der Ressourcen werden in dieser Untersuchung insbesondere der sektorale Strukturwandel sowie die regionale Mobilität gezählt, da von diesen Faktoren ein bedeutender Einfluss auf die Produktivitätsentwicklung der Bundesländer insbesondere in der Nachkriegszeit erwartet wird.

6.3.1 Sektoraler Strukturwandel

Unter sektoralem Strukturwandel wird die Entwicklung einer Volkswirtschaft von der Agrar- über die Industrie- hin zur Dienstleistungsgesellschaft verstanden, wobei die relative Bedeutung der einzelnen Sektoren entweder anhand der Beschäftigtenanteile oder der Wertschöpfungsanteile an der gesamten Wirtschaft gemessen wird. Bereits Ende der 1940er Jahre entwickelte der französische Ökonom Jean Fourastié ein Modell, das den sektoralen Strukturwandel erklärt.[165] Fourastié (1949) kommt in seinem Modell zu dem Ergebnis, dass sich auf lange Sicht die Bedeutung der drei Sektoren in der Wirtschaft vom primären Sektor zunächst auf den sekundären Sektor und schließlich auf den tertiären Sektor verschiebt. Vor der Industrialiserung war der Großteil der Bevölkerung im primären Sektor beschäftigt. Um 1850 waren in Deutschland 56 Prozent der Beschäftigten im landwirtschaftlichen Sektor, 24 Prozent im produzierenden Gewerbe und 20 Prozent im Dienstleistungsbereich tätig.[166] Im Zuge der Industrialisierung nahm die Bedeutung des sekundären Sektors immer weiter zu. Im Jahr 1929 waren nur noch 29 Prozent der Erwerbstätigen im primären Sektor, 40 Prozent im produzierenden Gewerbe und 31 Prozent im Dienstleistungssektor beschäftigt.[167] In der BRD gewinnt seit Mitte des 20. Jahrhunderts schließlich der tertiäre Sektor immer weiter an Gewicht. 1990 arbeiteten mit 58 Prozent über die Hälfte der Erwerbstätigen im tertiären Sektor.

Fourastié vertrat die Ansicht, dass der sektorale Strukturwandel durch das Zusammenspiel von technischem Fortschritt und Konsumentenverhalten erklärt werden kann.[168] Dabei wirken der technische Fortschritt auf der Angebotsseite

---

165 Ein Modell, das Wirtschaftswachstum mit sektoralem Strukturwandel verbindet, ist zu finden bei Kongsamut, Piyabha; Rebelo, Sergio; Xie, Danyang (2001), Beyond balanced growth, in: Review of Economic Studies, 68(237), S. 869-882.

166 Vgl. Hoffmann, Walter (1965), Das Wachstum der deutschen Wirtschaft seit Mitte des 19. Jahrhunderts, Berlin, S. 204 ff.

167 Vgl. Hoffmann (1965), S. 454 ff.

168 Vgl. Fourastié, Jean (1969), Die große Hoffnung des zwanzigsten Jahrhunderts, Köln; sowie Lindner, Helmut (1987), Die De-Industrialisierungsthese: eine Analyse ihrer empirisch-statistischen Grundlagen, Tübingen, S. 25-38.

(Produktivitätshypothese) und die unelastische Nachfrage auf der Nachfrageseite (Nachfragehypothese). Aufgrund eines unterschiedlich starken technischen Fortschritts in den drei Sektoren kommt es zu ebenso unterschiedlich starken Steigerungen der Arbeitsproduktivität. Zusätzlich erreichen die drei Sektoren unterschiedlich schnell eine Sättigung der Nachfrage. Die folgende Tabelle gibt wieder, wie stark der technische Fortschritt in den drei Sektoren ausfällt und mit welcher Geschwindigkeit es zu einer Sättigung der Nachfrage kommt.

Tabelle 24 Einteilung der Sektoren nach Fourastié

Sektor	Intensität des technischen Fortschritts	Sättigung der Nachfrage
Primär	Mittel	Schnell
Sekundär	Stark	Langsam
Tertiär	Gering	Sehr langsam

Quelle: Lindner, Helmut (1987), Die De-Industrialisierunsthese: eine Analyse ihrer empirisch-statistischen Grundlagen, Tübingen, S. 30.

Der sektorale Strukturwandel kann folgendermaßen beschrieben werden: durch den technischen Fortschritt kommt es ceteris paribus zu einer erhöhten Arbeitsproduktivität, die sich in einem erhöhten Angebot an Produkten widerspiegelt. Dabei erhöht sich die Produktion im sekundären Sektor stärker als im primären Sektor. Hierzu kommt es aufgrund der getroffenen Annahme, dass die Intensität des technischen Fortschritts im sekundären Sektor stärker als im primären Sektor ist. Gleichzeitig sehen sich die Produzenten des primären bzw. sekundären Sektors einer relativ unelastischen Nachfrage gegenüber, die im primären Sektor weniger elastisch ist als im sekundären Sektor. Diese Sättigung der Nachfrage tritt folglich zuerst bei den primären später bei den sekundären Gütern ein. Die Sättigung im primären Sektor ist im Engelschen Gesetz begründet, wonach mit zunehmendem Einkommen der Anteil der Nahrungsmittelausgaben an allen Konsumausgaben abnimmt.[169] Es entsteht ein Überschussangebot an Gütern, das sich in fallenden Preisen ausdrückt. Die Arbeitskräfte wandern zunächst in den sekundären Sektor, da die Nachfrage nach Industiegütern (insbesondere im Zuge der Industrialisierung) weiter steigt. Kommt es im sekundären Sektor zu technischem Fortschritt, steigt auch hier die Produktivität und Arbeitskräfte werden freigesetzt. Gleichzeitig erhöht sich das Einkommen und die Nachfrage nach Dienstleistungen nimmt zu. Die Arbeitskräfte wandern letztlich in den tertiären Sektor ab. Die Übergangsphasen sind nach Fourastié von Überproduktion und Arbeitslosigkeit gekennzeichnet. Diese krisenhafte Situation kann zudem durch die fehlende Mobilität der Arbeitskräfte verstärkt werden. [170]

169 Vgl. Buchheim, Christoph (1997), Einführung in die Wirtschaftsgeschichte, München, S. 24.
170 Vgl. Fourastié (1969).

Fourastié bedenkt in seinem Ansatz jedoch nicht den Außenhandel, wobei durch den Export von Gütern die Sättigung insbesondere im sekundären Sektor weitaus langsamer oder gar nicht eintreten kann. Demgegenüber kann der Import von Gütern die Sättigung deutlich schneller vorantreiben.

Lindlar (1997) bezeichnet den raschen sektoralen Strukturwandel nach dem Zweiten Weltkrieg als zweiten Modernisierungsschub nach der Industrialisierung. Für den Rückgang der landwirtschaftlichen Erwerbstätigkeit sieht Lindlar mehrere Gründe. Neben den Ursachen, wie sie bereits Fourastié erkannt hat, ist der zunehmende Import von Agrargütern ein weiterer Grund.[171]

Für die vorliegende Untersuchung war vermutlich der Rückgang des primären Sektors von entscheidender Bedeutung für die Produktivitätsentwicklung der Bundesländer.

6.3.2 Regionale Mobilität

Neben dem sektoralen Strukturwandel kann ebenso die regionale Mobilität der Bevölkerung zu einer Reallokation und somit effizienteren Nutzung des Faktors Arbeit führen.

Allgemein können die Anreize für die regionale Mobilität von Erwerbstätigen auf zwei Faktoren zurückgeführt werden. Ein vergleichsweise hoher Reallohn in einer Region zieht Arbeitskräfte an. Demgegenüber führt eine vergleichsweise hohe Arbeitslosigkeit zur Abwanderung von Arbeitskräften.[172] In der Nachkriegszeit wurde die Mobilität des Produktionsfaktors Arbeit durch einen weiteren Faktor begünstigt. Wie bereits im Abschnitt 4.2.2 dargestellt wurde, lag eine regionale Fehlallokation des Produktionsfaktors Arbeit in Westdeutschland vor, die der besonderen Situation der Nachkriegszeit geschuldet war. Die Flüchtlinge und Vertriebenen strömten in die ländlich geprägten Regionen Westdeutschlands. Dies führte dazu, dass in den ländlichen Regionen ein Überschuss an Arbeitskräften vorzufinden war und in den industriellen Zentren ein Mangel an Arbeitskräften herrschte. Als ein Hemmnis für den regionalen Ausgleich von Arbeitskräften in der Nachkriegszeit kann die Wohnungssituation auf dem Gebiet der BRD gesehen werden. Nach dem Zweiten Weltkrieg waren von 10,6 Mio. Wohnungen 2,3 Mio. völlig zerstört und 2,3 Mio. schwer beschädigt. Gleichzeitig nahm die Bevölkerung um 11,5 Mio. Menschen zu. Mit der Gründung der BRD 1949 standen 14,6 Mio. Haushalten lediglich 9,4 Mio. Wohnungen und Behelfsunterkünfte zur Verfügung. Mit dem

171 Vgl. Lindlar (1997), S. 321.

172 Vgl. Südekum, Jens (2004), Selective Migration, Union Wage Setting and Unemployment Disparities in West Germany, in: International Economic Journal, 18(1), S. 33-48.

Ersten Wohnungsbaugesetz 1950 wurde der dringend notwendige Wohnungsbau schließlich vorangetrieben. In den 1950er Jahren wurden 4 Mio. Wohnungen durch den sozialen Wohnungsbau geschaffen.[173] Mit dem Wiederaufbau und dem Entstehen neuen Wohnraums in den 1950er Jahren war der Weg frei für einen Ausgleich des Arbeitskräfteungleichgewichts durch regionale Migration.

Das Ziel der vorliegenden Arbeit ist jedoch nicht, die Ursachen der Migration zu diskutieren, sondern ihre Auswirkungen auf die Produktivität abzuschätzen.[174] Durch die regionale Mobilität konnten zuvor brachliegende Produktionskapazitäten in den industriellen Zentren wieder voll ausgelastet werden, wodurch die Produktivität dort gesteigert werden konnte. Ebenso wird vermutet, dass sich die Produktivität der ländlichen Regionen erhöhte, da die Überbeschäftigung insbesondere in der Landwirtschaft durch die Abwanderung der überschüssigen Erwerbstätigen abgebaut wurde.

Darüber hinaus sank die Arbeitslosigkeit, wodurch zuvor völlig unproduktive Erwerbspersonen – die Arbeitslosen – nun in produktiveren Bereichen der Wirtschaft eingesetzt werden konnten.

Zu beachten ist, dass rein formal eine Veränderung der Erwerbstätigenzahl durch Migration oder den Rückgang der Arbeitslosigkeit in der Cobb-Douglas Produktionsfunktion durch den Produktionsfaktor Arbeit (L) quantitativ erfasst wird. Verkörpern die neu hinzugekommenen Erwerbstätigen jedoch eine bessere Qualität oder haben sie eine bessere Auslastung der Kapazitäten ermöglicht, dann spiegelt sich diese Veränderung in der Produktivität wider.

Somit wird im Rahmen der empirischen Analyse der Einfluss des sektoralen Strukturwandels – speziell der Rückgang der Erwerbstätigkeit im primären Sektor – sowie der regionalen Mobilität auf die Produktivitätsentwicklung der Bundesländer überprüft.

6.4 Außenwirtschaftliche Offenheit

Die internationale Integration und die damit verbundene Offenheit eines Landes wird häufig als eine der fundamentalen Determinanten des Wirtschaftswachstums angesehen.[175]

173 Vgl. Heinz, Ulrike; Kiehle, Wolfgang (1997), Wohnungspolitik, in: Andersen/Woyke (Hrsg.), Handwörterbuch des politischen Systems der Bundesrepublik Deutschland, Opladen, S. 632-637.

174 Vgl. zu den Ursachen der Migration beispielsweise Parikh, Ashok; Leuvensteijn, Michiel van (2003), Interregional labour mobility, inequality and wage convergence, in: Applied Economics, 35(8), S. 931-941.

175 Vgl. beispielsweise Rodrik, Subramanian, Trebbi (2004); Knowles, Stephen; Weatherston, Clayton (2006), Informal Institutions and Cross-Country Income Differences, CREDIT Re-

Bereits im 19. und Anfang des 20. Jahrhunderts konnte mit dem Ricardo-Modell oder dem Heckscher-Ohlin-Modell gezeigt werden, dass alle am Außenhandel beteiligten Volkswirtschaften aufgrund einer Erweiterung der Konsummöglichkeiten vom Außenhandel profitieren.[176] Bei dieser Erweiterung der Konsummöglichkeiten durch Außenhandel handelt es sich aber lediglich um einen einmaligen statischen Niveaueffekt, der sich nicht auf die langfristige Wachstumsrate eines Landes auswirkt.

Aber auch die endogenen Wachstumstheorien liebäugeln mit der Idee, dass die außenwirtschaftliche Offenheit eines Landes positive Effekte auf die wirtschaftliche Entwicklung, d. h. die langfristigen Wachstumsraten eines Landes hat.[177] So haben beispielsweise Romer (1992), Grossman und Helpman (1991) oder Barro und Sala-i-Martin (1995) darauf hingewiesen, dass Länder, die sich außenwirtschaftlich öffnen, bessere Möglichkeiten haben, den technologischen Fortschritt aus anderen Ländern zu absorbieren, als geschlossene Volkswirtschaften.[178] Demgegenüber gehören beispielsweise Krugman (1994) oder Rodrik (1995) zu den Skeptikern, die nicht davon überzeugt sind, dass die Offenheit eines Landes das Wirtschaftswachstum langfristig positiv beeinflusst.[179]

Ganz allgemein scheint außenwirtschaftliche Offenheit verschiedene Transmissionskanäle zu besitzen, über welche sie Einfluss auf das Wirtschaftswachstum eines Landes nehmen kann. Insbesondere die Diffusion von Wissen soll ein Ergebnis der außenwirtschaftlichen Offenheit sein. Dabei kann die Wissensdiffusion auf unterschiedliche Weise vonstatten gehen. So führt der Import technologisch fortgeschrittener Produkte zu der Möglichkeit diese Technologien zu imitieren.[180] Daneben weisen Grossman und Helpman (1991) darauf hin, dass Wissen auch durch direkte Kommunikation übertragen werden kann, etwa durch ausländische Direktinvestitionen, Lizenzvergaben oder Joint Ventures. Aber auch

---

search Paper 06/06, Centre for Research in Economic Development and International Trade, University of Nottingham.

176 Vgl. Ricardo, David (1963), The Principles of Political Economy and Taxation, Illinois. (Erstmals erschienen 1817). Ohlin, Bertil (1933), Interregional and International Trade, Cambridge.

177 Vgl. Rivera-Batiz, Luis; Romer, Paul (1991), Economic integration and endogenous growth, in: Quarterly Journal of Economics, 106(2), S. 531-555. Lucas, Robert (1993), Making a Miracle, in: Econometrica, 61(2), S. 251-272.

178 Vgl. Edwards, Sebastian (1998), Openness, Productivity and Growth: What do we really know?, in: Economic Journal, 108(447), S. 383. Sowie Romer, Paul (1992), Two strategies for economic development: using ideas and producing ideas, World Bank Annual Conference on Economic Development, Washington D.C. Sowie Grossman/Helpman (1991a). Sowie Barro/Sala-i-Martin (1995).

179 Vgl. Krugman, Paul (1994), The Myth of Asia's Miracle, in: Foreign Affairs, 73(6), S. 62-78. Sowie Rodrik, Dani (1995), Trade policy and industrial policy reform, in: Behrman/Srinivasan (Hrsg.), Handbook of Development Economics, Vol. 3B, Amsterdam, S. 2925-2982.

180 Vgl. Lindlar (1997), S. 326.

durch persönliche Kontakte, internationale Konferenzen und den Austausch von Wissenschaftlern wird die Verbreitung von Wissen gefördert.[181]

Darüber hinaus führt außenwirtschaftliche Offenheit zu vermehrtem internationalen Wettbewerb, der einen Selektionsprozess bedingt, bei dem nur die wettbewerbsfähigsten einheimischen Unternehmen überleben. Außenwirschaftlich offene Länder besitzen demnach tendenziell wettbewerbsfähigere Unternehmen und können bei gegebenen Inputfaktoren einen höheren Output produzieren und vertreiben. Und schließlich bietet ein größerer Absatzmarkt den Wirtschaftseinheiten die Möglichkeit Spezialisierungs- und Größenvorteile realisieren zu können.[182]

Auch wenn die theoretischen Vorhersagen zum Einfluss der Offenheit auf die wirtschaftliche Entwicklung eines Landes nicht immer eindeutig sind, folgt diese Untersuchung dem gleichen Ansatz wie Rodrik, Subramanian und Trebbi (2004), die feststellen:

> *„One can question whether it is appropriate to treat trade as one of the ultimate determinants of economic prosperity, but here we are simply following a long literature that has attached central causal importance to it."*[183]

In diesem Sinne wird der mögliche Einfluss der außenwirtschaftlichen Offenheit auf das Produktivitätsniveau der Bundesländer in der empirischen Analyse berücksichtigt.

6.5 Institutionen

Schließlich werden die Institutionen als die alles entscheidende fundamentale Determinante des Wirtschaftswachstums angesehen. So brachte der Nobelpreisträger Douglass North die Bedeutung von Institutionen für die wirtschaftliche Entwicklung eines Landes folgendermaßen auf den Punkt:

> *"The factors we have listed (innovation, economies of scale, education, capital accumulation etc.) are not causes of growth, they <u>are</u> growth. [...] Growth will simply not occur unless the existing organization is efficient."*[184]

Demzufolge liefern die Wachstumstheorien keine grundlegende Erklärung für das Wirtschaftswachstum eines Landes. Vielmehr kommt den Institutionen eines

181 Vgl. Grossman/Helpman (1991a), S. 237-258.

182 Vgl. Denison (1967), S. 225-255.

183 Rodrik/Subramanian/Trebbi (2004), S. 132.

184 North, Douglass; Thomas, Robert (1993), The Rise of the Western World, A new Economic History, Cambridge, S. 2.

Landes die alles entscheidende Bedeutung im Wachstumsprozess zu. Ebenso sprechen Acemoglu, Johnson und Robinson (1995) von den drei fundamentalen Wachstumsmotoren, zu welchen sie die ökonomische Institutionen, die Geographie sowie die Kultur zählen. Hierbei fallen ökonomische Institutionen und Kultur beide unter die Institutionen im Allgemeinen.[185]

North (1990) definiert Institutionen als

> *„the rules of the game in a society or, more formally, [they] are the humanly devised constraints that shape human interaction"*.[186]

Glaeser u.a. (2004) weisen bezüglich dieser Definition darauf hin, dass *constraints* eine entscheidende Bedeutung zukommt. Demnach sind das Grundgesetz oder die Regeln bezüglich Wahlen gute Beispiele für Institutionen. Jedoch stellt beispielsweise die ausgeübte Politik eines Diktators keine Institution dar. Es sind somit die Spielregeln, die von herausragendem Interesse sind, und nicht die konkreten Spielzüge. Darüber hinaus betonen die Autoren den langfristigen Charakter von Institutionen und weisen darauf hin, dass vergängliche Institutionen nicht bindend sind und zudem von jenen verändert werden können, denen sie missfallen.[187] Knowles (2006) weist ebenso darauf hin, dass unter den fundamentalen Determinanten des Wachstums lediglich solche Einflüsse verstanden werden sollten, die sich nur langsam über die Zeit hinweg verändern.[188]

Somit sind Institutionen die Spielregeln der Gesellschaft, die dem menschlichen Handeln in politischer, sozialer und wirtschaftlicher Sicht eine Struktur geben.[189] Gesellschaften stellen sich mit formalen und informellen Institutionen besser als Gesellschaften, die sich im Zustand der Anarchie befinden. Dabei umfassen Institutionen formale, von Menschen geschaffene Regeln wie Gesetze sowie informelle Regeln wie Normen und Gepflogenheiten. Jedoch müssen informelle Regeln von einem großen Teil der Bevölkerung akzeptiert werden, um überhaupt als informelle Regel zu gelten. Wird hingegen eine informelle Regel nur von einigen wenigen akzeptiert, dann handelt es sich lediglich um persönliche Werte.

Zudem müssen formale und informelle Regeln einen Sanktionsmechanismus besitzen, der ihre Einhaltung garantiert. Dabei werden formale Regeln meist vom

185 Vgl. Acemoglu, Daron; Johnson, Simon; Robinson, James (1995), Institutions as a fundamental cause of long-run growth, in: Aghion/Durlauf (Hrsg.), Handbook of Economic Growth, Vol. 1A, Amsterdam, S. 385-472.

186 North, Douglass (1990), Institutions, Institutional Change and Economic Performance, Cambridge, S. 3.

187 Vgl. Glaeser u.a. (2004), S. 275.

188 Vgl. Knowles, Stephen (2006), Is Social Capital Part of the Institutions Continuum and is it a Deep Determinant of Development?, United Nations University – World Institute for Development Economics Research (UNU-WIDER) Research Paper, No. 25, S. 4.

189 Vgl. North (1990), S. 3.

Staat kontrolliert und durchgesetzt. Demgegenüber besitzen informelle Regeln eine Selbstdurchsetzungskraft. Die Sanktionen bekämpfen das sogenannte Trittbrettfahrerproblem, das sich ergibt, wenn ein Abweichen von der Regel einem Individuum kurzfristig einen höheren Ertrag liefert als der Nutzen, der durch die Einhaltung der Regel entsteht.[190]

Insgesamt haben Institutionen einen positiven Einfluss auf die wirtschaftliche Entwicklung eines Landes, indem sie die Transaktionskosten, die durch Unsicherheit im Zuge eines Tausches zwischen Marktakteuren entstehen, vermindern. Zu den Transaktionskosten zählen Anbahnungs-, Vereinbarungs-, Kontroll- sowie Anpassungskosten, die im Rahmen eines Austauschprozesses auftreten.[191]

Für die vorliegende Untersuchung sind die ökonomischen Institutionen von besonderem Interesse, die beispielsweise die Schaffung und Sicherung der Eigentumsrechte, die Durchsetzung von Verträgen oder die Sicherung funktionsfähiger Märkte umfassen. Letztere Institutionen beinhalten marktregulierende Institutionen (z.B. Regulierungsbehörden), marktstabilisierende Institutionen (z.B. unabhängige Zentralbank, Wechselkursregime) und marktlegitimierende Institutionen (z.B. Rentensystem, soziale Sicherung). Sie bieten zum einen Anreize für die Individuen einer Volkswirtschaft überhaupt in Real- sowie Humankapital zu investieren oder neue Technologien zu erfinden und anzuwenden. Zum anderen helfen ökonomische Institutionen Ressourcen auf effiziente Weise zu nutzen. Jedoch kann bis heute keine zufrieden stellende Antwort darauf gegeben werden, wie ökonomische Institutionen entstehen, wie sie sich wandeln und weshalb sie zwischen den Ländern so stark variieren.[192]

Im Hinblick auf den vorliegenden Untersuchungsgegenstand – die Bundesländer – stellt sich die Frage, ob sich formale und informelle Institutionen auf Bundesländerebene überhaupt grundlegend unterscheiden. Zunächst werden die formalen Institutionen der Bundesländer betrachtet.

6.5.1 Regionale formale Institutionen

Ganz allgemein sind regionale formale Institutionen selten, da es sich bei Institutionen um langfristig angelegte Regeln handelt, die die Transaktionskosten der Marktteilnehmer reduzieren sollen. Wenn eine Institution in einer Region sinnvoll wirkt, dann gibt es keinen Grund, dass diese Institution nicht in der nächsten Region ebenfalls gilt. Ein ganz einfaches Beispiel stellt der Straßenver-

190 Vgl. Blume, Lorenz (2009), Regionale Institutionen und Wachstum, Marburg, S. 34-38.

191 Vgl. Sydow, Jörg (1992), Strategische Netzwerke, Wiesbaden, S. 130.

192 Vgl. Acemoglu/Johnson/Robinson (2005), S. 388 f.; sowie Hemmer/Lorenz (2004), S. 220 f.

kehr dar, der in allen Bundesländern auf die gleiche Weise geregelt ist. Darüber hinaus existieren nationale Institutionen, die sich explizit auf die regionale Ebene beziehen.[193] Beispielsweise ist der Föderalismus als ein politisches Strukturprinzip eine Institution, bei der die einzelnen Bundesländer durch die Verfassung gesicherte eigenständige und nicht beschränkbare Kompetenzbereiche besitzen und sich institutionell und verfassungsmäßig an der Bildung des Bundeswillens beteiligen.[194] Dementsprechend hat jedes Land eine eigene Landesverfassung, die ebenso die Kommunalverfassungen (Gemeindeordnungen) der Bundesländer regeln. Im Betrachtungszeitraum konnten vier Arten von Kommunalverfassungen unterschieden werden:

1. Norddeutsche Ratsverfassung (in Niedersachsen und Nordrhein-Westfalen)
2. Magistratsverfassung (in Hessen, Bremerhaven, in den Städten Schleswig-Holsteins und Rheinland-Pfalz)
3. Bürgermeisterverfassung (in Rheinland-Pfalz, Saarland und in kleineren Gemeinden Schleswig-Holsteins)
4. Süddeutsche Ratsverfassung (in Baden-Württemberg und Bayern).

Die bedeutendsten Unterschiede der Kommunalverfassungen waren Gegenstand der Kommunalverfassungsreform in den 1990er Jahren, bei der es tendenziell zu einer Angleichung hin zur Süddeutschen Ratsverfassung gekommen ist. Die wichtigsten Unterschiede der Kommunalverfassungen im Betrachtungszeitraum lagen in der Möglichkeit zur Direktwahl von Bürgermeistern und Landräten, zu Bürgerbegehren und Bürgerentscheiden, zu kummulieren und panaschieren sowie zur Fünfprozentklausel.[195]

Eine ökonomisch sinnvolle Beurteilung der einzelnen Regelungen der verschiedenen Kommunalverfassungen bezüglich ihrer Wirkung auf die Produktivität ist nicht möglich. Deshalb werden im weiteren Verlauf dieser Arbeit die einzelnen Kommunalverfassungen als ein fester Bestandteil der Bundesländer im Betrachtungszeitraum angesehen.

Darüber hinaus besteht die Gesetzgebung der Länder als formale Institution im Wesentlichen aus den Bereichen Organisation (einschließlich Kommunalwesen), Kultur (Schulwesen), Sicherheit und Ordnung (Polizeiwesen), Rundfunkrecht und schließlich die Ausgestaltung der bundesgesetzlichen Rahmenvorgaben. Letzteres umfasst hauptsächlich das Wasserrecht, den Landschaftsschutz und die Landesplanung.[196]

193 Vgl. Blume (2009), S. 52-65.

194 Vgl. Andersen, Uwe (1997), Bundessstaat/Föderalismus, in: Andersen/Woyke (Hrsg.), Handwörterbuch des politischen Systems, Opladen, S. 75-82.

195 Vgl. Blume (2009), S. 143-146.

196 Vgl. Ritter, Ernst-Hasso (1999), Zur Entwicklung der Landespolitik, in: Ellwein/Holtmann (Hrsg.), 50 Jahre Bundesrepublik Deutschland: Rahmenbedingungen, Entwicklungen, Perspektiven, Opladen, S. 347.

Für diese Arbeit ist insbesondere der Bereich des Bildungswesens von Bedeutung. Dabei kann das Bildungswesen wiederum in den Schulbereich und Hochschulbereich unterteilt werden. Der Schulbereich im Rahmen Kulturhoheit ist die sogenannte Urkompetenz der Bundesländer. Die Länder können ihr Schulwesen mehr oder weniger frei bestimmen, während im Hochschulwesen auch der Bund Einfluss nimmt. Die Länder müssen lediglich die Artikel 7 und 6 Abs. 2 GG beachten, die die Bestimmungen zur staatlichen Schulaufsicht, zum Religionsunterricht, zur Privatschulfreiheit sowie den Vorrang der Eltern bei der Pflege und Erziehung der Kinder umfassen. Der Gestaltungsspielraum der Bundesländer ist somit groß, weshalb sich die Länder hinsichtlich der Schulstruktur, der pädagogischen Grundausrichtung sowie der Schulausgaben unterscheiden. Ein verbindendes Element stellt jedoch die Kultusministerkonferenz (KMK, gegründet 1948) dar, die den unterschiedlichen Schulsystemen einen gemeinsamen Rahmen gibt. Hier werden die Anerkennung von Abschlüssen, bestimmte Unterrichtsthemen, Beginn und Dauer der Schulpflicht, Notenbezeichnung und Feriendauer und -zeitpunkt koordiniert. Darüber hinaus wird die Vielfalt der Schulsysteme durch die zur Verfügung stehenden finanziellen Mittel der Bundesländer beschränkt.[197]

Das Hochschulwesen als weiterer Teil der Kulturhoheit der Länder steht grundsätzlich unter der Zuständigkeit der Bundesländer, jedoch besteht hier aufgrund der bundesweiten Bedeutung dieses Bildungsbereichs ein erhöhter Koordinationsbedarf. Schließlich soll die Mobilität der Hochschulabsolventen durch einheitliche Bildungsstandards erleichtert werden. Seit 1969 hatte der Bund auch bei der Finanzierung des Hochschulsektors sowie in der Rahmengesetzgebungskompetenz ein Mitspracherecht, da die Nachfrage nach Studienplätzen damals stark angestiegen war, die Länder aber nur über begrenzte finanzielle Mittel verfügten. Dabei legt das Hochschulrahmengesetz die Grundstrukturen für das Hochschulwesen in der BRD fest.[198]

Die hier vorgestellten Unterschiede im Bildungswesen können zwar auf die jeweiligen regionalen Institutionen zurückgeführt werden, das Humankapital und das Bildungswesen sowie deren Einfluss auf die Produktivität der Bundesländer werden aber im Rahmen von Abschnitt 7.2 zum Humankapital untersucht. Die Ergebnisse, die sich aus dem Einfluss des Humankapitals auf die Produktivität der Bundesländer ergeben, können vermutlich auch teilweise auf die unterschiedlichen formalen Institutionen – das Bildungssystem – zurückgeführt werden.

Ferner lassen sich weitere Gesetze im Rahmen der konkurrierenden Gesetzgebung Art. 74 GG finden, die in die Zuständigkeit der Bundesländer fallen, soweit

---

197 Vgl. Wolf, Frieder (2008), Die Schulpolitik – Kernbestand der Kulturhoheit; in: Hildebrand/Wolf (Hrsg.), Die Politik der Länder, Wiesbaden, S. 21 ff.

198 Vgl. Lanzendorf, Ute; Pasternack, Peer (2008), Landeshochschulpolitiken, in: Hildebrand/Wolf (Hrsg.), Die Politik der Länder, Wiesbaden, S. 43-50.

vom Bund keine Gesetze zu diesen Bereichen erlassen wurden. Es bleibt jedoch die Frage bestehen, in welchen Bereichen sich die Landesgesetze fundamental unterscheiden. Ritter (1999) schreibt hierzu:

> *„Die Chance der Länder im Bereich der konkurrierenden Gesetzgebung eigene Regelungen treffen zu können, blieb ganz überwiegend theoretisch."*[199]

Insbesondere der Artikel 72 Abs. 2 GG bietet dem Bund ein weitreichendes Eingriffsrecht in die Gesetzgebungszuständigkeit.

> *„Der Bund hat in diesem Bereich das Gesetzgebungsrecht, wenn und soweit die Herstellung gleichwertiger Lebensverhältnisse im Bundesgebiet oder der Wahrung der Rechts- und Wirtschaftseinheit im gesamtstaatlichen Interesse eine bundesgesetzliche Regelung erforderlich macht."*

Demnach unterscheiden sich die regionalen formalen Institutionen – abgesehen vom Bildungsbereich – nicht entscheidend zwischen den westdeutschen Bundesländern. Aus diesem Grund werden sie nicht explizit, d.h. mit Hilfe eigener erklärender Variablen, im empirischen Teil dieser Untersuchung berücksichtigt. Mögliche verbleibende Unterschiede, die von den formalen Institutionen verursacht werden, werden nichtsdestotrotz immer bei Hinzunahme von sogenannten fixen Effekten in der Regressionsanalyse berücksichtigt. Die Regressionsanalyse unterliegt somit auf keinen Fall einer Verzerrung aufgrund ausgelassener Variablen (*omitted variable bias*).[200]

6.5.2 Regionale informelle Institutionen

Während regionale Unterschiede in den formalen Institutionen eine Ausnahme bleiben, scheinen sich demgegenüber informelle Institutionen oft zwischen Regionen zu unterscheiden.[201] Als Synomym für informelle Institutionen wird in der Literatur häufig der Begriff Kultur verwendet. Guiso, Sapienza und Zingales (2006) definieren Kultur als

> *„[...] those customary beliefs and values that ethnic, religious, and social groups transmit fairly unchanged from generation to generation."*[202]

Demnach verbergen sich hinter dem Begriff Kultur etwa der Glaube, die Moral, Normen, Präferenzen und Gewohnheiten von Individuen, die wiederum durch

199 Ritter (1999), S. 346.

200 Vgl. hierzu Abschnitt 8.1.

201 Vgl. Blume (2009), S. 52-65.

202 Guiso, Luigi; Sapienza, Paolo; Zingales, Luigi (2006), Does Culture Affect Economic Outcome?, in: Journal of Economic Perspective, 20(2), S. 23.

das spezifische Verhalten der Individuen die wirtschaftliche Leistungsfähigkeit einer Region beeinflussen. Dabei haben verschiedene Bevölkerungsgruppen auch unterschiedliche Kulturen, da sie verschiedene Erfahrungen in der Vergangenheit gemacht haben.[203] Nach Barro und McCleary (2003) nimmt die Kultur Einfluss auf die wirtschaftliche Leistungsfähigkeit einer Region, indem sie die persönlichen Eigenschaften wie Ehrlichkeit, Sparsamkeit, den Willen zur harten Arbeit sowie die Offenheit gegenüber Fremden beeinflusst.[204] Ebenso hebt Landes (1998) die Kultur als bedeutende Einflussgröße für den wirtschaftlichen Erfolg eines Landes hervor. Er zählt zur Kultur Eigenschaften wie Sparsamkeit, harte Arbeit, Verlässlichkeit, Ehrlichkeit und Toleranz.[205]

Den bekanntesten Zusammenhang zwischen Kultur und Wirtschaftswachstum hat Max Weber (1904/5) aufgezeigt, wonach der wirtschaftliche Erfolg Westeuropas auf die Reformation und insbesondere auf den Calvinismus zurückgeführt werden kann. Die Religion ist dabei ein wichtiger Bestandteil der Kultur. Weber zufolge hat der Protestantismus die Grundlage für die wirtschaftliche Entwicklung geschaffen, indem Protestanten über eine besondere Arbeitsmoral verfügen. Dementsprechend arbeiteten die Protestanten (speziell die Calvinisten) härter und sparten mehr, um dann den beruflichen Erfolg als ein Zeichen zu sehen, zu den von Gott Auserwählten zu zählen und vor der Verdammnis gerettet zu sein. Ein luxuriöses Leben wurde hingegen nicht geschätzt, weshalb alle erwirtschafteten Erträge investiert oder gespart wurden. Hierdurch kam es zur Kapitalakkumulation und zu Wirtschaftswachstum. Der Protestantismus führte demnach zu einem Glauben, der harte Arbeit, Sparsamkeit und Wirtschaftlichkeit hervorhob und bei dem wirtschaftlicher Erfolg ein positives Zeichen dafür war, von Gott erwählt worden zu sein. Demgegenüber weist Weber darauf hin, dass andere Religionen wie etwa der Katholizismus für den Kapitalismus nicht förderlich seien.[206]

Jedoch wurden die Ergebnisse von Weber durch die Untersuchung von Becker und Wößmann (2009) eingeschränkt, die neben der Arbeitsmoral auch dem Humankapital eine entscheidende Bedeutung zugesprochen haben. Ihrem Ansatz nach hat insbesondere Luther dazu aufgefordert, dass alle Protestanten Lesen und Schreiben lernen sollten, um die Bibel selbst studieren zu können. Demnach war – zumindest im Preußen des 19. Jahrhunderts – die Bildung der Protestanten besser und folglich ihr Humankapital und ihre Produktivität höher.[207]

---

203 Vgl. Acemoglu/Johnson/Robinson (1995), S. 400-402.

204 Vgl. Barro, Robert; McCleary, Rachel (2003), Religion and Economic Growth Across Countries, in: American Sociological Review, 68(5), S. 760.

205 Vgl. Landes, David (2010), Wohlstand und Armut der Nationen (Lizenzausgabe für die Bundeszentrale für politische Bildung), Bonn.

206 Vgl. Weber, Max (2007), Die protestantische Ethik und der Geist des Kapitalismus, Erftstadt.

207 Vgl. Becker, Sascha; Wößmann, Ludger (2009), Was Weber Wrong? A Human Capital Theory of Protestant Economic History, in: Quarterly Journal of Economics, 124(2), S. 531-596.

Die Kultur bzw. informelle Institutionen beschränken sich jedoch nicht nur auf die Religion. Knowles (2006) weist darauf hin, dass insbesondere das Sozialkapital als wichtiger Bestandteil von informellen Institutionen gedeutet werden kann und ebenfalls als eine fundamentale Determinante des Wirtschaftswachstums angesehen werden sollte.[208] Jedoch ist der Begriff Sozialkapital nur schwer fassbar und es existiert eine Vielzahl von Definitionen hierfür. Knowles fasst die wichtigtesten Bestandteile wie folgt zusammen:

> „*Most definitions of social capital include at least one, and in several cases two or more, of the following: trust, networks and group memberships, and a shared set of cooperative norms.*“[209]

Demnach umfasst der Begriff Sozialkapital in den meisten Definitionen das Vertrauen, die Zugehörigkeit zu einer Gruppe sowie die von einer Gruppe geteilten Regeln. Vertrauen kann dabei das Vertrauen in Gruppenmitglieder, das Vertrauen in fremde Personen oder das Vertrauen in das System (z.B. die Regierung) beinhalten.[210]

Nun stellt sich die Frage, auf welche Weise Sozialkapital die wirtschaftliche Entwicklung eines Landes positiv beeinflussen kann. In der Theorie lassen sich verschiedene Transmissionskanäle finden. Demnach kann durch das im Sozialkapital verankerte Vertrauen die Anzahl der beidseitig nutzenstiftenden Transaktionen erhöht werden. Hierzu zählt etwa die gegenseitige Hilfe, wobei die Marktteilnehmer sicher sein können, dass ihre Hilfe nicht einseitig ist. Ein Beispiel hierfür ist die Hilfe bei der Ernte, die ohne zusätzliche Geldleistungen und Verträge erfolgen kann. Zudem können Probleme des kollektiven Handels leichter behoben werden. So kann die Tragödie der Allmende von einer Kooperation beseitigt werden. Dies alles beinhaltet eine Verringerung der Überwachungs- und Transaktionskosten im Zuge von Markttransaktionen. Schließlich kann der Informationsfluss zwischen Individuen verbessert werden. [211]

Demgegenüber kann Sozialkapital auch einen negativen Einfluss auf die wirtschaftliche Leistungsfähigkeit einer Region haben. Dementsprechend können Gruppen wie beispielsweise die Mafia, die katholische Kirche, Zünfte oder Lobbies einer Übernahme neuer Technologien oder dem Wandel ganz allgemein ablehnend gegenüberstehen und folglich die wirtschaftliche (Weiter-) Entwicklung einer Region behindern.[212] Zudem profitieren meist nur die Mitglieder dieser Gruppen zu Lasten von Nicht-Mitgliedern, wie Ogilvie (2004) etwa am Bespiel

---

208 Vgl. Knowles (2006).

209 Knowles (2006), S. 2.

210 Für eine kritische Auseinandersetzung mit dem Begriff Vertrauen siehe Guinnane, Timothy (2005), Trust: A Concept Too Many, in: Jahrbuch für Wirtschaftsgeschichte 2005/1, S. 77-92.

211 Vgl. Knowles (2006), S. 7-11.

212 Vgl. Knowles (2006), S. 10 f.

der Frauen zeigt, die systematisch aus den Zünften ausgeschlossen und benachteiligt wurden.[213] Somit bleibt es durchaus fraglich, ob eine Gesellschaft als ganzes von derartigen Gruppen und dem damit verbundenen Sozialkapital tatsächlich profitiert.

Auch Putnam (1993) unterscheidet Regionen, die entweder gutes oder schlechtes Sozialkapital besitzen. Regionen mit schlechtem Sozialkapital befinden sich in einem stabilen, inferioren Nash-Gleichgewicht. Regionen mit gutem Sozialkapital erreichen demgegenüber ein stabiles, superiores Nash-Gleichgewicht.[214]

Dieser Zusammenhang kann auf einfache Art und Weise mit Hilfe des klassischen Gefangenendilemmas aus der Spieltheorie erklärt werden.

Tabelle 25 Gefangenendilemma

A/B		Gefangener B	
		Schweigen	Kooperieren
Gefangener A	Schweigen	2/2	5/1
	Kooperieren	1/5	4/4

Quelle: Eigene Darstellung in Anlehnung an Axelrod, Robert (2006), Evolution of Cooperation, New York, S. 44-40.

Zwei Gefangene (Komplizen) haben vor der Gerichtsverhandlung zwei Wahlmöglichkeiten: kooperieren und somit den Komplizen belasten oder schweigen. Beide Gefangenen treffen ihre Entscheidung unabhängig von einander, d. h. ohne zu wissen, wie sich der Komplize entscheidet. Wenn Gefangener A schweigt, dann drohen ihm entweder 2 Jahre Haft, wenn auch sein Komplize schweigt, da die entsprechenden Beweise fehlen. Schweigt jedoch der Gefangene A und der Gefangene B gesteht und belastet seinen Komplizen, drohen dem Gefangenen A 5 Jahre Haft und dem Gefangenen B aufgrund der Zusammenarbeit nur 1 Jahr. Unabhängig davon, welche Strategie der Gefangene B (A) wählt, stellt sich A (B) immer besser, wenn er kooperiert und seinen Komplizen belastet. Somit werden beide Gefangenen kooperieren und jeder von ihnen kommt für 4 Jahre ins Gefängnis (inferiores Nash-Gleichgewicht). Hätten beide geschwiegen, hätten sie sich besser stellen können und jeder wäre für nur 2 Jahre ins Gefängnis gekommen (superiores Nash-Gleichgewicht). Im Gefangenendilemma führt somit individuell rationales Handeln aufgrund der wechselseitigen Abhängigkeiten zum kollektiv schlechteren Ergebnis, einem paretoinferioren Nash-Gleichgewicht.

213 Vgl. Ogilvie, Sheilagh (2004), How Does Social Capital Affect Women? Guilds and Communities in Early Modern Germany, in: American Historical Review, 109(2), S. 325-359.

214 Vgl. Putnam, Robert (1993), Making Democracy work: civic traditions in modern Italy, Princeton, S. 177-181.

Verfügt eine Region über starkes Vertrauen, kann sie das Gefangenendilemma überwinden und ein superiores Nash-Gleichgewicht erreichen, indem beide Gefangenen darauf vertrauen können, dass der andere schweigt. Demgegenüber können Regionen, in denen die Einstellung „nicht kooperieren" tief verwurzelt ist, dem inferioren Gleichgewicht nicht entkommen.[215]

Ferner zählt Blume (2009) zum Sozialkapital von Regionen als Teil der informellen Institutionen die Mentalität der Bevölkerung. Diese räumlich heterogenen Wertvorstellungen sind nach Blume etwa postmaterialistische Werte (politisches Interesse, soziales Engagement, Bürgerbeteiligung und Selbstbestimmung), Vertrauen, Präferenzen für Markt, Hierarchien und Netzwerke (Nachbarschaftshilfe, Mitgliedschaft in Vereinen). Dabei sollen Vertrauen und Präferenzen für Netzwerke einen positiven Einfluss und Präferenzen für Hierarchien einen negativen Einfluss auf die wirtschaftliche Entwicklung einer Region haben. [216]

Die Theorie des postmateriellen Wertewandels geht auf den Politikwissenschaftler Ronald Inglehart zurück.[217] Dieser Theorie zufolge ist es durch die starke Verbesserung der Lebensverhältnisse in vielen westlichen Demokratien in der Nachkriegszeit zu einer Ablösung der traditionellen bürgerlichen, materialistischen Werte gekommen, die durch postmaterialistische Werte ersetzt wurden. Unter materialistischen Werten werden nach Inglehart Leistung, Sicherheit, sozialer Aufstieg und Prestige verstanden. Demgegenüber verbergen sich hinter dem Begriff der postmaterialistischen Werte Dinge wie Selbstentfaltung, Lebensqualität, Emanzipation und gesellschaftliche Beteiligung.

Folglich scheinen informelle Institutionen in Form von unterschiedlichen Kulturen oder Sozialkapital einen Einfluss auf die wirtschaftliche Entwicklung einer Region zu nehmen. Anders als im Falle der regionalen formalen Institutionen, die sich nicht fundamental zwischen den Bundesländern unterscheiden, werden in den regionalen informellen Institutionen erhebliche Unterschiede zwischen den Bundesländern vermutet. Deshalb sollten die unterschiedlichen regionalen informellen Institutionen auch in der sich anschließenden Regressionsanalyse explizit, d.h. mit Hilfe eigener erklärender Variablen, berücksichtigt werden.[218] Welche besonderen Bedingungen Indikatoren für (informelle) Institutionen aufgrund ihrer geringen zeitlichen Variablilität mit sich bringen, wird im Rahmen der Regressionsanalyse in Kapitel 8 erläutert.

---

215 Vgl. Putnam (1993), S. 177.

216 Vgl. Blume (2009), S. 91.

217 Vgl. Inglehart, Ronald (1971), The Silent Revolution in Europe: Intergenerational Change in Post-Industrial Societies, in: American Political Science Review, 65(4), S. 991–1017.

218 Zwar können informelle Institutionen ebenso wie formale Institutionen mit Hilfe fixer Effekte abgebildet werden, jedoch ist der Informationsgehalt unter Verwendung erklärender Variablen für die informellen Institutionen weitaus größer, da fixe Effekte *alle* konstanten Einflüsse einer Region auffangen und nicht nur den Einfluss der informellen Institution wiedergeben.

6.6 Geographie

Schließlich werden die natürlichen Gegebenheiten eines Landes ebenfalls zu den fundamentalen Determinanten des Wirtschaftswachstums gezählt.[219] Dabei haben Unterschiede in der Geographie, dem Klima oder dem Umweltschutz Auswirkungen auf die Präferenzen und die Möglichkeiten der Individuen eines Landes.[220] Dementsprechend können das Klima, die Ausstattung mit natürlichen Ressourcen, das Krankheitsrisiko sowie die Lage des Landes, die die Transportkosten sowie die Möglichkeiten zur Diffusion von Wissen und Technologien aus fortgeschrittenen Ländern determiniert, zwischen den Ländern erheblich variieren und das Wirtschaftswachstum entsprechend positiv oder negativ beeinflussen.[221] Für die vorliegende Untersuchung eines vergleichsweise kleinen und homogenen Raumes wie die BRD ist insbesondere die Ausstattung der Bundesländer mit natürlichen Ressourcen für die wirtschaftliche Entwicklung und die damit im Zusammenhang stehende Produktivität von besonderem Interesse.

Untersuchungen zum Bereich der Ausstattung mit natürlichen Ressourcen finden sich unter dem Begriff *„resource curse"* – Ressourcenfluch. Zu dieser zunächst überraschenden Beobachtung, dass Länder mit einer reichlichen Ausstattung an natürlichen Ressourcen eine unterdurchschnittliche wirtschaftliche Entwicklung aufweisen, existieren verschiedene theoretische Erklärungsansätze.[222]

Eine häufig genannte Erklärung liefert der sogenannte Dutch-Disease Ansatz. Der Ausdruck Dutch Disease bezog sich ursprünglich auf die Furcht in den Niederlanden vor einer Deindustrialisierung aufgrund einer Aufwertung des holländischen Gulden im Anschluss an die Erdgasfunde in den 1950er und 1960er Jahren. Der Dutch-Disease Ansatz lässt sich folgendermaßen erklären:

Nehmen die Rohstoff-Exporte eines Landes zu, dann lassen sich zwei Mechnismen beobachten. Zum einen steigt das Preisniveau im Inland aufgrund der höheren Einkommen durch den Exportanstieg. Durch das höhere Preisniveau verlieren die inländischen Produkte ihre Wettbewerbsfähigkeit auf dem Weltmarkt

219 Vgl. beispielsweise Blume (2009), S. 18; Acemoglu/Johnson/Robinson (2005); Rodrik/Subramanian/Trebbi (2004), S. 131-165.

220 Vgl. Acemoglu/Johnson/Robinson (2005), S. 385-472.

221 Vgl. Rodrik/Subramanian/Trebbi (2004), S. 132. Weitere Arbeiten hierzu von Sachs, Jeffrey (2001), Tropical Underdevelopment, NBER Working Paper Series, Working Paper No. 8119; Gallup, John Luke; Sachs, Jeffrey; Mellinger, Andrew (1999), Geography and Economic Development, CID Working Paper. Sowie Diamond, Jared (1997), Guns, Germs, and Steel: The Fates of Human Societies, New York.

222 Vgl. hierzu Gylfason, Thorvaldur (2001), Lessons from the Dutch Disease: Causes, Treatment, and Cures, For STATOIL-ECON conference volume, *The Paradox of Plenty*, 22 March 2001.

und zusätzlich wird die heimische Nachfrage aus den nun günstigeren Importen befriedigt. Hierdurch schrumpft der sekundäre Sektor im Inland und das Wirtschaftswachstum geht zurück. Zum anderen erhöht sich die Nachfrage nach der inländischen Währung durch die weltweiten Rohstoffkäufer. Es kommt zu einer Aufwertung der inländischen Währung, wodurch wiederum die Wettbewerbsfähigkeit des Landes auf dem Weltmarkt sinkt.[223]

Zwar erholten sich die Niederlande rasch von dieser „Krankheit", jedoch wird die Dutch Disease bis heute in anderen Ländern beobachtet.

Dieser Erklärungsansatz ist jedoch für dic vorliegende Untersuchung nicht relevant, da auf der einen Seite jedes Bundesland als Teil der BRD das Preisniveau und den Wechselkurs nur in begrenztem Maße beeinflussen kann und auf der anderen Seite eine Preis- und Wechselkursänderung alle Bundesländer treffen würde. Somit stellt der Dutch-Disease Ansatz keinen Erklärungsansatz dar, der Unterschiede auf Bundesländerebene erklären kann.

Eine weitere einfache Erklärung für die negativen Auswirkungen einer Monostruktur, wie sie sich aus der Konzentration der Wirtschaft auf den Abbau und die Verarbeitung von wenigen Rohstoffen ergibt, ist ein Nachfragerückgang. Eine Wirtschaft, die sich lediglich auf einen oder wenige Industriezweige konzentriert, wird von einem Nachfragerückgang vergleichsweise stark getroffen. Problematisch ist dieser Nachfragerückgang, wenn er langfristiger und nicht konjunktureller Natur ist. Als Folge ist dann ein Strukturwandel zwingend notwendig, der jedoch einen längeren Zeitraum in Anspruch nimmt. Währenddessen sind Arbeitslosigkeit und ein unterdurchschnittliches Wirtschaftswachstum zu erwarten.

Hieran schließt sich der sogenannte Rent-seeking Ansatz als weiterer Erklärungsansatz an.[224] Unter rent-seeking versteht man ganz allgemein das

> *„Streben von Interessengruppen, Unternehmen und anderen Marktakteuren nach der Erschließung, Verteidigung oder Verbesserung von Einkommenserzielungschancen im Marktbereich mithilfe politisch erwirkter Privilegien."*[225]

Der Begriff Rent-Seeking wurde zum ersten Mal von Krueger (1974) in „The Political Economy of the Rent-Seeking Society" verwendet, wobei die Idee hierzu ihren Ursprung in der Untersuchung von Tullock (1967) „The Welfare Costs of Tariffs, Monopolies, and Theft" findet. Dem Ansatz des Rent-Seeking zu-

223 Vgl. beispielsweise Wilke, Sabine; Lippelt, Jana (2011), Kurz zum Klima: Der Fluch der Ressourcen in Afrika, in: ifo Schnelldienst, 64(5), S. 47-49.

224 Vgl. Tullock, Gordon (1967), The welfare costs of tariffs, monopolies, and theft, in: Western Economic Journal, 5(3), S. 224-232. Sowie Krueger, Anne (1974), The political Economy of the rent-seeking society, in: American Economic Review, 64(3), S. 291-303.

225 Gabler Verlag (Hrsg.), Gabler Wirtschaftslexikon, Stichwort: Rent Seeking, in: http://wirtschaftslexikon.gabler.de/Archiv/5464/rent-seeking-v8.html

folge kann der Kampf um eine natürliche Ressource zur Konzentration der wirtschaftlichen und politischen Macht in den Händen von wenigen Interessengruppen (Lobbies) führen. Die Lobbyisten nehmen dann Einfluss auf die Politik, um beispielsweise Subventionen oder Zollschranken zum Schutze ihrer Branche durchzusetzten. Hierdurch wird die wirtschaftliche Entwicklung eines Landes gehemmt, da der notwendige Strukturwandel sowie die effiziente Allokation der Ressourcen verzögert oder gänzlich behindert wird. Zudem können Ressourcen aus unter freien Wettbewerbsbedingungen produktiveren Bereichen abgezogen werden. Dementsprechend ergibt sich durch das Rent-Seeking eine verzerrende Wirkung auf die gesamte Wirtschaft.[226]

Die mögliche negative Wirkung der reichlichen Ausstattung mit Ressourcen auf die Produktivitätsentwicklung findet demnach in der empirischen Analyse ebenfalls Berücksichtigung.

6.7 Zwischenfazit zu den Determinanten der Produktivität

Im Rahmen der theoretischen Analyse der Determinanten der Produktivität auf Bundesländerebene haben sich die folgenden potenziellen Quellen des Produktivitätswachstums herauskristallisiert:

1. Innovationen durch Forschung und Entwicklung und damit verbundene Wissens-Spillover
2. Humankapital – insbesondere tertiäres Humankapital
3. Reallokation der Ressourcen durch sektoralen Strukturwandel und regionale Mobilität
4. Außenwirtschaftliche Offenheit
5. Institutionen – insbesondere regionale informelle Institutionen
6. Geographie – insbesondere die Ausstattung mit natürlichen Ressourcen

Die Innovationsfähigkeit eines Landes ist für die Verbesserung der Produktivität von entscheidender Bedeutung. Die Innovationsfähigkeit umfasst nicht nur die Schaffung von Innovationen durch Forschung und Entwicklung, sondern auch den Wissensbestand in einem Land. Je mehr Wissen in einem Land vorhanden ist, desto höher ist auch die potenzielle Innovationsfähigkeit.

---

226 Tornell und Lane (1999) stellen ein Modell unter dem Begriff „voracity effect" vor. Vgl. Tornell, Aaron; Lane, Philip (1999), The Voracity Effect, in: American Economic Review, 89(1), S. 22-46. Vgl. ebenso Torvik, Ragnar (2002), Natural resources, rent-seeking and welfare; in: Journal of Development Economics, 67(2), S. 455-470.

Hiermit eng verbunden und eine weitere Determinante der Produktivität ist das Humankapital. Für den hier betrachteten Fall eines hoch industrialisierten Landes ist insbesondere das tertiäre Humankapital für die Erhöhung der Produktivität von entscheidender Bedeutung. Tertiäres Humankapital ist speziell für die Schaffung von Innovationen notwendig.

Darüber hinaus verspricht die Reallokation der Ressourcen eine Quelle für Produktivitätswachstum in den Bundesländern in der Nachkriegszeit gewesen zu sein. Zur Reallokation der Ressourcen wird in dieser Arbeit hauptsächlich der Rückgang der Beschäftigung im primären Sektor sowie die Mobilität der Bevölkerung zwischen den Bundesländern verstanden.

Der außenwirtschaftlichen Offenheit wird ebenfalls ein positiver Einfluss auf die Produktivitätsentwicklung eines Landes zugesprochen. Auch wenn die Theorie nicht immer einen eindeutigen Zusammenhang zwischen Offenheit und der Prosperität der Wirtschaft herstellen kann, wird die Offenheit in der folgenden empirischen Analyse mit berücksichtigt.

Darüber hinaus wird den Institutionen eines Landes eine tragende Rolle in der Entwicklung der Produktivität zuerkannt. Bezüglich der hier betrachteten Bundesländer spielen formelle Institutionen eine untergeordnete Rolle, da diese nicht entscheidend zwischen den Bundesländern variieren. Demgegenüber könnten sich die informellen Institutionen zwischen den Bundesländern vermutlich deutlich unterscheiden, weshalb sie im Rahmen der Regressionsanalyse explizit, d.h. mit Hilfe von erklärenden Variablen berücksichtigt werden. Die Kultur wird in dieser Arbeit als Synonym für die informellen Institutionen verwendet. Die Kultur steht für den Glauben, die Moral, Normen, Präferenzen und Gewohnheiten der Individuen einer Region, die wiederum das Verhalten beeinflussen. Zudem findet das Sozialkapital als Teil der informellen Institutionen Berücksichtigung.

Schließlich ist die geografische Lage eines Landes eine weitere nicht beeinflussbare Determinante der wirtschaftlichen Entwicklung. Für den vorliegenden Fall der westdeutschen Bundesländer kann besonders die Ausstattung mit natürlichen Ressourcen eine Rolle für die wirtschaftliche Leistungsfähigkeit spielen.

Im folgenden Kapitel werden diese theoretischen Determinanten der Produktivität auf Bundesländerebene empirisch analysiert.

7 Eine empirische Analyse der Determinanten der Produktivität auf Bundesländerebene

In den folgenden Abschnitten werden für die auf theoretischer Ebene benannten Determinanten der Produktivität Indikatoren diskutiert, die zum einen so gut wie möglich den Einfluss der jeweiligen Determinante wiedergeben und zum anderen für die hier betrachteten Untersuchungseinheiten – die Bundesländer – und den Untersuchungszeitraum überhaupt existieren. Es können in diesem Zusammenhang in der späteren Regressionsanalyse nur Indikatoren verwendet werden, die in Zeitreihenform für alle Bundesländer vorhanden sind oder zumindest geschätzt werden können. Bei einer Betrachtung von wenigen Zeitpunkten wäre die Anzahl der gesamten Beobachtungen (N) für eine aussagekräftige Paneldatenanalyse zu gering, da lediglich 11 Untersuchungseinheiten existieren.

Im Anschluss an dieses Kapitel wird dann der Einfluss aller Determinanten auf die Entwicklung des Produktivitätsniveaus im Rahmen einer Paneldatenanalyse untersucht.[227]

7.1 Die Innovationsfähigkeit der Bundesländer

Um Innovationen adäquat messen zu können, ist es sinnvoll den Innovationsprozess in die drei Phasen Invention, Innovation und Diffusion zu unterteilen.[228] In der ersten Phase – der Invention – nutzt ein Unternehmen oder eine privater Erfinder Arbeit, Kapital und Wissen, um ein neues Produkt oder eine Produktionsmethode zu erfinden. Das Ergebnis dieses Prozesses kann entweder geheim gehalten oder patentiert werden. In der Innovationsphase versucht der Erfinder seine technologische Erfindung zu einem marktfähigen Produkt zu entwickeln. Die beiden Phasen der Invention sowie der Innovation sind risikoreich und können jeweils erfolglos enden. In der letzten Phase werden konkurrierende Unternehmen versuchen erfolgreiche Innovationen zu imitieren und zu verbessern. Eine notwendige Voraussetzung für diese Imitationsaktivitäten sind Wissens-Spillover von einem

227 Siehe Kapitel 8.

228 Vgl. im Folgenden Spoerer, Mark; Baten, Jörg; Streb, Jochen (2007), Wissenschaftlicher Standort, Quellen und Potenziale der Innovationsgeschichte, in: Walter (Hrsg.), Innovationsgeschichte, Stuttgart, S. 39-59.

Unternehmen zum anderen. Die nachfolgende Tabelle führt empirische Input- und Outputindikatoren der drei Phasen des Innovationsprozesses auf.

Tabelle 26 Innovationsindikatoren

Inputmaße	Outputmaße
Inventionsphase	
monetäre Aufwendungen für Forschung und Entwicklung durch private Unternehmen	angemeldete oder gewährte Patente
monetäre Aufwendungen für Forschung und Entwicklung durch den Staat	wissenschaftliche Publikationen
Anzahl der Mitarbeiter in privaten oder staatlichen Forschungseinrichtungen	
Innovationsphase	
	langlebige Patente
	Zusammenstellungen von Innovationen durch Experten oder nach Befragung von Unternehmen
Imitationsphase	
	Produktivitätsentwicklung

Quelle: Spoerer, Mark; Baten, Jörg; Streb, Jochen (2007), Wissenschaftlicher Standort, Quellen und Potenziale der Innovationsgeschichte, in: Walter (Hrsg.), Innovationsgeschichte, Stuttgart, S. 39-59.

Keiner dieser Indikatoren ist perfekt. Deshalb hängt die Auswahl eines Innovationsindikators zum einen von der Datenverfügbarkeit und zum anderen vom jeweiligen Untersuchungsgegenstand ab. In der Wirtschaftsgeschichte werden oftmals Outputmaße den Inputmaßen aus zwei Gründen vorgezogen. Zum einen sind speziell für den Zeitraum vor dem Zweiten Weltkrieg Angaben zu Inputs in den Innovationsprozess nur unzureichend verfügbar. Zum anderen ist der Zusammenhang zwischen Innovationsinput und Innovationsoutput nicht konstant. So variiert beispielsweise das Verhältnis zwischen F&E-Ausgaben und F&E-Output über die Zeit, zwischen Sektoren sowie zwischen einzelnen Unternehmen. Jedoch haben auch die Outputmaße ihre Schwächen. So können oder werden nicht alle Inventionen patentiert. Zudem werden nicht alle patentierten Inventionen bedeutende Innovationen. Die Patentierfreudigkeit variiert zwischen den Branchen und über die Zeit. Manche Branchen patentieren ihre Erfindungen nicht, sondern halten sie lieber geheim. Andere Branchen patentieren überdurchschnittlich viele Inventionen, wobei es irreführend wäre dieses Verhalten als überdurchschnittlich innovativ zu interpretieren.[229] Darüber hinaus sollte nicht allen Patenten die gleiche ökonomische Bedeutung zugesprochen werden. Wenn Patente demnach als Indikator für Innovationen und technologisches Wissen herangezogen werden sollen, dann sollte bestenfalls zwischen Patenten mit hohem ökonomischen Wert und jene mit niedrigem ökonomischen Wert unterschieden werden. Dementsprechend könnte die bloße Anzahl an Pantentanmeldungen als Indikator für das neu erlangte technologische Wissen, das in der Lage ist die Produktivität zu erhöhen, zu Messfehlern führen.[230]

Des Weiteren haben Zusammenstellungen von Innovationen durch Experten die Tendenz, eine Verzerrung durch Stichprobenselektion (*sample selection bias*) aufzuweisen, da meist Basis- und Produktinnovationen den inkrementellen Innovationen und Prozessinnovationen vorgezogen werden. Demnach bleibt die Erfindung der Dampfmaschine unvergesslich, doch die Verbesserung einer x-beliebigen Maschine kann einem Experten durchaus entfallen.

Schließlich ist die Produktivität als Indikator für Innovationen ein sehr grobes Maß und überschätzt somit den Einfluss von Innovationen auf das Wirtschaftswachstum. Wie die vorliegende Untersuchung verdeutlicht, verbirgt sich weitaus mehr als lediglich Innovationen hinter der Produktivitätsentwicklung eines Landes.[231]

Es existieren zahlreiche Untersuchungen, die den Zusammenhang zwischen dem Aufwand für Forschung und Entwicklung, den Innovationen und dem Produktivitäts- bzw. Wirtschaftswachstum prüfen. Der Zusammenhang zwischen Beschäftigten in Forschung und Entwicklung und der Wachstumsrate der TFP wurde unter anderem von Coe und Helpman (1995) sowie Jones (1995) untersucht. Entgegen der Vorhersage einiger theoretischer Modelle hat zwar der Anteil der Beschäftigten in der Forschung und Entwicklung zugenommen, aber die Wachstumsrate der TFP blieb in den meisten OECD Ländern konstant oder sank.[232]

Nonneman und Vanhoudt (1996) untersuchen den Einfluss von Forschungs- und Entwicklungsausgaben auf das Wachstum der Arbeitsproduktivität, indem sie das Modell von Mankiw, Romer und Weil (1992) um die Akkumulation von

229 Vgl. Griliches, Zvi (1990), Patent statistics as economic indicators: a survey; in: Journal of Economic Literature, 28(4), S. 1661-1707, hier S. 1669.

230 Vgl. Streb, Jochen; Waidlein, Nicole (2013), Industrialisierung und Innovation; erscheint in: Steinbach/Weber (Hrsg.), Fortschritt und Modernisierung (Schriften zur politischen Landeskunde Baden-Württemberg; Band 38), Stuttgart.

231 Vgl. Spoerer/Baten/Streb (2007), S. 39-59.

232 Vgl. Coe, David; Helpman, Elhanan (1995), International R&D spillovers, in: European Economic Review 39(5), S. 859-887. Sowie Jones (1995).

technologischem Wissen erweitern. In ihrem Sample aus 22 OECD Ländern haben die F&E-Ausgaben einen positiven Einfluss auf das Pro-Kopf-Einkommen.[233]

Lichtenberg (1992) untersucht in einer Querschnittsregression den Einfluss von privaten und staatlichen F&E-Ausgaben auf die Arbeitsproduktivität für 53 (38) Länder für die Zeit von 1960 bis 1985. Private F&E-Ausgaben haben seinen Ergebnissen zufolge einen posititven Einfluss sowohl auf das Niveau als auch das Wachstum der Arbeitsproduktivität. Der Einfluss von staatlichen F&E-Ausgaben auf die Arbeitsproduktivität ist hingegen statistisch nicht signifikant.[234]

Neben diesen Untersuchungen, die den Zusammenhang zwischen F&E-Intensität gemessen mit Hilfe der F&E-Ausgaben als Anteil des BIP auf das Produktivitäts*wachstum* aufgezeigt haben, kann ebenso der Einfluss des F&E-Kapitalstocks auf das Produktivitäts*niveau* bestimmt werden.[235] Der F&E-Kapitalstock dient dabei als Indikator für den Wissensstock eines Landes. Hinsichtlich der Berechnung wird der F&E-Kapitalstock auf die gleiche Art und Weise konstruiert wie der Sachkapitalstock. Ausgehend von einem Basisjahr werden die Investitionen in F&E zum F&E-Kapitalstock hinzuaddiert und mit einer festgesetzten Rate abgeschrieben (Perpetual-Inventory-Methode). Die Abschreibungsrate auf den F&E-Kapitalstock wird meist mit 15 Prozent oder weniger angenommen, wobei der F&E-Kapitalstock scheinbar nicht stark mit der Abschreibungsrate variiert.[236]

Demgemäß können Coe und Helpman (1995) zeigen, dass die totale Fakorproduktivität positiv sowohl vom inländischen F&E-Kapitalstock als auch vom F&E-Kapitalstock der Handelspartner abhängt. Der letztere Effekt ist umso größer, je offener ein Land ist.[237]

Darüber hinaus wird häufig der Einfluss von technologischem Wandel, der mit Hilfe von Patenten gemessen wird, auf das Wirtschaftswachstum untersucht. Untersuchungen wie beispielsweise von Verspagen (1991) oder Krüger (2000) verwenden die Anzahl der Patenterteilungen unterschiedlicher Länder in den USA als einen Indikator für deren Innovationsfähigkeit.[238] Krüger findet einen positiven Einfluss der Patentanmeldung in den USA auf die Produktivitätsentwicklung (Malmquist-Index) der untersuchten Länder.[239]

233 Vgl. Nonneman, Walter; Vanhoudt, Patrick (1996), A further Augmentation of the Solow Model and the Empirics of Economic Growth for OECD Countries, in: Quarterly Journal of Economics, 11(3), S. 943-953.

234 Vgl. Lichtenberg, Frank (1992), R&D Investemt and international Productivity differences, NBER Working Paper Series, Working Paper No. 4161.

235 Vgl. Griliches, Zvi (1979), Issues in Assessing the Contribution of Research and Development to Productivity Growth, in: Bell Journal of Economics, 10(1), S. 92-116.

236 Vgl. Helpman (2004), S. 80 f.

237 Vgl. Coe/Helpman (1995).

238 Vgl. Verspagen, Bart (1991), A new empirical approach to catching up and falling behind; in: Structural Change and Economic Dynamics, 2(2), S. 359-380. Sowie Krüger (2000).

239 Vgl. Krüger (2000), S. 190.

Jedoch vernachlässigt die Analyse bloßer Patentzahlen den eigentlichen Charakter des technologischen Wandels. Technologischer Wandel hervorgerufen durch Innovationen ist meist ein pfadabhängiger und inkrementeller Prozess, bei dem Innovationen aufeinander folgen und aufbauen.[240] Aus diesem Grund ist es sinnvoller technologisches Wissen als Kapitalgut anzusehen, das nicht nur einen einmaligen Wettbewerbsvorteil verkörpert, sondern auch über die Zeit akkumuliert werden kann. In Labuske und Streb (2008) hat die Wachstumsrate des Patentstocks, der dort das neu zur Verfügung stehende Wissen verkörpert, einen positiven Einfluss auf die internationale Wettbewerbsfähigkeit deutscher Maschinenbauer vor dem Ersten Weltkrieg. In diesem Ansatz werden insbesondere langlebige Patente (10 Jahre und älter) zur Berechnung des Patentstocks herangezogen. Ursprünglich geht die Verwendung langlebiger und somit wertvoller Patente als Indikator für die Innovationsfähigkeit auf Schankerman und Pakes (1986) zurück.[241]

Auch in dieser Untersuchung wird ein Patentstock für jedes Bundesland konstruiert, jedoch aufgrund der Datenverfügbarkeit nicht aus den langlebigen, sondern aus den gewährten Patenten. Dieser Patentstock repräsentiert dann neben der Innovationsfähigkeit auch den Wissensstock eines Bundeslandes sowie die Wissens-Spillover, die sich innerhalb eines Bundeslandes ereignen. Zusätzlich wird ein F&E-Kapitalstock auf Länderebene berechnet, der als weiterer Indikator für den Wissenstock dienen soll.

Es muss jedoch berücksichtigt werden, dass der F&E-Kapitalstock sowie der Patentstock den Wissensstock eines Bundeslandes auf unterschiedliche Weise messen. Der F&E-Kapitalstock approximiert den Wissensstock von der Inputseite und der Patentstock von der Outputseite her, weshalb diese Indikatoren nicht zu den gleichen Ergebnissen führen müssen.

240 Vgl. Porter, Michael; Stern, Scott (2000), Measuring the „Ideas" Production Function: Evidence from International Patent Output, NBER Working Paper Series, Working Paper No. 7891.

241 Vgl. Labuske, Kerstin, Streb, Jochen (2008), Technological Creativity and Cheap Labour? Explaining the Growing International Competitiveness of German Mechanical Engineering before World War I; in: German Economic Review, 9(1), S. 65-86, hier S. 72. Sowie Nadiri, Ishaq; Prucha, Ingmar (1996), Estimation of the Depreciation Rate of Physical and R&D Capital in the US Total Manufacturing Sector, in: Economic Inquiry, 34(1), S. 43-56; Schankerman, Mark; Pakes, Ariel (1986), Estimates of the Value of Patent Rights in European Countries during the Post-1950 Period, in: Economic Journal, 96(384), S. 1052–1076.

7.1.1 Berechnung des Patentstocks auf Basis einer Stichprobe der gewährten Patente für den Zeitraum von 1950 bis 1990

Aufgrund fehlender Veröffentlichungen zu den Patenterteilungen in den Bundesländern im Betrachtungszeitraum wurde eine eigene Stichprobe bestehend aus gewährten Patenten in den westdeutschen Bundesländern erhoben. Die Daten stammen aus der Internetdatenbank des Deutschen Patent- und Markenamtes DEPATISnet. In dieser Datenbank sind unter anderem alle gewährten Patente in der Bundesrepublik Deutschland im Zeitraum von 1950 bis 1990 enthalten. Jeder Patenteintrag enthält unter anderem Informationen zum Anmeldedatum und zum Sitz des Anmelders.

Im Zeitraum von 1950 bis 1990 wurden etwa 1,453 Mio. inländische Patente in der Bundesrepublik Deutschland angemeldet.[242] Ein weitaus kleinerer Anteil wurde von diesen angemeldeten Patenten auch schließlich gewährt. Zur Bestimmung des erforderlichen Stichprobenumfangs für endliche Grundgesamtheiten kann die folgende Formel herangezogen werden[243]

$$(30)\quad n \geq \frac{N}{1+\frac{(N-1)\cdot\varepsilon^2}{z^2_{1-\alpha/2}\cdot P\cdot Q}}$$

mit

- N: Anzahl der Elemente der Gundgesamtheit ($N \approx 1{,}453$ Mio. angemeldete Patente)
- ε: gewählter tolerierter Fehler (hier: $\varepsilon = 0{,}01$)
- z: aus der zentralen Wahrscheinlichkeit der Standardnormalverteilung berechneter Wert der gewählten Sicherheitswahrscheinlichkeit / z-Wert der Standardnormalverteilung (bei $\alpha = 0{,}99$ ergibt sich $z_{1-\alpha/2} = 2{,}58$)
- P: Grundgesamtheitanteilswert (da unbekannt, wird bei konservativer Schätzung die Annahme getroffen $P = 0{,}5$; demnach wird die Stichprobe am Größten)
- $Q = 1 - P$

Die Anzahl der tatsächlich gewährten Patente ist deutlich niedriger als die Anzahl der angemeldeten Patente. Die Anzahl aller gewährten Patente im Betrachtungs-

242 Vgl. Greif, Siegfried (1998), Strukturen und Entwicklungen im Patentgeschehen, in: Greif/ Leitko/Parthey (Hrsg.), Wissenschaftsforschung: Jahrbuch 1996/97, Marburg, S. 101 – 144, hier: S. 109. Sowie Deutsches Patentamt (1955), Blatt für Patent-, Muster- und Zeichenwesen, 57(3), München, S. 106.

243 Für eine formale Herleitung vgl. Polasek, Wolfgang (1997), Schließende Statistik: Einführung in die Schätz- und Testtheorie für Wirtschaftswissenschaftler, Berlin, S. 216-220.

zeitraum ist aber nicht bekannt. Deshalb werden zur Bestimmung des Stichprobenumfangs die angemeldeten Patente und somit eine größere Grundgesamtheit gewählt. Dementsprechend ist die Mindestgröße der Stichprobe zweifelsohne ausreichend groß, um aussagekräftige Rückschlüsse auf die Grundgesamtheit der erteilten Patente ziehen zu können.

Aus diesen äußerst restriktiven Annahmen bezüglich der Genauigkeit der Stichprobe ergibt sich ein Stichprobenumfang von n = 16.516 angemeldeten Patenten, der von der vorgenommenen Stichprobenerhebung zudem noch überschritten wurde. Für die Stichprobe wurden die Kalenderwochen 38 und 44 der Jahre 1950 bis 2005, in denen die Patente gewährt wurden, zufällig ausgewählt. Es wurde lediglich darauf geachtet, dass keine bedeutenden Feiertage wie Weihnachten oder Ostern oder Schulferien in diesen beiden Kalenderwochen liegen. Der Erhebungszeitraum wurde bis in das Jahr 2005 ausgedehnt, da manche Patente erst 10 Jahre oder später nach der Anmeldung gewährt wurden. Nachdem die Stichprobe erhoben wurde, wurde anschließend der Sitz des Anmelders (die Stadt) dem entsprechenden Bundesland manuell zugeordnet. Patente, die mehr als einen Anmelder in unterschiedlichen Bundesländern hatten, wurden den jeweiligen Bundesländern gutgeschrieben. Ein Beispiel hierfür ist Siemens: dieses Unternehmen meldete seine Patente im Betrachtungszeitraum jeweils für den Sitz in Berlin und München an.

Die Stichprobe umfasst insgesamt 17.555 erteilte Patente für den Zeitraum von 1950 bis 1990, wobei Patente, die von Patentverwaltungsgesellschaften gehalten wurden, aufgrund ihrer nicht genauen Zurechenbarkeit zuvor aus der Stichprobe ausgeschlossen wurden.

Die Tabelle 82 im Anhang zeigt, dass Berlin die meisten gewährten Patente bezogen auf die Bevölkerung im Zeitraum von 1950 bis 1990 besaß. Jedoch ging zum Ende des Betrachtungszeitraumes die Anzahl der gewährten Patente in Berlin stark zurück, so dass sich Berlin seit 1983 auf dem gleichen Niveau wie die übrigen Bundesländer befand. Neben Berlin hatten Baden-Württemberg, Hessen und Bayern vergleichsweise viele gewährte Patente je 1 Mio. Einwohner.

Darüber hinaus zeigt die folgende Tabelle, wie viele Patente insgesamt über den Zeitraum von 1950 bis 1990 in den jeweiligen Bundesländern gewährt wurden (dritte Spalte). Die Angaben beziehen sich ebenfalls auf die Stichprobe und nicht auf die tatsächlich gewährten Patente. In der vierten Spalte wurden die erteilten Patente auf die Bevölkerung der Bundesländer bezogen. Für die Bevölkerungsanzahl wurde der Mittelwert über den gesamten Zeitraum gebildet. Es zeigt sich, dass Berlin mit 818 die meisten gewährten Patente im Verhältnis zur Bevölkerung besaß. Jedoch wurden von den insgesamt 1.732 in Berlin erteilten Patenten 1.211 Patente von Siemens angemeldet. Somit stammten fast 70 Prozent der Berliner Patente von einem einzigen Unternehmen. Kein anderes Bundesland wurde im Betrachtungszeitraum derart stark von einem einzelnen Unternehmen dominiert.

Tabelle 27 Gewährte Patente der Stichprobe in den Bundesländern, 1950-90

I	II	III	IV	V
Platz	Land	Patente	Patente/Kopf	Kumulierter Anteil von IV in Prozent
1	Berlin	1.732	818	26,5
2	Baden-Württemberg	3.476	414	39,9
3	Bayern	3.659	359	51,6
4	Hessen	1.702	330	62,3
5	Nordrhein-Westfalen	4.616	286	71,6
6	Hamburg	435	253	79,8
7	Rheinland-Pfalz	592	169	85,3
8	Bremen	101	148	90,1
9	Niedersachsen	895	129	94,2
10	Schleswig-Holstein	277	112	97,9
11	Saarland	70	66	100
	Gesamt	17.555	3.084	

Quelle: Eigene Berechnungen auf Basis von Tabelle 81.

Zum Vergleich hielt Siemens in Bayern lediglich 34 Prozent der erteilten Patente. Selbst der Patentstock von Rheinland-Pfalz stammte lediglich zu 39 Prozent von der BASF. In allen übrigen Bundesländern war die Landschaft an innovativen Unternehmen vergleichsweise heterogen. Aus diesem Grund muss Berlin abermals als ein Sonderfall angesehen werden. Diese Tatsache wird in der Regressionsanalyse berücksichtigt.

Hinsichtlich der gewährten Patente bezogen auf die Bevölkerung nahmen Baden-Württemberg mit 414, Bayern mit 359 und Hessen mit 330 – neben Berlin – eine Spitzenstellung unter den westdeutschen Bundesländern im Zeitraum von 1950 bis 1990 ein. Ganze 62,3 Prozent aller gewährten Patente im Betrachtungszeitraum stammten aus diesen vier Bundesländern. Im Mittelfeld lagen Nordrhein-Westfalen mit 286 und Hamburg mit 253 gewährten Patenten bezogen auf die Bevölkerung. Länder mit einem unterdurchschnittlichen Aufkommen an gewährten Patenten bezogen auf die Einwohner waren Rheinland-Pfalz, Bremen, Niedersachsen und Schleswig-Holstein. Das Schlusslicht bildete das Saarland mit lediglich 66 gewährten Patenten pro Kopf im gesamten Betrachtungszeitraum.

Die Innovationsaktivitäten verteilten sich darüber hinaus nicht gleichmäßig innerhalb der jeweiligen Bundesländer. Vielmehr lassen sich überdurchschnittlich innovative Zentren in den Ländern finden. Die nachstehende Tabelle 28 gibt einen Überblick über die 20 innovativsten Städte im gesamten Betrachtungszeitraum.

Tabelle 28 Gewährte Patente der Stichprobe in den innovativsten Städten im Zeitraum von 1950 bis 1990

Platz	Stadt	Patente	Kumulierter Anteil an allen Patenten in Prozent	Patente je 1.000 Einwohner
1	München	1.989	11,3	**1,690**
2	Berlin	1.732	21,2	0,538
3	Stuttgart	1.127	27,6	**1,905**
4	Frankfurt	789	32,1	**1,280**
5	Hamburg	433	34,6	0,253
6	Leverkusen	392	36,8	**3,920**
7	Düsseldorf	386	39,0	0,702
8	Köln	382	41,2	0,478
9	Essen	305	42,9	0,469
10	Nürnberg	276	44,5	0,575
11	Ludwigshafen	271	46,0	**1,807**
12	Hannover	235	47,4	0,452
13	Mannheim	222	48,6	0,740
14	Wuppertal	167	49,6	0,428
15	Dortmund	144	50,4	0,240
16	Wiesbaden	130	51,2	0,520
17	Bochum	123	51,9	0,351
18	Augsburg	121	52,5	0,526
19	Darmstadt	118	53,2	0,908
20	Duisburg	109	53,8	0,227
	Gesamt	17.555		

Quelle: Eigene Darstellung auf Basis von Tabelle 81 sowie Statistisches Bundesamt (verschiedene Jahrgänge), Statistisches Jahrbuch für die Bundesrepublik Deutschland, in: http://www.digizeitschriften.de/dms/toc/?PPN=PPN514402342.

Knapp ein Drittel aller gewährten Patente der Stichprobe wurden im Betrachtungszeitraum in den vier Städten München, Berlin, Stuttgart und Frankfurt angemeldet. Interessanter als die absolute Zahl der gewährten Patente ist jedoch die Anzahl der Patente bezogen auf die Einwohnerzahl der Städte. Hierfür wurde die durchschnittliche Einwohnerzahl der Städte im Zeitraum von 1950 bis 1990 angenommen. Werden die erteilten Patente auf die Bevölkerung bezogen, dann war Leverkusen die innovativste Stadt der BRD, wobei natürlich Bayer als innovatives Unternehmen für dieses Ergebnis verantwortlich war. An zweiter Stelle stand die Stadt Stuttgart, die tatsächlich als die innovativste Stadt im Betrachtungszeitraum in den westdeutschen Bundesländern angesehen werden kann, da sie nicht von einem einzigen innovativen Unternehmen dominiert wurde. Der Wissensstock war hier über diverse Unternehmen verteilt. Als weitere innovative Städte folgten Ludwigshafen – als Sitz von der BASF – sowie München und Frankfurt.

Wird zudem die Bedeutung der innovativsten Städte in den jeweiligen Bundesländern untersucht, dann ergibt sich das folgende Bild.

Tabelle 29 Bedeutung der innovativsten Städte in den Bundesländern, 1950-90

I	II	III	IV	III/IV
Bundesland	Stadt	Patente in der Stadt	Patente im Bundesland	Anteil in Prozent
Baden-Württemberg	Stuttgart	1127	3476	32,4
	Mannheim	222	3476	6,4
Bayern	München	1989	3659	**54,4**
	Nürnberg	276	3659	7,5
	Augsburg	121	3659	3,3
Berlin	Berlin	1732	1732	100,0
Bremen	Bremen	101	101	100,0
Hamburg	Hamburg	435	435	100,0
Hessen	Frankfurt	789	1702	**46,4**
	Wiesbaden	130	1702	7,6
	Darmstadt	118	1702	6,9
Niedersachsen	Hannover	235	895	26,3
Nordrhein-Westfalen	Leverkusen	392	4634	8,5
	Düsseldorf	386	4634	8,3
	Köln	382	4634	8,2
	Essen	305	4634	6,6
	Wuppertal	167	4634	3,6
	Dortmund	144	4634	3,1
	Bochum	123	4634	2,7
	Duisburg	109	4634	2,4
Rheinland-Pfalz	Ludwigshafen	271	592	**45,8**
Saarland	Saarbrücken	23	70	32,9
Schleswig-Holstein	Lübeck	75	277	27,1
	Kiel	72	277	26,0

Quelle: Eigene Berechnungen auf Basis von Tabelle 81.

Die innovativsten Städte in Baden-Württemberg waren Stuttgart und Mannheim. Dabei stellte Stuttgart 32,4 Prozent der baden-württembergischen Patente im gesamten Betrachtungszeitraum. In Bayern war die Innovationsfähigkeit noch zentrierter: 54,4 Prozent aller gewährten Patente stammten aus München. Daneben lieferten Nürnberg und Augsburg als weitere innovative Städte nur noch 7,5 bzw. 3,3 Prozent aller gewährten bayerischen Patente im Betrachtungszeitraum. Ein ähnliches Bild ergab sich in Hessen. Hier stammten 46,4 Prozent der Patente aus

Frankfurt. In Wiesbaden und Darmstadt als ebenfalls innovative Zentren wurden nur noch 7,6 bzw. 6,9 Prozent der hessischen Patente gehalten. Niedersachsen besaß lediglich Hannover als eine Stadt mit überdurchschnittlich vielen erteilten Patenten. Hierher stammten 26,3 Prozent der niedersächsischen gewährten Patente.

Demgegenüber zeigte Nordrhein-Westfalen ein sehr heterogenes Bild. Zu den innovativsten Städten zählten Leverkusen, Düsseldorf, Köln, Essen, Wuppertal, Dortmund, Bochum und Duisburg. Leverkusen, Düsseldorf und Köln lieferten mit 8,5 Prozent, 8,3 Prozent und 8,2 Prozent die meisten gewährten Patente in Nordrhein-Westfalen. Demgegenüber stammten in Rheinland-Pfalz 45,8 Prozent der Patente aus Ludwigshafen. Im Saarland wurden 32,9 Prozent der Patente in Saarbrücken angemeldet. Schließlich besaß Schleswig-Holstein zwei innovative Zentren: Lübeck mit 27,1 Prozent und Kiel mit 26 Prozent aller gewährten Patente in Schleswig-Holstein.

Demzufolge zeigt sich, dass die meisten gewährten Patente aus den größten Städten der Bundesländer stammen. In Nordrhein-Westfalen sind die meisten innovativen Städte Teil eines großen Ballungsgebietes – dem Ruhrgebiet. Jedoch scheint die Innovationsfähigkeit nicht von der Größe des Ballungsgebietes abzuhängen, da beispielsweise Nordrhein-Westfalen nicht das innovativste Bundesland ist und demgegenüber Baden-Württemberg nicht das größte Ballungsgebiet besitzt. Berlin ist, wie bereits erwähnt, mit seiner von Siemens dominierten Struktur eine Ausnahme.

Zur Bestimmung des Patentstocks der westdeutschen Bundesländer wird schließlich die Perpetual-Inventory-Methode angewendet und zusätzlich der so berechnete Patentstock auf die Bevölkerung der Bundesländer bezogen. Der Patentstock berechnet sich nach folgender Formel

$$(31)\quad \text{Patstock}_{it} = (1-\delta)\cdot \text{Patstock}_{it-1} + PA_{it}$$

mit den gewährten Patenten PA im Bundesland i im Jahr t und der jährlichen Abschreibungsrate δ des potenziellen Wissensstocks. Hierbei wird üblicherweise eine Abschreibungsrate von $\delta = 0{,}15$ angenommen.[244] Schließlich wird der Patentstock in Relation zu den Einwohnern (E) des jeweiligen Bundeslandes gesetzt.

$$(32)\quad PS_{it} = \frac{Patstock_{it}}{E_{it}}$$

244 Vgl. Czarnitzki, Dirk (2002), Research and Development: Financial Constraints and the Role of Public Funding for Small and Medium-sized Enterprises (ZEW Discussion Paper No. 02-74), S. 12 f.

Anhand dieser Berechnungen ergeben sich die folgenden Patentstöcke in den westdeutschen Bundesländern.

Abbildung 26 Patentstock bezogen auf die Bevölkerung der Bundesländer, 1950-90

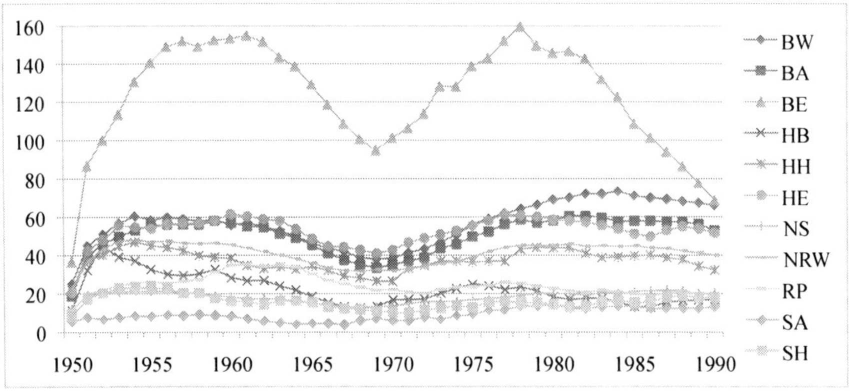

Quelle: Eigene Berechnungen auf Basis von Tabelle 83 im Anhang.

Die Abbildung zeigt den Patentstock bezogen auf die Bevölkerung der Bundesländer. Berlin besaß mit Abstand den höchsten Patentstock unter den westdeutschen Bundesländern. Dies war vor allem der Tatsache geschuldet, dass überdurchschnittlich innovative Unternehmen wie etwa Siemens in diesem Stadtstaat ansässig waren.[245] Wie oben bereits erläutert, sollte Berlin deshalb als Ausnahme angesehen werden. Insgesamt stieg der Patentstock in den Bundesländern zunächst bis Mitte der 1950er an und fiel anschließend bis Ende der 1960er ab. Schließlich wuchs der Patentstock bis Mitte der 1980er Jahre abermals an. Die Patentbestände der Bundesländer folgten demnach einer Wellenbewegung. Jedoch zeigten nicht alle Bundesländer eine derartige Entwicklung. So wich Bremen mit einem seit Beginn der 1950er Jahre tendenziell sinkenden Patentstock von dieser Entwicklung ab. Im gesamten Betrachtungszeitraum hatten das Saarland, Schleswig-Holstein, Niedersachsen und Bremen die niedrigsten Patentstöcke unter den westdeutschen Bundesländern. Demgegenüber besaßen Baden-Württemberg, Bayern und Hessen neben Berlin die höchsten Patentstöcke bezogen auf die Bevölkerung. Baden-Württemberg hat insbesondere seit 1975 eine führende Position hinsichtlich der westdeutschen Patentaktivitäten inne.

245 Vgl. Degner, Harald; Streb Jochen (2010), Foreign Patenting in Germany 1877-1932 (FIZD Discussion Papers, 21-2010). Die Autoren haben in ihrer Untersuchung herausgefunden, dass wenige innovative Unternehmen in der Lage sind die Innovationsfähigkeit einer ganzen Region zu bestimmen.

7.1.2 Die öffentlichen Ausgaben für Forschung und Entwicklung zur Berechnung eines F&E-Kapitalstocks

Zusätzlich können die Ausgaben für Forschung und Entwicklung Aufschluss über die Innovationsanstrengungen in einem Bundesland geben. Der Einfluss der Innovationen auf die Produktivität kann auf zwei Weisen mit Hilfe des Indikators Ausgaben für F&E bestimmt werden. Entweder kann der Einfluss des F&E-Kapitalstocks auf das Produktivitäts*niveau* berechnet werden oder die F&E-Intensität (im Verhältnis zum Output) kann auf das Produktivitäts*wachstum* regressiert werden.[246] Da in dieser Untersuchung die Produktivitätsniveaus im Mittelpunkt stehen, wird im Folgenden ein F&E-Kapitalstock berechnet.

Angaben zu öffentlichen Wissenschaftsausgaben auf Bundesländerebene wurden im „Bundesbericht Forschung" im Jahr 1962 erstmals veröffentlicht. Die Wissenschaftsausgaben umfassen sowohl Ausgaben für Forschung und Entwicklung, als auch für Lehre und Ausbildung.[247] Es existieren zwar auch frühere Angaben in den Statistischen Jahrbüchern für die Bundesrepublik Deutschland, jedoch werden dort auch Ausgaben für Volksbildung, Kunst und Kirche zu den Wissenschaftsausgaben gezählt. Hieraus können jedoch keine eindeutigen Rückschlüsse auf das Innovationspotenzial eines Landes abgeleitet werden. Jährliche Angaben zu den Wissenschaftsausgaben erfolgen seit 1966 in den Bundesforschungsberichten. Grundsätzlich wird zwischen „Wissenschaftsausgaben für Hochschulen und Hochschulkliniken" und „Wissenschaftsausgaben außerhalb der Hochschulen und Hochschulkliniken" differenziert. Die Ausgaben außerhalb der Hochschulen werden unter anderem für Bibliotheken, Archive, wissenschaftliche Institute der Bundesländer sowie für die Kernenergieforschung getätigt.[248]

Die Tabelle 84 im Anhang gibt den Anteil der Wissenschaftsausgaben an Hochschulen und Hochschulkliniken je 1000 DM des Bruttoinlandsproduktes der Bundesländer wieder. Im Betrachtungszeitraum hatten Berlin und das Saarland die höchsten Anteile an Wissenschaftsausgaben an Hochschulen und Hochschulkliniken. In Berlin stiegen die Ausgaben darüber hinaus bis Mitte der 1970er Jah-

---

246 Vgl. Cameron, Gavin (1998), Innovation and Growth: A survey of empirical evidence, S. 6. Sowie Griliches, Zvi; Lichtenberg, Frank (1984), R&D and Productivity Growth at the Industry Level: Is There Still a Relationship, in: Griliches (Hrsg.), R&D, Patents, and Productivity, Chicago, S. 465-502. Griliches, Zvi (1992), The Search for R&D Spillovers, in: Scandinavian Journal of Economics, 94 Supplement, S. 29-47.

247 Vgl. Bundesministerium für Bildung und Forschung (1977), Bundesbericht Forschung, Bonn, S. 269.

248 Vgl. Bundesministerium für Bildung und Forschung (1965), S. 89. Hier findet sich auch eine detaillierte Aufschlüsselung der Ausgaben.

re überdurchschnittlich stark an. Diese Entwicklung ist vermutlich der Tatsache geschuldet, dass Berlin eine bedeutende Universitätsstadt war und ist. Auffallend ist zudem, dass Bremen bis Anfang der 1970er Jahre einen besonders niedrigen Anteil des BIP für öffentliche Wissenschaftsausgaben an Hochschulen und Hochschulkliniken aufgewendet hat. Der Grund hierfür ist, dass erst 1971 die erste Universität in Bremen gegründet wurde. Insgesamt nahm diese Art an öffentlichen Wissenschaftsausgaben im Betrachtungszeitraum in allen Bundesländern zu.

Einen anderen Verlauf zeigen die Anteile der Wissenschaftsausgaben außerhalb von Hochschulen und Hochschulkliniken je 1000 DM des Bruttoinlandproduktes der Bundesländer.[249] Es zeigt sich, dass ein deutlich geringerer Anteil des BIP für diese Ausgaben verwendet wurde. Mit einer Ausnahme lag der Anteil der Wissenschaftsausgaben unter 2,5 DM je 1000 DM des BIP. Das entspricht einem Anteil von 0,25 Prozent des BIP. Berlin gab im Jahr 1986 0,29 Prozent seines BIP für die Forschung außerhalb von Hochschulen und Hochschulkliniken aus. Insgesamt haben die Anteile tendenziell bis Anfang der 1970 Jahre zugenommen und schwankten anschließend auf mehr oder weniger konstantem Niveau. Berlin wies wieder den höchsten Anteil der öffentlichen Wissenschaftsausgaben am BIP auf. Demgegenüber gab das Saarland mit Abstand den geringsten Anteil aus.

Zur Bestimmung eines F&E-Kapitalstocks werden beide Arten von Wissenschaftsausgaben zu einer Größe für öffentliche Ausgaben für Forschung und Entwicklung zusammengefasst. Die Entwicklung dieser gesamten öffentlichen Ausgaben für Forschung und Entwicklung als Anteil an 1000 DM des BIP stellt die folgende Abbildung dar.

Abbildung 27 Anteil der öffentlichen Ausgaben für Forschung & Entwicklung je 1000 DM des BIP der Bundesländer

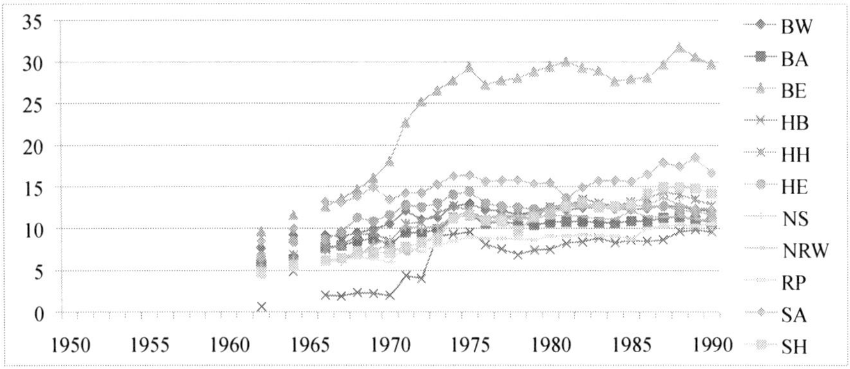

Quelle: Eigene Berechnungen auf Basis von Tabelle 86 im Anhang.

249 Vgl. Tabelle 85 im Anhang.

Die gesamten öffentlichen Wissenschaftsausgaben stiegen im Betrachtungszeitraum in allen Bundesländern an. Berlin besaß nun den höchsten Anteil. Demgegenüber wies Bremen bis Anfang der 1970er Jahre weiterhin den niedrigsten Anteil an öffentlichen Ausgaben für Forschung und Entwicklung auf.

Zur Berechnung des F&E-Kapitalstocks wurde ebenso wie für den Patentstock die Perpetual-Inventory-Methode verwendet und zudem erneut eine Abschreibungsrate von $\delta = 15$ Prozent angenommen.[250] Anschließend wurde der F&E-Kapitalstock auf das BIP der Bundesländer bezogen. Die Berechnung des öffentlichen F&E-Kapitalstocks in den Bundesländern führte zu folgendem Ergebnis.

Die Abbildung 28 gibt den F&E-Kapitalstock bezogen auf das BIP der Bundesländer wieder. Berlin besaß seit 1970 den höchsten F&E-Kapitalstock, den es auch immer weiter ausbauen konnte. Über den zweithöchsten F&E-Kapitalstock verfügte das Saarland. Demgegenüber wies Bremen im gesamten Betrachtungszeitraum den niedrigsten F&E-Kapitalstock auf. Insgesamt stieg der öffentliche

Abbildung 28 Öffentlicher F&E-Kapitalstock je 1000 DM des BIP der Bundesländer

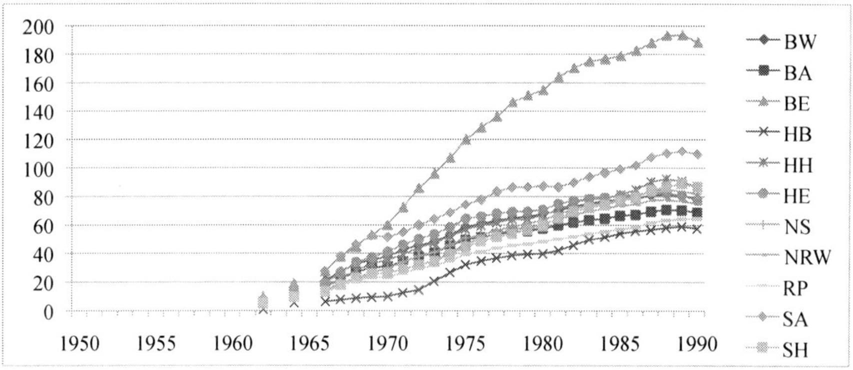

Quelle: Siehe Tabelle 87 im Anhang.

F&E-Kapitalstock in allen Bundesländern bis Ende der 1980er Jahre an und sank im letzten betrachteten Jahr leicht.

250 Vgl. Helpman (2004), S. 80 f.

7.2 Zur Entwicklung des Humankapitals in den Bundesländern

Als weitere bedeutende Einflussgröße auf das Produktivitätsniveau wurde in der theoretischen Analyse das Humankapital identifiziert. Dabei kann der theoretisch vorhergesagte positive Einfluss des Humankapitals auf das Produktivitätsniveau empirisch nur schwer nachgewiesen werden, da Humankapital in all seinen Formen nicht direkt messbar ist. Um dennoch dessen Einfluss auf die wirtschaftliche Entwicklung eines Landes abschätzen zu können, werden in der Literatur meist einfache und grobe Indikatoren verwendet. Hierbei kann zwischen Indikatoren unterschieden werden, die versuchen das Humankapital direkt zu messen und solchen Indikatoren, die die Qualität des Bildungssystems widerspiegeln sollen.[251] Zu letzteren Indikatoren zählen beispielsweise die Schüler-Lehrer-Rate, die Klassengröße, Lehrergehälter, die Länge des Schuljahres, die Schulabbrecherquote, die Wiederholungsrate sowie Testergebnisse. Demgegenüber können Indikatoren, die zur direkten Bestimmung des Humankapitals herangezogen werden, in drei Ansätze eingeteilt werden: den kostenbasierten Ansatz, den bildungsbasierten Ansatz sowie den einkommensbasierten Ansatz. Einen Überblick gibt die nachstehende Tabelle.

Tabelle 30 Ansätze zur Bestimmung des Humankapitals

Kostenbasierter Ansatz	**Bildungsbasierter Ansatz**	**Einkommensbasierter Ansatz**
Kosten für das Großziehen von Kindern	Alphabetisierungsrate	Produktivität
Private und öffentliche Ausgaben für Gesundheit, Sicherheit, Mobilität, Bildung, Fortbildung, Opportunitätskosten des Schulaufenthalts	Einschulungsrate, Schüler-/Studentenzahl	Lohnniveau
–	Jahre der Schulausbildung	–

Quelle: Eigene Darstellung in Anlehnung an Le, Trinh; Gibson, John; Oxley, Les (2005), Measures of Human Capital: A Review of the Literature, New Zealand Treasury Working Papers 05/10.

Alternativ können die Indikatoren des Humankapitals auch in Anlehnung an die Innovationsindikatoren in Input- und Outputmaße der Humankapitalproduktion aufgegliedert werden. Wie im Falle der Innovationsindikatoren kann auch von

251 Vgl. im Folgenden Le, Trinh; Gibson, John; Oxley, Les (2005), Measures of Human Capital: A Review of the Literature, New Zealand Treasury Working Papers 05/10.

den Humankapitalindikatoren gesagt werden, dass keiner dieser Indikatoren ein perfektes Maß darstellt.

Wird das Humankapital beispielsweise mit Hilfe der entstandenen Kosten der Kindererziehung und -aufziehung bis zu einem bestimmten Alter berechnet[252], dann ist problematisch, dass es keinen eindeutigen Zusammenhang zwischen der Investition in Humankapital und der Qualität des Humankapitals gibt. Demnach kann meist nicht zwischen Kosten für die Ausbildung des Kindes und sonstigen Kosten unterschieden werden, so dass beispielsweise ein krankes Kind mehr Kosten verursacht als ein gesundes Kind. Ersteres verkörpert aber nicht mehr Humankapital. Zudem ist nicht eindeutig bestimmt, welche Kosten tatsächlich der Schaffung von Humankapital zugerechnet werden können. Fragwürdig ist darüber hinaus, welche Abschreibungsrate angesetzt werden soll, zumal sich heutige Ausgaben für Humankapital erst in ein paar Jahren im Humankapitalstock widerspiegeln.

Tabelle 31 Indikatoren der Humankapitalproduktion

Inputmaße	**Outputmaße**
Private Kosten für das Aufziehen von Kindern	Alphabetisierungsrate
Private und öffentliche Ausgaben für Gesundheit, Sicherheit, Mobilität, Bildung, Fortbildung, Opportunitätskosten des Schulaufenthalts	Einschulungs- bzw. Immatrikulationsraten
Schüler-Lehrer-Rate	Anzahl der absolvierten Schuljahre
Lehrergehälter	Schulabbrecherrate
Finanzielle Mittel je Schüler (als Anteil am BIP)	Wiederholungsrate
Länge des Schuljahres	Testergebnisse
Eigenschaften des Lehrers	Produktivität
Familienhintergrund	Lohnniveau
	Abiturientenquote
	Studentenquote

Quelle: Eigene Darstellung.

Insgesamt haben alle Inputmaße der Humankapitalproduktion den gemeinsamen Nachteil, dass kein fester Zusammenhang zwischen Input und Output besteht.

Aber auch die Outputmaße haben ihre Schwächen. So kann zwar der Humankapitalstock auf der Basis zukünftiger Einkommen eines Individuum berechnet

252 Ursprünglich geht dieser Ansatz zurück auf Engel, Ernst (1883), Der Werth des Menschen, Berlin. Vgl. zudem Kendrick, John (1978), The Formation and Stocks of Total Capital, New York.

werden. Schwierig ist bei diesem Ansatz, dass das Einkommen nicht nur von der Arbeitsproduktivität eines Individuums abhängig ist, sondern auch von Konjunkturzyklen oder vom Einfluss der Gewerkschaften auf Tarifvereinbarungen. Zudem wird eine sich über die Zeit verändernde Bildungsprämie nicht berücksichtigt. Ist das Humankapital knapp, dann wird eine vergleichsweise hohe Bildungsprämie gezahlt. Nimmt jedoch die Knappheit des Humankapitals ab, dann sinkt ebenso die Bildungsprämie. Demnach deuten im Zeitablauf sinkende Löhne nicht zwingend auf einen Rückgang des Humankapitals hin.[253]

Weitere Indikatoren, die den Output der Humankapitalproduktion widerspiegeln, sind die in empirischen Studien sehr häufig verwendete Alphabetisierungsrate sowie die Jahre der Schulausbildung eines Individuums. Diesen Indikatoren kommt zu Gute, dass sie meist für eine Vielzahl von Ländern über einen längeren Zeitraum aufgezeichnet wurden und zudem leicht zugänglich sind. Aus diesen Gründen werden sie in den meisten makroökonomischen Studien verwendet. Jedoch geben sie eher einen Einblick in die Quantität des Humankapitals und weniger in die Qualität. Daneben ist die Einschulungsrate (*school enrollment ratio*) der am häufigsten verwendete Indikator für das Humankapital in Wachstumsregressionen.[254]

Trotz dieser schweren Messbarkeit von Humankapital existieren zahlreiche Studien, die versuchen den Einfluss des Humankapitals auf die Entwicklung der Produktivität oder des Wirtschaftswachstums zu bestimmen. Der Einfluss des Humankapitals auf die Produktivitätsentwicklung kann auf zweierlei Weise gemessen werden. Zum einen kann das Wachstum des Humankapitals, also die Humankapitalakkumulation, berücksichtigt werden, zum anderen kann der Humankapitalbestand in die Analyse aufgenommen werden.

Zusätzlich ist für die folgende Untersuchung wissenswert, in welche Bereiche das Bildungssystem gegliedert werden kann. Nach der internationalen Standardklassifikation des Bildungswesens (ISCED) werden Bildungsbereiche entsprechend der Ausbildungsdauer untergliedert. Der Primarbereich beinhaltet alle Schulen, die eine verpflichtende Grundausbildung von vier bis sechs Jahren durchführen. Der Sekundarbereich umfasst zwei Bereiche: Der Sekundarbereich I endet meist mit der Erfüllung der Schulpflicht, der Sekundarbereich II stellt hingegen einen weiterführenden Schulabschluss wie das Abitur dar. Der Tertiärbereich beinhaltet alle Ausbildungsarten, die sich an die Ausbildung im Sekundarbereich anschließen.[255]

253 Vgl. Clark (2007), S. 227.

254 Vgl. Gemmell, Norman (1996), Evaluating the Impacts of Human Capital Stocks and Accumulation on Economic Growth: Some New Evidence, in: Oxford Bulletin of Economics and Statistics, 58(1), S. 9.

255 Vgl. Statistisches Bundesamt (1993), Bildung im Zahlenspiegel, Wiesbaden, S. 21.

In ihrer viel zitierten Untersuchung haben Mankiw, Romer und Weil (1992) mit ihrem um Humankapital erweiterten Modell gezeigt, dass knapp 80 Prozent der Variation des Wirtschaftswachstums durch die Faktoren Arbeit, Kapital und Humankapital erklärt werden können. Sie haben Humankapital als weiteren Produktionsfaktor in eine einfache Cobb-Douglas Produktionsfunktion integriert. Dabei haben sie das Humankapital mit Hilfe der durchschnittlichen Jahre an Schulbildung der Erwerbstätigen gemessen.[256]

Einen anspruchsvolleren Ansatz zur Bestimmung des Humankapitals hat Kyriacou (1992) gewählt, indem er mit Hilfe der absolvierten Schuljahre der Erwerbstätigen und zeitlich verzögerten Einschulungsraten einen Humankapitalindex konstruiert hat.[257] Die durchschnittlich absolvierten Schuljahre der Erwerbstätigen Mitte der 1970er Jahre lassen sich durch die Einschulungsraten im primären Bildungsbereich im Jahr 1960, sowie die Einschulungsraten im sekundären Bildungsbereich im Jahr 1970 und schließlich durch die Einschreibungsraten an Universitäten im Jahr 1970 erklären. Die für diese Schätzung benötigten Daten fand Kyriacou für 42 Länder in der Veröffentlichung von Psacharopoulos und Arriagada (1986). Seine Schätzung ergab einen robusten Zusammenhang.[258] Unter der Annahme, dass dieser Zusammenhang über die Zeit konstant ist, konnte Kyriacou die durchschnittlichen absolvierten Schuljahre der Bevölkerung für verschiedene Länder und Jahre schätzen. Mit Hilfe dieses Index kommt er zu dem Ergebnis, dass die Anfangsausstattung mit Humankapital positiv mit späterem Wirtschaftswachstum korreliert ist. Kyriacou zeigt ebenfalls, dass das Humankapitalwachstum im Gegensatz zum Humankapitalbestand keinen signifikanten Einfluss auf das Wirtschaftswachstum hat. Seine Erklärungen hierfür sind, dass zum einen die Produktionselastizität des Humankapitals mit dem Humankapitalbestand zunimmt und somit der funktionale Zusammenhang zwischen Wachstum und Humankapital in der empirischen Analyse nicht korrekt dargestellt wird und dass zum anderen der Humankapitalbestand als ein Indikator für das Wachstum des technologischen Fortschritts gesehen werden kann.[259]

Benhabib und Spiegel (1994) haben in ihrer Querschnittsregression über den Zeitraum von 1965 bis 1985 gezeigt, dass die Humankapitalakkumulation – gemessen mit Hilfe der Schuleinschreibungsraten – keinen signifikanten Einfluss

---

256 Vgl. Mankiw/Romer/Weil (1992).

257 Dabei ging er von folgendem Zusammenhang aus: $H75=\beta_0+\beta_1 prim60+\beta_2 sec70+\beta_3 high70$ mit H75 = durschnittlich absolvierte Schuljahre der Erwerbstätigen Mitte der 1970er; Prim60 = Einschulungsrate 1960, primäre Bildung; Sec70 = Einschulungsrate 1970, sekundäre Bildung; High70 = Einschreibungsrate 1970, tertiäre Bildung.

258 $H75=0{,}052+4{,}439\ prim60+ 2{,}665\ sec70+ 8{,}092\ high70$

259 Vgl. Kyriacou, George (1992, revised), Level and Growth Effects of Human Capital: A Cross-Country Study of the Convergence Hypothesis; Economic Research Report C.V. STARR Working Paper (No. 91-26).

auf das Wachstum hat, wenn Humankapital als weiterer Produktionsfaktor in einer Cobb-Douglas Produktionsfunktion aufgenommen wird. Demgegenüber hat der Humankapitalbestand gemessen mit Hilfe der Daten von Kyriacou (1991) einen positiven und signifikanten Einfluss auf das Wachstum der totalen Faktorproduktivität. Ihre Erklärung hierfür ist, dass der Humankapitalbestand positiv über die hervorgebrachten Innovationen und über die Adaption fremder Technologien auf das Wirtschaftswachstum wirkt.[260]

Klenow und Rodriguez-Clare (1997) schätzen ein Humankapitalmaß auf Basis der Mincer Gleichung. Demnach hängt der Lohn von der Anzahl der Schuljahre und der Erfahrung eines Individuums ab. Die Autoren kommen zu dem Ergebnis, dass die Unterschiede im Produktivitätsniveau (A) die Hauptursache für Unterschiede im Niveau und Wachstum der Arbeitsproduktivität zwischen den Ländern ist. Mit diesem Ergebnis widersprechen die Autoren Mankiw, Romer und Weil (1992), die der Faktorakkumulation speziell von Humankapital die alles entscheidende Bedeutung im Wachstumsprozess zugesprochen haben.[261]

Auch Temple (1999) übt Kritik an der Untersuchung von Benhabib und Spiegel und damit ebenfalls am Ansatz von Mankiw, Romer und Weil (1992). Er ist der Meinung, dass insbesondere Ausreißer, bei denen das Humankapital wenig oder keinen Einfluss auf das Wirtschaftswachstum genommen hat, die Ergebnisse von Benhabib und Spiegel verfälschen.[262]

Cohen und Soto (2006) konstruieren einen neuen Datensatz für die besuchten Schuljahre in der Zeit von 1960 bis 2000 und wollen damit das Problem beheben, dass Humankapital bisher nur unzureichend gut gemessen wurde. Sie weisen darauf hin, dass es aufgrund der schlechten Datenlage zu den unterschiedlichen empirischen Ergebnissen bezüglich des Einflusses des Humankapitals gekommen ist. Zudem sind die Autoren ebenfalls der Meinung, dass der funktionale Zusammenhang zwischen Humankapital und Wirtschaftswachstum meist falsch dargestellt wird.

Aghion (2008) unterscheidet in Anlehnung an die Arbeit von Acemoglu, Aghion und Zilibotti (2006) zwischen primärer, sekundärer und tertiärer Bildung im Hinblick auf die Bedeutung für das Produktivitätswachstum. Nach Aghion sind demnach Investitionen in die höhere Bildung am besten dazu geeignet, die Möglichkeiten eines Landes zur Schaffung von bahnbrechenden Innovationen zu erhöhen. Demgegenüber bringen die primäre und sekundäre Bildung Humankapital hervor, das insbesondere dafür geeignet ist, bereits im Ausland existierende füh-

260 Vgl. Benhabib/Spiegel (1994).

261 Vgl. Klenow, Rodrigues-Clare (1997).

262 Vgl. Temple, Jonathan (1999), A positive effect of human capital on growth, in: Economics Letters, 65(1), S. 131-134.

rende Technologien im eigenen Land anzuwenden. Nach Aghion ist somit nicht die absolute Menge an Humankapital, sondern die Zusammensetzung des Humankapitals in verschiedenen Stadien des Entwicklungsprozesses von entscheidender Bedeutung.[263] Den empirischen Beweis hierzu liefern Aghion, Boustan, Hoxby und Vandenbussche (2005) für die US-amerikanischen Staaten. In US-Staaten, die sich nahe der technologischen Grenze befinden, hat höhere Bildung einen positiven Einfluss auf das Wirtschaftswachstum und in US-Staaten, die weiter von der technologischen Grenze entfernt sind, hat insbesondere primäre und sekundäre Bildung einen positiven Einfluss auf die wirtschaftliche Entwicklung.[264]

Bereits 1996 hat Gemmell diesen Zusammenhang für Entwicklungs- und Industrieländer nachgewiesen. In Entwicklungsländern hat demnach primäres und sekundäres Humankapital den größten Einfluss auf das Wirtschaftswachstum. Der Autor weist zudem darauf hin, dass seine Ergebnisse nicht derart gedeutet werden sollen, dass tertiäres Humankapital für die wirtschaftliche Entwicklung in weniger entwickelten Ländern unbedeutend sei. Vielmehr stellt die Investition in sekundäres Humankapital eine Basis für zukünftige Investitionen in tertiäres Humankapital dar.[265]

Demnach führt der nicht immer eindeutige empirische Beweis, dass Humankapital einen bedeutenden Einfluss auf das Wirtschafts- und Produktivitätswachstum hat, nicht zur Ablehnung der theoretischen Ansätze, sondern bestätigt vielmehr die Vermutung, dass Humankapital bisher nicht adäquat gemessen werden konnte. Auch in dieser Untersuchung muss auf grobe Indikatoren für das Humankapital zurückgegriffen werden, da kaum geeignete Daten zum Humankapitalbestand auf Bundesländerebene im Betrachtungszeitraum existieren. Zudem stützt sich diese Untersuchung auf die Ergebnisse von Aghion und Gemmell und legt dashalb den Schwerpunkt auf die Analyse von tertiärem Humankapital im Zusammenhang mit der Entwicklung des Produktivitätsniveaus der westdeutschen Bundesländer.

Bevor nun die Qualität der Bildung sowie der Humankapitalbestand in den westdeutschen Bundesländern untersucht werden kann, stellt sich die Frage, wie das Potenzial zur Entstehung von Humankapital (d. h. die Intelligenz) in der Bevölkerung überhaupt verteilt ist. Wird die Intelligenz der Bevölkerung mit Hilfe eines Intelligenztests erfasst, so zeigt sich, dass diese in der Bevölkerung normal verteilt ist.

---

263 Vgl. Aghion (2008).

264 Vgl. Aghion, Philippe; Boustan, Leah; Hoxby, Caroline; Vandenbussche, Jerome (2005), Exploiting States' Mistakes to Identify the Casual Impact of Higher Education on Growth, mimeo, Harvard University.

265 Vgl. Gemmell, Norman (1996), Evaluating the Impacts of Human Capital Stocks and Accumulation on Economic Growth: Some New Evidence, in: Oxford Bulletin of Economics and Statistics, 58(1), S. 9-28.

In der Abbildung 29 ist die relative Häufigkeit der Intelligenztestwerte (Intelligenzquotienten: IQ) dargestellt. Die x-Achse gibt die Ausprägung der Intelligenz (Abweichungs-IQ-Punkte) wieder. Dabei stellt der IQ jeweils die negative oder positive Abweichung der Leistung einer Person im Test vom Durchschnitt bzw. Mittelwert seiner repräsentativen Bezugsgruppe dar (z. B. 15-jährige Mädchen im deutschsprachigen Raum). Die y-Achse gibt die prozentuale Häufigkeit der IQ-Werte in der Bevölkerung wieder. Annähernd zwei Drittel der Bevölkerung besitzen einen IQ-Wert zwischen 85 und 115. Dieser Bereich wird auch Durchschnittsbereich der Intelligenz genannt.[266] Unter der Annahme, dass sich dieser Zusammenhang im Zeitablauf nicht geändert hat, kann gefolgert werden, dass jedes Bundesland hinsichtlich seiner Ressourcenausstattung tendenziell die glei-

Abbildung 29 Normalverteilung der Intelligenzquotienten

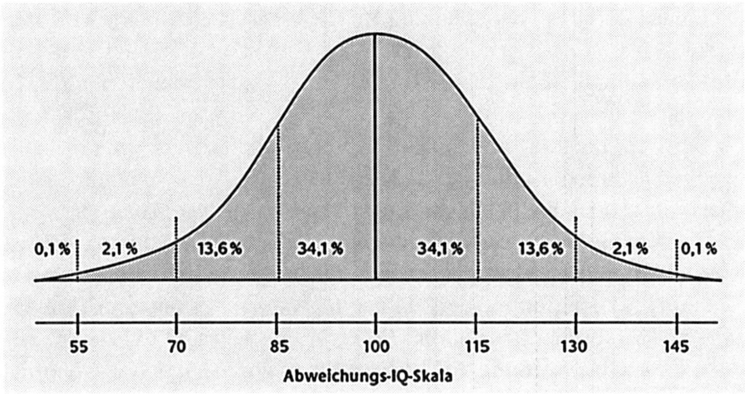

Quelle: Bundesministerium für Bildung und Forschung (2009), Begabte Kinder finden und fördern: Ein Ratgeber für Eltern, Erzieherinnen und Erzieher, Lehrerinnen und Lehrer, Berlin, S. 11.

chen Möglichkeiten hat, einen gegenüber den anderen Bundesländern gleichwertigen Humankapitalstock aufzubauen.

7.2.1 Bildung heute: die PISA-Studie

In den letzten Jahren ist die Bedeutung der Schaffung von Humankapital für die Leistungsfähigkeit eines Landes immer weiter ins Bewusstsein der Öffentlichkeit

266 Vgl. Bundesministerium für Bildung und Forschung (2009), Begabte Kinder finden und fördern: Ein Ratgeber für Eltern, Erzieherinnen und Erzieher, Lehrerinnen und Lehrer, Berlin, S. 11 f.

gerückt. Seit 2000 wird aus diesem Grund alle drei Jahre im Rahmen der PISA-Studie (Programme for International Student Assessment) das Bildungssystem von unterschiedlichen Ländern geprüft und verglichen. Hierbei wird untersucht, inwieweit Schülerinnen und Schüler am Ende ihrer Schulpflicht Kenntnisse und Fähigkeiten erworben haben, um in der sogenannten Wissensgesellschaft erfolgreich bestehen zu können. Es werden die Bereiche Lesekompetenz, mathematische Grundbildung sowie naturwissenschaftliche Grundbildung der 15-jährigen Schülerinnen und Schüler untersucht. In Deutschland werden zudem die Leistungen der Neuntklässler überprüft. Die Untersuchung aus dem Jahr 2000 umfasst eine Stichprobe von 33.809 15-jährigen Schülern und 33.766 Neuntklässlern aus 1.460 Schulen.

Die hier betrachteten Werte beziehen sich auf die 15-jährigen Schüler. Dabei werden die Ergebnisse der drei Bereiche Lesekompetenz, mathematische Grundbildung und naturwissenschaftliche Grundbildung zur besseren Vergleichbarkeit mit Hilfe der bereits verwendeten Formel (11) auf den Wertebereich zwischen 0 und 1 normiert, sowie zu einem gemeinsamen Indikator zur Bildungssituation im Schulbereich zusammengefasst.

Tabelle 32 Index zur Bildungssituation der Bundesländer im Jahr 2000

Platz	Bundesland	Index normiert
1	Bayern	1,00
2	Baden-Württemberg	0,90
3	Rheinland-Pfalz	0,59
4	Saarland	0,55
5	Schleswig-Holstein	0,54
6	Hessen	0,47
7	Nordrhein-Westfalen	0,45
8	Niedersachsen	0,38
9	Bremen	0,00
–	Berlin	–
–	Hamburg	–

Quelle: Eigene Berechnungen auf Basis von Deutsches PISA-Konsortium (2002), PISA 2000 – die Länder der Bundesrepublik Deutschland im Vergleich, Opladen, S. 63, 102 und 131.

Im Jahr 2000 haben die beiden süddeutschen Bundesländer Bayern und Baden-Württemberg mit einem Index von 1 und 0,9 die beste Bildungssituation unter den westdeutschen Bundesländern. Es folgen Rheinland-Pfalz (0,59), das Saarland (0,55) und Schleswig-Holstein (0,54) im Mittelfeld. Zu den Bundesländern mit einer unterdurchschnittlichen Bildungssituation zählen Hessen (0,47), Nordrhein-Westfalen (0,45) sowie Niedersachen (0,38). Schlusslicht bildet Bremen mit der schlechtesten Bildungssituation. Für die beiden Stadtstaaten Berlin und Hamburg liegen in dieser Studie keine Werte vor.

Die aggregierten Ergebnisse der PISA-Studie aus dem Jahr 2000 zeigen somit, dass insbesondere die beiden wirtschaftlich erfolgreichen Bundesländer Bayern und Baden-Württemberg die scheinbar beste Bildungssituation unter den westdeutschen Bundesländern besitzen. Es stellt sich dementsprechend die Frage, ob die Bildungssituation im Betrachtungszeitraum zwischen den Bundesländern ähnlich ausgeprägt war. Im Rahmen dieser Untersuchung stehen leider keine vergleichbaren Daten bezüglich des Humankapitals in den Bundesländern zur Verfügung, weshalb auf andere Indikatoren ausgewichen werden muss.

7.2.2 Die Ausbildung in den Bundesländern im Zeitraum von 1950 bis 1990

Zunächst wird die Qualität des Bildungssystems in den westdeutschen Bundesländern mit Hilfe ausgewählter Indikatoren untersucht. Als ein Maß für die Qualität der Bildung in einem Land kann die Rate aus Schülern je Lehrer dienen. Tendenziell kann davon ausgegangen werden, dass weniger Schüler je Lehrer eine höhere Bildungsqualität versprechen. Zu beachten ist, die Qualität des Unterrichts auch von der Eignung und Motivation des Lehrers abhängig ist, die von einem Indikator im Betrachtungszeitraum jedoch nicht erfasst werden kann.[267] Im Folgenden wird die Schüler-Lehrer-Rate am Gymnasium betrachtet, da das Gymnasium eine Schlüsselstellung für den Zugang zur höheren Bildung inne hat. Es existieren jedoch keine einheitlich durchgängigen Angaben zu den Lehrern am Gymnasium. Mit den unterschiedlichen statistischen Publikationen zum Schulbereich schwanken auch die Angaben zu den Lehrern, da in manchen Publikationen Lehrer in Vollzeit- und Teilzeiteinstellung unterschieden wurden und in anderen Publikationen nicht. In dieser Untersuchung wurden nur Lehrer in Vollzeitbeschäftigung berücksichtigt.[268]

Die Tabelle 88 im Anhang verdeutlicht, dass die Entwicklung der Schüler-Lehrer-Rate am Gymnasium zwischen den Bundesländern zwar bis Anfang der 1960er Jahre einen ähnlichen Verlauf hatte, jedoch unterschieden sich die Raten besonders zum Ende des Betrachtungszeitraumes immer deutlicher. Demnach lag die Schüler-Lehrer-Rate am Gymnasium im Jahr 1950 zwischen 19 Schülern je Lehrer in Schleswig-Holstein und 22 Schülern je Lehrer in Hessen. Im Jahr

267 Möglich wären heute Evaluationen an Schulen. Vergleichbare Untersuchungen liegen im Betrachtungszeitraum jedoch nicht vor.

268 Vgl. hierzu auch die Anmerkungen der Tabelle 83 im Anhang.

1990 reichte die Spannbreite von 13 in Bremen bis 23 Schüler je Lehrer in Hessen. Da die Schüler-Lehrer-Raten in den Bundesländern vergleichsweise stark über die Zeit schwankten, kann schwerlich von einem guten bzw. schlechten Bildungssystem in einem bestimmten Bundesland gesprochen werden. Wenn der Mittelwert über den gesamten Zeitraum gebildet wird, dann ergibt sich folgendes Bild: An erster Stelle lag Berlin mit 14, gefolgt von Bremen mit 18 sowie Bayern, Hamburg und Schleswig-Holstein mit jeweils 19 Schülern je Lehrer. Im Mittelfeld befanden sich Hessen, Niedersachsen, Nordrhein-Westfalen und Rheinland-Pfalz mit jeweils 20 Schülern je Lehrer. Schlusslicht bildeten das Saarland mit 21 und Baden-Württemberg mit 22 Schülern je Lehrer. Demnach scheint gerade das bis heute wirtschaftlich erfolgreiche Baden-Württemberg eine – zumindest mit Hilfe dieses Indikators gemessene – schlechte Bildungssituation besessen zu haben.

Darüber hinaus kann die Studienberechtigtenquote (auch Abiturientenquote) Aufschluss darüber geben, wie sich der Zugang zur höheren Bildung im Zeitablauf gewandelt hat und wie unterschiedlich die Bildungssysteme in den westdeutschen Bundesländern sind. Die Studienberechtigtenquote ist definiert als der Anteil der Schulabgänger mit Hochschul- und Fachhochschulreife an der 18- bis 21-jährigen Bevölkerung. Die Entwicklung der Studienberechtigtenquote zeigt die nachstehende Abbildung, wobei die Studienberechtigten auf 1000 Personen im Alter von 18 bis 21 Jahren bezogen wurden.

Abbildung 30 Studienberechtigte (Schulabgänger mit Hochschul- und Fachhochschulreife) je 1000 Personen der 18- bis 21-Jährigen in den Bundesländern, 1950-90

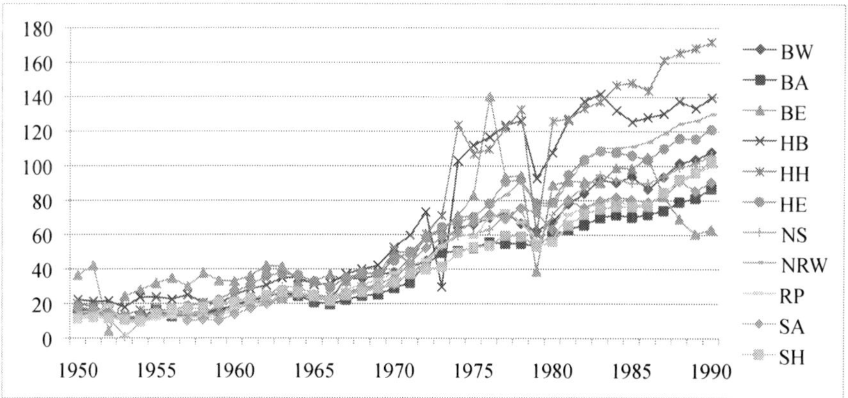

Quelle: Siehe Tabelle 89 im Anhang.

Die Studienberechtigtenquote (Abiturientenquote) nahm abgesehen von jährlichen Schwankungen – insbesondere in den Stadtstaaten – im Beobachtungszeitraum in allen Bundesländern zu. Da das Abitur eine Schlüsselstellung für den Hochschulzugang darstellt, zeigen die zunehmenden Abiturientenquoten den Bedeutungsgewinn der Hochschulbildung. Diese wurde im Betrachtungszeitraum insbesondere durch die stark steigende Nachfrage nach Arbeitskräften mit akademischer Ausbildung vorangetrieben.[269]

Der Bundesländervergleich offenbart, dass 1950 Schleswig-Holstein mit einer Quote von 11 an der unteren Grenze und Berlin mit 36 Studienberechtigten je 1000 Personen der 18- bis 21-Jährigen an der oberen Quotengrenze lagen. Im Jahr 1990 hatte Berlin mit 83 Studienberechtigten je 1000 der 18- bis 21-Jährigen den niedrigsten und Hamburg mit 169 den höchsten Anteil an Abiturienten. Auffallend ist, dass insbesondere die Stadtstaaten vergleichsweise starke Schwankungen der Studienberechtigtenquote aufweisen. Werden allein die Flächenstaaten betrachtet, dann sticht hervor, dass speziell Hessen (seit 1957) und Nordrhein-Westfalen (seit 1967) eine überdurchschnittlich hohe Studienberechtigtenquote besaßen. Hingegen hatte Bayern im Beobachtungszeitraum einen durchweg geringen Anteil an Abiturienten an der Kohorte der 18- bis 21-jährigen Bevölkerung. Wenn davon ausgegangen werden kann, dass alle Bundesländer das gleiche Humankapitalpotenzial besitzen, dann können die unterschiedlichen Anteile an Abiturienten entweder auf die unterschiedliche Qualität der Ausbildung oder aber auf eine andere Bedeutung der höheren Bildung in der Bevölkerung zurückgeführt werden. Dementsprechend wäre das Abitur etwa in Nordrhein-Westfalen leichter zu erlangen gewesen oder aber dem Abitur wäre beispielsweise in Bayern eine geringere Bedeutung zugemessen worden. Letzteres würde dann kulturelle Unterschiede zwischen den Bundesländern widerspiegeln.

Darüber hinaus zeigt der Anteil der deutschen Studenten an einer Kohorte, welcher Anteil der Bevölkerung den höheren Bildungsweg tatsächlich eingeschlagen und anschließend mit einer zeitlichen Verzögerung dem Arbeitsmarkt als hoch qualifizierte Arbeitskraft zur Verfügung gestanden hat. Normalerweise wird der Anteil der Studenten auf die Kohorte der 20- bis 30-jährigen Bevölkerung bezogen, doch liegen hierzu nur Angaben auf Bundesländerebene bis 1970 vor. Deshalb wird der Anteil der deutschen Studenten an der gesamten Bevölkerung (je 1000 Personen) in den Bundesländern berechnet. Zu den deutschen Studenten an wissenschaftlichen Hochschulen[270] werden in ein Fachstudium imma-

269 Vgl. Trautwein, Ulrich; Neumann, Marko (2008), Das Gymnasium; in: Cortina u.a. (Hrsg.), Das Bildungswesen in der Bundesrepublik Deutschland, Ein Bericht des Max-Planck-Instituts für Bildungsforschung, Reinbek bei Hamburg, S. 472.

270 Zu den wissenschaftlichen Hochschulen zählen Universitäten, technische Universitäten, philosophisch-theologische und kirchliche Hochschulen sowie pädagogische Hochschulen.

trikulierte (eingeschriebene) Personen gezählt, wohingegen Beurlaubte seit dem Wintersemester 1970/71, Besucher von Studienkollegs sowie Gast- oder Nebenhörer nicht enthalten sind.[271]

Abbildung 31 Deutsche Studenten je 1 Mio. Einwohner der Bundesländer, WS 1950/51-90/91

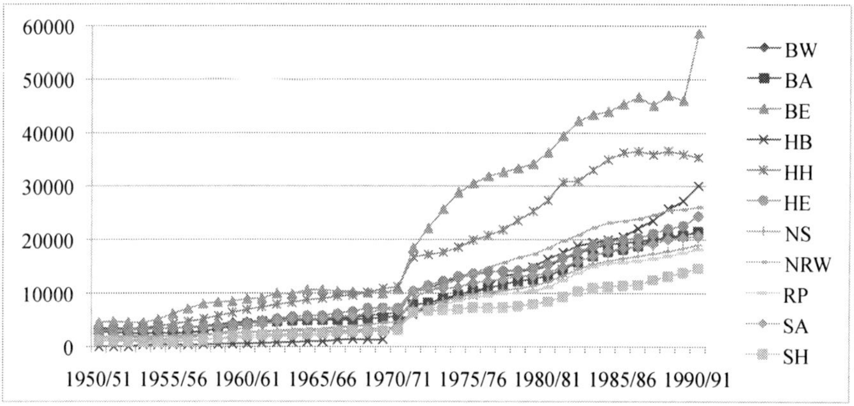

Quelle: Siehe Tabelle 90 im Anhang.

Zunächst ist der starke Anstieg der Studentenzahlen nach 1970 deutlich zu erkennen. In diesem Jahr wurden in der Bundesrepublik Deutschland Fachhochschulen gegründet. Im Zuge dessen wurden andere Bildungseinrichtungen, insbesondere frühere Ingenieursschulen und höhere Fachschulen zu Fachhochschulen zusammengeschlossen, so dass nicht nur die Anzahl der Studenten im Zeitablauf gestiegen ist, sondern auch mehr junge Menschen, die sich in der Ausbildung befanden, nun als Studenten bezeichnet wurden. Im gesamten Betrachtungszeitraum haben die Stadtstaaten Berlin und Hamburg die höchsten Anteile an Studenten an der Bevölkerung. Dieses Ergebnis ist nicht überraschend, da Berlin und Hamburg bereits damals attraktive Studentenstädte waren. Einen deutlich niedrigeren Studentenanteil als alle übrigen westdeutschen Bundesländer wiesen bis 1970 Bremen und anschließend Schleswig-Holstein auf. Diese bloßen Studentenzahlen geben jedoch keine Auskunft darüber, wie gut die Ausbildung im tertiären Bereich in den Bundesländern tatsächlich gewesen ist. Zudem beinhalten diese Studentzahlen alle Studenten, weshalb keine Einschätzung vorgenommen werden kann, wann und wie viele Studenten ins Berufsleben übergetreten sind. Es existieren keine Zeitreihen zu den Absolventen im Beobachtungszeitraum.

271 Vgl. Statistisches Bundesamt (1992), Bevölkerungsstruktur und Wirtschaftskraft der Bundesländer: Zusammenfassende Veröffentlichungen, Stuttgart, S. 142.

Darüber hinaus geben diese Zahlen keinen Aufschluss darüber, wo die Absolventen der einzelnen Bundesländer tatsächlich verblieben und dem Arbeitsmarkt anschließend als hoch qualifizierte Arbeitskraft zur Verfügung gestanden haben. Angaben zum Wanderungsverhalten deutscher Studienanfänger liegen lediglich seit 1980 und Angaben zum Verbleib von Absolventen seit 1984 vor.[272] Die nachstehende Tabelle gibt den Anteil der Studienanfänger an, die das Bundesland, in dem sie die Hochschulzugangsberechtigung (Abitur) erworben haben, nicht verlassen haben.

Tabelle 33 Anteil sesshafter Studienanfänger in den Bundesländern, 1980-90

Bundesland	1980	1984	1986	1988	1990
Baden-Württemberg	82,1	78,4	75,2	72,2	73,4
Bayern	90,3	90,0	88,9	88,4	88,7
Berlin	92,9	93,9	94,3	93,6	91,8
Bremen	43,3	40,6	50,1	51,6	57,1
Hamburg	82,2	76,0	72,0	67,3	67,3
Hessen	67,7	69,5	68,9	68,7	70,1
Niedersachsen	62,6	59,3	60,5	58,5	61,0
Nordrhein-Westfalen	83,7	82,7	82,3	82,3	83,1
Rheinland-Pfalz	45,4	48,5	47,2	47,0	48,7
Saarland	57,9	58,2	56,9	56,0	58,4
Schleswig-Holstein	53,3	50,2	48,0	49,9	52,3

Quelle: Statistische Veröffentlichungen der Kultusministerkonferenz (2011), Die Mobilität der Studienanfänger und Studierenden in Deutschland von 1980 bis 2009, Dokumentation Nr. 191.

In den Ländern Berlin, Bayern, Nordrhein-Westfalen, Hamburg und Baden-Württemberg blieben in den 1980er Jahren über 80 Prozent der Studienberechtigten zum Studieren im eigenen Bundesland. Demgegenüber verließ in Bremen, Rheinland-Pfalz, Schleswig-Holstein und dem Saarland knapp die Hälfte der Studienberechtigten zum Studieren ihr heimisches Bundesland. Viel interessanter wären jedoch Angaben zum Verbleib der Absolventen von Hochschulen. Auf diese Weise könnte die Höhe des neu geschaffenen Humankapitals in den Bundesländern besser abgeschätzt werden. Jedoch liegen hierzu erst Angaben seit 1984 vor.[273] Heute arbeiten etwa 70 Prozent der Hochschulabsolventen Westdeutschlands in ihrem Heimatbundesland, d.h. in dem sie Abitur gemacht ha-

272 Vgl. Statistische Veröffentlichungen der Kultusministerkonferenz (2011), Die Mobilität der Studienanfänger und Studierenden in Deutschland von 1980 bis 2009, Dokumentation Nr. 191 sowie Busch, Oliver (2007), When have all the graduates gone? Internal Cross-state migration of graduates in Germany 1984-2004, SOEPpapers No. 26.

273 Vgl. Busch (2007).

ben.[274] Insgesamt kann davon ausgegangen werden, dass die Mobilität im Beobachtungszeitraum geringer war.

7.2.3 Bestimmung des Humankapitalbestandes der Bundesländer

Mit Hilfe der Studienberechtigten (Abiturienten) wird nun der potenzielle tertiäre Humankapitalstock berechnet. Hierbei handelt es sich lediglich um den *potenziellen* tertiären Humankapitalstock, da nicht alle Abiturienten tatsächlich studieren bzw. ihr Studium abschließen. Sie haben jedoch durch ihren Schulabschluss die Möglichkeit, zum tertiären Humankapitalbestand aufzusteigen. Zur Berechnung des tertiären Humankapitalstocks werden die Studienberechtigten den Studenten vorgezogen, da die Angaben zu den Studenten zum einen alle Studenten umfassen – nicht nur Studienanfänger oder Absolventen – und da zum anderen Universitätsstädte wie Berlin oder Hamburg viele Studenten anziehen, diese aber nach ihrem Abschluss nicht auf dem Arbeitsmarkt halten können. Zudem können keine Aussagen zur Mobilität von Studienanfängern und Absolventen im Betrachtungszeitraum gemacht werden.[275]

Darüber hinaus können die Studienberechtigten neben dem potenziellen zukünftigen tertiären Humankapital auch auf das aktuelle (d.h. im jeweiligen Jahr des Betrachtungszeitraumes) tertiäre Humankapital hindeuten, da in Deutschland die Ausbildung hochgradig abhängig vom sozialen Hintergrund eines Individuums ist. Demnach machen junge Menschen häufiger Abitur und beginnen ein Studium, wenn mindestens ein Elternteil ein Hochschulabsolvent ist.[276]

Zur Bestimmung des potenziellen tertiären Humankapitalstocks mit Hilfe der Anzahl der Studienberechtigten kommt abermals die Perpetual-Inventory-Methode zur Anwendung, wobei von einer Abschreibungsrate von $\delta = 5$ Prozent für alle Bundesländer ausgegangen wird.[277] Der Humankapitalstock wird ebenfalls ins Verhältnis zur Bevölkerung des jeweiligen Bundeslandes gesetzt.

Da für das Saarland erst Werte zu den Studienberechtigten ab 1957 vorliegen, wurden die Daten von 1950 bis 1956 geschätzt, um auch für das Saarland einen

274 Vgl. Fabian, Gregor; Minks, Karl-Heinz (2008), Muss i denn zum Städtele hinaus?, in: HIS-Magazin 3, S. 4-5.

275 Vgl. Busch (2007).

276 Vgl. Schimpl-Neimanns, Bernhard (2000), Soziale Herkunft und Bildungsbeteiligung, Empirische Analysen zu herkunftspezifischen Bildungsungleichheiten zwischen 1950 und 1989; in: Kölner Zeitschrift für Soziologie und Sozialpsychologie, 52(4), S. 636-669.

277 Vgl. Gundlach, Erich (1999), The impact of human capital on economic development: problems and perspectives; in: Tan (Hrsg.), Human capital formation as an engine of growth, Singapur, S. 19.

Humankapitalstock berechnen zu können.[278] Die nachstehende Abbildung gibt die Entwicklung des potenziellen tertiären Humankapitalstocks bezogen auf die Bevölkerung in den westdeutschen Bundesländern in der Zeit von 1950 bis 1990 wieder.

In allen Bundesländern nahm der potenzielle tertiäre Humankapitalstock über die Zeit zu. Bis 1973 verfügten Berlin und Bremen über die höchsten Bestände an potenziellem tertiären Humankapital. In der darauf folgenden Zeit hatten Hamburg, Bremen sowie Nordrhein-Westfalen und Hessen relativ hohe tertiäre Humankapitalbestände. In den letzten beiden Dekaden besaß Bayern den geringsten Bestand an potenziellem tertiären Humankapital. Wie wir bereits gesehen haben, hatte Bayern ebenso ein vergleichsweise niedriges Produktivitätsniveau.

Abbildung 32 Potenzieller tertiärer Humankapitalstock je 1 Mio. Einwohner der Bundesländer, 1950-90

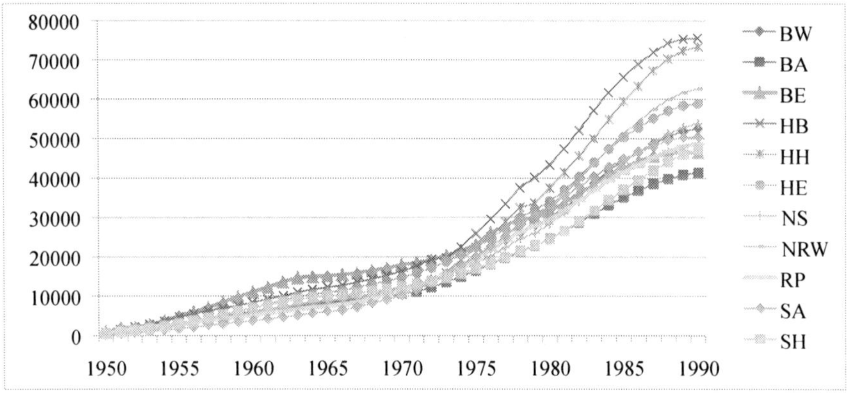

Quelle: Siehe Tabelle 91 im Anhang.

Dieser Indikator berücksichtigt jedoch keine qualitativen Unterschiede hinsichtlich der Ausbildung bis zum Abitur. Folglich ist es möglich, dass der potenzielle tertiäre Humankapitalstock von Bayern zwar quantitativ niedriger ausfällt, aber insgesamt eine höhere Qualität an Humankapital verkörpert. Umgekehrtes kann beispielsweise für Nordrhein-Westfalen gelten, hier kann der hohe Bestand an potenziellem tertiären Humankapital mit einer unterdurchschnittlichen Qualität ausgestattet sein. Eine exakte Einschätzung zur Qualität des Humankapitals in den Bundesländern ist wie in vielen anderen Studien leider nicht möglich.

278 Vgl. zum Vorgehen die Erläuterung zu Tabelle 91 im Anhang.

7.3 Reallokation der Ressourcen in den westdeutschen Bundesländern

Im Folgenden werden der sektorale Strukturwandel sowie die regionale Mobilität der Bevölkerung als Teile der Reallokation der Ressourcen auf Bundesländerebene im Betrachtungszeitraum untersucht.

7.3.1 Sektoraler Strukturwandel

Der sektorale Strukturwandel kann entweder mit Hilfe der Beschäftigtenanteile in einem Sektor oder mit Hilfe des Wertschöpfungsanteils eines Sektors an der gesamten Wirtschaft eines Landes bestimmt werden.

Bereits Denison (1967) hat gezeigt, dass der sektorale Strukturwandel einen vergleichsweise großen Einfluss auf das Wirtschaftswachstum in den 50er und 60er Jahren in der BRD hatte. Nach dem Zweiten Weltkrieg war ein vergleichsweise großer Teil der Arbeitskräfte im unterdurchschnittlich produktiven landwirtschaftlichen Bereich tätig. Ein Rückgang der landwirtschaftlichen Arbeitskräfte und der damit verbundene Arbeitskräfteanstieg in den übrigen, produktiveren Sektoren wie der Industrie oder dem Dienstleistungsgewerbe führten zu einer Steigerung des gesamtwirtschaftlichen Outputs. Denison schreibt ganze 19 Prozent des westdeutschen Nachkriegswachstums der verbesserten Ressourcenallokation zu.[279]

Auch Kindleberger (1967) hat darauf hingewiesen, dass der sektorale Strukturwandel bis Mitte der 1960er Jahre in einigen westeuropäischen Ländern von entscheidender Bedeutung für das Nachkriegswachstum war.[280]

Abelshauser (2004) sieht in dem extrem schnellen Rückgang der landwirtschaftlichen Beschäftigung in den 1950er Jahren die Rekonstruktion zum langfristigen Trend des sektoralen Strukturwandels, der sich bereits seit Einsetzen der Industrialisierung Mitte des 19. Jahrhunderts in ganz Deutschland vollzog. Durch die beiden Weltkriege sowie die krisenhafte Zwischenkriegszeit wurde dieser langfristige Trend unterbrochen und die Abwanderung aus der Landwirtschaft verringerte sich. Während der NS-Zeit nahm der Beschäftigtenanteil in der Landwirtschaft sogar wieder leicht zu. In den 1950er Jahren kam es dann zu einer starken Reduzierung der landwirtschaftlichen Erwerbstätigkeit. Schließlich war Anfang der 1960er Jahre die Phase der Rekonstruktion beendet und die Ge-

279 Vgl. Denison (1967), S. 201-224.

280 Vgl. Kindleberger, Charles (1967), Europe's Postwar Growth, The role of labor supply, Cambridge Massachusetts.

schwindigkeit des sektoralen Strukturwandels kehrte wieder auf ihren langfristigen Trend zurück.[281]

Ebenfalls ist Lindlar (1997) der Ansicht, dass der sektorale Strukturwandel in der Nachkriegszeit eine allgemeine Trend- sowie eine spezielle Aufholkomponente widerspiegelt.[282]

Dementsprechend hatten vermutlich jene Bundesländer ein höheres Produktivitätswachstum, in denen der sektorale Strukturwandel zu einem besonders starken Rückgang des primären Sektors geführt hat. Es stellt sich die Frage, ob die Unterschiede hinsichtlich des Strukturwandels auf sektoraler Ebene in den Bundesländern ihre unterschiedliche Entwicklung der totalen Faktorproduktivität erklären können. In den folgenden Abschnitten wird zunächst die Beschäftigungsstruktur und im Anschluss daran die Arbeitsproduktivität in den drei Sektoren betrachtet. In Abschnitt 7.4.1.3 wird dann der Versuch unternommen, den Einfluss des sektoralen Strukturwandels auf die gesamtwirtschaftliche Arbeitsproduktivität abzuschätzen.

7.3.1.1 Entwicklung der sektoralen Beschäftigungsstruktur

Für das Jahr 1950 liegen Angaben zu den Erwerbspersonen auf sektoraler Ebene in den Bundesländern vor.[283] Insbesondere in Bayern, Niedersachsen und Rheinland-Pfalz war mit über einem Drittel der Erwerbspersonen ein überdurchschnittlich hoher Anteil im primären Sektor beschäftigt, wie die nachstehende Tabelle verdeutlicht.

Demgegenüber wiesen die Stadtstaaten bereits 1950 einen hohen Anteil an Erwerbspersonen im tertiären Sektor auf. Schließlich hatten Nordrhein-Westfalen und das Saarland mit einem Anteil von 57,2 und 55 Prozent einen besonders starken industriellen Sektor. Diese unterschiedliche Wirtschaftsstruktur zu Beginn des Betrachtungszeitraums hat vermutlich einen Einfluss auf die weitere wirtschaftliche Entwicklung der Bundesländer ausgeübt.

Ab 1957 liegen Angaben zu den Erwerbstätigen in den drei Sektoren vor. In den Jahren 1957 bis 1959 handelt es sich um Stichtagszahlen und ab 1960 liegen Jahresdurchschnittswerte vor. Die folgende Tabelle gibt einen Überblick über den Anteil der landwirtschaftlichen Erwerbstätigen an allen Erwerbstätigen in den Bundesländern. Insgesamt ist der Anteil der landwirtschaftlich Erwerbstätigen in den Bundesländern im Zeitablauf gesunken. Die höchsten Anteile an landwirtschaftlich Erwerbstätigen besaßen die Länder Bayern, Rheinland-Pfalz und

281 Vgl. Abelshauser (2005), S. 302-309.
282 Vgl. Lindlar (1997), S. 322.
283 Zu den Erwerbspersonen werden neben den Erwerbstätigen auch die Arbeitslosen gezählt.

Tabelle 34 Anteil der Erwerbspersonen in den drei Sektoren der Bundesländer, 1950

Bundesland	Primärer Sektor	Sekundärer Sektor	Tertiärer Sektor
Baden-Württemberg	26,1	44,5	29,4
Bayern	**30,5**	36,2	33,3
Berlin	2,1	43,1	**54,8**
Bremen	3,6	41,5	**54,9**
Hamburg	2,5	37,9	**59,6**
Hessen	23,3	39,3	37,4
Niedersachsen	**30,4**	35,7	33,9
Nordrhein-Westfalen	11,9	**57,2**	30,9
Rheinland-Pfalz	**36,1**	36,2	27,7
Saarland	14,9	**55,0**	29,9
Schleswig-Holstein	24,5	34,1	41,4

Quelle: Kommission der europäischen Gemeinschaft (1969), Regionale Entwicklung der landwirtschaftlichen Erwerbsbevölkerung, Brüssel, S. 42.

Niedersachsen. Im Vergleich zum Ausgangsjahr 1950 hat eine Angleichung in der Erwerbsstruktur hinsichtlich des Erwerbstätigenanteils im primären Sektor zwischen den Bundesländern stattgefunden.

Tabelle 35 Erwerbstätigenanteil im primären Sektor der Bundesländer in Prozent

Jahr	BW	BA	BE	HB	HH	HE	NS	NRW	RP	SA	SH
1950	26,1	30,5	2,1	3,6	2,5	23,3	30,4	11,9	36,1	14,9	24,5
1960	15,6	21,6	0,0	0,0	1,6	14,0	19,2	6,7	22,2	4,1	15,8
1970	9,5	14,4	0,2	0,9	0,8	7,9	12,7	3,6	12,8	5,3	11,8
1980	5,2	8,9	0,3	0,5	0,9	4,3	8,1	2,4	7,3	2,2	7,2
1990	3,4	5,6	0,5	0,4	0,7	2,4	5,4	1,9	5,1	1,3	4,7

Quelle: Siehe Tabelle 92 im Anhang.

Im Jahr 1990 hatte Bayern mit einem Anteil von 5,6 Prozent den größten Anteil an landwirtschaftlichen Erwerbstätigen innerhalb der westdeutschen Bundesländer. Hessen besaß nur noch einen Erwerbstätigenanteil von 2,4 Prozent. Die beiden bereits zu Beginn des Betrachtungszeitraums industriell geprägten Bundesländer Saarland und Nordrhein-Westfalen hatten 1990 einen Erwerbstätigenanteil von 1,3 und 1,9 Prozent im landwirtschaftlichen Sektor.

Dieser Rückgang der Erwerbstätigkeit im primären Sektor ging bis Mitte der 1960er Jahre einher mit einer Zunahme der Beschäftigung im sekundären Sektor,

Tabelle 36 Erwerbstätigenanteil im sekundären Sektor der Bundesländer in Prozent

Jahr	BW	BA	BE	HB	HH	HE	NS	NRW	RP	SA	SH
1950	44,5	36,2	43,1	41,5	37,9	39,3	35,7	57,2	36,2	55,0	34,1
1960	52,9	44,8	47,8	40,1	39,1	47,0	43,0	56,4	45,2	57,3	38,2
1970	52,7	43,0	42,0	38,4	35,4	45,6	41,4	52,8	41,3	49,2	33,5
1980	47,8	40,1	33,2	33,3	28,3	38,9	37,0	44,7	39,7	44,9	30,2
1990	43,2	37,4	28,9	29,4	22,9	34,6	32,9	38,6	35,8	39,0	26,9

Quelle: Siehe Tabelle 93 im Anhang.

wie die Tabelle 36 verdeutlicht.[284] Zu den Bundesländern mit einem vergleichsweise starken sekundären Sektor im Betrachtungszeitraum zählten Nordrhein-Westfalen, das Saarland, Baden-Württemberg und Hessen. Länder mit einem unterdurchschnittlichen Anteil an Erwerbstätigen im produzierenden Gewerbe waren die Stadtstaaten Hamburg, Bremen und Berlin sowie Schleswig-Holstein. Nach der Theorie von Fourastié wäre das Land Baden-Württemberg Anfang der 1950er Jahre weniger weit entwickelt gewesen als beispielsweise das Saarland. Das Saarland hat bereits Ende der 1950er Jahre seinen Höhepunkt hinsichtlich des Erwerbstätigenanteils im sekundären Sektor erreicht und ab Ende der 1960er Jahre einen niedrigeren Anteil im sekundären Sektor. Hier wird deutlich, dass Fourastié in seiner Theorie den Außenhandel nicht berücksichtigt hat. Wie bereits erwähnt, wird durch den Export die inländische Sättigung der Nachfrage verzögert oder gänzlich umgangen. Zudem kann argumentiert werden, dass die unterschiedlichen Güter des sekundären Sektors ebenso unterschiedlich schnell eine Sättigung der Nachfrage erfahren. Demnach kann sich mit der unterschiedlichen Industriestruktur in den Bundesländern auch der sektorale Strukturwandel unterschiedlich schnell vollziehen. Deshalb kann nicht ohne weiteres aus der Entwicklung der Erwerbstätigenzahlen im sekundären Sektor geschlossen werden, dass ein Land (etwa Baden-Württemberg) weniger weit entwickelt ist als ein anderes Land (etwa das Saarland).

Insgesamt lassen sich die Bundesländer in zwei Gruppen einteilen: Die Länder Berlin, Bremen, Hamburg, Nordrhein-Westfalen, Rheinland-Pfalz und das Saarland erreichten bereits Ende der 1950er Jahren ihren Höchststand hinsichtlich des Erwerbstätigenanteils im sekundären Sektor. Die übrigen Länder Baden-Württemberg, Bayern, Hessen, Niedersachsen und Schleswig-Holstein erreichten diesen Höchststand erst zur Mitte der 1960er Jahre.[285]

Schließlich wird die Entwicklung der Erwerbstätigkeit im tertiären Sektor mit in die Betrachtung einbezogen. Der Anteil der Erwerbstätigen im tertiären Sektor

284 Vgl. auch Tabelle 93 im Anhang.
285 Vgl. Tabelle 93 im Anhang.

ist im Betrachtungszeitraum in allen Bundesländern tendenziell gestiegen. Zu den Bundesländern mit einem überdurchschnittlich hohen Erwerbstätigenanteil im tertiären Sektor zählten neben den Stadtstaaten Hamburg, Bremen und Berlin auch Schleswig-Holstein. Die niedrigsten Anteile an Erwerbstätigen im tertiären Sektor besaßen die süddeutschen Bundesländer Baden-Württemberg und Bayern.

Es bleibt weiterhin zu überprüfen, welchen Einfluss der sektorale Strukturwandel auf die Entwicklung der Produktivitätsniveaus genommen hat. Dabei ist zunächst von Interesse, wie sich die Produktivität der einzelnen Sektoren entwickelt hat. War die Produktivität des primären Sektor tatsächlich zwischen 1950 und 1990 in allen Bundesländern geringer als im sekundären und tertiären Sektor?

Tabelle 37 Erwerbstätigenanteil im tertiären Sektor der Bundesländer in Prozent

Jahr	BW	BA	BE	HB	HH	HE	NS	NRW	RP	SA	SH
1950	29,4	33,3	54,8	54,9	59,6	37,4	33,9	30,9	27,7	29,9	41,4
1960	31,5	33,6	52,2	59,9	59,3	39,0	37,8	36,9	32,7	38,6	45,9
1970	37,8	42,7	57,8	60,7	63,8	46,5	45,9	43,6	45,9	45,5	54,7
1980	46,9	51,0	66,5	66,3	70,8	56,8	54,8	52,9	53,0	52,9	62,6
1990	53,4	57,0	70,7	70,2	76,4	63,0	61,6	59,5	59,1	59,8	68,3

Quelle: Siehe Tabelle 94 im Anhang.

7.3.1.2 Entwicklung der Arbeitsproduktivität in den drei Sektoren

Im Folgenden wird die Arbeitsproduktivität gemessen mit Hilfe der Nettowertschöpfung bezogen auf das Arbeitsvolumen der drei Sektoren der Bundesländer verglichen. Die totale Faktorproduktivität konnte aufgrund fehlender Daten zum Kapitalstock auf sektoraler Ebene der Bundesländer nicht berechnet werden. Darüber hinaus liegt die Arbeitszeit in den Wirtschaftsbereichen wieder nur für die gesamte BRD ab 1957 vor, weshalb Unterschiede in der sektoralen Arbeitszeit zwischen den Bundesländern hier nicht berücksichtigt werden können. Bezüglich der Arbeitszeit stellt sich ein weiteres Problem, da lediglich Angaben zur wöchentlichen Arbeitszeit vorhanden sind, jedoch Werte zur jährlichen Arbeitszeit benötigt werden. Eine Umrechnung der wöchentlichen auf die jährliche Arbeitszeit gestaltet sich insofern schwierig, als dass sich nicht nur die wöchentliche Arbeitszeit im Zeitablauf verringert hat, sondern auch die Anzahl der Arbeitstage insgesamt zurückgegangen ist. Für die Landwirtschaft wurde die wöchentliche Arbeitszeit mit dem Faktor 52 multipliziert, da hier davon ausgegangen werden kann, dass in der Landwirtschaft mehr oder weniger das ganze Jahr gearbeitet werden muss.[286]

286 Auch wenn diese Annahme nicht exakt auf die Realität zutrifft, so ändert auch Reduzierung des landwirtschaftlichen Arbeitsvolumens – beispielsweise durch die Annahme, dass 50 oder

Urlaub und Feiertage spielen hier eine untergeordnete Rolle. Für die beiden anderen Sektoren wurde von 47 Arbeitswochen pro Jahr ausgegangen. Die 5 arbeitsfreien Wochen gliedern sich in 2 Wochen für Feiertage und 3 Wochen für Urlaub und Krankheit auf, wobei zum Ende des Betrachtungszeitraums die Urlaubszeit weiter angestiegen ist. Demnach wird die Arbeitsproduktivität im sekundären und tertiären Sektor zum Ende des Betrachtungszeitraumes vermutlich unterschätzt.

Zusätzlich bietet die Tabelle 95 im Anhang einen Überblick über die Entwicklung der Arbeitsproduktivität in den drei Sektoren.

Die nachstehende Abbildung gibt die Entwicklung der Arbeitsproduktivität im primären Sektor in den Bundesländern im Zeitraum von 1960 bis 1990 wieder. Die Arbeitsproduktivität im primären Sektor hat sich in den jeweiligen Bundesländern ganz unterschiedlich entwickelt. Werden die Stadtstaaten aufgrund der geringen Bedeutung des primären Sektors für die Wirtschaftsleistung ausgeklammert, dann verfügte Schleswig-Holstein im Betrachtungszeitraum über die höchste Arbeitsproduktivität im primären Sektor.

Abbildung 33 Die Entwicklung der Arbeitsproduktivität im primären Sektor ohne Stadtstaaten, 1960-90

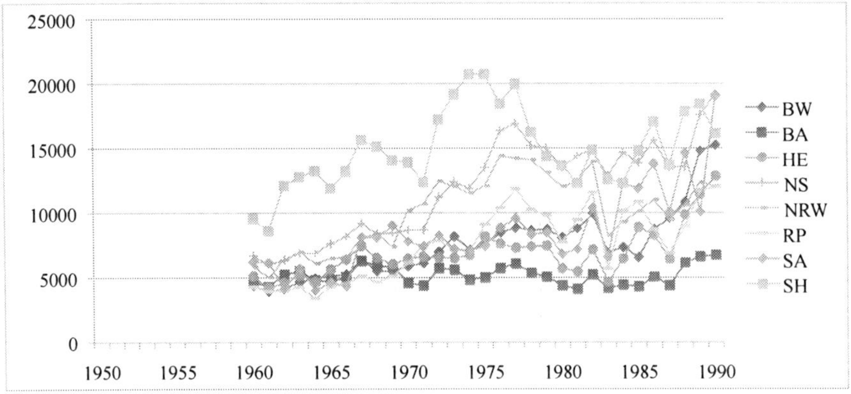

Quelle: Siehe Tabelle 96 im Anhang.

Aber auch Niedersachsen und Nordrhein-Westfalen besaßen eine vergleichsweise hohe Arbeitsproduktivität im landwirtschaftlichen Bereich. Demgegenüber hatte Bayern seit Ende der 1960er Jahre die niedrigste Arbeitsproduktivität im primären Sektor. Es ist überraschend, dass die Arbeitsproduktivität in Schleswig-Holstein

48 Wochen pro Jahr in der Landwirtschaft gearbeitet werden – nichts an den Ergebnissen in diesem Abschnitt. Die Arbeitsproduktivität ist in der Landwirtschaft deutlich niedriger als in den übrigen Sektoren.

mehr als doppelt so hoch war wie in Bayern. Dies kann eventuell auf die unterschiedliche Betriebsgröße in den Regionen der BRD zurückgeführt werden. Die Größe der landwirtschaftlichen Betiebe variiert zwischen Nord- und Süddeutschland, da in Süddeutschland durch die Realteilung historisch bedingt die Betriebsgröße deutlich kleiner ist als in den ursprünglich gutsherrschaftlich geprägten nördlichen Regionen Deutschlands. In den süddeutschen Regionen hatten die landwirtschaftlichen Betriebe möglicherweise die effiziente Größe bereits unterschritten. Zudem ergab die Analyse des Anlagevermögens in den Bundesländern im Jahr 1950, dass in Schleswig-Holstein ein vergleichsweise großer Anteil des gesamtwirtschaftlichen Anlagevermögens nicht auf die Industrie, sondern vermutlich den Ergebnissen dieses Kapitels zufolge auf die Landwirtschaft entfiel.[287] Es ist somit zu vermuten, dass im primären Sektor Schleswig-Holsteins vergleichsweise kapitalintensiv produziert wurde. Die exakte Bestimmung der Kapitalintensität ist aufgrund der fehlenden Daten zum Kapitalstock in den Sektoren nicht möglich.

Den stärksten Anstieg der Arbeitsproduktivität in der Landwirtschaft im Zeitraum von 1960 bis 1990 verzeichnete Baden-Württemberg mit 71,2 Prozent. Demgegenüber wuchs die landwirtschaftliche Arbeitsproduktivität in Bayern im gleichen Zeitraum um lediglich 30,1 Prozent.[288]

Darüber hinaus wäre es sehr interessant gewesen zu sehen, wie sich die Arbeitsproduktivität in den 1950er Jahren entwickelt hat, da in dieser Zeit in den landwirtschaftlich geprägten Bundesländern die Überbeschäftigung im primären Sektor abgebaut wurde und die Arbeitsproduktivität hier in besonderem Maße hätte ansteigen müssen. Leider fehlen Angaben zum sektoralen Output in den 1950er Jahren, sowie zur Arbeitszeit in den Sektoren vor 1957 und schließlich Angaben zu den Erwerbstätigen in der Zeit von 1951 bis 1956.

Die Arbeitsproduktivität im sekundären Sektor hat ebenfalls in allen Bundesländern im Zeitraum von 1960 bis 1990 zugenommen. Die höchste Arbeitsproduktivität besaßen die beiden Stadtstaaten Bremen und Hamburg. Auffallend ist zum einen der gleichförmige Verlauf der Arbeitsproduktivität zwischen den Flächenstaaten und dem Stadtstaat Berlin. Zum anderen zeigt sich, dass es seit Ende der 1960er Jahre zu einem Auseinanderdriften der Arbeitsproduktivität der Flächenstaaten und Berlin auf der einen und der beiden Stadtstaaten Hamburg und Bremen auf der anderen Seite gekommen ist. Die Arbeitsproduktivität ist in Bremen im Zeitraum von 1960 bis 1990 mit 66,3 Prozent am stärksten gewachsen. Den geringsten Zuwachs verzeichneten im selben Zeitraum Niedersachsen mit lediglich 54,5 Prozent und das Saarland mit 55,3 Prozent.[289]

287 Vgl. hierzu Abschnitt 4.2.1.
288 Vgl. Tabelle 95 im Anhang.
289 Vgl. Tabelle 95 im Anhang.

Abbildung 34 Entwicklung der Arbeitsproduktivität im sekundären Sektor der Bundesländer, 1960-90

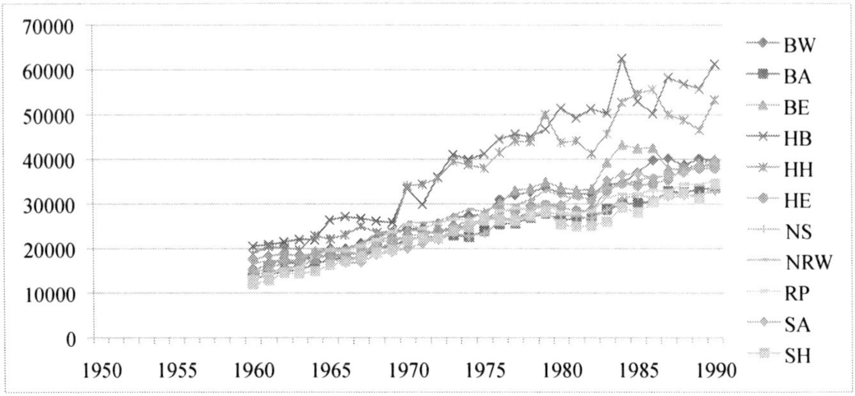

Quelle: Siehe Tabelle 97 im Anhang.

Abbildung 35 Entwicklung der Arbeitsproduktivität im tertiären Sektor der Bundesländer, 1960-90

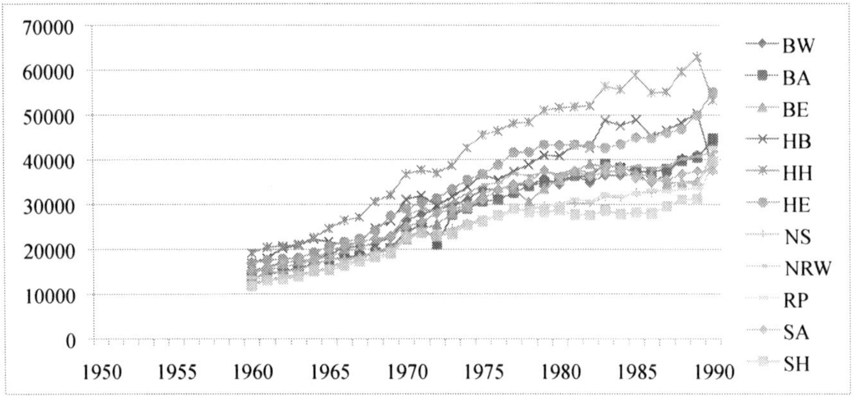

Quelle: Siehe Tabelle 98 im Anhang.

Im tertiären Sektor verfügte Hamburg im Betrachtungszeitraum über die höchste Arbeitsproduktivität. Daneben besaßen auch Bremen und Hessen vergleichsweise hohe Werte. Augenfällig ist, dass im Jahr 1990 Hessen die Arbeitsproduktivität im tertiären Sektor von Hamburg übertroffen hat. Demgegenüber hatte Schleswig-Holstein die niedrigste Arbeitsproduktivität im tertiären Bereich in den meisten Jahren des Betrachtungszeitraumes. Es hat sich somit gezeigt, dass es in allen drei Sektoren zu einem Anstieg der Arbeitsproduktivität im Betrachtungszeitraum gekommen ist. Jedoch lag das Niveau der Arbeitsproduktivität im primären Sektor weit unter dem Niveau der Arbeitsproduktivität der übrigen beiden Sektoren. Demzufolge kann dem Rückgang der Erwerbstätigkeit in der Landwirtschaft eine große Bedeutung für die Produktivitätsentwicklung zugesprochen werden.

7.3.1.3 Produktivitätseffekt des Strukturwandels in den Bundesländern

Die Auswirkung des Strukturwandels auf die gesamtwirtschaftliche Arbeitsproduktivität kann mit Hilfe des sogenannten partiellen Struktureffekts bestimmt werden. Der partielle Struktureffekt ist positiv, wenn die Erwerbstätigen aus einem Sektor mit geringer Arbeitsproduktivität in einen Sektor mit höherer Arbeitsproduktivität abwandern. Der partielle Struktureffekt gibt demnach Auskunft darüber, um wie viel Prozent die Arbeitsproduktivität im Endjahr niedriger (höher) gewesen wäre, wenn sich die Erwerbsstruktur im Betrachtungszeitraum nicht verändert hätte. Der partielle Struktureffekt (SE) kann auf einfache Weise mit Hilfe der folgenden Formel berechnet werden.[290]

$$(33)\quad SE_i = \left(\frac{Y}{L}\right)_{it} - \sum_{k=1}^{3} \frac{L_{ik0}}{L_{i0}} \cdot \left(\frac{Y}{L}\right)_{ikt}, \text{ mit } i = \{1,..,11\},\ k = \{1, 2, 3\}$$

Hierbei wird von der tatsächlichen Arbeitsproduktivität der Gesamtwirtschaft (Y/L) des Bundeslandes i in t jener Teil subtrahiert, der sich ergeben hätte, wenn die drei Sektoren k ihren Beschäftigtenanteil aus t_0 (hier t_0 = 1950) behalten hätten, jedoch über die Arbeitsproduktivität aus t verfügen würden.

Die nachstehende Abbildung gibt die Entwicklung des partiellen Struktureffekts für die Flächenstaaten wieder. Die Stadtstaaten werden aufgrund ihrer speziellen sektoralen Struktur aus dieser Betrachtung ausgeschlossen. Alle Flächenländer haben im Betrachtungszeitraum vom Strukturwandel profitiert, da die Arbeitsproduktivität im Jahr t immer höher war als die Arbeitsproduktivität der Sektoren aus dem Jahr t gewichtet mit der „alten“ Beschäftigungsstruktur aus dem Jahr 1950. Zudem nimmt der Struktureffekt über die Zeit zu, da der Strukturwandel immer weiter voranschreitet und der Unterschied zwischen der neuen Beschäftigungsstruktur in t und der alten Beschäftigungsstruktur in t_0 immer größer wird.

290 Vgl. Klodt, Henning (1984), Produktivitätsschwäche in der deutschen Wirtschaft, Tübingen, S. 25. Sowie Syrquin, Moshe (1984), Resource reallocation and productivity growth; in: Syrquin/Taylor/Westphal (Hrsg.), Economic Structure and Performance, Orlando, S. 77-84.

Abbildung 36 Partieller Struktureffekt zwischen 1950 und t in den Flächenstaaten

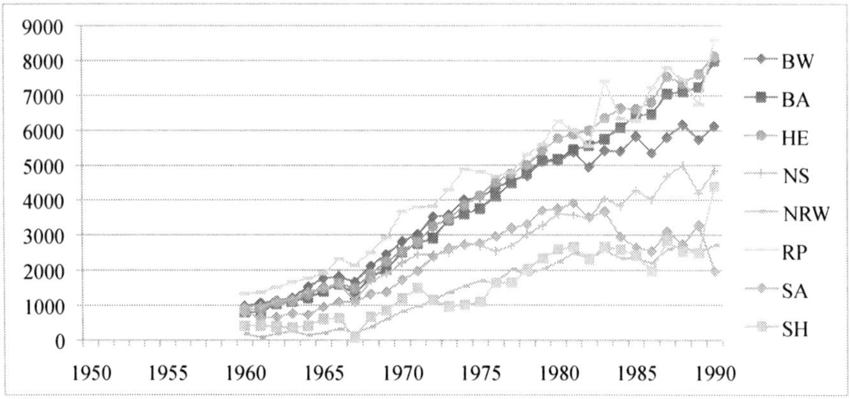

Quelle: Siehe Tabelle 99 im Anhang.

In den Ländern Rheinland-Pfalz, Baden-Württemberg, Hessen und Bayern war der partielle Struktureffekt besonders groß. Hier hat der Rückgang der Erwerbstätigkeit im primären Sektor in besonderem Maße zu einem Anstieg der gesamtwirtschaftlichen Arbeitsproduktivität beigetragen. In Nordrhein-Westfalen und Schleswig-Holstein fiel der partielle Struktureffekt vergleichsweise niedrig aus. In Nordrhein-Westfalen hatte die Landwirtschaft in den 1950er Jahren bereits eine relativ geringe Bedeutung mit einem Anteil von knapp 12 Prozent der Erwerbspersonen im primären Sektor. In Schleswig-Holstein hingegen war die Arbeitsproduktivität im primären Sektor in den 1960er Jahren überdurchschnittlich hoch, so dass der Rückgang der landwirtschaftlichen Erwerbstätigen einen geringen Effekt auf die gesamtwirtschaftliche Arbeitsproduktivität hatte.

Darüber hinaus kann der Anteil des Struktureffekts am gesamtwirtschaftlichen Zuwachs der Arbeitsproduktivität mit Hilfe der folgenden Formel berechnet werden:

$$(34) \quad \frac{SE_i}{\left(\frac{Y}{L}\right)_{it} - \left(\frac{Y}{L}\right)_{i0}}$$

Dabei stellt der Nenner die tatsächliche Veränderung der Arbeitsproduktivität in der Gesamtwirtschaft zwischen dem Basisjahr $t_0 = 1950$ und dem Jahr t dar. Der Zähler gibt, wie bereits erwähnt, den Produktivitätszuwachs durch den Strukturwandel wieder.

Die Tabelle 101 im Anhang zeigt, wie groß der Anteil des partiellen Struktureffekts am Wachstum der Arbeitsproduktivität in den Flächenstaaten gewesen ist. Aufgrund fehlender Daten kann auch hier lediglich der Zeitraum von 1960 bis

1990 untersucht werden. Als Ausgangspunkt konnte jedoch die Beschäftigungsstruktur in den drei Sektoren – zur Berechnung von SE – sowie die gesamtwirtschaftliche Arbeitsproduktivität im Jahr 1950 $(Y/L)_0$ gewählt werden.

In Bayern war der Anteil des Struktureffekts am Wachstum der gesamtwirtschaftlichen Arbeitsproduktivität am höchsten. Hier war der Erwerbspersonenanteil der Landwirtschaft im Jahr 1950 mit 31 Prozent besonders hoch und die Arbeitsproduktivität im primären Sektor vergleichsweise gering. Der Strukturwandel hatte in den 1960er Jahren die größte Bedeutung für das Wachstum der Arbeitsproduktivität in Bayern. Interessant wäre auch hier die Entwicklung der 1950er Jahre, die aufgrund der fehlenden Daten nicht beobachtet werden kann.

In Baden-Württemberg, Rheinland-Pfalz und Niedersachen hatte der Struktureffekt 1960 einen Anteil von 19, 17 und 15 Prozent am Wachstum der Arbeitsproduktivität. Den niedrigsten Anteil am Wachstum der gesamtwirtschaftlichen Arbeitsproduktivität hatte der Struktureffekt in Schleswig-Holstein. Hier war der Erwerbspersonenanteil in der Landwirtschaft mit 25 Prozent zwar vergleichsweise hoch, doch verfügte Schleswig-Holstein, wie bereits gesehen, über die höchste Arbeitsproduktivität im primären Sektor, wodurch der Rückgang der landwirtschaftlichen Erwerbstätigkeit hier nur eine untergeordnete Rolle gespielt hat.

Auffallend ist darüber hinaus, dass abgesehen von Bayern der Anteil des Struktureffekts am Wachstum der Arbeitsproduktivität über die Zeit nicht abnimmt, sondern konstant bleibt oder sogar leicht zunimmt. Diese Entwicklung lässt sich leicht schematisch erklären. Wird die Formel (33) in die Formel (34) eingesetzt und beide Teile des Zählers getrennt betrachtet, dann ergibt sich der folgende Zusammenhang

$$(35)\quad \left.\frac{\mathrm{Aprod}_{it}\Uparrow}{\mathrm{Aprod}_{it}\Uparrow-\overline{\mathrm{Aprod}}_{i1950}}\right\}\uparrow-\left.\frac{\mathrm{Struktur}195\overline{0}\cdot\mathrm{Aprod}_{itk}\uparrow}{\mathrm{Aprod}_{it}\Uparrow-\overline{Aprod}_{i1950}}\right\}\downarrow\Rightarrow\uparrow$$

mit der Arbeitsproduktivität *Aprod* im Jahr t, in Land i und Sektor k und der sektoralen Wirtschaftsstruktur *Struktur1950.*

Die Entwicklung des ersten Bruchs erklärt sich derart: Die Arbeitsproduktivität zum Zeitpunkt t nimmt im Zähler und Nenner gleichermaßen zu. Im Nenner wird zusätzlich die Arbeitsproduktivität aus dem Jahre 1950 subtrahiert und ist natürlich konstant. Demnach wächst der erste Term. Von diesem ersten Bruch wird der zweite Bruch subtrahiert. Hier wird im Nenner die Erwerbspersonenstruktur aus dem Jahre 1950 (ebenfalls konstant) mit der Arbeitsproduktivität der drei Sektoren multipliziert. Dieses Produkt weist im Zeitablauf zwar immer höhere Werte auf, aber diese Werte liegen unterhalb der Arbeitsproduktivität zum Zeitpunkt t, da der Landwirtschaft in den meisten Bundesländern ein vergleichsweise hoher Anteil gegeben wird, aber die Arbeitsproduktivität in diesem Sektor im Vergleich zu den übrigen Sektoren weitaus niedriger ausfällt. Der Nenner nimmt hingegen im Zeitablauf immer größere Werte an. Insgesamt sinkt somit der Wert des zweiten Bruchs, woraus sich insgesamt ein steigender Wert für den Anteil des Struktureffekts am Wachstum der Arbeitsproduktivität ergibt.

So einfach diese Berechnungsmethode auch ist, so ungenau sind auch ihre Ergebnisse. Demnach muss berücksichtigt werden, dass allein der Rückgang der Erwerbstätigkeit im landwirtschaftlichen Bereich bereits zu einer Zunahme der Arbeitsproduktivität geführt haben kann, da im landwirtschaftlichen Sektor vermutlich in manchen Regionen Überbeschäftigung und somit eine besonders geringe Arbeitsproduktivität vorzufinden war. Folglich hätte die Arbeitsproduktivität nicht so stark ansteigen können, wenn die Beschäftigungsstruktur von 1950 beibehalten worden wäre. Der Einfluss des Bedeutungsverlustes der Landwirtschaft für die Entwicklung der Arbeitsproduktivität wird somit hier überschätzt. Gleichwohl hat der Rückgang der landwirtschaftlichen Erwerbstätigkeit einen bedeutenden Beitrag zum Produktivitätswachstum geleistet. Wie hoch dieser Beitrag nun genau war, kann nur im Rahmen einer Regressionsanalyse bestimmt werden, wenn zudem für andere Einflussgrößen kontrolliert wird. Aus diesem Grund wird der Rückgang der landwirtschaftlichen Erwerbstätigkeit als potenzielle Quelle des Produktivitätswachstums in der im Kapitel 8 vorgenommenen Regressionsanalyse berücksichtigt. Demgegenüber wird der weitere sektorale Strukturwandel, wie er sich aus einer Zunahme des sekundären und anschließend des tertiären Sektors ergibt, in dieser Untersuchung nicht berücksichtigt. Wie die Analyse der Arbeitsproduktivität der drei Sektoren ergeben hat, unterscheiden sich der sekundäre und tertiäre Sektor nicht grundlegend in der Höhe der Arbeitsproduktivität, weshalb aus der Veränderung dieser beiden Sektoren keine deutlichen Produktivitätszuwächse oder -einbußen für die Bundesländer erwartet werden.

7.3.2 Mobilität des Produktionsfaktors Arbeit zwischen den Bundesländern

Neben dem sektoralen Strukturwandel wird auch die regionale Mobilität als Reallokation der Ressourcen angesehen und kann ebenso einen positiven Einfluss auf die Entwicklung der Produktivität der Bundesländer haben. Bereits im Abschnitt 4.2.2 der Untersuchung wurde gezeigt, dass eine dramatische Fehlallokation des Produktionsfaktors Arbeit in den Bundesländern im Jahr 1950 geherrscht hat. Es wird nun vermutet, dass bereits die starke Binnenwanderung von Arbeitskräften in den 1950er Jahren einen Großteil der beobachteten Angleichung der Pro-Kopf-Einkommen und der Produktivitätsniveaus erklären kann. Ähnlich wie im sektoralen Strukturwandel kann durch die regionale Mobilität der Produktionsfaktor Arbeit von einer Tätigkeit mit niedriger Produktivität aufgrund von Überbeschäftigung oder fehlender Beschäftigung zu einer Tätigkeit wechseln, bei der die Produktivität deutlich höher liegt.

Deshalb wird die Bevölkerungswanderung in der Zeit nach 1950 mit in die Untersuchung einbezogen. Im Zuge der Faktorwanderung zogen die Arbeitskräfte im Betrachtungszeitraum aus den ländlichen Regionen in die industriellen Zentren, in denen ein hoher Arbeitskräftebedarf bestand. Allein diese Faktorwanderung kann bereits zu einer Konvergenz der Produktivitätsniveaus geführt haben. Für diese Überlegung spricht ebenfalls, dass die große Binnenwanderung zwischen den westdeutschen Bundesländern etwa zum gleichen Zeitpunkt wie die Konvergenz der totalen Faktorproduktivität endet. In der nachstehenden Abbildung wurde das Saldo der Binnenwanderung zusätzlich auf die Bevölkerung der Bundesländer bezogen.

Abbildung 37 Saldo der Binnenwanderung je 1000 Einwohner, 1950-90

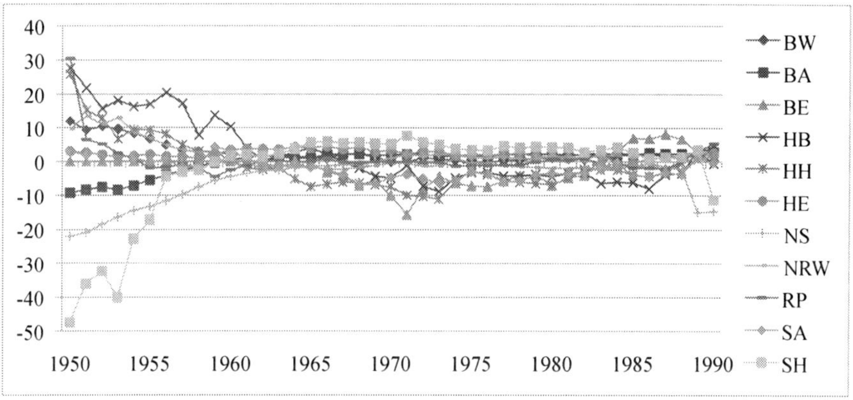

Quelle: Siehe Tabelle 102 im Anhang.

Die obige Abbildung macht deutlich, dass insbesondere in den 1950er Jahren die größten Wanderungsbewegungen zwischen den westdeutschen Bundesländern stattgefunden haben. Die größten Bevölkerungsverluste hatten die landwirtschaftlich geprägten Länder Schleswig-Holstein, Niedersachsen und Bayern zu verzeichnen. Diese Bundesländer litten in der Nachkriegszeit, wie bereits gezeigt, unter hoher Arbeitslosigkeit. Die Stadtstaaten Bremen und Hamburg konnten in Relation zu ihrer Bevölkerung den größten Bevölkerungszustrom verzeichnen. Nordrhein-Westfalen war mit seiner industriellen Agglomeration – dem Ruhrgebiet – ein attraktives Wanderungsziel. Daneben war Baden-Württemberg als weiterer industrieller Standort ein bevorzugtes Zuwanderungsland. Rheinland-

Pfalz besaß lediglich im ersten Jahr des Betrachtungszeitraums eine überdurchschnittlich hohe Zuwanderung.

Schließlich stellt sich die Frage, welcher Teil der Bevölkerung insbesondere in den 1950er Jahren derart mobil gewesen ist. Kindleberger (1967) schreibt hierzu, dass gerade die Flüchtlinge und Vertriebenen besonders dynamisch waren. Da sie ihre Besitztümer in ihrer Heimat bereits zurücklassen mussten, waren sie demnach regional nicht gebunden. Demgegenüber war die übrige Bevölkerung der BRD weitaus immobiler, da sie, wenn ihre Häuser schon den Zweiten Weltkrieg überstanden hatten, auch an einen Punkt gebunden und weitaus weniger bereit waren, ihre Häuser zu verlassen.[291]

Im Zuge der Binnenwanderung nahm auch die Arbeitslosigkeit in den westdeutschen Bundesländern bis Mitte der 1960er Jahre ab. Offizielle Angaben zur Arbeitslosenquote von der Bundesagentur für Arbeit existieren seit 1950 lediglich für die gesamte Bundesrepublik Deutschland. Seit 1959 liegen Angaben für die Länder Baden-Württemberg, Bayern, Berlin, Hessen und Nordrhein-Westfalen vor. Für die übrigen Bundesländer gibt es schließlich seit 1968 Angaben zu den Arbeitslosenquoten.

Abbildung 38 Arbeitslosenquote bezogen auf abhängige zivile Erwerbspersonen der Bundesländer in Prozent

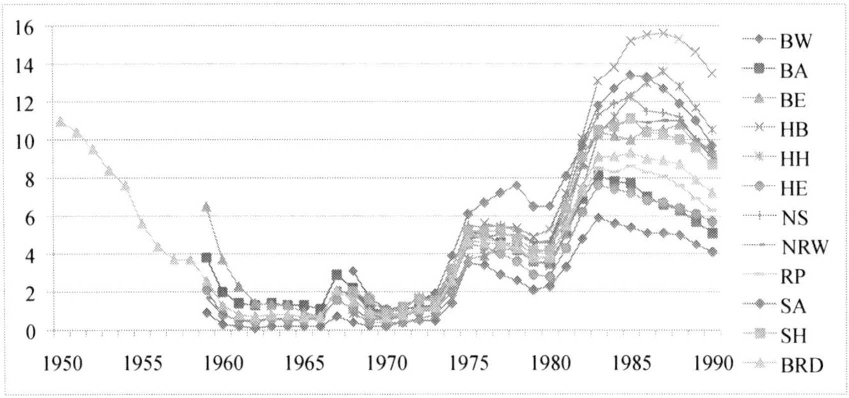

Quelle: Siehe Tabelle 63 im Anhang.

Seit 1950 verringerte sich die Arbeitslosenquote in der BRD rasch bis Anfang der 1960er Jahre. Abgesehen vom krisenbedingten Anstieg der Arbeitslosenquote 1967 befanden sich die Arbeitslosenquoten der Bundesländer bis Anfang der 1970er Jahre auf einem niedrigen Niveau von unter 2 Prozent. In den Jahren 1973

291 Vgl. Kindleberger (1967), S. 32.

und 1980 sind die Arbeitslosenquoten dann mit den Ölpreiskrisen wieder stufenweise angestiegen. Im Saarland war die Arbeitslosenquote am höchsten und in Baden-Württemberg am niedrigsten. Seit 1983 sanken die Arbeitslosenquoten wieder leicht, erreichten jedoch nicht mehr annähernd das Vollbeschäftigungsniveau der 1960er Jahre.

Bis Mitte der 1970er Jahre fand zudem eine Angleichung der Arbeitslosenquoten statt. Seitdem unterschieden sich die Arbeitslosenraten in den Bundesländern wieder deutlich, so dass zum Ende des Beobachtungszeitraums Baden-Württemberg eine moderate Arbeitslosenquote von 4,1 Prozent und Bremen eine Rate von 13,5 Prozent besaßen. Diese Differenzen in den Arbeitslosenquoten zeigen deutlich, dass seit der Mitte der 1970er Jahre große Unterschiede bezüglich der Arbeitsmarktlage zwischen den Bundesländern herrschten, die bis heute nicht überwunden werden konnten.

Mit dem starken Rückgang der Arbeitslosenquote kam es zudem seit dem Ende der 1950er Jahre zu einer Zuwanderung von Arbeitskräften aus den sogenannten Anwerbestaaten, zu denen insbesondere Italien, Spanien, Griechenland, Türkei, Portugal und Jugoslawien zählten.[292] Im Dezember 1955 wurde das erste Anwerbeabkommen mit Italien geschlossen. Die ausländischen Arbeitskräfte sollten die Lücke zwischen der inländischen Arbeitsnachfrage und dem inländischen Arbeitsangebot schließen, die speziell in den industriellen Zentren der BRD herrschte. Die Tabelle 103 im Anhang gibt einen Überblick über die Entwicklung der beschäftigten ausländischen Arbeitnehmer in den westdeutschen Bundesländern. Angaben zu den beschäftigten ausländischen Arbeitnehmern liegen für die Zeit von 1959 bis 1990 vor, wobei für die Jahre 1973 und 1981 die Angaben fehlen. Die Anzahl der beschäftigten ausländischen Arbeitnehmer wurde zusätzlich auf die Erwerbstätigen in den Bundesländern bezogen. Auffallend ist, dass in den 1960er Jahren in der Phase der Vollbeschäftigung der Anteil der ausländischen Arbeitnehmer stark angestiegen ist. Die Rezession von 1966/67 ist durch einen deutlichen Rückgang des Anteils der ausländischen Arbeitnehmer zu erkennen. Der Anteil der ausländischen Arbeitnehmer ist in den Bundesländern bis 1973, dem Jahr des Anwerbestopps, stark angestiegen. Anschließend sank der Anteil jedoch nur leicht, da die ausländischen Arbeitnehmer größtenteils nicht, wie anfangs geplant, in ihre Heimatländer zurückgekehrt sind. Baden-Württemberg verfügte bis 1980 über den höchsten Anteil an beschäftigten ausländischen Arbeitnehmern. Das Saarland hatte nur kurzzeitig von 1959 bis 1962 einen höheren Anteil. Nach 1980 war Berlin das Bundesland mit den meisten ausländischen Arbeitnehmern. Aber auch Hessen und Nordrhein-Westfalen waren Länder, die einen vergleichsweise großen Zustrom ver-

292 Die Anzahl der Arbeitskräfte aus den afrikanischen Anwerbestaaten Marokko und Tunesien war vergleichsweise gering.

zeichnen konnten. Schleswig-Holstein hatte seit 1965 den geringsten Anteil an ausländischen Arbeitnehmern.

Diese Zahlen verdeutlichen, dass die Gastarbeiter mehr als nur ein zeitlich begrenzter konjunktureller Puffer waren. Sie haben langfristig die Erwerbstätigenstruktur der Bundesländer verändert. Die Wirkung der Gastarbeiter auf die wirtschaftliche Entwicklung ist dabei nicht eindeutig. Auf der einen Seite haben sie die Arbeitskräftelücke in der Zeit des „Wirtschaftswunders" geschlossen und somit eine höhere Kapazitätsauslastung ermöglicht. Auf der anderen Seite scheinen die Gastarbeiter weniger Humankapital als die übrigen Erwerbstätigen besessen zu haben. So lag die Facharbeiterquote bei lediglich 14 Prozent im Vergleich zu 40 Prozent bei der gesamten Arbeiterschaft. Zudem waren die Aufstiegschancen vom ungelernten ausländischen Arbeitern zum Facharbeiter mit 3 Prozent vergleichsweise gering.[293] Somit haben die Gastarbeiter möglicherweise das durchschnittliche Humankapital in den Bundesländern verringert. Darüber hinaus haben sie eventuell produktivitätssteigernde Kapitalinvestitionen gemindert, die ohne die Gastarbeiter dringend notwendig und aufgrund der Knappheit des Produktionsfaktors Arbeit auch rentabel gewesen wären. Sie hätten langfristig die Produktivität der Bundesländer steigern können. Diesen Überlegungen stellt sich die wirtschaftliche Entwicklung von Baden-Württemberg aber auch Hessen entgegen. Diese Länder zählen bis heute zu den erfolgreichsten Bundesländern und hatten aber auch den größten Anteil an beschäftigten ausländischen Arbeitnehmern (abgesehen von Berlin). Diesem Erwerbstätigenkreis einen durchweg negativen Einfluss auf die langfristige wirtschaftliche Entwicklung eines Landes zu attestieren, wäre nicht gerechtfertigt. In der späteren Regressionsanalyse werden die ausländischen Arbeitnehmer jedoch nicht berücksichtigt, da sie – ebenso wie die Arbeitslosenquote – vielmehr als eine Folge des starken Wirtschaftswachstums als als dessen Ursache angesehen werden müssen.

Aus diesem Abschnitt ergibt sich schließlich für die folgende Analyse die Frage, ob die abnehmende Mobilität der Arbeitskräfte einer effizienten Ausnutzung des Produktionsfaktors Arbeit entgegengewirkt hat und daher mit für die persistenten Unterschiede der totalen Faktorproduktivität verantwortlich gewesen ist.

293 Vgl. Abelshauser (2005), S. 319.

7.4 Zur außenwirtschaftlichen Offenheit der Bundesländer

In der Literatur existieren verschiedene Ansätze, die versuchen die außenwirtschaftliche Offenheit eines Landes quantitativ zu bestimmen. So wird häufig der Anteil aus Exporten und Importen am BIP als Indikator für die Offenheit eines Landes gewählt. Dieser Indikator unterliegt jedoch dem Endogenitätsproblem.[294] Demnach steigt nicht nur das Pro-Kopf-Einkommen, wenn sich ein Land außenwirtschaftlich öffnet, sondern Länder, die über ein vergleichsweise hohes Pro-Kopf-Einkommen verfügen, handeln international mehr. Zudem kann ein Land einen hohen Anteil an Exporten und Importen am BIP aufweisen, aber gleichzeitig den Außenhandel durch Zölle oder Quoten verzerren und demnach keinen liberalen Außenhandel verfolgen. In empirischen Studien ist der Einfluss der Exporte und Importe auf das Pro-Kopf-Einkommen meist positiv wie etwa bei Levine und Renelt (1992). Jedoch besteht in dieser Untersuchung dieser Zusammenhang nur, wenn nicht für die Investitionsquote kontrolliert wird.[295] Auch Kormendi und Meguire (1985) finden einen schwachen Zusammenhang, dass Länder, die sich außenwirtschaftlich öffnen, ein höheres Wirtschaftswachstum realisieren können. Sie verwenden das Verhältnis von Export zu Output als Indikator für die außenwirtschaftliche Offenheit.[296]

Ebenso wenig löst die Außenhandelspolitik, die an Stelle der Handelsanteile am BIP oder als dessen Instrument genutzt werden kann, das Problem der Endogenität. Länder, die Reformen zu einer liberalen Außenhandelspolitik wählen, führen meist auch Reformen durch, die die wirtschaftliche Lage im Inland verändern, so dass hierdurch das Einkommensniveau und die Produktivität steigen kann.[297]

Zudem ist die Konstruktion eines Index zur außenwirtschaftlichen Offenheit vergleichsweise schwierig, da der Außenhandel auf ganz unterschiedliche Weise beeinträchtigt werden kann. So können unter anderem Zölle, Exportsubventionen, Importquoten oder Local-content-Klauseln das Ausmaß des Außenhandels beeinflussen und können bei der Konstruktion eines Index zur Offenheit unterschiedlich stark berücksichtigt werden.[298]

---

294 Vgl. hierzu auch Abschnitt 8.2.

295 Vgl. Levine, Ross; Renelt, David (1992), A Sensitivity Analysis of Cross-Country Growth Regressions, in: American Economic Review, 82(4), S. 942-963.

296 Vgl. Kormendi, Roger; Meguire, Philip (1985), Macroeconomic Determinants of Growth, Cross-Country Evidence, in: Journal of Monetary Economics, 16(2), S. 141-163.

297 Vgl. Frankel, Jeffrey; Romer, Paul (1999), Does Trade Cause Growth?, in: American Economic Review, 89(3), S. 379.

298 Vgl. Edwads, Sebastian (1998), Openness, Productivity and Growth: What do we really know?, in: Economic Journal, 108(447), S. 384.

Frankel und Romer (1999) versuchen diese Probleme zu beheben, indem sie sich eines alternativen Instruments für Außenhandel bedienen: dem Gravitätsmodell. Dabei soll das Handelsvolumen eines Landes davon abhängen, wie weit es von anderen Handelspartnern entfernt ist. Umso weiter ein Land von seinen Handelspartnern entfernt liegt, desto weniger Außenhandel treibt es. Diese geografische Gegebenheit ist völlig unabhängig vom Einkommen und von der Wirtschaftspolitik eines Landes und fällt somit nicht unter das Endogenitätsproblem. Die Autoren nutzen diese geografische Gegebenheit als Instrument für den internationalen Handel. Frankel und Romer kommen in ihrer Untersuchung zu dem Ergebnis, dass das Handelsvolumen einen positiven Einfluss auf das Wirtschaftswachstum hat.[299]

Demgegenüber erhalten Rodrik, Subramanian und Trebbi (2004) in ihrer Analyse das Ergebnis, dass Offenheit keinen signifikanten Einfluss auf das Wirtschaftswachstum hat, sobald für Institutionen kontrolliert wird.[300]

Alcalá und Ciccone (2004) zeigen hingegen unter der Verwendung des Indikators realer Offenheit, dass Außenhandel einen signifikanten und positiven Einfluss auf die Produktivität hat. Dabei multiplizieren sie den Außenhandelsanteil (Exporte + Importe) am BIP mit dem Preisniveau. Hiermit möchten sie den Balassa-Samuelson Effekt berücksichtigen. Wenn der Außenhandel die Produktivität steigert, dann steigt nicht nur das Preisniveau im verarbeitenden Gewerbe, sondern auch im Sektor nicht handelbarer Güter. Hierdurch nimmt das Preisniveau zu, wodurch das Handelsvolumen wiederum negativ beeinflusst wird. [301]

Die Wahlmöglichkeiten für einen Indikator der außenwirtschaftlichen Offenheit auf Bundesländerebene über den Zeitraum von 1950 bis 1990 sind beschränkt. Um den Einfluss der Offenheit auf die Entwicklung der Produktivität zu bestimmen, wird der Anteil der Exporte am BIP in die Analyse mit aufgenommen. Die Exporte umfassen alle Güter der Ernährungswirtschaft und der gewerblichen Wirtschaft. Ein besseres Maß für die Bestimmung der Offenheit wäre der Anteil der Exporte und Importe am BIP, doch liegen vollständige Daten zu den Importen auf Bundesländerebene erst ab 1970 vor. Hinsichtlich der Außenhandelspolitik unterscheiden sich die westdeutschen Bundesländer nicht, da Zölle, Quoten oder andere Handelsbeschränkungen auf Bundesebene und somit für alle Bundesländer gleichermaßen geregelt sind. Die folgende Abbildung gibt die Entwicklung der Exportquote in den Bundesländern in Prozent wieder. Für das Saarland liegen Werte ab 1959 vor.

---

299 Vgl. Frankel/Romer (1999).

300 Vgl. Rodrik/Subramanian/Trebbi (2004), S. 131-165.

301 Vgl. Alcalá, Francisco; Ciccone, Antonio (2004), Trade and Productivity, in: Quarterly Journal of Economics, 119(2), S. 613-646.

Auffallend sind zunächst die starken Schwankungen der Exportquoten, die vermutlich der konjunkturellen Entwicklung geschuldet sind. Bis 1957 besaß Nordrhein-Westfalen die höchste Exportquote. Im Zeitraum von 1960 bis 1984 hatte das Saarland mit Abstand die größte Exportquote unter den Bundesländern inne. Seit Ende der 1970er Jahre konnte Bremen seine Exporte stark steigern und hatte schließlich seit 1985 die höchste Exportquote unter den westdeutschen Bundesländern. Im Gegensatz dazu besaßen Schleswig-Holstein, Berlin und ebenfalls Hamburg die niedrigsten Exportquoten. Im Falle von Hamburg mag diese Beobachtung überraschen, da Hamburg den größten deutschen Hafen besitzt. Jedoch dient der Hamburger Hafen hauptsächlich als Transithafen, mit dessen Hilfe Güter, die in anderen Regionen der BRD und nicht nur in Hamburg selbst produziert wurden, verschifft werden.

Abbildung 39 Exportquote der Bundesländer in Prozent, 1950-90

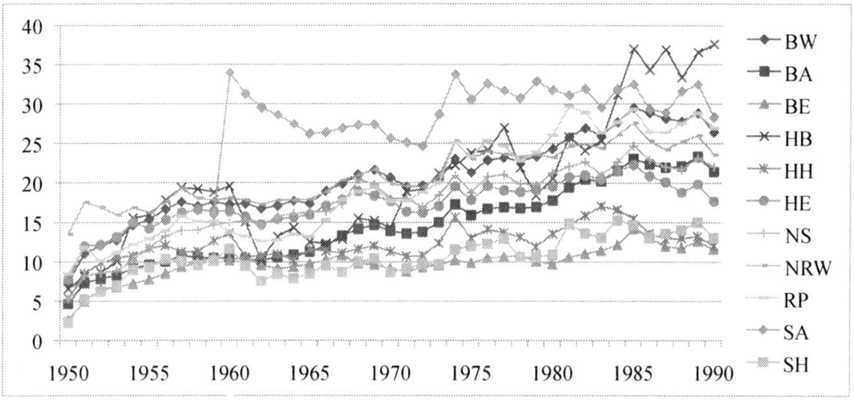

Quelle: Siehe Tabelle 104 im Anhang.

Insgesamt haben die Exportquoten über den gesamten Zeitraum zugenommen, wobei gerade zum Ende des Betrachtungszeitraums die Unterschiede hinsichtlich der Offenheit zwischen den Bundesländern deutlich werden. Demnach reicht die Spannweite von einer Exportquote von 37,6 Prozent in Bremen bis zu einer Exportquote von 11,6 Prozent in Berlin. Inwieweit diese Unterschiede in der außenwirtschaftlichen Offenheit Auswirkungen auf die Produktivität der Bundesländer hatte, wird ebenfalls im Kapitel 8 überprüft.

Unberücksichtigt bleibt bei der hier verwendeten Exportquote jedoch der Warenverkehr zwischen den westdeutschen Bundesländern. Möglicherweise haben einige Bundesländer vermehrt in andere Bundesländer exportiert, aber erscheinen nach dem obigen Indikator als weniger offen. Jedoch existieren keine Daten zum Warenverkehr zwischen den westdeutschen Bundesländern. Die hier verwendete Exportquote kann somit nur einen Teil der Offenheit der Bundesländer abbilden. Dieser Zusammenhang muss bei der Interpretation der Regressionsergebnisse berücksichtigt werden.

7.5 Informelle Institutionen der Bundesländer

Im Zuge der theoretischen Analyse der regionalen Institutionen hat sich herausgestellt, dass die regionalen formalen Institutionen kaum zwischen den Bundesländer variieren. Aus diesem Grund werden keine Indikatoren für regionale formale Institutionen in die Analyse einbezogen. Mögliche „Rest"-Einflüsse der formalen Institutionen werden in dieser Untersuchung mit Hilfe der fixen Effekte berücksichtigt. Auf diese Weise kann der *omitted variable bias* vermieden werden.

Demgegenüber sind die regionalen informellen Institutionen zwar ebenfalls konstant über die Zeit, doch scheinen sie sich zwischen den Bundesländern zu unterscheiden. Es ist daher sinnvoll, die regionalen informellen Institutionen nicht nur mit Hilfe der fixen Effekte zu berücksichtigen, sondern ihren Einfluss mit erklärenden Variablen direkt zu messen. Dabei ist zu bedenken, dass geeignete erklärende Variablen für informelle Institutionen ihren Einfluss verlieren (müssen), wenn fixe Effekte in die Regression aufgenommen werden, da fixe Effekte genau für diese über die Zeit konstanten Unterschiede zwischen den Bundesländern kontrollieren. [302]

Wie der theoretische Teil zu den regionalen informellen Institutionen gezeigt hat, kann der Begriff der informellen Institutionen auf unterschiedliche Weise erfasst werden. Informelle Institutionen können entweder als Kultur, zu der die Religion oder etwa ein koloniales Erbe gehören, verstanden werden oder das Konzept des Sozialkapitals beinhalten, das unter anderem auf Vertrauen in andere und auf Gruppenzugehörigkeit beruht.

Die Messbarkeit informeller Institutionen ist schwierig. Gleichwohl stützen sich die meisten Studien auf die Befragungsergebnisse des World Value Surveys (WVS). Zwischen 1981 und 2007 wurden weltweit 5 Befragungen durchgeführt. Bei diesen Befragungen wurden Veränderungen der Wertvorstellung zu den Bereichen Religion, Geschlechterrolle, Arbeitsmotivation, Demokratie, verantwortungsbewusste Regierungsführung, Sozialkapital, politische Teilhabe, Toleranz gegenüber anderen Gruppen, Umweltschutz sowie subjektives Wohlbefinden berücksichtigt.

---

302 Eine eingehende Erläuterung zur Wirkung und der Berücksichtigung von fixen Effekten in der empirischen Analyse findet sich in Abschnitt 8.1 dieser Arbeit.

Mit Hilfe des World Value Surveys führten beispielsweise Knack und Keefer (1997) eine Querschnittsuntersuchung für 29 Länder durch, die drei Indikatoren für Sozialkapital enthält. Die Autoren wollen den Grad an Vertrauen, gemeinschaftliche Regeln und Netzwerke in einer Gesellschaft messen. Mit TRUST messen sie den Anteil der Personen, die auf die Frage, ob den meisten Menschen vertraut werden kann, mit „den meisten Menschen kann vertraut werden" geantwortet haben. Die Variable CIVIC setzt sich aus fünf Fragen zusammen, die jeweils einen Wert zwischen 1 und 10 annehmen können. Wenn die Befragten dem Verhalten zustimmen, ergibt dies höchstens 10 Punkte, wenn sie das Verhalten ablehnen, gibt es mindestens einen Punkt. Die fünf verschiedenen Verhaltensmöglichkeiten sind: 1. staatliche Unterstützung einfordern, obwohl kein Anrecht darauf besteht, 2. Schwarzfahren in öffentlichen Verkehrsmitteln, 3. Steuerhinterziehung, falls die Möglichkeit besteht, 4. etwas Gestohlenes kaufen, 5. Bestechungsgelder bei der Pflichterfüllung annehmen. Mit GROUP messen Knack und Keefer die durchschnittliche Anzahl an Gruppen, zu denen Personen eines Landes gehören. Sie kommen zu dem Ergebnis, dass Vertrauen und gemeinschaftliche Regeln einen positiven Einfluss auf die wirtschaftliche Entwicklung haben. Verbindende Aktivitäten, wie sie in Vereinen zu finden sind, haben hingegen keinen Einfluss auf die wirtschaftliche Leistung, was den Ergebnissen von Putnam (1993) widerspricht. Darüber hinaus finden die Autoren heraus, dass in ihrem Sample Vertrauen und gemeinschaftliche Regeln in jenen Ländern stärker ausgeprägt sind, in denen formale Institutionen wie die Eigentumsrechte und Vertragsrechte stark und in denen die gesellschaftlichen Schichten gleichmäßiger verteilt sind.[303]

In Anlehnung an die Ideen von Weber zeigen Barro and McCleary (2003) in ihrer Untersuchung, dass das Ausmaß an Religiosität einen signifikanten positiven Einfluss auf das Wirtschaftswachstum hat. Demzufolge haben Länder mit einer mehrheitlich protestantischen Bevölkerung bessere Regierungen und ebenso ein höheres Wirtschaftswachstum als Länder mit überwiegend katholischer oder muslimischer Bevölkerung.[304]

In diesem Zusammenhang finden Guiso, Sapienza und Zingales (2003) mit Hilfe der Daten des WVS heraus, dass Vertrauen positiv von der Religionszugehörigkeit beeinflusst wird, wenn für diverse demografische Einflüsse wie Geschlecht, Alter, Bildung, Gesundheit und Gesellschaftsschicht kontrolliert wird. Bereits die Tatsache, dass ein Mensch religiös aufgezogen wurde, hat einen positiven Effekt. Bei Menschen, die einen Gottesdienst besuchen, steigt das Vertrauen nochmals an. Evangelische und katholische Religionszugehörigkeit haben den

303 Vgl. Knack, Stephen; Keefer, Philip (1997), Does Social Capital Have an Economic Payoff? A Cross-Country Investigation, in: Quarterly Journal of Economics, 112(4), S. 1251-1288.

304 Vgl. Barro/McCleary (2003), S. 760.

gleichen positiven Einfluss auf das Vertrauen. Demgegenüber haben die Glaubensrichtungen der Moslems, Hindus und Buddhisten keinen Effekt auf das Vertrauen.[305]

In seiner viel zitierten Studie zeigt Tabellini (2010), dass die Geschichte eine entscheidende Rolle in der wirtschaftlichen Entwicklung eines Landes bis in die Gegenwart spielt. Tabellini zufolge formen historische Ereignisse die Werte, Einstellung und Moral einer Gesellschaft, die sich über die Zeit kaum verändern und somit bis heute das Verhalten der Individuen beeinflussen und im Zuge dessen die wirtschaftliche Entwicklung determinieren. Um diese Zusammenhänge zu untersuchen, benutzt Tabellini Indikatoren zur regionalen Kultur des WVS. Die regionale Unterschiede in den Antworten der Meinungsumfrage des World Value Surveys bezüglich Vertrauen, Achtung vor anderen und wie sicher der Zusammenhang zwischen der individuellen Anstrengung und dem wirtschaftlichen Erfolg ist, können Wirtschaftswachstum erklären. Tabellini instrumentiert die Antworten mit historischen Variablen wie der regionalen Alphabetisierungsrate am Ende des 19. Jahrhunderts und den politischen Institutionen der vergangenen Jahrhunderte. Dabei haben historisch rückständige Regionen mit niedriger Alphabetisierungsrate und mit schlechten politischen Institutionen spezifische kulturelle Charakterzüge wie weniger Vertrauen in andere, weniger Respekt vor anderen und weniger Selbstvertrauen. Jener Teil der Kultur, der durch die Geschichte erklärt werden kann, ist signifikant korreliert mit der aktuellen regionalen Entwicklung. Dabei kontrolliert Tabellini für länderspezifische Effekte, die gegenwärtige regionale Bildung sowie für die früheren Verstädterungsraten. Tabellini zufolge haben weniger Vertrauen, weniger Respekt vor anderen sowie weniger Selbstvertrauen einen negativen Einfluss auf den Pro-Kopf-Output.[306]

In einer weiteren Studie untersuchen Guiso, Sapienza und Zingales (2004) wie wichtig Vertrauen für den bilateralen Handel zwischen den Europäischen Ländern ist. Sie betrachten hierbei den Handel von Gütern und Finanzanlagen sowie ausländische Direktinvestitionen und finden heraus, dass Länder, die dem Handelspartner mehr trauen, auch mehr handeln und mehr ausländische Direktinvestitionen tätigen.[307]

Fernandez und Fogli (2009) untersuchen den Einfluss von Kultur auf die wirtschaftliche Leistung, indem sie das Arbeits- und Fertilitätsverhalten von amerikanischen Frauen, die in der zweiten Generation in den USA leben, in Abhängigkeit

---

305 Vgl. Guiso, Luigi; Sapienza, Paola; Zingales, Luigi (2003), Peoples Opium? Religion and Economic Attitudes, in: Journal of Monetary Economics, 50(1), S. 225-282.

306 Vgl. Tabellini, Guido (2010), Culture and Institutions: Economic Development in the Regions of Europe, in: Journal of the European Economic Association, 8(4), S. 677-716.

307 Vgl. Guiso, Luigi; Sapienza, Paola; Zingales, Luigi (2004), The Role of Social Capital in Financial Development, in: American Economic Review, 94(3), S. 526-556.

von ihrer kulturellen Herkunft analysieren. Sie verwenden dazu die Erwerbsquote der Frauen und die Fertilitätsrate aus den Herkunftsländern als Indikatoren für die Kultur. Beide Variablen haben einen signifikanten Einfluss auf das Arbeits- und Fertilitätsverhalten. Frauen aus Ländern mit niedriger Erwerbstätigenquote arbeiten weniger, und Frauen aus Ländern mit niedriger totaler Fertilitätsquote haben weniger Kinder.[308]

Miegel (1991) kommt in seiner vergleichenden Untersuchung von 26 deutschen Landkreisen zu dem Ergebnis, dass in wirtschaftlich erfolgreichen Regionen die Erfolgsorientierung und die Wettbewerbs- und Durchsetzungskraft der Individuen vergleichsweise hoch ist. Demgegenüber besitzen die leistungsschwachen Regionen eine vergleichsweise starke Gemeinwohlorientierung, bei denen der individuelle Erfolg weniger zählt.[309]

Für die vorliegende Untersuchung ist problematisch, dass die Messbarkeit informeller Institutionen in historischer Perspektive sehr beschränkt ist, da (einmalige) Befragungen wie sie beispielsweise vom Institut für Demoskopie Allensbach seit 1947 durchgeführt werden, keine Basis für eine Paneldatenanalyse bilden. Gleichwohl finden sich diverse Indikatoren, für die mehr Beobachtungszeitpunkte vorliegen und die zudem die Unterschiede in den regionalen informellen Insitutionen wiedergeben können.

Eine Möglichkeit, um einen Eindruck über die unterschiedlichen informellen Institutionen in den westdeutschen Bundesländern zu bekommen, ist den Anteil der CDU/CSU-Wähler bei Landtagswahlen als Indikator für die Kultur der Bundesländer zu verwenden. Unter anderem spiegelt diese Variable die langfristigen Präferenzen der Wähler wieder, die wiederum vom Alter, dem Geschlecht, dem Beruf, der Glaubensrichtung, den Werten und der Haltung des jeweiligen Individuums bestimmt werden. Für die CDU/CSU-Wähler gilt im Allgemeinen, dass sie im Durchschnitt älter (d.h. über 45 Jahre), überwiegend katholischen Glaubens sowie selten Gewerkschaftsmitglieder sind. Hinsichtlich ihrer beruflichen Tätigkeit sind CDU/CSU-Wähler überdurchschnittlich häufig Beamte, leitende Angestellte oder Selbständige.[310] Insbesondere die beiden letztgenannten Eigenschaften deuten darauf hin, dass CDU/CSU-Wähler eine eher wachstumsorientierte Haltung ha-

308 Vgl. Fernandez, Raquel; Fogli, Alessandra (2009), Culture: An Empirical Investigation of Beliefs, Work, and Fertility, in: American Economic Journal: Macroeconomics 2009, 1(1), S. 146–177.

309 Aufgrund einer fehlenden ökonometrischen Fundierung wurde die Problematik der Endogenität in dieser Studie nicht erörtert. Vgl. Miegel, Meinhard (1991), Wirtschafts- und arbeitskulturelle Unterschiede in Deutschland: zur Wirkung außerökonomischer Faktoren auf die Beschäftigung. Eine vergleichende Untersuchung. IWG Bonn.

310 Vgl. Schultze, Rainer-Olaf; Semrau, Frank (2003), Wählerverhalten; in: Andersen/Woyke (Hrsg.), Handwörterbuch des politischen Systems der Bundesrepublik Deutschland, Wiesbaden, S. 589-594.

ben und demnach wachstumsfördernden Maßnahmen offener gegenüber stehen als SPD-Wähler, die vermehrt zu einer verteilungsorientierten Haltung tendieren.[311]

Die Tabelle 105 im Anhang zeigt den Anteil der CDU/CSU-Wähler an allen Wählern bei Landtagswahlen in Prozent. Die Werte zwischen den Landtagswahlen der Bundesländer wurden linear interpoliert.[312]

Tendenziell ist der Anteil der CDU/CSU-Wähler in den meisten Bundesländern bis Ende der 1970er Jahre angestiegen und in den 1980er Jahren gesunken. Die Länder Baden-Württemberg, Bayern und Rheinland-Pfalz hatten die höchsten Anteile an CDU/CSU-Wählern. Demgegenüber hatte Bremen den geringsten Anteil im Betrachtungszeitraum. Die vergleichsweise starke Variabilität dieses Indikators lässt aber daran zweifeln, dass es sich um einen geeigneten Indikator für die kulturellen Unterschiede in den Bundesländern handelt. Scheinbar hängt dieser Indikator neben den oben beschriebenen langfristigen Einflussgrößen in größerem Maß von kurzfristigen Entwicklungen ab, die die Wählerpräferenzen beeinflussen. Zu diesen kurzfristigen Einflussgrößen zählen beispielsweise wirtschaftliche Erwartungen[313], innen- und außenpolitische Geschehnisse, politische Sachfragen, Merkmale des Parteienwettbewerbs sowie Kandidatenalternativen.[314] Demnach unterliegt dieser Indikator aller Wahrscheinlichkeit nach ebenfalls dem Endogenitätsproblem.[315]

Einen weiteren möglichen Indikator für Unterschiede insbesondere im Sozialkapital stellt der Anteil der Verurteilten an der Bevölkerung eines Bundeslandes dar. Hierzu zählen die Verbrechen und Vergehen, die nach § 12 StGB wie folgt definiert werden:

(1) *Verbrechen sind rechtswidrige Taten, die im Mindestmaß mit Freiheitsstrafe von einem Jahr oder darüber bedroht sind.*

(2) *Vergehen sind rechtswidrige Taten, die im Mindestmaß mit einer geringeren Freiheitsstrafe oder die mit Geldstrafe bedroht sind.*

---

311 In der Literatur wird häufig der Einfluss der sozialdemokratischen Partei auf das Wirtschaftswachstum überprüft. Es wird argumentiert, dass ein Bedeutungsgewinn der Sozialdemokraten auf der einen Seite zu mehr Gleichheit und einer stärkeren Bereitstellung öffentlicher Güter – wie Bildung – führen kann, aber auf der anderen Seite auch einen Anstieg der Staatsausgaben und Steuern mit sich bringt, was wiederum wachstumshemmend wirken kann. Vgl. Acemoglu, Daron; Robinson, James (2000), Why did the West extend to franchise? Democracy, inequality, and growth in historical perspective, in: Quarterly Journal of Economics, 115, S. 1167-1199. Lehmann, Sibylle u.a. (2012), Political rights, taxation, and firm valuation – Evidence from Saxony around 1900, FZID Discussion Paper No. 59-2012.

312 Vgl. hierzu auch Tabelle 105 im Anhang.

313 Bill Clinton brachte diesen Zusammenhang 1992 im Wahlkampf zur US-amerikanischen Präsidentschaftswahl mit dem Slogan „The Economy, stupid!“ zum Ausdruck.

314 Vgl. Schultze/Semrau (1997).

315 Vgl. Abschnitt 8.2 für eine ausführliche Erläuterung.

Dieser Indikator ist ein Beispiel für „schlechtes" Sozialkapital, da Kriminelle nicht nur als produktive Arbeitskräfte fehlen, sondern auch Kosten verursachen, indem sie präventive Maßnahmen sowie Strafmaßnahmen nötig machen. Auf diese Weise werden produktive Ressourcen verbraucht, die ohne Kriminalität zur Erwirtschaftung des gesamtwirtschaftlichen Outputs hätten verwendet werden können. Die Kriminalität kann zudem als Sozialkapital verstanden werden, da ihre Ursache unter anderem auch in zerrütteten Familienverhältnissen gesehen werden kann.[316]

Zur Konstruktion dieses Indikators wurden die Verbrechen und Vergehen insgesamt auf die Bevölkerung der Bundesländer bezogen. Der Anteil der Verurteilten an der Bevölkerung schwankte im Betrachtungszeitraum stark und nahm in allen Bundesländern tendenziell zu, wie Tabelle 106 im Anhang verdeutlicht. Zu den Ländern mit einem niedrigen Anteil an Verurteilten zählten insbesondere bis Mitte der 1970er Jahre das Saarland und Schleswig-Holstein. Demgegenüber hatten die Länder Bayern und Baden-Württemberg zu Beginn des Betrachtungszeitraums einen vergleichsweise hohen Anteil an Verurteilten, der jedoch über die Zeit hinweg abnahm. Seit Mitte der 1960er Jahren hatten die Stadtstaaten Bremen und Berlin die meisten Verurteilten bezogen auf die Bevölkerung. Aber auch in Hamburg nahm der Anteil immer weiter zu. Seit Mitte der 1970er Jahre hatte Hessen den niedrigsten Anteil an Verurteilten in der Bevölkerung. Insgesamt sank seit Mitte der 1980er Jahre der Anteil in allen Flächenstaaten gleichermaßen. Hinsichtlich der bevorstehenden Regressionsanalyse ist jedoch davon auszugehen, dass dieser Indikator ebenfalls nicht dafür geeignet ist, langfristig konstante Werte im Sinne des Sozialkapitalbegriffs widerzuspiegeln. Dieser Indikator ist vermutlich sehr stark von der kurzfristigen ökonomischen Situation in den Bundesländern getrieben und schwankt somit mit der konjunkturellen Entwicklung. Dieser Zusammenhang fällt ebenfalls unter das bereits benannte Endogenitätsproblem.[317]

Ebenso kann der häufig verwendete Kultur-Indikator die Religionszugehörigkeit für die westdeutschen Bundesländer bestimmt werden. Die nachstehende Tabelle gibt den Anteil der Angehörigen der katholischen Kirche an der Bevölkerung für die Berichtsjahre 1950, 1961, 1971 und 1987 wieder. Der Anteil der Angehörigen der katholischen Kirche an der gesamten Bevölkerung hat über den gesamten Betrachtungszeitraum kaum variiert, genauso wie es von einem Indikator für informelle Institutionen gefordert wird.

Bundesländer mit überwiegend katholischer Bevölkerung waren im Betrachtungszeitraum Bayern, das Saarland und Rheinland-Pfalz. Aber auch in

316 Vgl. Albrecht, Hans-Jörg; Entorf, Horst Dieter (2003), Kriminalität, Ökonomie und Europäischer Sozialstaat, Heidelberg.

317 Vgl. hierzu Abschnitt 8.2.

Tabelle 38 Anteil der Angehörigen zur katholischen Kirche an der gesamten Bevölkerung der Bundesländer in Prozent

Bundesland	1950	1961	1970	1987
Baden-Württemberg	40	46	47	45
Bayern	57	70	70	67
Berlin	-	12	12	13
Bremen	9	10	10	10
Hamburg	7	7	8	9
Hessen	21	32	33	30
Niedersachsen	11	19	20	20
Nordrhein-Westfalen	52	52	52	49
Rheinland-Pfalz	59	56	56	54
Saarland	69	72	74	73
Schleswig-Holstein	3	6	6	6

Quelle: Siehe Tabelle 107 im Anhang.

Nordrhein-Westfalen gehörte etwa die Hälfte der Bevölkerung der katholischen Kirche an. In Rheinland-Pfalz und Nordrhein-Westfalen hat der Anteil der Angehörigen der katholischen Kirche im Zeitablauf abgenommen. In Bayern, Baden-Württemerg und Hessen ist der Anteil der Katholiken zunächst angestiegen und zwischen 1970 und 1987 wieder gesunken.

Um diese Variable in der folgenden Paneldatenanalyse verwenden zu können, müssen die Werte zwischen den Beobachtungspunkten geschätzt werden, was aufgrund der vergleichsweise hohen Konstanz der Werte kein Problem darstellen sollte. Die Ergebnisse dieser Schätzung sind in der Tabelle 107 im Anhang wiedergeben.

Schließlich ist nach Blume (2009) die Wahlbeteiligung der Bevölkerung bei der Bundestagswahl ein möglicher Indikator für postmaterialistische bzw. zivilgesellschaftliche Werte (*civic norms*).[318] Auch für die westdeutschen Bundesländer kann dieser Indikator herangezogen werden. Die nachstehende Tabelle gibt die Wahlbeteiligung bei Bundestagswahlen in Prozent wieder. Die Wahlbeteiligung variierte relativ wenig zwischen den Bundesländern und über die Zeit. Auffallend ist jedoch die vergleichsweise geringe Wahlbeteiligung in den beiden süddeutschen Bundesländern bei allen Wahlen zum deutschen Bundestag in der Zeit von 1949 bis 1990.

Dieser Indikator erscheint aufgrund seiner geringen Variabilität ebenfalls geeignet zu sein informelle Institutionen abbilden zu können. Jedoch unterliegt auch diese Variable dem Problem der Endogenität, da sich der Theorie zufolge der Postmaterialismus mit zunehmendem Wohlstand einzustellen scheint.

318 Vgl. Blume (2009), S. 107 f.

Tabelle 39 Wahlbeteiligung zur Bundestagswahl in den Bundesländern in Prozent

Jahr	BW	BA	BE	HB	HH	HE	NS	NRW	RP	SA	SH
1949	70,6	81,1		81,9	81,2	77,3	77,7	79,6	79,6		82,7
1953	81,8	85,8		87,4	87,4	86,7	88,7	86,0	86,0		88,5
1957	84,4	87,7		88,7	89,2	89,1	89,0	88,0	88,3	89,3	88,3
1961	84,8	87,2		88,2	88,6	89,2	88,5	88,4	88,2	87,7	88,0
1965	84,8	85,9		86,1	86,4	87,4	87,3	87,6	88,0	89,2	85,9
1969	85,1	85,2		86,3	87,6	88,2	87,5	87,3	87,0	89,1	86,0
1972	90,2	89,8		91,0	92,9	91,7	91,4	91,8	91,6	92,9	90,5
1976	89,1	89,6		90,0	91,1	91,6	91,4	91,3	91,5	92,9	90,6
1980	86,6	87,6		87,8	88,8	89,9	89,3	89,0	89,9	90,6	89,0
1983	88,4	87,6		88,3	88,7	90,2	89,6	89,5	90,4	90,6	89,2
1987	83,1	81,7		82,7	83,0	85,7	85,0	85,4	86,7	87,3	84,4
1990	77,4	74,4	80,6	76,5	78,2	81,1	80,6	78,7	81,7	85,1	78,6

Quelle: Siehe Tabelle 108 im Anhang.

Schließlich müssen auch für diesen Indikator die fehlenden Werte zwischen den Bundestagswahlen für die spätere Paneldatenanalyse linear geschätzt werden. Die vollständigen Daten sind in Tabelle 108 im Anhang vermerkt.

7.6 Geografische Besonderheiten der Bundesländer

Die Geographie wird neben der Offenheit und den Institutionen als dritte fundamentale Wachstumsdeterminante genannt. Als geografische Besonderheit, die einen Einfluss auf die Produktivität der Bundesländer zu haben scheint, wird in dieser Untersuchung die Ausstattung mit natürlichen Ressourcen gezählt.

Ende des 18. und im 19. Jahrhundert war das Vorhandensein natürlicher Ressourcen eine wichtige Voraussetzung für eine rasche Industrialisierung etwa in Großbritannien, Deutschland (Ruhrgebiet) oder den USA. Doch mit der Verbesserung der Transportmöglichkeiten hatten die Vorkommen von natürlichen Ressourcen spätestens seit Mitte des 20. Jahrhunderts kaum noch einen Einfluss auf die Standortwahl von Unternehmen und somit auf die wirtschaftliche Leistungsfähigkeit einer Region. Die Kohlevorkommen verloren aufgrund von alternativen Energiequellen wie Erdöl, Erdgas und Kernkraft an Bedeutung. Zudem sanken die Transportkosten weiter, sodass auch rohstoffarme Länder leicht mit Energie versorgt werden konnten und rohstoffreiche Länder ihren Wettbewerbsvorteil verloren.[319]

319 Vgl. Beispielsweise Lindlar (1997), S. 305 f. sowie Rostow, Walt W. (1971), The Stages of Economic Growth: A Non-Communist Manifesto, Second Edition, Cambridge.

Neuere Studien haben nun gezeigt, dass der Reichtum an natürlichen Ressourcen das langfristige Wirtschaftswachstum eher hemmt als fördert.[320] Untersuchungen zu diesem Thema konzentrieren sich meist auf Entwicklungsländer, die oftmals eine reiche Ausstattung an natürlichen Ressourcen besitzen, aber kein langfristiges Wirtschaftswachstum realisieren können.

Der Ressourcenreichtum eines Landes kann auf ganz unterschiedliche Weise gemessen werden. Gylfason, Herbertsson und Zoega (1999) verwenden in ihrer Untersuchung von 125 Ländern über den Zeitraum von 1960 bis 1992 beispielsweise den Beschäftigtenanteil im primären Sektor sowie den Exportanteil an Rohstoffen, um den Einfluss des Ressourcenreichtums auf das Wirtschaftswachstum zu bestimmen. Ein Anstieg des Beschäftigtenanteils im primären Sektor führt in ihrer Untersuchung zu einem signifikanten Rückgang des Wachstums des Pro-Kopf-Einkommens. Den gleichen negativen Einfluss hat auch der Indikator Exportanteil an Rohstoffen auf das Wirtschaftswachstum.[321]

Problematisch bei dem Indikator Beschäftigtenanteil im primären Sektor ist, dass er neben der reichlichen Ausstattung an natürlichen Ressourcen ebenso ein Maß für den sektoralen Strukturwandel darstellt. Demnach kann der Anteil an landwirtschaftlichen Beschäftigten nicht nur auf die Ressourcenausstattung, sondern auch auf ein bestimmtes Stadium im sektoralen Strukturwandel zurückgeführt werden.

In der Untersuchung von Wood und Berge (1994) wird die Ressourcenausstattung je Arbeiter mit Hilfe der gesamten Landfläche im Verhältnis zur erwachsenen Bevölkerung gemessen.[322]

Sachs und Warner (1995) gehörten ebenfalls zu den ersten, die den negativen Zusammenhang zwischen den Vorkommen an natürlichen Ressourcen wie Öl und Wirtschaftswachstum empirisch belegt haben, wobei sie ebenso für andere strukturelle Merkmale der Länder kontrolliert haben. In ihrer Untersuchung konnten sie einen negativen Zusammenhang zwischen hohen Exportquoten an natürlichen Ressourcen im Jahr 1971 und dem Wirtschaftswachstum in der Folgezeit von 1971 bis 1989 nachweisen. [323]

Auty (1998) nutzt einen dualen Indikator bestehend aus der Ackerfläche pro Kopf und der Landesgröße – gemessen mit Hilfe des absoluten BIP. Letzterer Indikator dient als Index für das Ausmaß der heimischen verarbeitenden Indust-

320 Vgl. Frankel, Jeffrey (2010), The Natural Resource Curse: A Survey (HKS Faculty Research Working Paper, RWP 10-005),

321 Vgl. Gylfason, Thorvaldur; Herbertsson, Trygvvi; Zoega, Gylfi (1990), A Mixed Blessing. Natural Resources and Economic Growth, in: Macroeconomic Dynamics, 3(2), S. 204-225.

322 Vgl. Wood, Adrian; Berge, Kersti (1994), Exporting Manufactures: Human Resources, Natural Resources, and Trade Policy, in: Journal of Development Studies, 34(1), S. 35-59.

323 Vgl. Sachs, Jeffrey; Warner, Andrew (1995), Natural Resource Abundance and Economic Growth, NBER Working Paper Series, Working Paper No. 5398.

rie. Er zeigt in seiner Untersuchung, dass ressourcenreiche Länder ihr Wachstum überwiegend aus der Ausschöpfung ihres Natur-Kapitals erzeugen und unterdurchschnittlich in Real- und Humankapital investieren. Die mangelnde Förderung von Humankapital führt darüber hinaus zu Ungleichheit, die wiederum einen negativen Einfluss auf das Wirtschaftswachstum hat.[324]

Dementsprechend scheinen sich Länder häufig auf ihrer reichen Ausstattung an natürlichen Ressourcen auszuruhen, anstatt in langfristige Wachstumsmotoren wie etwa stabile Institutionen, Innovationen und Humankapital zu investieren. Fällt schließlich die natürliche Ressource als Wachstumsmotor weg oder erlebt einen Nachfrageeinbruch, hat das Land keine Basis um weiteres Wirtschaftswachstum zu generieren. Nur wenige ressourcenreiche Länder haben es geschafft neben der Nutzung ihrer natürlichen Ressourcen auch in andere langfristige Wachstumsbereiche zu investieren. Zu diesen erfolgreichen Ausnahmen zählen beispielsweise Norwegen oder Botswana, die anscheinend über ein ausreichendes Maß an Disziplin und Weitsicht verfügen.

Dieser negative Einfluss von natürlichen Ressourcen auf das Wirtschafts- und Produktivitätswachstum kann auch für die westdeutschen Bundesländer vermutet werden.

So besitzen Nordrhein-Westfalen und das Saarland hohe Rohstoffvorkommen, die ihnen einst hohes Wirtschaftswachstum beschert haben. Mittlerweile zählen diese Länder jedoch zu den Schlusslichtern in der wirtschaftlichen Entwicklung der Bundesländer. Demgegenüber vollzog sich in rohstoffarmen Bundesländern wie etwa Baden-Württemberg vergleichsweise spät die Industrialisierung. Seither ist dieses Bundesland jedoch überdurchschnittlich erfolgreich. Möglicherweise haben sich die rohstoffreichen Länder Nordrhein-Westfalen und das Saarland auf ihrem Reichtum ausgeruht und somit eine einseitige Wirtschaftsstruktur geschaffen und beibehalten. Im Zuge des Niedergangs der Montanindustrie ist auch die wirtschaftliche Leistungskraft dieser beiden Länder zurückgegangen. In den 1950er Jahren wurde im Kohlenbergbau noch ein zukunftsträchtiger Wirtschaftszweig gesehen, der die zukünftige Energieversorgung der BRD sicherstellen sollte. Doch bereits Ende der 1950er Jahre begann die Krise und der Niedergang des Bergbaus als importierte Kohle und Öl die heimische Kohle zu verdrängen begann. Die Gründung der Ruhrkohle AG 1968 sollte die bevorstehende Anpassung an die neuen Gegebenheiten des Energiemarktes sozial verträglich gestalten.[325] Es wird vermutet, dass die Schrumpfung der Montanindustrie aufgrund der Intervention der Interessengruppen, die

---

324 Vgl. Auty, Richard (1998), Resource Abundance and Economic Development, Improving the Performance of Resource-Rich Countries, Research for Action 44.

325 Vgl. Abelshauser (2005), S. 200-214.

unter anderem zu hohen Subventionen[326] führte, zu langsam vonstatten gegangen ist und zudem versäumt wurde, in alternative zukunftsträchtige Branchen zu investieren.

Für diesen denkbaren Zusammenhang wird in der empirische Analyse ebenfalls kontrolliert. Der mögliche negative Effekt eines großen primären Sektors auf die Produktivität, wie er häufig in Entwicklungsländern beobachtet wird, wird hier im Rahmen des sektoralen Strukturwandels berücksichtigt. Demnach kann der Einfluss, den der Rückgang der Erwerbstätigkeit im primären Sektor ausgeübt hat, nicht nur im Sinne des sektoralen Strukturwandels interpretiert werden, sondern kann auch als geografische Besonderheit der Bundesländer gedeutet werden. An dem erwarteten Ergebnis ändert sich jedoch nichts: einem hohen Anteil an Erwerbstätigen im primären Sektor wird ein negativer Effekt auf die Produktivität zugesprochen.

In dieser Untersuchung wird die Ausstattung mit natürlichen Ressourcen mit Hilfe der Beschäftigten im Bergbau je 10.000 Erwerbstätiger gemessen. Die Abbildung 40 verdeutlicht, dass, wie bereits erwähnt, zwei Bundesländer über vergleichsweise hohe Vorkommen an natürlichen Ressourcen im Betrachtungszeitraum verfügten: Nordrhein-Westfalen und das Saarland. Für das Saarland liegen Werte erst ab 1958 vor. Die Zeitreihen enden für alle Bundesländer im Jahr 1985. In Nordrhein-Westfalen nahm der Anteil der Beschäftigten im Bergbau bis 1953 noch leicht zu. Anschließend ging der Beschäftigtenanteil zurück.

Abbildung 40 Anteil der Beschäftigten im Bergbau je 10.000 Erwerbstätiger der Bundesländer, 1950-85

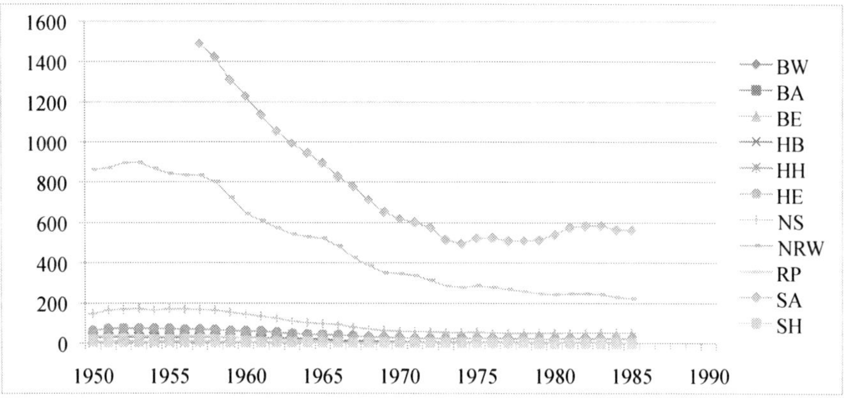

Quelle: Siehe Tabelle 110 im Anhang.

326 Ende der 1980er Jahre beliefen sich die direkten und indirekten Subventionen auf 17,5 Mrd. DM. Vgl. Abelshauser (2005), S. 214.

Im Saarland reduzierte sich der Anteil der Beschäftigten im Bergbau zwischen 1958 und 1974 besonders stark. In der Folgezeit stieg der Beschäftigtenanteil wieder leicht an. Dies kann vermutlich auf die Ölpreiskrisen zurückgeführt werden, die aufgrund der stark gestiegenen Preise für Heizöl die Kohle wieder wettbewerbsfähiger gemacht haben. In diesem Zusammenhang wurde auch von einer „Renaissance der Kohle“ gesprochen.[327]

Gleichwohl lag im Betrachtungszeitraum im Bergbau die geringste totale Faktorproduktivität vor, wie die Tabelle 109 im Anhang verdeutlich. Angaben zur Berechnung der TFP auf Industrieebene sind lediglich für die gesamte BRD vorhanden. Zwar stieg die TFP im Bergbau sowie in den übrigen Bereichen der Industrie im Betachtungszeitraum an, doch lag das Niveau der TFP im Bergbau weit unter den Produktivitätsniveaus der anderen Bereiche. Demnach wird erwartet, dass die Bundesländer, in denen der Bergbau einen hohen Anteil an der gesamten Industrie ausgemacht hat, auch über eine vergleichsweise niedrige TFP der Gesamtwirtschaft verfügt haben. Von einem hohen Beschäftigtenanteil im Bergbau wird also erwartet, dass er einen negativen Einfluss auf die Entwicklung der Produktivität hat.

7.7 Zwischenfazit zur empirischen Analyse der Produktivitätsdeterminanten

Im Kapitel 7 wurden unterschiedliche Indikatoren für die Determinanten der Produktivität diskutiert, die in zahlreichen empirischen Untersuchungen angewendet wurden. Dabei können für die vorliegende Analyse nicht immer die vorgeschlagenen Variablen herangezogen werden, da die Datenverfügbarkeit im Betrachtungszeitraum und in der angestrebten Untersuchungsebene vergleichsweise beschränkt ist. Gleichwohl können die folgenden Variablen nicht nur als sinnvoll angesehen werden, sondern sind auch in Form von Zeitreihen für die westdeutschen Bundesländer vorhanden.

Zur Bestimmung des Einflusses der Innovationsfähigkeit und des Wissens auf die Produktivität wird der Patentstock pro Kopf sowie als alternatives Maß der F&E-Kapitalstock bezogen auf das BIP verwendet. Es wird erwartet, dass für beide erklärenden Variablen ein positiver Effekt auf die Produktivität der Bundesländer besteht.

Das Humankapital wird in dieser Untersuchung mit dem potenziellem tertiären Humankapitalstock approximiert. Auch für diese Determinante der Produktivität wird ein positiver Einfluss erwartet.

327 Vgl. Abelshauser (2005), S. 211.

Die Reallokation der Ressourcen hat in dieser Analyse zwei Bestandteile. Der sektorale Strukturwandel, der mit Hilfe des Erwerbstätigenanteils in der Landwirtschaft gemessen wird, sowie die regionale Mobilität, die mittels der Binnenwanderung bezogen auf Bevölkerung der Länder approximiert wird, sind im Betrachtungszeitraum die Hauptbestandteile der Reallokation der Ressourcen auf Bundesländerebene. Hierbei wird vermutet, dass der Anteil der Erwerbstätigen im primären Sektor einen negativen und die Binnenwanderung einen positiven Effekt auf die Produktivität hatten. Für die Binnenwanderung bedeutet dies, dass Abwanderungsländer einen Überschuss an Bevölkerung und somit Erwerbstätigen hatten und durch die Abwanderung die Produktivität gestiegen ist. In den Zuwanderungsländern herrschte ein Mangel an Erwerbstätigen, der durch die Zuwanderung ausgeglichen wurde und eine Vollauslastung sowie ein weiteres Wachstum der Wirtschaft ermöglicht hat.

Der Einfluss der Offenheit auf die Produktivität kann mit Hilfe der Exportquote bestimmt werden. Es wird ein positiver Zusammenhang zwischen der Offenheit und der Entwicklung der Produktivität auf Bundesländerebene erwartet.

Darüber hinaus wird der Versuch unternommen den Einfluss der Kultur auf die Produktivität mit Hilfe unterschiedlicher Variablen zu bestimmen. Hierzu werden der Anteil der CDU/CSU-Wähler bei Landtagswahlen, der Anteil der Verurteilten an der Bevölkerung, der Anteil der Angehörigen der katholischen Kirche sowie die Wahlbeteiligung bei Bundestagswahlen in die Analyse mit eingeschlossen. Der Anteil der Veruteilten, der als Indikator für schlechtes Sozialkapital dienen soll, sowie der Anteil der katholischen Bevölkerung sollten einen negativen Effekt auf die Produktivität der Bundesländer haben. Von den CDU/CSU-Wählern bei Landtagswahlen wird ein positiver Einfluss erwartet. Die Wirkung der Wahlbeteiligung als Indikator für die postmaterialistischen Werte auf die Produktivität ist nicht eindeutig vorhersagbar.

Schließlich können die geografischen Besonderheiten der Bundesländer auf die Ausstattung mit natürlichen Ressourcen reduziert werden. Die natürliche Ressourcenausstattung wird mit dem Beschäftigtenanteil im Bergbau gemessen, von dem ein negativer Einfluss auf die Produktivität erwartet wird.

Im folgenden Kapitel wird nun im Rahmen einer Regressionsanalyse der Einfluss jeder dieser Variablen auf die Produktivität der Bundesländer überprüft, während gleichzeitig für den Einfluss aller übrigen Variablen kontrolliert wird.

Es bleibt weiterhin die Frage zu klären, welche dieser Variablen die Entwicklung der Produktivität auf Bundesländerebene erklären können. Der Fokus liegt auf der zweigeteilten Entwicklung der Produktivität im Betrachtungszeitraum, wonach es seit Mitte der 1960er Jahre zu keiner weiteren Konvergenz der Produktivitätsniveaus gekommen ist.

8 Regressionsanalyse

In diesem Kapitel wird nun der Einfluss der Determinanten auf die Produktivität mit Hilfe einer Regressionsanalyse bestimmt. Dabei werden die I = 11 westdeutschen Bundesländer über einen Zeitraum von T = 41 Jahren (von 1950 bis 1990) in die Analyse einbezogen. Hieraus ergibt sich ein sogenanntes langes Panel oder auch ein Time-Series-Cross-Section Datensatz (TSCS-Datensatz), bei dem die beobachteten Zeitpunkte T die beobachteten Untersuchungseinheiten I deutlich überschreiten (T > I). Im ersten Abschnitt dieses Kapitels werden die möglichen Probleme, die ein solcher TSCS-Datensatz mit sich bringt, diskutiert und zudem eine auf diese Datenstruktur zugeschnittene Methode vorgestellt. Anschließend wird die Problematik der Endogenität und der Multikollinearität sowie deren Lösungsmöglichkeiten dargelegt. Im Abschnitt 8.4 werden die Ergebnisse der Regressionsanalyse ausführlich erläutert.

8.1 Methodik zur Time-Series-Cross-Section Datenanalyse

Das Ziel einer Regressionsanalyse ist, die Ausprägung einer Größe (y) durch die Ausprägung anderer Größen (x_k) zu erklären. Dabei liegt der Regressionsanalyse für gewöhnlich das folgende Modell zugrunde

(36) $y_{it} = \beta_0 + \beta_1 x_{it1} \beta_2 x_{it2} + ... + \beta_k x_{itk} + \varepsilon_k$, mit $i = \{1,..., I\}$, $t = \{1,..., T\}$, $k = \{1,..., K\}$

mit den verschiedenen beobachteten unabhängigen Variablen x_{itk}, mit deren Hilfe die Ausprägungen der abhängigen Variable y_{it} erklärt werden sollen. Der Index i steht für die Beobachtungseinheit (hier: Bundesland) und t für die Periode (hier: Jahr). Es werden insgesamt K unabhängige Variablen in die Regression aufgenommen. Der β-Koeffizient gibt den Einfluss bei einer Änderung der zugehörigen unabhängigen Variable auf die abhängige Variable wieder, wobei die übrigen unabhängigen Variablen konstant gehalten werden. β_0 ist der Achsenabschnitt und ε_{it} ist der Störterm, in dem alle nicht durch das Modell erklärten Einflüsse erfasst werden. Die Störterme sollten annahmegemäß für alle Beobachtungen

- eine konstante Varianz (Homoskedastie: var (ε_{it}) = σ^2)
- einen Erwartungswert von Null (E (ε_{it}) = 0) besitzen sowie
- nicht korreliert sein (Freiheit von Autokorrelation, cov (ε_{is}, ε_{it}) = 0).

In dieser Hinsicht bergen TSCS-Daten spezielle Probleme, die dazu führen, dass die Methode der Kleinsten Quadrate (KQ) keinen besten linearen unverzerrten Schätzer liefert. Das heißt, dass der KQ-Schätzer ineffizient ist und die Standardfehler nicht korrekt sind.[328] Problematisch sind bei den vorliegenden TSCS-Daten insbesondere die beiden Annahmen zur Homoskedastie und zur Autokorrelation. Es können die folgenden drei Probleme auftreten:

1. Panel-Heteroskedastie: die Varianz kann sowohl für eine Beobachtungseinheit im Zeitablauf, als auch zwischen den verschiedenen Einheiten unterschiedlich sein. Jedes Land kann demnach seine eigene Fehlervarianz haben.
2. Kontemporäre Korrelation der Störterme: ein Schock zu einem bestimmten Zeitpunkt, der vom Modell nicht erfasst wird, kann sich auf alle Beobachtungseinheiten gleichermaßen auswirken. Der Störterm des einen Landes kann mit den Störtermen anderer Länder im gleichen Jahr korreliert sein.
3. Serielle Korrelation der Störterme: ein exogener Schock wirkt sich eine oder mehrere Perioden auf den Störterm einer einzelnen Untersuchungseinheit aus. Der Störterm eines Landes kann demnach mit den Störtermen aus früheren Zeitpunkten korreliert sein.

Den Empfehlungen von Beck und Katz (1996, 2004, 2011) folgend wird ein Modell mit korrekt geschätzten Standardfehlern (*panel corrected standard errors, PCSE*) angewendet, das sowohl für Panel-Heteroskedastie sowie für kontemporäre Korrelation der Störterme kontrolliert.[329] Die Autoren schlagen im Rahmen dieses Verfahrens vor, die korrekten Standardfehler mit Hilfe der OLS-Residuen aus der Regression zu schätzen. Die Residuen (der Schätzfehler) $\hat{\varepsilon}_{it}$ lassen sich aus den Abweichungen zwischen den mittels OLS geschätzten Werten der abhängigen Variablen $\hat{y}_{it}$ und ihren beobachteten Werten y_{it} berechnen.

(37) $\hat{\varepsilon}_{it} = y_{it} - \hat{y}_{it}$

Da die OLS-Schätzer für die verschiedenen β konsistent sind, sind es somit auch die Schätzfehler.[330] Zudem liefert die PCSE-Methode auch dann sehr gute Ergeb-

328 Vgl. Beck, Nathaniel (2001), Time-Series-Cross-Section Data: What Have We Learned in the Past Few Years?, in: Annual Review of Political Science, 4(1), S. 271-293, hier S. 274 f.

329 Statistische Tests haben ergeben, dass Panel-Heteroskedastie und kontemporäre Korrelation in diesem Datensatz vorliegen. Vgl. hierzu Baum, Christoph (2001), Residual diagnostics for cross-section time series regression models, in: Stata Journal, 1(1), S. 101-104.

330 Vgl. Beck, Nathaniel; Katz, Jonathan (1995), What to do (and not to do) with time-series cross-section data, in: American Political Science Review, 89(3), S. 638.

nisse, wenn Panel-Heteroskedastie sowie kontemporäre Korrelation der Störterme gar nicht vorliegen.[331]

Um darüber hinaus die Problematik der seriellen Korrelation der Störterme zu lösen, können zwei alternative Ansätze verfolgt werden. Zum einen kann die verzögerte abhängige Variable y_{it-1} (*lagged dependent variable*: LDV) als erklärende Variable in das Modell aufgenommen werden und zum anderen kann ein Autokorrelationsparameter mit Hilfe der Software STATA direkt geschätzt werden. Hierbei wird angenommen, dass die Verteilung des Störterms einem autoregressiven Prozess erster Ordnung (AR(1)-Prozess) folgt:

$$(38) \quad u_{it} = \rho_1 u_{it-1} + \varepsilon_{it}$$

Dabei ist ε_{it} eine Folge von unabhängig und identisch verteilten Zufallsvariablen mit einem Erwartungswert von Null und konstanter Varianz. Der Störterm ε_{it} erfüllt nun die Gauss-Markov-Annahmen, die für die Anwendung von OLS notwendig sind. Wenn $|\rho| < 1$ gilt, dann handelt es sich um einen stabilen AR(1)-Prozess. Umso größer ε_{it} und $|\rho|$ sind, desto länger wirkt sich ein Schock auf die Untersuchungseinheit aus.[332]

Bei der Anwendung der ersten Methode ist zu beachten, dass die verwendete verzögerte abhängige Variable (LDV) die Regressionsergebnisse dominieren würde. Das bedeutet, dass die LDV scheinbar einen großen Einfluss auf die abhängige Variable hat. Zur Klärung der Fragestellung, welche der Determinanten nun die Produktivität entscheidend beeinflussen, trägt diese LDV nicht bei. Aus diesem Grund raten Beck und Katz (2004):

> „*[...] those who estimate LDV models must remember not to interpret the ϕ [regression] coefficient [...] causally, that is not to conclude that a unit change in last year's y causes (whatever that means) a ϕ unit change in current y.*“[333]

Demgegenüber warnen Plümper, Troeger und Manow (2005) sogar vor der Hinzunahme einer LDV (und/oder Zeitdummies), da diese wenig Raum für die Erklärungskraft der unabhängigen Variablen ließe. Die LDV spiegelt nämlich nicht nur einen zeitlich andauernden Trend der abhängigen Variablen wider, sondern nimmt den gleichen zeitlich andauernden Trend für alle unabhängigen Variablen an. Demnach tendiert der Koeffizient der LDV dazu, überschätzt und die Koef-

331 Vgl. Beck/Katz (1995). Beck, Nathaniel; Katz, Jonathan (2004), Time-Series-Cross-Section Issues: Dynamics (Draft of July 24, 2004). Beck, Nathaniel; Katz, Jonathan (2011), Modeling Dynamics in Time-Series-Cross-Section Political Economy Data, in: Annual Review of Political Science, 14(1), S. 311-352.

332 Vgl. Wooldridge, Jeffrey (2008), Introductory Econometrics: A modern Approach, International edition of 4th revised edition, Mason Ohio, S. 380

333 Vgl. Beck/Katz (2004), S. 18.

fizienten der unabhängigen Variablen dazu, unterschätzt zu werden, wenn die LDV einen allgemeinen Trend wiedergibt, jedoch nur eine oder mehrere unabhängige Variablen überhaupt einen dauerhaften Einfluss besitzen.[334]

Deshalb wird in dieser Untersuchung auf die Hinzunahme einer LDV verzichtet und im Gegenzug ein Autokorrelationsparameter direkt geschätzt. Zusätzlich kann nun die Art der Autokorrelation, die angenommen wird, in STATA bestimmt werden. Es können drei Varianten unterschieden werden: keine Autokorrelation, eine konstante Autokorrelation für alle Zeitreihen (hierbei weisen alle Zeitreihen die gleiche Höhe der seriellen Autokorrelation der Störterme auf) sowie separate Autokorrelation für alle Zeitreihen. Der Störterm folgt dabei jeweils einem autoregressiven Prozess erster Ordnung.

In dem hier betrachteten Datensatz bedeutet Autokorrelation, dass beispielsweise der Zweite Weltkrieg jeweils Auswirkungen auf die einzelnen Bundesländer hatte und noch über einige Zeit nachgewirkt hat. Dieser Einfluss wird aber nicht direkt im Modell erfasst und schlägt sich somit im Störterm nieder. Bei einer konstanten Autokorrelation wird für alle Bundesländer der gleiche Autokorrelationskoeffizient angenommen. Jedoch kann es sinnvoll sein, für die Bundesländer unterschiedliche Autokorrelationskoeffizienten zu schätzen, da sich die Länder auch unterschiedlich schnell von einem exogenen Schock wie etwa vom Zweiten Weltkrieg erholt haben. Wie bereits oben gezeigt wurde, wurden die Länder unterschiedlich stark zerstört und haben beispielsweise unterschiedlich viele Flüchtlinge und Vertriebene aufgenommen. Demgegenüber könnte argumentiert werden, dass im Rahmen einer Regression, bei der für alle Bundesländer die gleichen Koeffizient für die erklärenden Variablen geschätzt werden, es nicht sinnvoll ist, jedem Land einen eigenen Autokorrelationsterm zuzuerkennen.

Da es keine eindeutiges Für oder Wider zur Art der Autokorrelation gibt, wird in den hier vorgenommenen Regressionen sowohl ein gemeinsamer sowie ein separater Autokorrelationsterm für jedes Bundesland berechnet. Auf diese Weise können mögliche Unterschiede erkannt werden.

Schließlich müssen die Unterschiede berücksichtigt werden, die zwischen den Bundesländern bestehen und nicht durch die unabhängigen Variablen im Modell erfasst werden (können). Der Störterm setzt sich in diesem Fall aus den folgenden zwei Komponenten zusammen:

(39) $\varepsilon_{it} = \alpha_i + u_{it}$

Dabei ist α_i der für die Beobachtungseinheit spezifische Teil und u_{it} der unabhängige Teil. Sind die Ausprägungen von α_i unabhängig von der Verteilung des Feh-

334 Vgl. Plümper, Thomas; Troeger, Vera; Manow, Philip (2005), Panel data analysis in comparative politics: Linking method to theory, in: European Journal of Political Research, 44(2), S. 334-343.

lers u_{it} und normalverteilt, dann handelt es sich um einen sogenannten Random Effekt (RE). Ist α_i jedoch nicht unabhängig, dann wird für jede Beobachtungseinheit – das Bundesland – ein konstanter Effekt über die Zeit angenommen. Man spricht vom sogenannten fixen Effekt (FE).

Für die in dieser Untersuchung vorliegenden TSCS-Daten wurde ein Hausman-Test durchgeführt, nach dem ein Modell mit fixen Effekten einem Modell mit Random Effekt vorzuziehen ist. Aus diesem Grund werden fixe Effekte für die Bundesländer in der Regression berücksichtigt und jede Beobachtungseinheit hat dementsprechend einen eigenen Achsenabschnitt $\beta_0 + \alpha_i$.

Jedoch birgt die unbedachte Hinzunahme fixer Effekte für alle I-1 Beobachtungseinheiten das Problem, dass diese fixen Effekte Niveauunterschiede zwischen den Beobachtungseinheiten völlig aufnehmen. Der Grund ist, dass fixe Effekte konstante Variablen von der Analyse ausschließen und sich langsam verändernde Variablen daran hindern, ihren Einfluss auf die abhängige Variable zu zeigen. Wenn also Niveauunterschiede zwischen den Beobachtungseinheiten (insbesondere bei den Variablen für informelle Institutionen) vermutet werden und diese Unterschiede mit Hilfe konstanter bzw. über die Zeit kaum variierenden erklärenden Variablen gemessen werden, dann dürfen keine fixen Effekte eingefügt werden. Demgegenüber besteht aber weiterhin die Gefahr der Verzerrung aufgrund von ausgelassenen Variablen (*omitted variable bias*), falls im Modell für fixe Effekte kontrolliert werden muss, diese aber nicht in die Regression mit einbezogen werden.[335]

Um dieser Problematik zu begegnen, werden fixe Effekte in drei verschiedenen Spezifikationen integriert. In der ersten Spezifikation wird lediglich ein fixer Effekt für das Bundesland Berlin hinzugefügt. Berlin nimmt zweifelsohne eine Sonderstellung unter den westdeutschen Bundesländern ein, für die auf jeden Fall kontrolliert werden sollte. Die zweite Spezifikation beinhaltet fixe Effekte für die Stadtstaaten, die sich ebenfalls aufgrund der bereits genannten strukturellen Besonderheiten von den übrigen Flächenstaaten abheben. In der letzten Spezifikation werden fixe Effekte für alle I-1 Beobachtungseinheiten berechnet.[336]

Überdies werden alle Variablen der Regression logarithmiert, wonach ein sogenanntes log-log Modell vorliegt. Dabei wird der natürliche Logarithmus (ln) aller ursprünglichen Variablen genommen. Auf diese Weise kann zum einen ein möglicher nicht-linearer Zusammenhang, wie er in einer multiplikativen Cobb-Douglas Produktionsfunktion vorzufinden ist, in diesem linearen Modell erfasst werden. Zum anderen wird die Interpretation der Regressionskoeffizienten stark

---

335 Vgl. Beck/Katz (2004), S. 5 f.

336 Schleswig-Holstein wurde als Referenzland gewählt, für das kein Dummy in der Regression aufgenommen wird. Vgl. zur *dummy variable trap* Feinstein, Charles; Thomas, Mark (2002), Making History Count: A primer in quantitative methods for historians, Cambridge, S. 281.

erleichtert, da diese nun Elastizitäten darstellen. Folglich führt eine 1-prozentige Erhöhung einer unabhängigen Variablen zu einer β_k-prozentigen Veränderung der abhängigen Variablen unter der Konstanz der übrigen unabhängigen Variablen.[337]

Darüber hinaus wurden die Regressionskoeffizienten standardisiert, um die relative Bedeutung der einzelnen erklärenden Variablen für die Entwicklung der Produktivität abschätzen zu können. Da die Variablen in unterschiedlichen Einheiten gemessen wurden, sollten sie mit Hilfe der nachstehenden Formel vergleichbar gemacht werden.

$$(40)\quad \beta_k^* = \beta_k \cdot \frac{s_{x_k}}{s_y}$$

Der standardisierte β-Koeffizient β_k* ergibt sich aus dem β-Koeffizient multipliziert mit der Standardabweichung der zugehörigen erklärenden Variablen geteilt durch die Standardabweichung der zu erklärenden Variablen s_y.[338] In den Regressionstabellen im Anhang werden ausschließlich die standardisierten β-Koeffizienten ausgewiesen. Bei der Interpretation der standardisierten β-Koeffizienten ist zu beachten, dass nun beispielsweise ein β_1* von 0,40 bedeutet, dass eine Erhöhung von x_1 um eine Standardabweichung zu einer Erhöhung von 0,40 Standardabweichung in der abhängigen Variablen führt.

Die Produktivität in einem Bundesland i zum Zeitpunkt t ist eine Funktion des Patentstocks pro Kopf, des potenziellen tertiären Humankapitalstocks pro Kopf, des Erwerbstätigenanteils im primären Sektor, der regionalen Zuwanderung pro Kopf, der regionalen Abwanderung pro Kopf, der Exportquote, der Kultur gemessen mit Hilfe des CDU/CSU-Wähleranteils, des Anteils der Verurteilten, des Anteils der katholischen Bevölkerung und der Wahlbeteiligung sowie des Beschäftigtenanteils im Bergbau.

In den folgenden Regressionen wird als Maß für die Produktivität der Bundesländer ausschließlich auf die totale Faktorproduktivität bei gemeinsamer Produktionsfunktion (TFP_I) zurückgegriffen. Der Grund für diese Entscheidung ist, dass in der Regressionsanalyse allen Bundesländern eine gemeinsame Funktion unterstellt wird, nach der die Produktivität von anderen Faktoren beeinflusst wird. Demnach sollte zuvor auch die Produktivität aus einer gemeinsamen Funktion abgeleitet werden. Darüber hinaus lassen die Ausreißer Berlin und Saarland, die aufgrund einer außergewöhnlich hohen Lohnquote eine ebenso außergewöhnlich hohe totale Faktorproduktivität erhalten haben, an der Validität der TFP_II bei jeweiliger Produktionsfunktion zweifeln.

Die nachstehende Tabelle gibt die theoretisch hergeleiteten Determinanten der Produktivität (Spalte I), die zur empirischen Bestimmung des Einflusses benutz-

337 Vgl. Feinstein/Thomas (2002), S. 343-350.
338 Vgl. Feinstein/Thomas (2002), S. 243.

ten Variablen (Spalte II), die verwendeten Abkürzungen (Spalte III), das erwartete Vorzeichen (IV) sowie den Zeitraum (V), für den Daten vorliegen, wieder. Es konnten nicht für alle Variablen Daten für den gesamten Betrachtungszeitraum und für alle Beobachtungseinheiten erhoben werden. Alle hier verwendeten Daten sowie deren Quellen und notwendige Schätzungen finden sich ebenfalls im Anhang A2 dieser Untersuchung wieder.

Tabelle 40 Die erklärenden Variablen

I	II	III	IV	V
Determinanten	**Variable**	**Abkürzung**	**erwartetes Vorzeichen**	**Zeitraum**
Innovationen & Wissen	Patentstock pro Kopf F&E-Kapitalstock/BIP	Patentstock FE-Stock	+ +	1950-90 1962, 1964, 1966-90
Humankapital	Potenzieller tertiärer Humankapitalstock pro Kopf	Humankapital	+	1950-90
Sektoraler Strukturwandel	Beschäftigtenanteil im primären Sektor	Strukturwandel	–	1950-90
Regionale Mobilität	Anteil der Immigration Aneil der Emigration	Zuwanderung Abwanderung	+ +	1950-90 (BE ab 1965) 1950-90 (BE ab 1965)
Offenheit	Exportquote (EX/BIP)	Offenheit	+	1950-90 (SA ab 1959)
Informelle Institutionen	CDU/CSU-Wähleranteil Anteil Verurteilte Angehörigenanteil der katholischen Kirche Wahlbeteiligung bei Bundestagswahl	CDU-Wähler Kriminalität Katholisch Wahl	+ – – ?	1950-90 (SA ab 1955; BW ab 1952) 1951-90 (SA ab 1954 1950-90 (BE ab 1960) 1950-90 (ohne BE, SA ab 1957)
Natürliche Ressourcen-ausstattung	Beschäftigtenanteil im Bergbau	Bergbau	–	1950-85 (SA ab 1957)

Quelle: Eigene Darstellung.

Daten zum Patentstock pro Kopf liegen für alle Bundesländer für den gesamten Zeitraum vor. Für den alternativen Innovationsindikator F&E-Kapitalstock existieren Daten für die Jahre 1962, 1964 sowie für den Zeitraum von 1966 bis 1990.

Für den potenziellen tertiären Humankapitalstock sind ebenfalls Daten für den gesamten Zeitraum und alle Bundesländer vorhanden.

Die Daten zum Erwerbstätigenanteil im primären Sektor konnten mit Hilfe der Schätzungen für die Zeit von 1951 bis 1956 vervollständigt werden. Nun liegen

Angaben zu den Erwerbstätigen im landwirtschaftlichen Bereich für alle Bundesländer und alle Jahre vor. Demgegenüber fehlen Angaben zur regionalen Bevölkerungswanderung für Berlin in der Zeit von 1950 bis 1965. Es sollten zudem nur positive Werte einer Variablen vorliegen, damit für jeden Zeitpunkt und jedes Bundesland ein logarithmierter Wert berechnet werden kann. Deshalb wurde die Binnenwanderung in die zwei Indikatoren Zuwanderung und Abwanderung pro Kopf aufgeteilt und beide Indikatoren enthalten nur noch positive Werte.

Die Exportquote konnte für das Saarland erst ab 1959 berechnet werden. Für alle übrigen Bundesländer sind die Daten vollständig.

Die Daten für die CDU/CSU-Wähleranteile beginnen in Baden-Württemberg erst im Jahr 1952 und im Saarland im Jahr 1955. Für alle übrigen Bundesländer sind die Zeitreihen lückenlos. Die Angaben zu den Verurteilten liegen für alle Bundesländer zudem ab 1951 vor. Der Anteil der Angehörigen zur katholischen Kirche kann in Berlin erst ab 1960 gemessen werden. Bezüglich der Wahlbeteiligung bei Bundestagswahlen liegen keine Daten für Berlin vor und im Saarland beginnt die Zeitreihe erst 1957.

Die Zeitreihen zu den Beschäftigten im Bergbau enden in allen Bundesländern im Jahr 1985. Zudem liegen für das Saarland Daten erst ab 1957 vor.

Neben diesen erklärenden Variablen werden weitere Kontrollvariablen in die Regressionen mit aufgenommen. So wird eine Kontrollvariable für die konjunkturelle Entwicklung in den Bundesländern in der Regression mit berücksichtigt, da in einem konjunkturellen Abschwung ebenfalls die Produktivität durch eine geringere Auslastung der Kapazitäten sinkt. Hierfür wurden die Abweichungen des BIP vom linearen Trend des BIP für jedes Bundesland berechnet. Diese Berechnung ergab entsprechend der konjunkturellen Entwicklung positive und negative Werte. Anschließend wurden zu den BIP-Differenzen jeweils 100.000 hinzuaddiert, um nur noch positive Werte für jedes Bundesland und jedes Jahr zu erhalten, so dass der natürlichen Logarithmus gebildet werden konnte.

Zudem werden eine Zeitvariable „Jahr" aufgenommen, die für den Trend in der abhängigen Variable kontrolliert, sowie Jahresdummies für alle T-1 Jahre, die für exogene Schocks kontrollieren, die alle Beobachtungseinheiten gleichermaßen betreffen. Schließlich werden die fixen Effekte für die Bundesländer in den drei bereits erläuterten Spezifikationen aufgenommen.

8.2 Endogenität durch simultane Kausalität

Ein weiteres schwerwiegendes Problem stellt die Verletzung der Annahme der Exogenität dar. Liegt Endogenität vor, dann ist der Störterm mit einer oder mehreren unabhängigen Variablen korreliert. Es kann insbesondere in dieser Untersuchung zu einer Verzerrung aufgrund von simultaner Kausalität (*simultaneous causality bias*) kommen.[339] In der vorliegenden Analyse stellt sich die Frage, ob Innovationen, Humankapital, die Reallokation der Ressourcen, Offenheit und informelle Institutionen nicht nur einen Einfluss auf das Produktivitätsniveau eines Landes ausüben, sondern auch die Produktivität einen Einfluss auf diese Variablen hat. Demnach können produktivere Länder mehr Innovationen hervorbringen. Der Strukturwandel geht schneller vonstatten, da die Produktivität im sekundären Sektor höher ist und demnach durch höhere Löhne rascher Erwerbstätige angezogen werden. Bezüglich der Binnenwanderung werden die Arbeitskräfte durch höhere Reallöhne angzogen sowie durch hohe Arbeitslosenquoten zur Abwanderung veranlasst. Auch sind produktivere Länder wettbewerbsfähiger und können ihre überlegenen Produkte leichter auf dem Weltmarkt absetzen. Schließlich verfügen produktivere Länder über ein höheres Einkommen und die Einstellung der Bevölkerung wandelt sich. Wer sich nicht um sein Einkommen oder seine Beschäftigung sorgen muss, hat Zeit, sich für die Politik des Landes zu interessieren oder sich für wohltätige Zwecke zu engagieren. Demnach ist Endogenität in einer Untersuchung der Produktivität allgegenwärtig. Dabei hat Endogenität schwerwiegende Folgen für die Schätzergebnissse, da sie zu inkonsistenten Parameterschätzungen führt.[340]

Es existieren unterschiedliche Ansätze, um das Problem der Endogenität zu beheben. Die einfachste Methode ist, das Problem zu ignorieren. Hierzu raten Feinstein und Thomas (2002), wenn der Einfluss von der abhängigen Variable auf die unabhängige Variable als sehr gering angesehen werden kann. Dann ist ebenfalls die Korrelation zwischen der unabhängigen Variable und dem Fehlerterm gering und die Verzerrung der geschätzten Koeffizienten kann vernachlässigt werden.

Demgegenüber wird in anspruchsvolleren Methoden ein Proxy für die endogene Variable gesucht, der nicht unter dem gleichen Endogenitätsproblem leidet. In einem einfachen Ansatz werden die als endogen angesehenen Variablen um eine oder mehrere Perioden zeitlich verzögert (*lag*) in das Modell integriert.[341] Dieses Vorgehen beruht auf der Überlegung, dass beispielsweise die Produktivität von heute eventuell die Innovationsfähigkeit von heute aber nicht von vor einem Jahr beeinflusst. Dieser vergleichsweise einfache Lösungsansatz wird notwendigerweise auch in dieser Untersuchung gewählt. Demnach werden die möglichen endogenen Variablen wie Patentstock pro Kopf, potenzielles tertiäres Human-

339 Vgl. Wooldridge (2008), S. 550- 552; sowie Feinstein/Thomas (2002), S. 324 f.

340 Vgl. Feinstein/Thomas (2002), S. 324 f.

341 Vgl. beispielsweise Barro/Lee (1994) oder Caselli/Esquivel/Lefort (1996), die auf die gleiche Weise das Endogenitätsproblem handhaben.

kapital, Erwerbstätigenanteil in der Landwirtschaft, die Zu- und Abwanderung pro Kopf, die Exportquote sowie die Variablen zu den informellen Institutionen und der Beschäftigtenanteil im Bergbau mit einer zeitlichen Verzögerung von einem und von fünf Jahren in die Regression aufgenommen. Die unterschiedliche zeitliche Verzögerung (ein und fünf Jahre), mit der die erklärenden Variablen aufgenommen werden, soll für die Robustheit der Ergebnisse kontrollieren.

Dieser Ansatz ist zugegebenermaßen einfach anzuwenden. Jedoch bietet er keine Möglichkeit zu testen, wie schwerwiegend das Endogenitätsproblem ist und wie befriedigend die Lösung ausfällt. Eine anspruchsvollere Methode, um das Endogenitätsproblem zu bewältigen, ist die Instrumentvariablenschätzung.[342] Hierbei muss eine exogene Variable gefunden werden, die auf der einen Seite stark mit der endogenen Variable korreliert, aber dafür unkorreliert mit dem Fehlerterm ist. Dieses Vorgehen hat den Vorteil, dass statistische Tests existieren, mit deren Hilfe die Eignung des Instruments sowie die Stärke der Endogenität überprüft werden können. Das Problem ist nun, dass im Rahmen der vorliegenden Untersuchung keine geeigneten Instrumentvariablen existieren. Zum einen kann jede ökonomische Variable auf die eine oder andere Weise vom Produktivitätsniveau beeinflusst werden. So könnte beispielsweise der Strukturwandel – hier gemessen mit dem Erwerbstätigenanteil in der Landwirtschaft – mit Hilfe der Bevölkerungsdichte instrumentiert werden. Jedoch wird die Bevölkerungsdichte aller Wahrscheinlichkeit nach auch von der Produktivität einer Region beeinflusst, so dass produktivere Regionen auch mehr Menschen anziehen und somit dichter besiedelt sind. Zum anderen ist die Datenverfügbarkeit für die Beobachtungseinheiten im Untersuchungszeitraum sehr beschränkt. Hinzu kommt noch, dass im Gegensatz zu einer Querschnittsuntersuchung die Verfügbarkeit von Instrumentvariablen in einem TSCS-Datensatz nochmals vermindert ist, da hier keine konstanten Variablen wie in einer Querschnittsregression als Instrumente verwendet werden können. Die Instrumentvariablen müssen vielmehr den gleichen Veränderungen über die Zeit folgen wie die endogenen Variablen.[343]

Entgegen diesen Schwierigkeiten wurde jedoch der Versuch unternommen, Instrumentvariablen zu konstruieren. Hierzu wurde der erste Wert einer endogenen Variable (aus dem Jahr 1950) genommen und mit den Jahreszahlen (1950, 1951,..., 1990) multipliziert. Auf diese Weise kann ein Instrument für die potenzielle endogene Variablen geschaffen werden. Jedoch erwiesen sich diese Instrumente als schwach, so dass weder mit Hilfe des STATA Befehls xtivreg2 noch mit einer zweistufigen Kleinsten-Quadrate Methode (*two stage least squares TSLS*) mit der PCSE-Methode „von Hand“ signifikante Koeffizienten geschätzt werden konnten.

---

342 Vgl. beispielsweise Wooldridge (2008), Chapter 15.

343 Vgl. Feinstein/Thomas (2002), S. 321.

Aus diesem Grund werden in der folgenden Regressionsanalyse die endogenen Variablen mit einer zeitlichen Verzögerung von einem Jahr und zur Kontrolle von fünf Jahren integriert.

8.3 Multikollinearität

Von Multikollinearität wird nicht nur gesprochen, wenn ein perfekter linearer Zusammenhang zwischen zwei oder mehr erklärenden Variablen besteht, sondern auch, wenn zwei oder mehr Variablen miteinander hoch korreliert sind. Wenn Multikollinearität insbesondere in der letztgenannten Form vorliegt, führt dies im Rahmen einer Regression zu sehr hohen Standardfehlern im Vergleich zu den geschätzten Koeffizienten. Hierdurch fällt die t-Statistik niedrig aus und vermittelt den Eindruck, dass die Erklärungskraft einer von Multikollinearität betroffenen Variable schwach ist. Die Konfidenzintervalle werden sehr weit und der Wert Null wird häufig enthalten sein, woraus geschlossen werden kann, dass die erklärende Variable insignifikant ist. Zugleich wird aber die Erklärungskaft des gesamten Modells sehr hoch ausfallen, mit einem $R^2 > 0,9$.

Jedoch kann nicht gleich auf Multikollinearität geschlossen werden, wenn eine Variable insignifikant ist, da eventuell diese Variable wirklich keine Erklärungskraft besitzt. Ein möglicher Hinweis auf Multikollinearität ist ein hohes R^2 bei wenigen signifikanten t-Statistiken. Wenn zudem der F-Test die Null-Hypothese ablehnt, dass alle erklärenden Variablen gemeinsam keinen Einfluss besitzen, kann dies ein Hinweis auf Multikollinearität sein. Einen weiteren einfachen Test stellt die Bestimmung der Korrelationskoeffizienten dar. Hier ist ein Koeffizient von > 0,75 verdächtig. Darüber hinaus sollte einfach versucht werden, nicht Variablen in die Regression aufzunehmen, die den gleichen Einfluss messen sollen. Feinstein und Thomas (2002) weisen darauf hin, dass Multikollinearität nicht immer vermieden werden kann. Aus diesem Grund können Regressionen niemals eine logische Denkweise und eine angemessene Modellbildung ersetzen.[344]

In der vorliegenden Untersuchung besteht insbesondere die Gefahr, dass mit dem Humankapitalindikator nicht nur der Einfluss des Humankapitals auf die Produktivität direkt gemessen wird, sondern auch dass sich das Humankapital als Input im Innovationsprozess über Innovationen auf die Produktivität niederschlägt.

Die nachstehende Tabelle verdeutlicht allerdings, dass bei den hier verwendeten Variablen keine Multikollinearität zu befürchten ist. Die Tabelle zeigt die paarweisen Korrelationskoeffizienten sowie darunter die Signifikanzniveaus (kursiv).

---

344 Vgl. Feinstein/Thomas (2002), S. 321-323.

Tabelle 41 Paarweise Korrelationskoeffizienten der erklärenden Variablen

	Patent-stock	Human-kapital	Struktur-wandel	Zuwan-derung	Abwan-derung	Offen-heit	CDU-Wähler	Krimi-nalität	Katho-lisch	Wahl	Berg-bau	FE-Stock
Patent-stock	1,0000											
Human-kapital	0,1167	1,0000										
	0,0131											
Struk-tur-wandel	-0,2818	-0,5213	1,0000									
	0,0000	*0,0000*										
Zuwan-derung	0,0175	-0,2856	0,1044	1,0000								
	0,7104	*0,0000*	*0,0267*									
Abwan-derung	-0,0973	-0,0692	-0,2074	-0,2465	1,0000							
	0,0389	*0,1421*	*0,0000*	*0,0000*								
Offen-heit	-0,2553	0,6073	-0,0972	-0,1986	-0,2063	1,0000						
	0,0000	*0,0000*	*0,0410*	*0,0000*	*0,0000*							
CDU-Wähler	0,0649	0,3535	0,2285	-0,2236	-0,2488	0,2882	1,0000					
	0,1719	*0,0000*	*0,0000*	*0,0000*	*0,0000*	*0,0000*						
Krimi-nalität	0,3710	0,5613	-0,4103	-0,0406	0,0100	0,1231	0,1480	1,0000				
	0,0000	*0,0000*	*0,0000*	*0,3967*	*0,8356*	*0,0104*	*0,0020*					
Katho-lisch	0,0283	-0,0242	0,3687	-0,1823	-0,3117	0,5251	0,4352	-0,1005	1,0000			
	0,5533	*0,6121*	*0,0000*	*0,0001*	*0,0000*	*0,0000*	*0,0000*	*0,0379*				
Wahl	-0,1800	0,0938	-0,0578	-0,2522	0,0488	0,1666	0,1789	-0,0688	0,0169	1,0000		
	0,0003	*0,0597*	*0,2464*	*0,0000*	*0,3274*	*0,0008*	*0,0003*	*0,1725*	*0,7350*			
Berg-bau	-0,3625	-0,2531	0,3669	-0,0672	0,1068	0,2676	0,0709	-0,4007	0,4640	0,0586	1,0000	
	0,0000	*0,0000*	*0,0000*	*0,1865*	*0,0355*	*0,0000*	*0,1643*	*0,0000*	*0,0000*	*0,2727*		
FE-Stock	0,2623	0,7525	-0,3487	0,0920	0,1330	0,2435	0,2227	0,3486	0,0393	-0,1041	-0,0361	1,0000
	0,0000	*0,0000*	*0,0000*	*0,1136*	*0,0218*	*0,0000*	*0,0001*	*0,0000*	*0,4995*	*0,0873*	*0,5773*	

Quelle: Eigene Berechnungen. Alle Variablen wurden in logrithmierter Form, wie in der späteren Regressionsanalyse, auf Kollinearität getestet.

Lediglich die Variablen für den potenziellen tertiären Humankapitalstock und der F&E-Kapitalstock (bezogen auf das BIP) weisen einen Korrelationskoeffizienten von 0,7525 auf, jedoch wird der F&E-Kapitalstock lediglich in einer zusätzlichen Regression verwendet, auf der nicht die Hauptaussagen dieser Untersuchung beruhen werden. Interessant ist zudem, dass der Patentstock pro Kopf sowie der F&E-Kapitalstock (bezogen auf das BIP) nicht miteinander korreliert sind, obwohl beide Variablen die Innovationsfähigkeit eines Bundeslandes messen sollen. Ebenso hat eine zeitliche Verzögerung der Variable FE-Stock nichts an der geringen Korrelation mit dem Patentstock pro Kopf geändert.[345] Dieses Ergebnis verdeutlicht, dass die Input-Output-Relation im Innovationsprozess zumindest auf der hier gewählten Untersuchungsebene nicht konstant ist.

Ebenso sind die CDU/CSU-Wähler nicht mit dem Anteil der Katholiken an der Bevölkerung korreliert, auch wenn in der Literatur angegeben wird, dass CDU/CSU-Wähler tendenziell der katholischen Glaubensrichtung angehören.

8.4 Erläuterung der Regressionsergebnisse

Die Ergebnisse der Regressionsanalyse sind in Tabelle 42 bis Tabelle 61 im Anhang A1 dargestellt. Für jedes Modell wurden die drei Spezifikationen bezüglich der fixen Effekte berechnet. In allen Modellen wurde unter I ein fixer Effekt für Berlin hinzugefügt, unter II wurden fixe Effekte für alle drei Stadtstaaten berücksichtigt und unter III wurden für alle I-1 Bundesländer fixe Effekte berechnet.[346] Die Tabellen werden zudem zwischen a und b unterschieden. In Tabellen, die mit a gekennzeichnet sind, wurde ein gemeinsamer Autokorrelationsparameter für alle Beobachtungseinheiten angenommen. In Tabellen, die mit b bezeichent sind, wurde ein separater Autokorrelationsterm für jedes Bundesland berechnet. Ein Vergleich der a und b Tabellen zeigt jedoch, dass sich die Regressionsergebnisse hinsichtlich der verschiedenen Autokorrelationsparameter nicht grundlegend unterscheiden.

Um das bereits diskutierte Problem der Endogenität zu beheben, wurden die erklärenden Variablen mit einem Lag von einem Jahr sowie zur Kontrolle mit einem Lag von fünf Jahren in die Regressionen aufgenommen. Die Ergebnisse unterscheiden sich hier ebenfalls nicht grundlegend.

345 Hierdruch wurde der Möglichkeit Rechnung getragen, dass der Innovationsinput mit einer zeitlichen Verzögerung Einfluss auf den Innovationsoutput nimmt.

346 Die Dummies d1-d10 sind den Bundesländern folgendermaßen zugeordnet: d1 = BW, d2 = BA, d3 = BE, d4 = HB, d5 = HH, d6 = HE, d7 = NS, d8 = NRW, d9 = RP, d10 = SA

Zunächst wurden Regressionen für den gesamten Betrachtungszeitraum durchgeführt.[347] Anschließend wurde der Betrachtungszeitraum in zwei Perioden aufgeteilt. In Tabelle 47 bis Tabelle 50 wurden Regressionen für den Zeitraum von 1950 bis 1973 vorgenommen. In Tabelle 51 bis Tabelle 58 wurde der Folgezeitraum von 1973 bis 1990 untersucht. Es wird vermutet, dass sich mit dem Ende der „Wirtschaftswunderzeit" und mit der ersten Ölpreiskrise 1973 der Einfluss der erklärenden Variablen auf die Entwicklung der Produktivität in den Bundesländern geändert hat.[348] Wie beispielsweise die Entwicklung der Arbeitslosenrate gezeigt hat, hat sich die ökonomische Situation seit den 1970er Jahren grundlegend geändert. Eine Unterteilung des Untersuchungszeitraumes ermöglicht es, dass die Koeffizienten den unterschiedlichen Einfluss der erklärenden Variablen im jeweiligen Zeitraum auch anzeigen können.

Darüber hinaus wurden zunächst erklärende Variablen in die Modelle aufgenommen, für die möglichst viele Beobachtungen vorliegen, so dass ein möglichst langer Zeitraum für alle Bundesländer in der Regression berücksichtigt werden konnte. Die Aufnahme weiterer Variablen verkürzt den Beobachtungszeitraum und schließt sogar bei Hinzunahme der Wahlbeteiligung bei Bundestagswahlen ein ganzes Bundesland – Berlin – aus. Für die Interpretation der Regressionskoeffizienten ist zu bedenken, dass mit einer sinkenden Anzahl der Beobachtungen (N) auch die Aussagekraft der Modelle zurück geht.

Neben den Regressionskoeffizienten enthalten die Tabellen ebenso Angaben zu den korrigierten Standardfehlern (*panel corrected standard errors: PCSE*). Zudem wurde der Wald Chi^2-Test berechnet, der eine gegenüber Heteroskedastie robuste Variante des F-Tests ist. Mit diesem Test wird die Hypothese getestet, ob die erklärenden Variablen gemeinsam keinen Einfluss haben. In allen Modellen kann diese Nullhypothese abgelehnt werden.

Im Folgenden werden die Ergebnisse der Berechnungen für jede einzelne erklärende Variable ausführlich erläutert.

Der Patentstock pro Kopf

Der Patentstock bezogen auf die Bevölkerung hat in den Tabellen 42 bis 49, die den gesamten Betrachtungszeitraum umfassen, einen positiven und hoch signifikanten Einfluss auf das Produktivitätsniveau der Bundesländer. Die Hinzunahme weiterer erklärender Variablen ändert nichts an der Erklärungskraft dieses Indikators. Darüber hinaus haben weder die Unterscheidung zwischen den Berechnungsmethoden des Autokorrelationsterms, noch die unterschiedlichen Lags von 1 bzw. 5 Jahren einen Einfluss auf den positiven und signifikanten Effekt des Patentstocks.

347 Vgl. Tabelle 42 bis Tabelle 49 im Anhang.

348 Vgl. Giersch/Paqué/Schmieding (2005), S. 2-5.

Im Zeitraum von 1950 bis 1973 hat der Patentstock ebenfalls einen positiven und hoch signifikanten Einfluss in allen Modell-Spezifikationen. In den Modellen mit 5-Jahres-Lags fällt der Koeffizient höher aus als in den Modellen mit 1-Jahres-Lags. Wird der Beobachtungszeitraum auf die Jahre nach 1973 beschränkt so zeigt sich, dass der Patentstock in den Spezifikationen I und II weiterhin seinen signifikanten Einfluss behält. Demgegenüber wird der Patentstock in der Spezifikation III mit fixen Effekten für alle I-1 Bundesländer in den Modellen mit 1-Jahres-Lags insignifikant. Die Variation des Patentstocks scheint zum Ende des Betrachtungszeitraums geringer zu werden und es überwiegen vermutlich Niveauunterschiede zwischen den Bundesländern, so dass der Einfluss dieser Variablen von den fixen Effekten aufgenommen und der Patentstock folglich insignifikant wird.

Insgesamt kann auf Bundesländerebene bestätigt werden, dass die Innovationsfähigkeit und der damit verbundene Wissensstock von entscheidender Bedeutung für die Entwicklung des Produktivitätsniveaus und somit die wirtschaftliche Leistungskraft einer Region ist.

Der F&E-Kapitalstock bezogen auf das BIP

Der F&E-Kapitalstock als alternatives Maß für den Wissenstock der Bundesländer ist aufgrund wechselnder Vorzeichen in den unterschiedlichen Spezifikationen nicht robust.[349] Der Einfluss ist in Spezifikation I stets positiv und in den Spezifikationen II und III negativ, unabhängig von der gewählten Lag-Struktur. Eine mögliche Erklärung für dieses uneindeutige Ergebnis ist, dass öffentliche Ausgaben für Forschung & Entwicklung häufig in die Grundlagenforschung fließen, die weit davon entfernt ist, marktreife Innovationen auf den Markt zu bringen. Es wird somit deutlich, dass dieses Inputmaß der Innovationsaktivität auf Bundesländerebene nicht geeignet ist, den Innovationsoutput adäquat zu messen.

Der potentielle tertiäre Humankapitalstock pro Kopf

Der erwartete positive Einfluss des potenziellen tertiären Humankapitalstocks kann oftmals in den vorgenommenen Regressionen nicht bestätigt werden.

Im gesamten Zeitraum ist der potenzielle tertiäre Humankapitalstock in den Modellen, in denen die erklärenden Variablen mit einem Lag von einem Jahr eingefügt wurden, entweder insignifkant (bei einem gemeinsamen Autokorrelationsterm) oder besitzt einen negativen Einfluss (bei separaten Autokorrelationsparametern). Demgegenüber wird der Einfluss des Humankapitalstocks positiv,

349 Siehe Tabelle 46 bis Tabelle 49 sowie Tabelle 58 bis Tabelle 61.

wenn die erklärenden Variablen mit einer zeitlichen Verzögerung von 5 Jahren aufgenommen werden.

Wird darüber hinaus der Betrachtungszeitraum in die Periode vor und nach 1973 aufgeteilt, so zeigt sich, dass der Effekt des Humankapitalstocks aufgrund wechselnder Vorzeichen für die Zeit von 1950 bis 1973 in den Modellen mit einem Lag von einem Jahr als nicht robust angesehen werden muss. In den Modellen mit 5-Jahres-Lags ist der Einfluss des Humankapitalstocks sogar eindeutig negativ.

Demgegenüber zeigt sich in der Zeit nach 1973 ein robuster und positiver Einfluss des potenziellen tertiären Humankapitalstocks auf die Entwicklung der Produktivität in den Spezifikationen I und II bei den Modellen mit 1-jähriger Lagstruktur und in allen Spezifikationen bei den Modellen mit 5-jähriger Lagstruktur. Lediglich nach der Hinzunahme von fixen Effekten für alle I-1 Bundesländer bleibt der Einfluss bei 1-jähriger Lagstruktur insignifikant.

Insgesamt kann diese unstete, nicht eindeutige Wirkungsweise des Humankapitalstocks auf die Produktivität durch die schlechte Messbarkeit von Humankapital sowie die mangelhafte Datenlage erklärt werden. Gleichwohl könnten speziell die Ergebnisse für den Zeitraum von 1973 bis 1990 damit begründet werden, dass erst nach Erreichen des langfristigen Wachstumspfades insbesondere das tertiäre Humankapital für die weitere wirtschaftliche Entwicklung im Sinne von Aghion an Bedeutung gewonnen hat. Als sich die Bundesländer im Zeitablauf immer weiter der technologischen Grenze näherten, gewann das tertiäre Humankapital zur Schaffung von Innovationen immer mehr an Bedeutung. Dieses herausragende Gewicht des tertiären Humankapitalstocks für die Entwicklung der Produktivität wird durch die Größe der standardisierten Koeffizienten noch betont. Jedoch wird der Einfluss des Humankapitalstocks insignifikant, wenn fixe Effekte für alle Bundesländer hinzugenommen werden, da möglicherweise auch diese Variable in den einzelnen Ländern zu wenig variiert und die Unterschiede der Bundesländer auf Niveauunterschieden beruhen.

Schließlich könnte als Erklärung für den negativen Zusammenhang in der Zeit vor 1973 die folgenden Überlegung dienen: in der Zeit der Rekonstruktion könnten die Abiturienten, die die Basis für den potenziellen tertiären Humankapitalstock bilden, aufgrund ihrer längeren Ausbildungszeit als produktive Arbeitskräfte gefehlt haben. Deshalb könnte der Indikator in der Zeit bis 1973 einen teilweise negativen Einfluss auf die Produktivität gehabt haben.

Wie bereits erwähnt, kann dieser Indikator keine qualitativen Unterschiede berücksichtigen. Der eindeutig positive Einfluss des potentiellen tertiären Humankapitalstocks in der zweiten Hälfte des Betrachtungszeitraumes scheint aber zu bestätigen, dass die Quantität einen größeren Einfluss als die mögliche bessere Qualität auf die Produktivitätsentwicklung hat.

Der sektorale Strukturwandel

Der Erwerbstätigenanteil im primären Sektor hat erwartungsgemäß im gesamten Betrachtungszeitraum einen signifikanten und negativen Einfluss auf die Produktivitätsentwicklung ausgeübt. Die Hinzunahme fixer Effekte für alle Bundesländer führt zu einem Verlust der Signifikanz dieser Variablen. Der Grund hierfür dürfte vermutlich wieder in der geringen Variabilität dieses Indikators liegen. Jedoch wird die Aussagekraft dieser Variablen eingeschränkt, da es im Modell 10 in der dritten Spezifikation zu einem Vorzeichenwechsel kommt: bei Hinzunahme von fixen Effekten für alle I-1 Bundesländer sowie 5-Jahres-Lags wird der Einfluss des Erwerbstätigenanteils im primären Sektor positiv.

Im Zeitraum von 1950 bis 1973 behält der sektorale Strukturwandel seinen Einfluss auf die Produktivität in den ersten beiden Spezifikationen. Die Variable verliert in den Modellen mit fixen Effekten für alle Bundesländer ihre Signifikanz. In der Zeit nach 1973 hat der Erwerbstätigenanteil in der Landwirtschaft meistens einen negativen Einfluss in allen drei Spezifikationen der fixen Effekte.

Insgesamt zeigt dieser signifikante Einfluss des Erwerbstätigenanteils im primären Sektor, dass die Bedeutung des Strukturwandels für die Entwicklung der Produktivität nach 1973 nicht abgenommen hat. Jedoch kann davon ausgegangen werden, dass aus dem Rückgang der landwirtschaftlichen Erwerbstätigkeit spätestens seit den 1970er Jahren keine weiteren nennenswerten Produktivitätszuwächse zu erwarten gewesen sind. Bundesländer, die zuvor ihr Produktivitätswachstum aus dem sektoralen Strukturwandel gespeist hatten, konnten ihre Produktivität nun nicht mehr durch eine weitere Reduzierung des primären Sektors steigern.

Neben dem Patentstock pro Kopf und dem tertiären Humankapitalstock hat der Erwerbstätigenanteil im primären Sektor in den Regressionen den zweit- bzw. dritthöchsten standardisierten Koeffizienten.

Die regionale Zuwanderung pro Kopf

Die regionale Zuwanderung bezogen auf die Bevölkerung hatte im gesamten Betrachtungszeitraum stets einen positiven und signifikanten Einfluss auf die Produktivität der Bundesländer. Im Zeitraum von 1950 bis 1973 war der Effekt der regionalen Zuwanderung ebenso positiv und signifikant. Die Bedeutung der regionalen Mobilität geht jedoch spätestens seit 1973 immer weiter zurück, was anhand der teilweise insignifikanten bzw. nicht robusten Koeffizienten in dieser Periode gesehen werden kann. Die negativen Koeffizienten der regionalen Zuwanderung in den alternativen Regressionen mit dem F&E-Kapitalstock zeigen zudem, dass diese Variable ihren positiven Einfluss bereits in den 1960er Jahren verliert. Demnach konnten etwa seit Mitte der 1960er Jahre keine weiteren Produktivitätszuwächse aus der regionalen Zuwanderung gewonnen werden. Schließlich ist die einst so mobile Bevölkerung der Flüchtlinge und Vertriebenen genauso sesshaft geworden wie die übrige Bevölkerung. Hinsichtlich der Höhe der standardisierten Koeffizienten hatte die regionale Zuwanderung einen vergleichsweise geringen Effekt auf die Produktivität.

Die regionale Abwanderung pro Kopf

Für die regionale Abwanderung bezogen auf die Bevölkerung wird ein ähnlicher Effekt, wie für die regionale Zuwanderung, auf die Produktivität erwartet. Entgegen diesen Erwartungen hat die Variable jedoch im gesamten Betrachtungszeitraum einen signifikant negativen Einfluss auf die Produktivität, unabhängig von der Art des Autokorrelationsterms und der verwendeten Lag-Struktur.

Im Zeitraum von 1950 bis 1973 bleibt der signifikant negative Effekt der regionalen Abwanderung auf die Produktivität bestehen. Demgegenüber wird der Einfluss der regionalen Abwanderung von 1973 bis 1990 – bis auf eine Ausnahme[350] – in den Hauptregressionen insignifikant. Insgesamt konnten die Abwanderungsländer nicht, wie erwartet, von der regionalen Reallokation des Faktors Arbeit in den 1950er und 1960er Jahren profitieren. Entweder war die regionale Mobilität zu gering, um tatsächlich die Überbeschäftigung in den landwirtschaftlich geprägten Bundesländern abzubauen oder aber dieser Variable haftet trotz der zeitlichen Verzögerung weiterhin das Problem der Endogenität an. Demnach hätte die niedrige Produktivität eines Bundeslandes über geringe Reallöhne und hohe Arbeitslosigkeit zu einer vergleichsweise starken Abwanderung geführt.

Auffallend ist zudem, dass die standardisierten Koeffizienten der regionale Abwanderung ebenfalls deutlich niedriger ausfallen, als bei den übrigen erklärenden Variablen. Insgesamt muss somit die Wirkung der regionalen Mobilität (Zu- und Abwanderung) auf die Produktivitätsentwicklung der Bundesländer nicht nur auf den Zeitraum von 1950 bis 1973 beschränkt, sondern auch als äußerst gering eingestuft werden.

Die außenwirtschaftliche Offenheit

Im gesamten Betrachtungszeitraum hat die Offenheit häufig – insbesondere in Spezifikation II – einen positiven Einfluss auf die Produktivität der Bundesländer. In der alternativen Berechnung mit dem F&E-Kapitalstock verliert die Exportquote ihre robuste Wirkung aufgrund wechselnder Vorzeichen.[351] Im

350 Siehe Modell 23 in Tabelle 54 im Anhang.
351 Siehe Tabelle 46 bis Tabelle 49.

Zeitraum von 1950 bis 1973 zeigt die Offenheit oftmals die erwartete positive Wirkung auf die Produktivität in den Spezifikationen I und II. In der Zeit nach 1973 offenbart sich aber überraschenderweise ein signifikant negativer Einfluss der Offenheit auf die Produktivität, wenn die erklärenden Variablen mit einem Lag von einem Jahr eingefügt werden.[352] In den Regressionen mit 5-Jahres-Lags ist der Einfluss dieser Variablen entweder insignifikant oder in Falle von Modell 29 positiv. Die Ursachen für diese Ergebnisse in der zweiten Periode (nach 1973) bleiben im Dunkeln. Somit ist die Bedeutung der Offenheit für die Produktivitätsentwicklung der Bundesländer ebenso wenig eindeutig wie die Vorhersagen der Theorie. Diese Ergebnisse können bedeuten, dass tatsächlich kein eindeutiger Zusammenhang zwischen der Offenheit und der Produktivität eines Landes besteht oder aber, dass die außenwirtschaftliche Offenheit der Bundesländer mit der Exportquote nicht adäquat gemessen werden kann.

In Abschnitt 7.4 wurde bereits darauf hingewiesen, dass mit der hier verwendeten Exportquote lediglich der Handel der Bundesländer mit Ländern ausserhalb der BRD berücksichtigt werden kann. Es kann aber auch zu Handel zwischen den Bundesländern kommen, der die gleichen positiven Auswirkungen auf die Produktivität der Bundesländer hat. Da aber keine Angaben zum Handel zwischen den Bundesländern vorliegen, muss dieser Teil der Offenheit unberücksichtigt bleiben. Dies kann ein Grund dafür sein, dass die Offenheit der Bundesländer nicht den erwarteten positiven Effekt zeigt.

Der Anteil der CDU/CSU-Wähler bei Landtagswahlen

Der Anteil der CDU/CSU-Wähler sowie die drei Variablen Krim, Kath und Wahlbe sollen im Rahmen der Regressionsanalyse für regionale informelle Institutionen kontrollieren. Wenn es sich tatsächlich um geeignete Variablen für informelle Institutionen handelt, dann sollten sie in der Spezifikation III mit fixen Effekten für alle I – 1 Bundesländer insignifikant werden, da sich informelle Institutionen definitionsgemäß über die Zeit nur sehr langsam ändern und somit lediglich Niveauunterschiede zwischen den Bundesländern darstellen. Die fixen Effekte sollten also den Erklärungsgehahlt dieser Variablen vollständig aufnehmen.

Der Anteil der CDU/CSU-Wähler bei Landtagswahlen soll insbesondere die wachstumsfreundliche Haltung der Bevölkerung messen, weshalb ein positiver Einfluss dieser Variablen auf die Entwicklung der Produktivität erwartet wird. Die Regressionsergebnisse machen deutlich, dass der Anteil der CDU/CSU-Wähler nicht die geeignete Variable zur Bestimmung der Bedeutung von informellen Institutionen ist. Die Variable ist nicht nur teilweise in der Spezifikation III mit

352 Siehe Tabelle 54 bis Tabelle 55.

fixen Effekten für alle Bundesländer signifikant, sondern muss auch aufgrund wechselnder Vorzeichen als nicht robust angesehen werden. In Regressionen mit 1-Jahres-Lags ist der Einfluss überwiegend negativ, in Regressionen mit 5-Jahres-Lags hingegen positiv. In der Zeit nach 1973 hat die Variable in den Fällen, in denen sie signifikant ist, einen positiven Effekt.[353]

Das Wählerverhalten hängt vermutlich doch in größerem Maße von kurzfristigen Einflussgrößen wie den wirtschaftlichen Erwartungen ab als zuvor angenommen.

Anteil der Verurteilten an der Bevölkerung

Des Weiteren wird erwartet, dass der Anteil der Verurteilten an der Bevölkerung einen negativen Effekt auf die Entwicklung der Produktivität hat und es ist notwendig, dass diese Variable ebenfalls in der Spezifikation III insignifikant wird. Jedoch erfüllt diese Variable die letztgenannte Anforderung nicht in den Modellen über den gesamten Zeitraum sowie in der Periode von 1950 bis 1973. In der Zeit von 1973 bis 1990 hat der Anteil der Verurteilten teilweise den erwarteten negativen Effekt und erfüllt die Bedingung, dass die Variable in Spezifikation III insignifikant bleibt.

Insgesamt ist der Erklärungsgehalt dieser Variablen als Maß für das schlechte Sozialkapital der Bundesländer fragwürdig. Die Variable scheint insbesondere nach 1973 an Einfluss zu gewinnen, jedoch nimmt auch mit der ungünstiger werdenden ökonomischen Situation das Endogenitätsproblem für diese Variablen zu. Demnach steigt mit einer Verschlechterung der ökonomischen Verhältnisse der Anreiz zu kriminellem Verhalten.

Anteil der katholischen Bevölkerung

Ebenso wird von dem Anteil der katholischen Bevölkerung erwartet, dass er eine negative Wirkung auf die Entwicklung der Produktivität hat, die mit der Hinzunahme von fixen Effekten verschwindet. Zwar hat diese Variable häufig die erwartete negative Wirkung auf die Produktivität der Bundesländer, jedoch ist diese Variable weder geeignet informelle Institutionen abzubilden, da sie in der Spezifikation III einiger Modelle signifikant bleibt, noch kann sie aufgrund wechselnder Vorzeichen als robust angesehen werden. Insbesondere die Signifikanz in Spezifikation III ist überraschend, da diese Variable ausgesprochen wenig über die Zeit variiert.

---

353 Zur Kontrolle wurde ersatzweise der Anteil der SPD-Wähler bei Landtagswahlen in die Regressionen aufgenommen. Jedoch erwies sich auch dieser Indikator aufgrund wechselnder Vorzeichen als nicht robust.

Wahlbeteiligung bei Bundestagswahlen

Der Effekt der Wahlbeteiligung bei den Bundestagswahlen als Variable für die postmaterialistischen Werte sollte ebenfalls in der Spezifikation III verschwinden. Jedoch muss ebenso die Wahlbeteiligung als ungeeignet zur Abbildung von informellen Institutionen angesehen werden, obwohl es sich auch hierbei um eine äußerst konstante Variable handelt. Zudem wechseln insbesondere in der Zeit nach 1973 die Vorzeichen, weshalb die Wahlbeteiligung ebenfalls als nicht robust eingestuft werden muss.

Anteil der Beschäftigten im Bergbau

Der Anteil der Beschäftigten im Bergbau als Indikator für die natürliche Ressourcenausstattung der Bundesländer sollte einen negativen Einfluss auf die Entwicklung der Produktivität haben. Aber auch diese Variable stellt sich als nicht robust heraus. Die verschiedenen Modelle und Sepzifikationen haben gezeigt, dass sowohl die Wahl der fixen Effekte sowie die Form des Autokorrelationsparameters Auswirkungen auf das Vorzeichen dieser erklärenden Variablen haben.

Länderdummies

Insgesamt sind die fixen Effekte, die für zeitlich konstante Besonderheiten der Bundesländer kontrollieren, oftmals insignifikant. Gleichwohl können für einige Länder interessante Effekte beobachtet werden. So besitzt Berlin stets einen negativen landesspezifischen Einfluss auf die Produktivität. Dies ist aller Wahrscheinlichkeit nach auf die periphere und abgeschlossene Lage Berlins zurückzuführen. Demgegenüber haben die beiden anderen Stadtstaaten Bremen und Hamburg landeseigene positive Effekte auf die Produktivität, die auf die bereits erwähnten strukturellen Besonderheiten der Stadtsaaten zurückgeführt werden können. Hamburg als Produktivitätsführer hat stets einen positiven Effekt. Jedoch scheint dieser positive Einfluss nach 1973 abzunehmen, da der Koeffizient niedriger ausfällt und sogar in einigen Modellen insignifikant wird. In Bremen ist der Zusammenhang zwischen fixem Effekt und Produktivität über den gesamten Zeitraum positiv. Wenn jedoch die Zeiträume vor und nach 1973 betrachtet werden, ist der landeseigene Effekt von Bremen nach 1973 nicht mehr robust. Für Bayern ist der Landesdummy zwar häufig signifikant und negativ. Welche landesspezifischen Einflüsse sich hier verbergen, bleibt im Dunkeln. Jedoch hat Bayern mit seiner vergleichsweise niedrigen Produktivität in dieser Untersuchung überrascht. Ebenso besitzt auch Baden-Württemberg negative landeseigene Effekte. Diese fallen jedoch niedriger aus als in Bayern und sind weniger häufig signifikant. Wird in

Nordrhein-Westfalen der gesamte Zeitraum betrachtet, ist der Landeseffekt positiv. Jedoch wird der landesspezifische Einfluss von Nordrhein-Westfalen in der zweiten Periode nach 1973 negativ. Hier spielen vermutlich die strukturellen Probleme im Zusammenhang mit dem Niedergang der Montanindustrie eine entscheidende Rolle. Rheinland-Pfalz hat durchgehend negative landesspezifische Effekte auf die Produktivität. In Hessen und Niedersachsen ist der Einfluss für den gesamten Zeitraum zwar insignifikant, für die beiden Teilperioden jedoch signifikant negativ. Das Saarland hatte im gesamten Zeitraum einen positiven Einfluss auf die Produktivität. Wird lediglich die Periode bis 1973 betrachtet, wird der Effekt bis auf eine Ausnahme insignifikant. Auch im Saarland ist der Einfluss ab 1973 häufig signifikant negativ, was ebenfalls auf die strukturellen Probleme in der zweiten Hälfte des Betrachtungszeitraumes, wie in Nordrhein-Westfalen hindeuten kann.

Insgesamt können den vorgenommenen Regressionen zufolge drei erklärende Variablen identifiziert werden, die einen entscheidenden Einfluss auf die Produktivitätsentwicklung der westdeutschen Bundesländer ausgeübt haben. Der Patentstock pro Kopf hatte über den gesamten Betrachtungszeitraum einen signifikant positiven Einfluss auf die Produktivität. Der Einfluss ist zwar im Vergleich zum potenziellen tertiären Humankapitalstock geringer, aber gilt dafür im gesamten Zeitraum. Der potenzielle tertiäre Humankapitalstock konnte insbesondere nach 1973 seine besondere Bedeutung für den Innovationsprozess und somit für die Produktivitätsentwicklung der Bundesländer zeigen. Diese Variable hat den größten Einfluss in der Zeit nach 1973. Schließlich hat der Erwerbstätigenanteil im primären Sektor einen entscheidenden Einfluss auf die Produktivität der Bundesländer genommen. Der negative Einfluss besteht über den gesamten Zeitraum. Jedoch kann davon ausgegangen werden, dass tatsächliche Produktivitätszuwächse aus einem Rückgang der landwirtschaftlichen Erwerbstätigkeit lediglich bis Anfang der 1970er Jahre stattgefunden haben. Anschließend war der Rückgang für weitere Produktivitätsgewinne zu schwach, da sich die Erwerbstätigenzahl im primären Sektor der Länder bereits sehr stark reduziert hatte.

Demgegenüber hatten die regionale Zu- und Abwanderung zwar noch einen robusten Einfluss bis 1973, jedoch war der Einfluss im Vergleich zu den übrigen drei Hauptdeterminanten der Produktivität vernachlässigbar gering. Zudem besteht für die regionale Abwanderung der Verdacht, dass sie trotz der verwendeten Lags weiterhin von Endogenität beeinflusst wird.

Schließlich haben die Ergebnisse zu den Variablen der informellen Institutionen gezeigt, dass sie nicht geeignet gewesen sind, um den möglichen Einfluss informeller Institutionen auf die Produktivitätsentwicklung in den Bundesländern abzubilden. Zudem ist deutlich geworden, wie schwierig die explizite Berücksichtigung informeller Institutionen in einer Paneldatenanalyse ist. Mögliche kulturelle Einflüsse konnten lediglich mit Hilfe fixer Effekte einbezogen werden.

9 Zusammenfassung und Schlussfolgerung

Die vorliegende Untersuchung hat die Entwicklung der Pro-Kopf-Einkommen und insbesondere die Produktivitätsentwicklung sowie deren Ursachen in den westdeutschen Bundesländern im Zeitraum von 1950 bis 1990 analysiert. Entgegen der Vorhersagen der Konvergenz-Hypothese weisen die deutschen Bundesländer bis heute beständige Unterschiede in ihrem Lebensstandard auf. Diese Unterschiede existieren nicht nur zwischen West- und Ostdeutschland, sondern auch zwischen dem Norden und Süden des Landes. Bisher wurden diese persistenten Unterschiede insbesondere zwischen den westdeutschen Bundesländern nicht zufriedenstellend in historischer Perspektive untersucht. Es haben sich die Fragen gestellt, seit wann diese Unterschiede im Pro-Kopf-Einkommen und der Produktivität existieren und ob es im Betrachtungszeitraum zu einem Angleichungsprozess zwischen den westdeutschen Bundesländern gekommen ist.

Zunächst wurde das Pro-Kopf-Einkommen der Bundesländer analysiert. Es hat sich herausgestellt, dass zu Beginn des Betrachtungszeitraumes große Unterschiede hinsichtlich des Lebensstandards zwischen den Bundesländern geherrscht haben. Diese Unterschiede konnten auf die Kapitalintensität sowie auf die Produktivität gemessen mit Hilfe der totalen Faktorproduktivität zurückgeführt werden. Der Konvergenz-Hypothese zufolge hatten die Bundesländer, die im Jahr 1950 ein vergleichsweise niedriges Pro-Kopf-Einkommen besaßen, ein großes Potenzial, um zu den wirtschaftlich erfolgreichen Bundesländern in der Folgezeit aufzuschließen. Die weitere Entwicklung der Pro-Kopf-Einkommen hat jedoch gezeigt, dass es bis zur Mitte der 1960er Jahre zwar zu einer Konvergenz der Pro-Kopf-Einkommen gekommen ist, aber insbesondere seit Mitte der 1970er Jahre die noch vorhandenen Unterschiede zwischen den Bundesländern bestehen geblieben sind. Dieses Ergebnis stellt die Gültigkeit der Konvergenz-Hypothese in Frage. Aus dieser Beobachtung hat sich die Frage ergeben, was die Ursachen für die zweigeteilte Entwicklung der Pro-Kopf-Einkommen gewesen sind.

Die sich anschließende Analyse hat sich auf die Produktivität der Bundesländer konzentriert, da auf theoretischer und empirischer Ebene die Produktivität als die Hauptdeterminante des Wirtschaftswachstums und somit als die nachhaltige Triebfeder für die Entwicklung der Pro-Kopf-Einkommen angesehen werden muss. Zusätzlich konnte im Rahmen eines Vergleichs mit dem modernen Malmquist-Index gezeigt werden, dass das klassische Produktivitätsmaß der totalen Faktorproduktivität trotz der zugrunde liegenden restriktiven Annahmen als robust angesehen werden kann. Anschließend hat die Analyse der Produktivitätsniveaus der Bundesländer gemessen mit Hilfe der totalen Faktorproduktivität gezeigt, dass im Betrachtungszeitraum ebenfalls eine Zweiteilung der Produktivitätsentwicklung vorlag. In der Zeit bis Mitte der 1960er Jahre kam es tendenziell zu einer Konvergenz der Produktivitätsniveaus in den westdeutschen Bundesländern. Die sich anschließende Periode bis 1990 war von überwiegend divergenten Tendenzen geprägt. Zudem wurde die Vermutung bestätigt, dass die persistenten Unterschiede in der TFP einen bedeutenden Einfluss auf die ebenso anhaltenden Unterschiede im Pro-Kopf-Einkommen der Bundesländer hatten. Durchschnittlich 60 Prozent der Entwicklung der Arbeitsproduktivität konnten auf die Entwicklung der TFP zurückgeführt werden. Es hat sich somit die entscheidende Frage gestellt, welche Faktoren die Produktivitätsentwicklung auf Bundesländerebene determiniert haben und möglicherweise immer noch determinieren.

Im Rahmen einer Analyse unterschiedlicher Wachstumstheorien und der Neuen Institutionenökonomik, die sich mit den Ursachen des Wirtschaftswachstums auseinander setzen, wurden verschiedene Determinanten der Produktivität herausgearbeitet. Zu diesen Determinanten zählen auf der Ebene der westdeutschen Bundesländer Innovationen und der Wissensstock, tertiäres Humankapital, die Reallokation der Ressourcen wie sektoraler Strukturwandel und regionale Mobilität, außenwirtschaftliche Offenheit, regionale informelle Institutionen wie die Kultur und das Sozialkapital, sowie geografische Besonderheiten wie die Ausstattung mit natürlichen Ressourcen.

An diese theoretische Herleitung der Quellen des Produktivitätswachstums hat sich eine empirische Analyse angeschlossen. Zunächst wurden die möglichen Indikatoren zur quantitativen Erfassung der Produktivitätsdeterminanten diskutiert und auf der Ebene der Bundesländer betrachtet.

Um die Innovationsfähigkeit der Bundesländer messen zu können, wurde eine Stichprobe von 17,555 gewährten Patenten mit Hilfe der Datenbank DEPATISnet des Deutschen Patent- und Markenamtes erhoben. Anschließend wurde mittels der Perpetual-Inventory-Methode (Kumulationsmethode) ein Patentstock für jedes Bundesland berechnet. Auf die gleiche Weise wurde mit den öffentlichen F&E-Ausgaben in Hochschulen und Hochschulkliniken, sowie außerhalb von diesen ein F&E-Kapitalstock bestimmt, der neben dem Patentstock als alternativer Innovationsindikator verwendet wurde. Zusätzlich wurden der Patentstock in Relation zur Bevölkerung und der F&E-Kapitalstock ins Verhältnis zum BIP gesetzt.

Der Einfluss des tertiären Humankapitals wurde mit Hilfe eines potenziellen tertiären Humankapitalstocks approximiert, der auf Basis der Anzahl der Abiturienten ebenfalls mit der Perpetual-Inventory-Methode bestimmt wurde. Der auf diese Weise berechnete Humankapitalstock wurde ebenso auf die Bevölkerung der Bundesländer bezogen.

Die Reallokation der Ressourcen wurde in dieser Untersuchung auf zweierlei Weise gemessen. Zum einen diente der Erwerbstätigenanteil im primären Sektor als Indikator für den sektoralen Strukturwandel, zum anderen wurde die Bevölkerungsbewegung zwischen den Bundesländern als Indikator für die regionale Mobilität angesehen. Hierzu wurde ein Indikator für die regionale Zuwanderung sowie für die regionale Abwanderung gebildet und in Relation zur Bevölkerung der Bundesländer gesetzt.

Zur Überprüfung des möglichen Einflusses der Offenheit auf die Produktivitätsentwicklung wurde die Exportquote der Bundesländer in die Analyse mit einbezogen.

Darüber hinaus hat die theoretische Analyse ergeben, dass regionale informelle Institutionen hinsichtlich der Produktivitätsentwicklung eine tragende Rolle zu spielen scheinen. Deshalb wurden verschiedene Indikatoren für die Kultur und das Sozialkapital der Bundesländer integriert. Hierzu zählen der Anteil der CDU/CSU-Wähler bei Landtagswahlen, der Anteil der Verurteilten an der Bevölkerung, der Anteil der katholischen Bevölkerung sowie die Wahlbeteiligung bei Bundestagswahlen.

Schließlich wurde für die Ausstattung mit natürlichen Ressourcen als geografische Gegebenheiten der Bundesländer der Beschäftigtenanteil im Bergbau als Indikator berücksichtigt.

In einem letzten Schritt dieser Untersuchung wurde eine Time-Series-Cross-Section Datenanalyse unternommen. Hierzu wurde die Methode mit korrekt geschätzten Standardfehlern (*panel corrected standard errors*: PCSE) verwendet, die hauptsächlich auf die Arbeiten von Beck und Katz (1995) zurückgeht. Zudem wurden verschiedene Möglichkeiten zur Behebung der Endogenität erläutert, die insbesondere durch simultane Kausalität entsteht. Hierbei hat sich die einfachste Methode, bei der die potenziellen endogenen erklärenden Variablen mit einer zeitlichen Verzögerung von einem Jahr oder mehreren Jahren in der Regressionsanalyse berücksichtigt werden, als durchführbar herausgestellt. Zudem wurde die Problematik der Multikollinearität erläutert und für den vorliegenden Datensatz als nicht relevant beurteilt.

Die Regressionsanalyse hat schließlich ergeben, dass drei Variablen einen entscheidenden Einfluss auf die Produktivitätsentwicklung in den westdeutschen Bundesländern ausgeübt haben: die Innovationsfähigkeit, das tertiäre Humankapital sowie der sektorale Strukturwandel.

Im gesamten Betrachtungszeitraum hat die Innovationsfähigkeit einen robusten und hoch signifikanten Einfluss auf die Produktivität genommen. Bundesländer mit einem höheren Patentstock pro Kopf konnten ihr Produktivitätsniveau deutlich mehr steigern als Länder mit einem vergleichsweise niedrigen Patentstock pro Kopf.

Zudem hat der sektorale Strukturwandel in Form eines Rückgangs der landwirtschaftlichen Erwerbstätigkeit insbesondere in den 1950er und 1960er Jahren zum Produktivitätswachstum der Bundesländer beigetragen. Speziell die landwirtschaftlich geprägten Bundesländer wie Schleswig-Holstein, Bayern, Rheinland-Pfalz oder Niedersachsen hatten zu Beginn des Betrachtungszeitraums ein überdurchschnittlich hohes Potenzial für Produktivitätszuwächse durch einen Rückgang der landwirtschaftlichen Erwerbstätigkeit. Jedoch stand der Rückgang des primären Sektors als Quelle für eine Zunahme der Produktivität lediglich in den ersten beiden Dekaden des Betrachtungszeitraumes zur Verfügung. Spätestens in den 1970er Jahren war der Rückgang der Erwerbstätigkeit im primären Sektor so weit vorangeschritten, dass keine weiteren Produktivitätszuwächse aus diesem Bereich zu erwarten waren.

Demgegenüber entfaltete das tertiäre Humankapital seine positive Wirkung erst in der zweiten Hälfte des Betrachtungszeitraums. Eine mögliche Erklärung für dieses Ergebnis ist, dass das tertiäre Humankapital zur Schaffung von Innovationen erst an Bedeutung gewonnen hat, nachdem die Rekonstruktion vollzogen war und die Bundesländer auf ihren langfristigen Wachstumspfad zurückgekehrt waren. Während der Rekonstruktion haben möglicherweise die Personen, die sich in der höheren Ausbildung befanden, als Arbeitskräfte gefehlt. Unberücksichtigt blieb in dieser Analyse, welche qualitativen Unterschiede im tertiären Humankapitalstock vorlagen. Die Ergbnisse dieser Untersuchung lassen jedoch vermuten, dass der Mengeneffekt den Qualitätseffekt überwogen hat.

Hinsichtlich der speziellen zweigeteilten Entwicklung der σ-Konvergenz der Produktivität kann nun geurteilt werden, dass die Reduktion der landwirtschaftlichen Erwerbstätigkeit im Zuge der Rekonstruktion aller Wahrscheinlichkeit nach zur Konvergenz der Bundesländer bis Mitte der 1960er Jahre beitragen konnte. Dieser Konvergenzprozess, der lediglich zwei Dekaden angedauert hat, war demnach einer historischen Sonderentwicklung geschuldet, die auf einem nachholenden sektoralen Sturkturwandel in der Nachkriegszeit beruhte. Demgegenüber scheinen die anhaltenden Unterschiede in den Produktivitätsniveaus der Normalfall im Betrachtungszeitraum gewesen zu sein. Zudem wiesen die Bundesländer bereits 1950 große Unterschiede in ihren Produktivitätsniveaus auf, was bereits einen fehlenden Konvergenzprozess in der nicht betrachteten ersten Hälfte des 20. Jahrhunderts vermuten lässt.

Zudem hat die Innovationsfähigkeit der Bundesländer als nachhaltige Triebfeder des Produktivitätszuwachses zu keiner Konvergenz zwischen den westdeutschen Bundesländern geführt, da sich im Betrachtungszeitraum die Innovationsfähigkeit auf wenige Standorte beschränkte. Folglich konnten die wenigen innovativen Bundesländer ihre wirtschaftliche Position weiter verbessern, die übrigen Bundesländer fielen jedoch weiter zurück, was in eine Divergenz der Produktivitätsniveaus gemündet hat. Ebenso konnte das tertiäre Humankapital, das in der zweiten Hälfte des Betrachtungszeitraumes an Bedeutung gewonnen hat, nicht dazu beitragen die Produktivität aller Bundesländer gleichermaßen zu erhöhen.

Dieses Ergebnis ist im Einklang mit der Feststellung, die Paquè (2010) zur wirtschaftlichen Situation von West- und Ostdeutschland gemacht hat. Demnach kommt der Autor in seiner Untersuchung zu dem Ergebnis, dass die anhaltenden Unterschiede in der Arbeitsproduktivität zwischen West- und Ostdeutschland ebenfalls auf die mangelnde Innovationsfähigkeit der ostdeutschen Industrie zurückgeführt werden können.[354]

Die Ergebnisse dieser Untersuchung lassen an der optimistischen Perspektive zweifeln, dass es zwischen Ost- und Westdeutschland, oder zwischen den Ländern der EU in Zukunft zu einer Konvergenz kommen wird. Es zeigt sich aber auch, dass finanzielle Transferzahlungen – wie beispielsweise der Länderfinanzausgleich – lediglich dann Sinn machen, wenn sie für die Verbesserung von Bildung, Forschung und Entwicklung ausgegeben werden, die ihrerseits wieder das regionale Wachstumspotential erhöhen. Nur auf diese Weise kann es zur notwendigen Angleichung der regionalen Innovationsfähigkeit kommen. Andernfalls werden die innovativen Zentren und die dazugehörigen Regionen stets schneller wachsen als die weniger innovativen Regionen.

Im Hinblick auf die Gültigkeit der Konvergenz-Hypothese sind die hier vorgelegten Ergebnisse ernüchternd. Selbst wenn sich die westdeutschen Bundesländer einen gemeinsamen Wachstumspfad teilen, konvergieren sie dennoch nicht, da die innovativeren Länder durch ihre höhere Produktivität immer ein höheres gleichgewichtiges Output-Niveau erreichen als die weniger innovativen Bundesländer. Unterscheiden sich zudem die Wachstumspfade zwischen den Ländern, da sie weniger homogen sind als die westdeutschen Bundesländer, dann ist eine Konvergenz noch unwahrscheinlicher. Den Ergebnissen dieser Untersuchung zufolge wird sich die Kluft zwischen wirtschaftlich erfolgreichen und rückständigen Ländern in Zukunft nicht schließen.

354 Vgl. Paqué, Karl-Heinz (2010), Die Bilanz. Eine wirtschaftliche Analyse der deutschen Einheit (Lizenzausgabe der Bundeszentrale für politische Bildung), Bonn.

Literaturverzeichnis

Abelshauser, Werner (1999), Die NS-Kriegswirtschaft und das westdeutsche Wirtschaftswunder nach 1945, in: Vierteljahrshefte für Zeitgeschichte, 47(4), S. 503-538

Abelshauser, Werner (2005), Deutsche Wirtschaftsgeschichte seit 1945, (Lizenzausgabe der Bundeszentrale für politische Bildung), Bonn

Abramovitz, Moses (1956), Resource and Output Trends in the United States since 1870, in: American Economic Review, 46(2), S. 5-23

Abramovitz Moses (1986), Catching-up, Forging Ahead, and Falling Behind, in: Journal of economic history, 46(2), S. 385-406

Abramovitz, Moses (1990), The Catch-up Factor in Postwar Economic Growth, in: Economic Inquiry, 28(1), S. 1-18

Acemoglu, Daron; Aghion, Philippe; Zilibotti, Fabrizio (2002), Distance to Frontier, Selection, and Economic Growth, CEPR Discussion Paper No. 3467

Acemoglu, Daron; Aghion, Philippe; Zilibotti, Fabrizio (2006), Distance to Frontier, Selection, and Economic Growth, in: Journal of European Economic Association, 4(1), S. 37-74

Acemoglu, Daron; Johnson, Simon; Robinson, James (2005), Institutions as a fundamental cause of long-run growth, in: Aghion/Durlauf (Hrsg.), Handbook of Economic Growth, Volume 1A, Amsterdam, S. 385-472

Acemoglu, Daron; Robinson, James (2000), Why did the West extend the franchise? Democracy, inequality and growth in historical perspective, in: Quarterly Journal of Economics, 115(4), S. 1167-1199

Aghion, Philippe (2008), Higher Education and Innovation, in: Perspektiven der Wirtschaftspolitik, 9 Supplement, S. 28-45

Aghion, Philippe; Boustan, Leah; Hoxby, Caroline; Vandenbussche, Jerome (2005), Exploiting States' Mistakes to Identify the Casual Impact of Higher Education on Growth, mimeo, Harvard University

Aghion, Philippe; Howitt, Peter (1992), A Model of Growth through Creative Destruction, in: Econometrica, 60(2), S. 323-351

Albrecht, Hans-Jörg; Entorf, Horst Dieter (2003), Kriminalität, Ökonomie und Europäischer Sozialstaat, Heidelberg

Alcalá, Francisco; Ciccone, Antonio (2004), Trade and Productivity, in: Quarterly Journal of Economics, 119(2), S. 613-646

Allmendinger, Jutta; Eichhorst, Werner; Walwei, Ulrich (Hrsg.) (2005), IAB Handbuch Arbeitsmarkt * Analysen, Daten, Fakten. (IAB-Bibliothek, 01), Frankfurt a. M.

Ambrosius, Gerold (1996), Der Beitrag der Vertriebenen und Flüchtlinge zum Wachstum der westdeutschen Wirtschaft nach dem Zweiten Weltkrieg, in: Jahrbuch für Wirtschaftsgeschichte (JWG), 1996/2, S. 39-71

Andersen, Uwe (1997), Bundessstaat/Föderalismus, in: Andersen/Woyke (Hrsg.), Handwörterbuch des politischen Systems, Opladen, S. 75-82

Arrow, Kenneth (1962), The Implications of Learning by Doing, in: Review of Economic Studies, 29(3), S. 155-173

Asheim, Björn; Gertler, Meric (2006), The Geography of Innovation, Regional Innovation Systems, in: Nelson/Mowery/Fagerberg (Hrsg.), The Oxford Handbook of Innovation, Oxford

Auty, Richard (1998), Resource Abundance and Economic Development: Improving the Performance of Resource-Rich Countries, Research for Action 44, in: http://www.wider.unu.edu/publications/working-papers/previous/en_GB/rfa-44/_files/82530855238574374/default/rfa44.pdf, zugegriffen am 23.06.2012

Axelrod, Robert (2006), The Evolution of Coopeartion, New York

Barro, Robert (1991), Economic Growth in a Cross Section of Countries, in: Quarterly Journal of Economics, 106(102), S. 407-443

Barro, Robert; Lee, Jong-Wha (1994), Losers and Winners in Economic Growth, in: Proceedings of the World Bank Annual Conference on Development Economics 1993, Supplement to the World Bank Economic Review and World Bank Research Observer, Washington D.C.: World Bank, S. 267-297

Barro, Robert; McCleary, Rachel (2003), Religion and Economic Growth Across Countries, in: American Sociological Review, 68(5), S. 760-781

Barro, Robert; Sala-i-Martin, Xavier (1991), Convergence across States and Regions, in: Brookings Papers on Economic Activity, 22(1), S. 107-158

Barro, Robert; Sala-i-Martin, Xavier (1998), Wirtschaftswachstum, München

Barro, Robert; Sala-i-Martin, Xavier (2003), Economic Growth, New York

Baum, Christoph (2001), Residual diagnostics for cross-section time series regression models, in: Stata Journal, 1(1), S. 101-104

Baumol, William (1986), Productivity Growth, Convergence, and Welfare: What the Long-Run Data Show, in: American Economic Review, 76(5), S. 1072-1085

Baumol, William; Blackman, Sue; Wolff, Edward (1992), Productivity and American Leadership: the long view, Cambridge

Beck, Nathaniel (2001), Time-Series-Cross-Section Data: What Have We Learned in the Past Few Years?, in: Annual Review of Political Science, 4(1), S. 271-293

Beck, Nathaniel; Katz, Jonathan (1995), What to do (and not to do) with time-series cross-section data, in: American Political Science Review, 89(3), S. 634-647

Beck, Nathaniel; Katz, Jonathan (2004), Time-Series-Cross-Section Issues: Dynamics (Draft of July 24, 2004), in: http://polmeth.wustl.edu/mediaDetail.php?docId=36, zugegriffen am 13.06.2012

Beck, Nathaniel; Katz, Jonathan (2011), Modeling Dynamics in Time-Series-Cross-Section Political Economy Data, in: Annual Review of Political Science, 14(1), S. 311-352

Becker, Sascha; Wößmann, Ludger (2009), Was Weber Wrong? A Human Capital Theory of Protestant Economic History, in: Quarterly Journal of Economics, 124(2), S. 531-596

Benhabib, Jess; Spiegel, Mark (1994), The role of human capital in economic development. Evidence from aggregate cross-country data, in: Journal of Monetary Economics, 34(2), S. 143-173

Berliner Statistik Volkswirtschaftliche Gesamtrechnungen (1974), Das Sozialprodukt von Berlin 1950-73, Berlin

Blume, Lorenz (2009), Regionale Institutionen und Wachstum, Marburg

Bohl, Martin (1998), Konvergenz westdeutscher Regionen? Neue empirische Ergebnisse auf Basis von Panel-Einheitswurzeltests, in: Konjunkturpolitik, 44(1), S. 82 – 99

Brümmerhoff, Dieter; Lützel, Heinrich (2002), Lexikon der Volkswirtschaftlichen Gesamtrechnung, München

Buchheim, Christoph (1997), Einführung in die Wirtschaftsgeschichte, München

Bundesministerium der Finanzen (o.A.): Der bundesstaatliche Finanzausgleich, in: http://www.bundesfinanzministerium.de/nn_4480/DE/BMF__Startseite/Service/Downloads/Abt__V/Der_20bundesstaatliche_20Finanzausgleich,templateId=raw,property=publicationFile.pdf, zugegriffen am 20.12.2011

Bundesministerium für Arbeit (1952), Wohnbevölkerung und Erwerbspersonen in den Ländern, Landesarbeitsamtsbezirken und Arbeitsamtsbezirken der Bundesrepublik am 13. September 1950 nach den Ergebnissen der Volks- und Berufszählung des Statistischen Bundesamtes, Bonn

Bundesminister für Arbeit und Soziale Ordnung (1955), Arbeits- und Sozialstatistische Mitteilungen, Bonn

Bundesminister für Bildung und Wissenschaft (1972), Forschungsbericht der Bundesregierung, Bonn

Bundesministerium für Bildung und Forschung (verschiedene Jahrgänge), Bundesbericht Forschung, Bonn

Bundesministerium für Bildung und Forschung (2009), Begabte Kinder finden und fördern: Ein Ratgeber für Eltern, Erzieherinnen und Erzieher, Lehrerinnen und Lehrer, in: http://www.bmbf.de/pub/begabte_kinder_finden_und_foerdern.pdf, zugegriffen am 26.02.2012

Busch, Oliver (2007), When have all the graduates gone? Internal Cross-state migration of graduates in Germany 1984-2004, SOEPpapers (26, in: http://www.diw.de/documents/publikationen/73/diw_01.c.59964.de/diw_sp0026.pdf, zugegriffen am 26.02.2012

Buscher, Herbert; Felder, Johnannes; Steiner, Viktor (1999), Regional Convergence and Economic Performance. A case study of West German Laender (Center for European Economic Research (ZEW)), in: ftp://ftp.zew.de/pub/zew-docs/dp/dp1099.pdf, zugegriffen am 26.02.2012

Cameron, Gavin (1998), Innovation and Growth: A survey of empirical evidence, in: http://www.nuff.ox.ac.uk/users/cameron/papers/empiric.pdf, zugegriffen am 26.02.2012

Cantner, Uwe; Krüger, Jens; Hanusch, Horst (2007), Produktivitäts- und Effizienzanalyse: Der nichtparametrische Ansatz, Berlin

Caselli, Francesco; Esquivel, Gerardo; Lefort, Fernando (1996), Reopening the Convergence Debate: A new Look at Cross-Country Growth Empirics, in: Journal of Economic Growth, 1(3), S. 363-389

Caves, Douglas; Christensen, Laurits; Diewert, Erwin (1982), The Economic Theory of Index Numbers and the Measurement of Input, Output and Productivity, in: Econometrica, 50(6), S. 1393-1414

Christ, Julian (2012), Innovative Places in Europe: research clustering, co-patenting networks and the growth of regions, Frankfurt a. M.

Clark, Gregory (2007), A farewell to alms: a brief history of the world, Princeton

Coe, David; Helpman, Elhanan (1995), International R&D spillovers, in: European Economic Review, 39(5), S. 859-887

Czarnitzki, Dirk (2002), Research and Development: Financial Constraints and the Role of Public Funding for Small and Medium-sized Enterprises (ZEW Discussion Paper (02-74), in: ftp://ftp.zew.de/pub/zew-docs/dp/dp0274.pdf, zugegriffen am 26.02.2012

De Long, Bradford (1988), Productivity Growth, Convergence, and Welfare: Comment; in: American Economic Review, 78(5), S. 1138-1154

Degner, Harald; Streb, Jochen (2010), Foreign Patenting in Germany 1877-1932 (FZID Discussion Papers, 21-2010), in: https://fzid.uni-hohenheim.de/fileadmin/einrichtungen/fzid/fzid_dp_2011_29_streb.pdf, zugegriffen am 26.02.2012

Denison, Edward (1967), Why Growth Rates Differ: Postwar Experience in Nine Western Countries, Washington D.C.

Deutscher Städtetag (1949), Statistisches Jahrbuch deutscher Gemeinden, 37. Jahrgang, Berlin

Deutsches Patentamt (1955), Blatt für Patent-, Muster- und Zeichenwesen, 57(3), München

Deutsches PISA-Konsortium (2002), PISA 2000 – die Länder der Bundesrepublik Deutschland im Vergleich, Opladen

Diamond, Jared (1997), Guns, Germs, and Steel: The Fates of Human Societies, New York

Dichtl, Erwin; Issing, Otmar (Hrsg.) (2004), Vahlens Großes Wirtschaftslexikon, München

Dinopoulos, Elias; Thompson, Peter (2000), Schumpeterian Growth Without Scale Effects, in: Journal of Economic Growth, 3(4), S. 313-335

Döring, Thomas; Blume, Lorenz; Türck, Matthias (2008), Ursachen der unterschiedlichen Wirtschaftskraft der deutschen Länder. Gute Politik oder Resultat günstiger Rahmenbedingungen? Baden-Baden

Döring, Thomas (2004), Räumliche Wissens-Spillovers und regionales Wirtschaftswachstum: Stand der Forschung und Wirtschaftspolitische Implikationen, in: Schmollers Jahrbuch – Zeitschrift für Wirtschafts- und Sozialwissenschaften, 124, S. 95-137

Dowrick, Steve; Nguyen, Duc-Tho (1989), OECD Comparative Economic Growth 1950-85: Catch-up and Convergence, in: American Economic Review, 79(5), S. 1010-1030

Edwards, Sebastian (1998), Openness, Productivity and Growth: What do we really know?, in: Economic Journal, 108(447), S. 383-398

Eicher, Theo u.a. (2008), Institutionen und Wirtschaftswachstum in den OECD Ländern, in: ifo Schnelldienst 11/2008 Jahrgang 61, in: http://www.cesifo-group.de/portal/page/portal/ifoContent/N/pr/pr-PDFs/Schnelldienst2008PDF/ifosd_2008_3.pdf, zugegriffen am 28.02.2012

Engel, Ernst (1883), Der Werth des Menschen, Berlin

Easterly, William; Levine, Ross (2001), It's not Factor Accumulation: Stylized Facts and Growth Models, Working Papers of the Central Bank of Chile (164, in: http://www.bcentral.cl/eng/studies/working-papers/pdf/dtbc164.pdf, zugegriffen am 28.02.2012

Evans, Paul; Karras, Georgios (1996), Do economies converge? Evidence from a panel of U.S. states, in: Review of Economics and Statistics, 78(3), S. 384-388

Fabian, Gregor; Minks, Karl-Heinz (2008), Muss i denn zum Städtele hinaus?, in: HIS-Magazin 3, S. 4-5

Färe, Rolf u.a. (1994), Productivity Growth, Technical Progress, and Efficiency Change in Industrialized Countries, in: American Economic Review, 84(1), S. 66-83

Feinstein, Charles; Mark Thomas (2002), Making History Count, A primer in quantitative methods for historians, Cambridge

Fernandez, Raquel; Fogli, Alessandra (2009), Culture: An Empirical Investigation of Beliefs, Work, and Fertility, in: American Economic Journal: Macroeconomics 2009, 1(1), 146–177

Fischer, Wolfram (Hrsg.) (1995), Statistik der Montanproduktion Deutschlands 1915 - 1985. Bearbeitet von Philipp Fehrenbach, in: Fischer/Irsigler/Kaufhold/Ott (Hrsg.), Quellen und Forschungen zur historischen Statistik von Deutschland, Band 16, in: http://www.histat.gesis.org/SelectProject.php?open_topic=13#anker, zugegriffen am 21.06.2012

Fourastié, Jean (1969), Die große Hoffnung des zwanzigsten Jahrhunderts, Köln

Frankel, Jeffrey (2010), The Natural Resource Curse: A Survey (HKS Faculty Research Working Paper, RWP 10-005)

Frankel, Jeffrey; Romer, Paul (1999), Does Trade Cause Growth?, in: American Economic Review, 89(3), S. 379-399

Frenkel, Michael; Hemmer, Hans-Rimbert (1999), Grundlagen der Wachstumstheorie, München

Funke, Michael; Strulik, Holger (1999), Regional Growth in West Germany: convergence or divergence?, in: Economic Modelling, 16(4), S. 489-502

Gabler Verlag (Hrsg.), Gabler Wirtschaftslexikon, Stichwort: Rent Seeking, online im Internet: http://wirtschaftslexikon.gabler.de/Archiv/5464/rent-seeking-v8.html, zugegriffen am 13.06.2012

Gallup, John Luke; Sachs, Jeffrey; Mellinger, Andrew (1999), Geography and Economic Development, CID Working Paper, in: http://www.hks.harvard.edu/var/ezp_site/storage/fckeditor/file/pdfs/centers-programs/centers/cid/publications/faculty/wp/001.pdf, zugegriffen am 01.03.2012

Gemmell, Norman (1996), Evaluating the Impacts of Human Capital Stocks and Accumulation on Economic Growth: Some New Evidence, in: Oxford Bulletin of Economics and Statistics, 58(1), S. 9-28

Gerschenkron, Alexander (1966), Economic Backwardness in Historical Perspective: a book of essays, New York

Gier, Kevin; Tullock, Gordon (1989), An Empirical Analysis of Cross-National Economic Growth, 1951-80, in: Journal of Monetary Economics, 24(2), S. 259-276

Giersch, Herbert; Paqué, Karl-Heinz; Schmieding, Holger (2005), The Fading Miracle: four decades of market economy in Germany, Revised and Updated, Cambridge

Glaeser, Edward u. a. (1992), Growth in Cities, in: Journal of Political Economy, 100(6), S. 1126-1152

Glaeser, Edward u.a. (2004), Do institutions cause growth, in: Journal of Economic Growth, 9(3), S. 271-303

Görzig, Bernd u.a. (1977), Daten zur Entwicklung des ProduktionsPotenzials, des Einsatzes von Arbeitskräften und Anlagevermögen sowie der Einkom-

mensverteilung in den Wirtschaftsbereichen der Bundesrepublik Deutschland, 1950-75, Berlin
Greif, Siegfried (1998), Strukturen und Entwicklungen im Patentgeschehen, in: Greif/Leitko/Parthey (Hrsg.), Wissenschaftsforschung: Jahrbuch 1996/97, Marburg, S. 101 – 144
Griliches, Zvi (1979), Issues in Assessing the Contribution of Research and Development to Productivity Growth, in: Bell Journal of Economics, 10(1), S. 92-116
Griliches, Zvi (1990), Patent statistics as economic indicators: a survey, in: Journal of Economic Literature, 28(4), S. 1661-1707
Griliches, Zvi (1992), The Search for R&D Spillovers, in: Scandinavian Journal of Economics, 94(0), Supplement, S. 29-47
Griliches, Zvi; Lichtenberg, Frank (1984), R&D and Productivity Growth at the Industry Level: Is There Still a Relationship, in: Griliches (Hrsg.), R&D, Patents, and Productivity, Chicago, S. 465-502
Grossman, Gene; Helpman, Elhanan (1991a), Innovation and Growth in the Global Economy, Cambridge
Grossman, Gene; Helpman, Elhanan (1991), Quality Ladders in the Theory of Growth, in: Review of Economic Studies, 58(1), S. 43-61
Gundlach, Erich (1999), The impact of human capital on economic development: problems and perspectives; in: Tan (Hrsg.), Human capital formation as an engine of growth, The East Asian Experience, Singapur, S. 7-33
Guinnane, Timothy (2005), Trust: A Concept Too Many, in: Jahrbuch für Wirtschaftsgeschichte 2005/1, S. 77-92
Guiso, Luigi; Sapienza, Paola; Zingales, Luigi (2003), Peoples Opium? Religion and Economic Attitudes, in: Journal of Monetary Economics, 50(1), S. 225-282
Guiso, Luigi; Sapienza, Paola; Zingales, Luigi (2004), The Role of Social Capital in Financial Development, in: American Economic Review, 94(3), S. 526-556.
Guiso, Luigi; Sapienza, Paola; Zingales, Luigi (2006), Does Culture Affect Economic Outcome?, in: Journal of Economic Perspective, 20(2), S. 23-48
Gylfason, Thorvaldur (2001), Lessons from the Dutch Disease: Causes, Treatment, and Cures, For STATOIL-ECON conference volume, The Paradox of Plenty, 22 March 2001
Gylfason, Thorvaldur; Herbertsson, Tryggvi; Zoega, Gylfi (1990), A Mixed Blessing. Natural Resources and Economic Growth, in: Macroeconomic Dynamics, 3(2), S. 204-225
Heinemann, André (2005), Die Wirtschaftskraft der Stadtstaaten im Vergleich mit Großstädten, Bremer Diskussionsbeiträge zur Finanzpolitik, in: http://www.fofi.uni-bremen.de/de/publikationen/bremerdiskussion/Heine/BDzF01.pdf, zugegriffen am 01.03.2012

Heinen, Nicolaus (2011), Transferunion: Wie groß, wie stark, wie teuer? Deutsche Bank Research, EU-Monitor 81, in: http://www.dbresearch.de/PROD/DBR_INTERNET_DE-PROD/PROD0000000000275047.pdf, zugegriffen am 01.03.2012
Heinz, Ulrike; Kiehle, Wolfgang (1997), Wohnungspolitik, in: Andersen/Woyke (Hrsg.), Handwörterbuch des politischen Systems der Bundesrepublik Deutschland, Opladen, S. 632-637
Helpman, Elhanan (2004), The Mystery of Economic Growth, Cambridge
Hemmer, Hans-Rimpert; Lorenz, Andreas (2004), Grundlagen der Wachstumsempirie, München
Herz, Bernhard; Röger, Werner (1995), Economic Growth and Convergence in Germany, in: Weltwirtschaftliches Archiv, 131(1), S. 132-143
Hoffmann, Walter (1965), Das Wachstum der deutschen Wirtschaft seit Mitte des 19. Jahrhunderts, Berlin
Howitt, Peter (1999), Steady Endogenous Growth with Population and R&D Inputs Growing, in: Journal of Political Economy, 107(4), S. 715-730.
Inglehart, Ronald (1971), The Silent Revolution in Europe: Intergenerational Change in Post-Industrial Societies, in: American Political Science Review, 65(4), S. 991–1017
Islam, Nazrul (1995), Growth Empirics: A Panel Data Approach, in: Quarterly Journal of Economics, 110(4), S. 1127-1170
Islam, Nazrul (2003), What have we learnt from the convergence debate?, in: Journal of Economic Surveys, 17(3), S. 309-362
Jacobs, Jane (1970), The Economy of Cities, New York
Jánossy, Franz (1966), Das Ende der Wirtschaftswunder. Erscheinung und Wesen der wirtschaftlichen Entwicklung, Frankfurt a. M.
Jones, Charles (1995), R&D-based Models of Economic Growth, in: Journal of Political Economy, 103(4), S. 759-784
Jones, Charles (2002), Introduction to Economic Growth, New York
Jorgenson, Dale (2001), Information Technology and the U.S. Economy, in: American Economic Review, 91(1), S. 1-32
Jorgenson, Dale; Griliches, Zvi (1967), The Explanation of Productivity Change, in: Reprinted with corrections from the Review of Economic Studies, 34(99), S. 349-383
Jungmittag, Andre (2007), Innovationen, Beschäftigungsstruktur und Wachstum der totalen Faktorproduktivität. Eine Data Envelopment und Korrelationsanalyse für die deutschen Bundesländer, in: Jahrbuch für Regionalwissenschaft, 27(2), S. 143-170
Kellermann, Kersten (1998), Die interregionale Konvergenz der Arbeitsproduktivität: eine Analyse unter besonderer Berücksichtigung von öffentlichen Inputfaktoren und des Finanzausgleichs, Berlin

Kendrick, John (1978), The Formation and Stocks of Total Capital, New York, in: http://www.nber.org/books/kend76-1, zugegriffen am 02.03.2012

Kiese, Matthias (2008), Stand und Perspektiven der regionalen Clusterforschung, in: Schätzl/Kiese (Hrsg), Cluster und Regionalentwicklung: Theorie, Beratung und praktische Umsetzung, Dortmund, S. 9-50

Kindleberger, Charles (1967), Europe's Postwar Growth, The role of labor supply, Cambridge Massachusetts

Klenow, Peter; Rodrigues-Clare, Andres (1997), The Neoclassical Revival in Growth Economics: Has It Gone Too Far?, in: NBER Macroeconomics Annual 1997, S. 73-102

Kline, Stephen (1985), Research, Invention, Innovation and Production: Models and Reality, Stanford

Kline, Stephen; Rosenberg, Nathan (1986), An Overview of Innovation; in: Landau; Rosenberg (Hrsg.), The positive sum strategy, Washington D. C., S. 275-306

Klodt, Henning (1984), Produktivitätsschwäche in der deutschen Wirtschaft, Tübingen

Knack, Stephen; Keefer, Philip (1997), Does Social Capital Have an Economic Payoff? A Cross-Country Investigation, in: Quarterly Journal of Economics, 112(4), S. 1251-1288

Knowles, Stephen (2006), Is Social Capital Part of the Institutions Continuum and is it a Deep Determinant of Development?, United Nations University – World Institute for Development Economics Research (UNU-WIDER) Research Paper, No. 25, in: http://www.wider.unu.edu/publications/working-papers/research-papers/2006/en_GB/rp2006-25/, zugegriffen am 26.02.2012

Knowles, Stephen; Weatherston, Clayton (2006), Informal Institutions and Cross-Country Income Differences, CREDIT Research Paper 06/06, Centre for Research in Economic Development and International Trade, University of Nottingham, in: http://www.nottingham.ac.uk/credit/documents/papers/06-06.pdf, zugegriffen am 10.06.2012

Kommission der europäischen Gemeinschaft (1969), Regionale Entwicklung der landwirtschaftlichen Erwerbsbevölkerung, Teil 2 BR Deutschland, Brüssel

Kongsamut, Piyabha; Rebelo, Sergio; Xie, Danyang (2001), Beyond balanced growth, in: Review of Economic Studies, 68(237), S. 869-882

Kormendi, Roger; Meguire, Philip (1985), Macroeconomic Determinants of Growth, Cross-Country Evidence, in: Journal of Monetary Economics, 16(2), S. 141-163

Kortum, Samuel (1997), Research, Patenting, and Technological Change, in: Econometrica, 65(6), S. 1389-1419

Koschatzky, Knut (2001), Räumliche Aspekte im Innovationsprozess: ein Beitrag zur neuen Wirtschaftsgeographie aus Sicht der regionalen Innovationsforschung, Münster

Krengel, Rolf (1958), Anlagevermögen, Produktion und Beschäftigung der Industrie im Gebiet der Bundesrepublik von 1924 bis 1956, Berlin

Krengel, Rolf u.a. (verschiedene Folgen), Produktionsvolumen und -Potenzial, Produktionsfaktoren der Industrie im Gebiet der Bundesrepublik Deutschland - Statistische Kennziffern, DIW Berlin

Krueger, Anne (1974), The political Economy of the rent-seeking society, in: American Economic Review, 64(3), S. 291-303

Krüger, Jens (2000), Produktivität und Wachstum im internationalen Vergleich, Köln

Krugman, Paul (1994), The Myth of Asia's Miracle, in: Foreign Affairs, 73(6), S. 62-78

Kyriacou, George (1992, revised), Level and Growth Effects of Human Capital: A Cross-Country Study of the Convergence Hypothesis; Economic Research Report C.V. STARR Working Paper (#91-26), in: http://www.econ.nyu.edu/cvstarr/working/1991/RR91-26.pdf, zugegriffen am 26.02.2012

Labuske, Kerstin; Streb, Jochen (2008), Technological Creativity and Cheap Labour? Explaining the Growing International Competitiveness of German Mechanical Engineering before World War I, in: German Economic Review, 9(1), S. 65-86

Landes, David (2010), Wohlstand und Armut der Nationen (Lizenzausgabe für die Bundeszentrale für politische Bildung), Bonn

Lanzendorf, Ute; Pasternack, Peer (2008), Landeshochschulpolitiken, in: Hildebrand/Wolf (Hrsg.), Die Politik der Länder: Staatstätigkeit im Vergleich, Wiesbaden, S. 43-50

Le, Trinh; Gibson, John; Oxley, Les (2005), Measures of Human Capital: A Review of the Literature, New Zealand Treasury Working Papers 05/10, in: http://www.treasury.govt.nz/publications/research-policy/wp/2005/05-10, zugegriffen am 26.02.2012

Lehmann, Sibylle; Hauber, Philipp; Opitz, Alexander (2012), Political rights, taxation, and firm valuation – Evidence from Saxony around 1900, FZID Discussion Papers No. 59-2012

Levine, Ross; Renelt, David (1992), A Sensitivity Analysis of Cross-Country Growth Regressions, in: American Economic Review, 82(4), S. 942-963

Li, Chol-Won (2000), Endogenous vs. Semi-Endogenous Growth in a Two-R&D-Sector Model, in: Economic Journal, 110(462), S. 109-122

Lichtenberg, Frank (1992), R&D Investemt and international Productivity differences, NBER Working Papers Series, Working Paper No. 4161

Lindlar, Ludger (1997), Das mißverstandene Wirtschaftswunder (Schriften zur angewandten Wirtschaftsforschung, Band 77), Tübingen

Lindner, Helmut (1987), Die De-Industrialisierungsthese: eine Analyse ihrer empirisch-statistischen Grundlagen, Tübingen

Lorenz, Blume (2009), Regionale Institutionen und Wachstum, Marburg

Lucas, Robert (1993), Making a Miracle, Econometrica, in: Econometrica, 61(2), S. 251-272

Lucas, Robert (1988), On the Mechanics of Economic Development, in: Journal of Monetary Economics, 22(1), S. 3-42

Maddison, Angus (2010), Historical statistics of the world economy, in: http://www.ggdc.net/MADDISON/oriindex.htm, zugegriffen am 10.06.2012

Maier, Gunther; Tödling, Franz; Trippl Michaela (2006), Regional- und Stadtökonomik, Wien

Mankiw, Gregory (2003), Makroökonomie, Stuttgart

Mankiw, Gregory; Romer, David; Weil, David (1992), A Contribution to the Empirics of Economic Growth, in: Quarterly Journal of Economics, 107(2), S. 407-437

Marshall, Alfred (1890), Principles of Economics: an introductory volume, London

Maußner, Alfred; Klump, Rainer (1996), Wachstumstheorie, Berlin

Max-Planck-Institut für Bildungsforschung (2002), PISA 2000 – die Länder der Bundesrepublik Deutschland im Vergleich: Zusammenfassung zentraler Befunde, in: http://www.mpib-berlin.mpg.de/Pisa/PISA_E_Zusammenfassung2.pdf, zugegriffen am 26.02.2012

Meißner, Dirk (2001), Wissens- und Technologietransfer in nationalen Innovationssystemen, Dresden

Miegel, Meinhard (1991), Wirtschafts- und Arbeitskulturelle Unterschiede in Deutschland: zur Wirkung außerökonomischer Faktoren auf die Beschäftigung. Eine vergleichende Untersuchung. IWG Bonn

Mosler, Karl; Schmid, Friedrich (2003), Beschreibende Statistik und Wirtschaftsstatistik, Berlin

Murmann, Johann Peter (2003), Knowledge and Competitive Advantage: the coevolution of firms, technology, and national institutions, Cambridge

Nadiri, Ishaq; Prucha, Ingmar (1996), Estimation of the Depreciation Rate of Physical and R&D Capital in the US Total Manufacturing Sector, in: Economic Inquiry, 34(1), S. 43-56

Nelson, Richard; Phelps, Edmund (1966), Investment in Humans, Technological Diffusion, and Economic Growth, in: American Economic Review, 56(1), S. 69-75

Nonneman, Walter; Vanhoudt, Patrick (1996), A further Augmentation of the Solow Model and the Empirics of Economic Growth for OECD Countries, in: Quarterly Journal of Economics, 11(3), S. 943-953

North, Douglass (1990), Institutions, Institutional Change and Economic Performance, Cambridge

North, Douglass; Thomas, Robert (1993), The Rise of the Western World, A new Economic History, Cambridge

Ohlin, Bertil (1933), Interregional and International Trade, Cambridge

Ogilvie, Sheilagh (2004), How Does Social Capital Affect Women? Guilds and Communities in Early Modern Germany, in: American Historical Review, 109(2), S. 325-359

Paqué, Karl-Heinz (2010), Die Bilanz, Eine wirtschaftliche Analyse der deutschen Einheit (Lizenzausgabe für die Bundeszentrale für politische Bildung), Bonn

Parikh, Ashok; Leuvensteijn, Michiel van (2003), Interregional labour mobility, inequality and wage convergence, in: Applied Economics, 35(8), S. 931-941

Peretto, Pietro (1998), Technological Change and Population Growth, in: Journal of Economic Growth, 3(4), S. 283-311

Peretto, Pietro; Smulders, Sjak (2002), Technological Distance, Growth and Scale Effects, in: Economic Journal, 112(481), S. 603-624

Plümper, Thomas; Troeger, Vera; Manow, Philip (2005), Panel data analysis in comparative politics: Linking method to theory, in: European Journal of Political Research, 44(2), S. 327-354

Polasek, Wolfgang (1997), Schließende Statistik: Einführung in die Schätz- und Testtheorie für Wirtschaftswissenschaftler, Berlin

Porter, Michael; Stern, Scott (2000), Measuring the „Ideas" Production Function: Evidence from International Patent Output, NBER Working Paper Series, Working Paper No. 7891

Porter, Michael (1990), The competitive advantage of nations, London

Putnam, Robert mit Leonardi, Robert; Nanetti, Raffaella (1993), Making Democracy work: civic traditions in modern Italy, Princeton

Ricardo, David (1963), The Principles of Political Economy and Taxation, Illinois. (Erstmals erschienen 1817)

Ritschl, Albrecht; Spoerer, Mark (1997), Das Sozialprodukt in Deutschland nach den amtlichen Volkseinkommens- und Sozialproduktsstatistiken 1901-1995, in: Jahrbuch für Wirtschaftsgeschichte 1997/II, S. 11-37

Ritter, Ernst-Hasso (1999), Zur Entwicklung der Landespolitik, in: Ellwein/Holtmann (Hrsg.), 50 Jahre Bundesrepublik Deutschland: Rahmenbedingungen, Entwicklungen, Perspektiven, Opladen, S. 343-362

Rivera-Batiz, Luis; Romer, Paul (1991), Economic integration and endogenous growth, in: Quarterly Journal of Economics, 106(2), S. 531-555

Rodrik, Dani (1995), Trade policy and industrial policy reform, in: Behrman/ Srinivasan (Hrsg.), Handbook of Development Economics, Vol. 3B, Amsterdam, S. 2925-2982

Rodrik, Dani; Subramanian, Arvind; Trebbi, Francesco (2004), Institutions Rule: The Primacy of Institutions Over Geography and Integration in Economic Development, in: Journal of Economic Growth, 9(2), S. 131-165

Romer, Paul (1986), Increasing Returns and Long-Run Growth, in: Journal of Political Economy, 94(5), S. 1002-1037

Romer, Paul (1990), Endogenous Technological Change, in: Journal of Political Economy, 98(5), S. 71-102

Romer, Paul (1992), Two strategies for economic development: using ideas and producing ideas, in: Proceeding of The World Bank Annual Conference on Development Economics, No. 1, S. 63-92

Rostow, Walt W. (1971), The Stages of Economic Growth: A Non-Communist Manifesto, Second Edition, Cambridge

Rothwell, Roy (1992), Successful industrial innovation: critical factors for the 1990s, in: R&D Management, 22(3), S. 221-239

Ruhrmann, Heike (2007), Nationale Innovationssysteme: eine komparative Analyse am Beispiel Irlands und Finnlands, Frankfurt a. M.

Sachs, Jeffrey (2001), Tropical Underdevelopment, NBER Working Paper Series, Working Paper No. 8119

Sachs, Jeffrey; Warner, Andrew (1995), Natural Resource Abundance and Economic Growth, NBER Working Paper Series, Working Paper No. 5398

Sala-i-Martin, Xavier (1996), Regional cohesion: Evidence and theories of regional growth and convergence, in: European Economic Review, 40(6), S. 1325-1352

Schankerman, Mark; Pakes, Ariel (1986), Estimates of the Value of Patent Rights in European Countries during the Post-1950 Period, in: Economic Journal, 96(384), S. 1052–1076

Scherner, Jonas (2010), Nazi Germany's Preparation for War: Evidence from Revised Industrial Investment Series, in: European Review of Economic History, 14(3), S. 433-468

Schimpl-Neimanns, Bernhard (2000), Soziale Herkunft und Bildungsbeteiligung, Empirische Analysen zu herkunftsspezifischen Bildungsungleichheiten zwischen 1950 und 1989, in: Kölner Zeitschrift für Soziologie und Sozialpsychologie, 52(4), S. 636-669

Schultze, Rainer-Olaf; Semrau, Frank (1997), Wählerverhalten, in: Andersen/ Woyke (Hrsg.), Handwörterbuch des politischen Systems der Bundesrepublik Deutschland, Wiesbaden, S. 589-594

Schumpeter, Joseph (1993), Kapitalismus, Sozialismus und Demokratie, 7. erweiterte Auflage, Tübingen
Schumpeter, Joseph (1951), Theory of Economic Development, an inquiry into profits, capital, credit, interest, and the business cycle, Cambridge
Segerstrom, Paul (1998), Endogenous Growth without Scale Effects, in: American Economic Review, 88(5), S. 1290-1310
Seitz, Helmut (1995), Konvergenz: Theoretische Aspekte und empirische Befunde für westdeutsche Regionen, in: Konjunkturpolitik, 41(2), S. 168-198
Sensch, Jürgen (2010), Kriminalitätsentwicklung in der Bundesrepublik Deutschland von 1955 bis 2003: Ausgewählte Indikatoren aus der Kriminalstatistik. GESIS-Datenkompilation
Siebke, Jürgen (1999), Verteilung, in: Bender u.a. (Hrsg.), Vahlens Kompendium der Wirtschaftstheorie und Wirtschaftspolitik, München, S. 417-454
Solow, Robert (1956), A Contribution to the Theory of Economic Growth, in: Quarterly Journal of Economics, 70(1), S. 65-94
Solow, Robert (1957), Technical Change and the Aggregate Production Function, in: Review of Economics and Statistics, 39(3), S. 312-320
Spoerer, Mark; Baten, Jörg; Streb, Jochen (2007), Wissenschaftlicher Standort, Quellen und Potenziale der Innovationsgeschichte, in: Walter (Hrsg.), Innovationsgeschichte, S. 39-59, Stuttgart
Statistik der Bundesagentur für Arbeit (2010), Arbeitslosigkeit im Zeitverlauf, Nürnberg, in: http://statistik.arbeitsagentur.de/nn_31892/SiteGlobals/Forms/Rubrikensuche/Rubrikensuche_Form.html?view=processForm&resourceId=210368&input_=&pageLocale=de&topicId=17588&year_month=201012&year_month.GROUP=1&search=Suchen, zugegriffen am 10.06.2012.
Statistik der Bundesrepublik Deutschland (1955), Die Vertriebenen und Flüchtlinge in der Bundesrepublik Deutschland in den Jahren 1946 bis 1953, Band 114
Statistisches Amt des Saarlandes (1958), Statistisches Handbuch für das Saarland, Saarbrücken
Statistische Ämter des Bundes und der Länder (2011), Volkswirtschaftliche Gesamtrechnung der Länder, in: http://www.vgrdl.de/Arbeitskreis_VGR/tbls/WZ2003tab01.asp, zugegriffen am 13.06.2012
Statistisches Bundesamt (1993), Bildung im Zahlenspiegel, Wiesbaden
Statistisches Bundesamt (1991), Volkswirtschaftliche Gesamtrechnung, Fachserie 18, Stuttgart
Statistisches Bundesamt (verschiedene Jahrgänge), Statistisches Jahrbuch für die Bundesrepublik Deutschland, Stuttgart sowie online in: http://www.digizeitschriften.de/dms/toc/?PPN=PPN514402342, zugegriffen am 23.06.2012

Statistisches Bundesamt (1958), Die Industrie der BRD Sonderheft 9, Beschäftigung und Umsatz, Brennstoff- und Energieversorgung 1950-54, Jahreszahlen der Industrieberichterstattung

Statistisches Bundesamt (verschiedene Jahrgänge), Bevölkerungsstruktur und Wirtschaftskraft der Bundesländer: Zusammenfassende Veröffentlichungen, Stuttgart

Statistisches Landesamt Berlin (1958), Statistisches Jahrbuch Berlin, Berlin

Statistische Veröffentlichungen der Kultusministerkonferenz (2011), Die Mobilität der Studienanfänger und Studierenden in Deutschland von 1980 bis 2009, Dokumentation Nr. 191, in: http://www.kmk.org/fileadmin/pdf/Statistik/Dokumentation_191_01.pdf, zugegriffen am 14.03.2012

Steinberg, Heinz Günter (1991), Die Bevölkerungsentwicklung in Deutschland im Zweiten Weltkrieg: mit einem Überblick über die Entwicklung von 1945 bis 1990, Bonn

Streb, Jochen, Waidlein, Nicole (2013), Industrialisierung und Innovation, in: Steinbach/Weber (Hrsg.), Fortschritt und Modernisierung (Schriften zur politischen Landeskunde Baden-Württemberg; Band 38), Stuttgart

Südekum, Jens (2004), Selective Migration, Union Wage Setting and Unemployment Disparities in West Germany, in: International Economic Journal, 18(1), S. 33-48

Sydow, Jörg (1992), Strategische Netzwerke, Wiesbaden

Syrquin, Moshe (1984), Resource reallocation and productivity growth, in: Syrquin/Taylor/Westphal (Hrsg.), Economic Structure and Performance, Orlando, S. 77-84

Tabellini, Guido (2010), Culture and Institutions: Economic Development in the Regions of Europe, in: Journal of the European Economic Association, 8(4), S. 677-716

Temple, Jonathan (1999), A positive effect of human capital on growth, in: Economics Letters, 65(1), S. 131-134

Tornell, Aaron; Lane, Philip (1999), The Voracity Effect, in: American Economic Review, 89(1), S. 22-46

Torvik, Ragnar (2002), Natural resources, rent-seeking and welfare, in: Journal of Development Economics, 67(2), S. 455-470

Trautwein, Ulrich; Neumann, Marko (2008), Das Gymnasium, in: Cortina u.a. (Hrsg.), Das Bildungswesen in der Bundesrepublik Deutschland, Ein Bericht des Max-Planck-Instituts für Bildungsforschung, Reinbek bei Hamburg, S. 467-502

Tullock, Gordon (1967), The welfare costs of tariffs, monopolies, and theft, in: Western Economic Journal, 5(3), S. 224-232

Verspagen, Bart (1991), A new empirical approach to catching up and falling behind, in: Structural Change and Economic Dynamics, 2(2), S. 359-380

Volkswirtschaftliche Gesamtrechnung der Länder (verschiedene Jahrgänge), Entstehung, Verteilung und Verwendung des Sozialprodukts in den Ländern der Bundesrepublik Deutschland: Gemeinschaftsveröffentlichung der Statistischen Landesämter, Stuttgart

Vonyó, Tamás (2012), The Bombing of Germany: The Economic Geography of Wartime Dislocation in West German Industry, in: European Review of Economic History, 16(1), S. 97-118

Weber, Max (2007), Die protestantische Ethik und der Geist des Kapitalismus, Erftstadt

Wilke, Sabine; Lippelt, Jana (2011), Kurz zum Klima: Der Fluch der Ressourcen in Afrika, in: ifo Schnelldienst, 64(5), S. 47-49

Wolf, Christof (1999), Religionszugehörigkeit in Westdeutschland 1939-1987 (Eine Zusammenstellung nach Bundesländern auf Basis von Volkszählungsdaten einschließlich einiger Angaben zur Pluralisierung der Religionszugehörigkeit), Universität zu Köln, Forschungsinstitut für Soziologie: unveröffentlichter Forschungsbericht, in: http://www.histat.gesis.org/ViewProject.php?ID_Projekt=4F654A7553F0DC82825631014A2AFA16, zugegriffen am 26.06.2012

Wolf, Frieder (2008), Die Schulpolitik – Kernbestand der Kulturhoheit; in: Hildebrand/Wolf (Hrsg.), Die Politik der Länder, Wiesbaden

Wolf, Nikolaus (2009), Was Germany ever united? Evidence from Intra- and International Trade, 1885-1933, in: Journal of Economic History, 69(3), S. 846-881

Wolff, Edward (1991), Capital Formation and Productivity Convergence Over the Long Term, in: American Economic Review, 81(3), S. 565-579

Wood, Adrian; Berge, Kersti (1994), Exporting Manufactures: Human Resources, Natural Resources, and Trade Policy, in: Journal of Development Studies, 34(1), S. 35-59

Wooldridge, Jeffrey (2008), Introductory Econometrics: A modern Approach, International edition of 4th revised edition, Mason Ohio

Wright, Theodore (1936), Factors affecting the cost of airplanes, in: Journal of Aeronautical Science, 3(4), S. 122-128

Young, Alwyn (1993), Invention and Bounded Learning by Doing, in: Journal of Political Economy, 101(3), S. 443-472

Young, Alwyn (1998), Growth without Scale Effects, in: Journal of Political Economy, 106(1), S. 41-63

Anhang

A 1. Regressionsergebnisse

Tabelle 42 Determinanten der totalen Faktorproduktivität 1950-90, lag t-1 (I-a)

erklärende	Modell 1						Modell 2						Modell 3					
	I		II		III		I		II		III		I		II		III	
Variable	Koeffizient	PCSE	Koeffizient	PCSE	Koeffizient	PCSE	Koeffizient	PCSE	Koeffizient	PCSE	Koeffizient	PCSE	Koeffizient	PCSE	Koeffizient	PCSE	Koeffizient	PCSE
Patentstock	0,1620***	0,0101	0,1405***	0,0076	0,1495***	0,0147	0,1917***	0,0103	0,1691***	0,0085	0,1338***	0,0155	0,2136***	0,0108	0,1921***	0,0093	0,1288***	0,0173
Humankapital	0,1116	0,0261	0,1039	0,0223	-0,1064	0,0231	0,0052	0,0272	0,0225	0,0243	-0,1098	0,0246	0,0262	0,0340	0,0604	0,0319	-0,0839	0,0319
Struktur-wandel	-0,2727***	0,0065	-0,1907***	0,0070	-0,0297	0,0083	-0,2951***	0,0064	-0,1690***	0,0082	-0,0227	0,0082	-0,3283***	0,0068	-0,2109***	0,0105	-0,0049	0,0138
Zuwanderung	0,0103**	0,0021	0,0166***	0,0021	0,0203***	0,0022	0,0139**	0,0029	0,0219***	0,0027	0,0159***	0,0024	0,0159**	0,0034	0,0257***	0,0033	0,0191***	0,0029
Abwanderung	-0,0059	0,0021	-0,0120**	0,0020	-0,0117**	0,0020	-0,0130**	0,0025	-0,0201***	0,0024	-0,0092*	0,0022	-0,0176**	0,0029	-0,0255***	0,0028	-0,0122*	0,0026
Offenheit	0,0102	0,0155	0,0478***	0,0135	0,0111	0,0146	0,0292	0,0165	0,0629	0,0145	-0,0056	0,0158	0,0317	0,0193	0,0720***	0,0179	0,0036	0,0190
CDU-Wähler	-0,0041	0,0208	-0,0206	0,0176	0,0130	0,0176	-0,0044	0,0221	-0,0149	0,0194	0,0073	0,0186	0,0196	0,0235	0,0052	0,0210	0,0147	0,0203
Kriminalität	-0,0089	0,0200	-0,0135	0,0192	-0,0209**	0,0196	-0,0191*	0,0220	-0,0196*	0,0209	-0,0089	0,0197	-0,0196	0,0257	-0,0150	0,0249	-0,0100	0,0235
Katholisch	-0,1008***	0,0072	-0,0578***	0,0060	0,0748	0,0332	-0,1210***	0,0071	-0,0874***	0,0065	0,2040**	0,0339	-0,1136***	0,0081	-0,0963***	0,0071	0,2215**	0,0389
Wahl													0,1257***	0,3125	0,1192***	0,2893	0,0793**	0,3358
Bergbau							0,0228*	0,0019	0,0463***	0,0022	-0,1880***	0,0041	0,0104	0,0021	0,0274*	0,0023	-0,1775***	0,0044
d1					-0,0723	0,0769					-0,1630***	0,0796					-0,1576**	0,0900
d2					-0,1498**	0,0879					-0,2223***	0,0900					-0,2302***	0,1022
d3	-0,2298***	0,0249	-0,1295***	0,0279	-0,0286	0,0506	-0,2501***	0,0240	-0,1157***	0,0318	-0,0713*	0,0546	-		-		-	
d4			0,0244	0,0258	0,1512***	0,0379			0,0565**	0,0319	0,0994***	0,0392			0,0356	0,0343	0,1090***	0,0510
d5			0,1462***	0,0239	0,2320***	0,0308			0,1544***	0,0264	0,2190***	0,0321			0,1241***	0,0292	0,2251***	0,0426
d6					-0,0055	0,0645					-0,0190	0,0663					-0,0359	0,0747
d7					-0,0276	0,0448					-0,0009	0,0461					-0,0168	0,0526
d8					0,0236	0,0814					0,0575	0,0834					0,0384	0,0957
d9					-0,1015	0,0814					-0,1953***	0,0834					-0,2151***	0,0939
d10					-0,0427	0,0921					-0,0156	0,0931					-0,0488	0,1089
N	410		410		410		365		365		365		340		340		340	
rho	0,7914		0,7207		0,6773		0,7388		0,6857		0,6650		0,7100		0,6523		0,6502	
chi2	332,14		206,32		54,34		502,99		297,45		87,65		547,69		346,94		84,34	

*Anmerkungen: Eigene Berechnungen. Alle Modelle mit korrekt geschätzten Standardfehlern (panel corrected standard errors, PCSE) und AR1 Autokorrelation. Alle erklärenden Variablen wurden mit einer zeitlichen Verzögerung von einem Jahr aufgenommen. Irrtumswahrscheinlichkeit: *** ≤ 1 Prozent, ** ≤ 5 Prozent, * ≤ 10 Prozent. Alle Modelle enthalten eine Kontrollvariable für den zyklischen Trend, eine Zeitvariable Jahr sowie T-1 Jahresdummies. Mit d1 = BW, d2 = BA, d3 = BE, d4 = HB, d5 = HH, d6 = HE, d7 = NS, d8 = NRW, d9 = RP, d10 = SA. Die β-Koeffizienten wurden standardisiert.*

Tabelle 43 Determinanten der totalen Faktorproduktivität 1950-90, lag t-1 (I-b)

erklärende	Modell 4						Modell 5						Modell 6					
	I		II		III		I		II		III		I		II		III	
Variable	Koeffizient	PCSE	Koeffizient	PCSE	Koeffizient	PCSE	Koeffizient	PCSE	Koeffizient	PCSE	Koeffizient	PCSE	Koeffizient	PCSE	Koeffizient	PCSE	Koeffizient	PCSE
Patentstock	0,1338***	0,0095	0,0944***	0,0075	0,1703***	0,0144	0,1652***	0,0102	0,0958***	0,0086	0,1526***	0,0140	0,1969***	0,0116	0,1427***	0,0110	0,1549***	0,0152
Humankapital	0,0316	0,0243	-0,0154	0,0214	-0,1718**	0,0250	-0,0825	0,0270	-0,0402	0,0236	-0,1521**	0,0249	-0,1137	0,0348	-0,0310	0,0320	-0,1345	0,0303
Strukturwandel	-0,2439***	0,0067	-0,1091***	0,0069	-0,0077	0,0086	-0,2914***	0,0072	-0,1386***	0,0088	-0,0045	0,0080	-0,3119***	0,0082	-0,1751***	0,0126	0,0376	0,0131
Zuwanderung	0,0117**	0,0022	0,0217***	0,0022	0,0293***	0,0023	0,0156**	0,0030	0,0280***	0,0028	0,0240***	0,0025	0,0200**	0,0037	0,0347***	0,0035	0,0277***	0,0029
Abwanderung	-0,0095*	0,0021	-0,0213***	0,0020	-0,0247***	0,0021	-0,0166***	0,0025	-0,0260***	0,0023	-0,0191***	0,0022	-0,0257***	0,0030	-0,0350***	0,0028	-0,0227***	0,0025
Offenheit	0,0077	0,0158	0,0519***	0,0140	0,0321*	0,0155	0,0362*	0,0172	0,0633***	0,0151	0,0054	0,0158	0,0363	0,0210	0,0730***	0,0198	0,0194	0,0191
CDU-Wähler	-0,0142	0,0213	-0,0291**	0,0177	0,0144	0,0179	-0,0084	0,0246	-0,0265*	0,0199	0,0038	0,0173	0,0003	0,0260	-0,0170	0,0219	0,0141	0,0187
Kriminalität	-0,0158	0,0195	-0,0233**	0,0200	-0,0278***	0,0197	-0,0321***	0,0224	-0,0268**	0,0207	-0,0037	0,0196	-0,0401***	0,0273	-0,0311**	0,0254	-0,0043	0,0227
Katholisch	-0,1645***	0,0080	-0,0636***	0,0065	-0,1040	0,0381	-0,1668***	0,0075	-0,0669***	0,0068	0,0880	0,0353	-0,1491***	0,0088	-0,0860***	0,0077	0,0844	0,0413
Wahl													0,1122***	0,3458	0,0963***	0,3152	0,0508	0,3538
Bergbau							-0,0037	0,0025	-0,0241	0,0025	-0,2280***	0,0035	-0,0141	0,0024	-0,0201	0,0026	-0,2213***	0,0039
d1					0,0298	0,0887					-0,1074	0,0852					-0,0996	0,0975
d2					-0,0146	0,1010					-0,1319*	0,0933					-0,1310	0,1076
d3	-0,2156***	0,0223	-0,0174	0,0301	0,0287	0,0550	-0,2396***	0,0228	-0,0390	0,0366	-0,0410	0,0563	–		–		–	
d4			0,0872***	0,0257	0,1989***	0,0411			0,0660***	0,0313	0,1220***	0,0399			0,0504*	0,0376	0,1479***	0,0506
d5			0,2056***	0,0227	0,2590***	0,0325			0,1850***	0,0255	0,2360***	0,0324			0,1528***	0,0333	0,2555***	0,0426
d6					0,0855	0,0741					0,0529	0,0708					0,0487	0,0833
d7					0,0396	0,0515					0,0583	0,0460					0,0513	0,0540
d8					0,1465**	0,0947					0,1593**	0,0845					0,1583**	0,0988
d9					0,0218	0,0937					-0,1159*	0,0869					-0,1231	0,1000
d10					0,1028	0,1049					0,1160	0,0923					0,1126	0,1108
N	410		410		410		365		365		365		340		340		340	
rhos	0,8620	0,7777	0,8506	0,6491	0,8145	0,2615	0,8084	0,5183	0,8016	0,5060	0,8698	0,5258	0,8106	0,4643	0,7901	0,4299	0,8754	0,4995
chi2	533,94		106,15		128,2		954,65		131,82		215,18		787,34		161,72		218,01	

*Anmerkungen: Eigene Berechnungen. Alle Modelle mit korrekt geschätzten Standardfehlern (panel corrected standard errors, PCSE) und PSAR1 Autokorrelation. Alle erklärenden Variablen wurden mit einer zeitlichen Verzögerung von einem Jahr aufgenommen. Irrtumswahrscheinlichkeit: *** ≤ 1 Prozent, ** ≤ 5 Prozent, * ≤ 10 Prozent. Alle Modelle enthalten eine Kontrollvariable für den zyklischen Trend, eine Zeitvariable Jahr sowie T-1 Jahresdummies. Die β-Koeffizienten wurden standardisiert.*

Tabelle 44 Determinanten der totalen Faktorproduktivität 1950-90, lag t-5 (II-a)

erklärende	Modell 7						Modell 8					
	I		II		III		I		II		III	
Variable	Koeffizient	PCSE	Koeffizient	PCSE	Koeffizient	PCSE	Koeffizient	PCSE	Koeffizient	PCSE	Koeffizient	PCSE
Patentstock	0,1858***	0,0095	0,1724***	0,0074	0,1665***	0,0144	0,2049***	0,0099	0,1929***	0,0082	0,1436***	0,0082
Humankapital	0,1810**	0,0271	0,1615**	0,0227	*0,0248*	*0,0228*	0,2409***	0,0315	0,2262***	0,0274	*0,0221*	*0,0272*
Strukturwandel	–0,2328***	0,0065	–0,1000***	0,0069	*0,0067*	*0,0075*	–0,2626***	0,0072	–0,1043***	0,0094	*0,0598*	*0,0111*
Zuwanderung	0,0144***	0,0026	0,0191***	0,0023	0,0184***	0,0023	0,0151**	0,0029	0,0218***	0,0026	0,0219***	0,0023
Abwanderung	*–0,0085*	*0,0021*	–0,0120***	0,0019	*–0,0069*	*0,0019*	–0,0102*	0,0023	–0,0137***	0,0021	*–0,0078*	*0,0019*
Offenheit	*0,0185*	*0,0154*	0,0440***	0,0130	*–0,0081*	*0,0145*	*0,0168*	*0,0165*	0,0510***	0,0145	*0,0012*	*0,0149*
CDU-Wähler	*0,0105*	*0,0221*	*0,0130*	*0,0189*	0,0446***	0,0184	0,0292*	0,0226	0,0296**	0,0192	0,0500***	0,0186
Kriminalität	*–0,0078*	*0,0203*	*–0,0133*	*0,0174*	*–0,0038*	*0,0173*	*–0,0085*	*0,0216*	*–0,0101*	*0,0186*	*–0,0047*	*0,0175*
Katholisch	–0,1228***	0,0071	–0,0771***	0,0058	*0,0099*	*0,0324*	–0,1089***	0,0069	–0,0790***	0,0058	*0,0393*	*0,0332*
Wahl							0,1263***	0,2700	0,1255***	0,2385	0,1085***	0,2666
Bergbau	0,0249*	0,0021	0,0607***	0,0019	–0,1025***	0,0036	*0,0130*	*0,0022*	0,0483***	0,0021	–0,0769***	0,0036
d1					*–0,0322*	*0,0756*					*–0,0157*	*0,0769*
d2					*–0,0844*	*0,0858*					*–0,0947*	*0,0878*
d3	–0,2300***	0,0254	–0,0850***	0,0290	*–0,0262*	*0,0501*	–		–		–	
d4			0,0954***	0,0292	0,1644***	0,0368			0,0930***	0,0328	0,1986***	0,0431
d5			0,1750***	0,0234	0,2377***	0,0298			0,1641***	0,0275	0,2674***	0,0363
d6					*0,0710*	*0,0627*					*0,0544*	*0,0645*
d7					*0,0440*	*0,0434*					*0,0164*	*0,0453*
d8					0,1267**	0,0784					0,1060*	0,0818
d9					*–0,0507*	*0,0795*					*–0,0777*	*0,0813*
d10					*0,1045*	*0,0873*					*0,0520*	*0,0915*
N	365		365		365		340		340		340	
rho	0,8045		0,7546		0,6948		0,7871		0,7428		0,7203	
chi2	368,28		279,95		78,99		406,36		286,14		83,49	

*Anmerkungen: Eigene Berechnungen. Alle Modelle mit korrekt geschätzten Standardfehlern (panel corrected standard errors, PCSE) und AR1 Autokorrelation. Alle erklärenden Variablen wurden mit einer zeitlichen Verzögerung von einem Jahr aufgenommen. Irrtumswahrscheinlichkeit: *** ≤ 1 Prozent, ** ≤ 5 Prozent, * ≤ 10 Prozent. Alle Modelle enthalten eine Kontrollvariable für den zyklischen Trend, eine Zeitvariable Jahr sowie T-1 Jahresdummies. Die β-Koeffizienten wurden standardisiert.*

Tabelle 45 Determinanten der totalen Faktorproduktivität 1950-90, lag t-5 (II-b))

erklärende	Modell 9						Modell 10					
	I		II		III		I		II		III	
Variable	Koeffizient	PCSE	Koeffizient	PCSE	Koeffizient	PCSE	Koeffizient	PCSE	Koeffizient	PCSE	Koeffizient	PCSE
Patentstock	0,1550***	0,0092	0,1261***	0,0075	0,1969***	0,0126	0,1781***	0,0093	0,1591***	0,0083	0,1986***	0,0125
Humankapital	0,1725***	0,0229	0,1651***	0,0171	0,0968*	0,0168	0,1940**	0,0268	0,1723**	0,0238	*0,0356*	*0,0235*
Strukturwandel	−0,2028***	0,0070	−0,0719***	0,0067	*0,0213*	*0,0066*	−0,2142***	0,0081	−0,0655**	0,0095	0,0904***	0,0106
Zuwanderung	0,0145***	0,0025	0,0184***	0,0022	0,0189***	0,0022	0,0180***	0,0027	0,0245***	0,0024	0,0236***	0,0023
Abwanderung	*−0,0077*	*0,0019*	−0,0105**	0,0017	*−0,0068*	*0,0018*	−0,0104***	0,0021	−0,0136**	0,0019	−0,0092**	0,0019
Offenheit	*0,0159*	*0,0148*	0,0356**	0,0128	*−0,0052*	*0,0144*	*0,0210*	*0,0164*	0,0449	0,0144	*0,0072*	*0,0149*
CDU-Wähler	*0,0051*	*0,0222*	*0,0041*	*0,0179*	0,0289**	0,0175	*0,0093*	*0,0219*	*0,0117*	*0,0179*	0,0369***	0,0166
Kriminalität	*−0,0120*	*0,0191*	*−0,0094*	*0,0162*	*0,0030*	*0,0160*	*−0,0158*	*0,0198*	*−0,0117*	*0,0174*	*0,0022*	*0,0168*
Katholisch	−0,1408***	0,0073	−0,0492***	0,0065	*−0,0010*	*0,0326*	−0,1244***	0,0067	−0,0702***	0,0064	*0,0086*	*0,0338*
Wahl							0,1282***	0,2815	0,1323***	0,2453	0,0740***	0,2690
Bergbau	*0,0198*	*0,0025*	0,0258*	0,0023	−0,1069***	0,0037	*0,0092*	*0,0021*	0,0390***	0,0023	−0,0973***	0,0036
d1					*−0,0507*	*0,0775*					*−0,0456*	*0,0796*
d2					*−0,0885*	*0,0867*					*−0,0950*	*0,0894*
d3	−0,2010***	0,0235	−0,0374*	0,0279	*−0,0460*	*0,0451*	–		–		–	
d4			0,1011***	0,0258	0,1477***	0,0350			0,1123***	0,0314	0,1941***	0,0416
d5			0,1983***	0,0220	0,2298***	0,0276			0,1944***	0,0292	0,2651***	0,0350
d6					*0,0612*	*0,0832*					*0,0586*	*0,0947*
d7					*0,0430*	*0,0455*					*0,0294*	*0,0486*
d8					0,1270**	0,0800					0,1247**	0,0840
d9					*−0,0487*	*0,0806*					*−0,0651*	*0,0833*
d10					0,1275*	0,0882					*0,1141*	*0,0945*
N	365		365		365		340		340		340	
rhos	0,7834	0,7726	0,7377	0,7722	0,8804	0,7338	0,9412	0,7029	0,8594	0,6935	0,9262	0,6723
chi2	364,27		170,66		171,44		509,77		160,27		141,63	

*Anmerkungen: Eigene Berechnungen. Alle Modelle mit korrekt geschätzten Standardfehlern (panel corrected standard errors, PCSE) und PSAR1 Autokorrelation. Alle erklärenden Variablen wurden mit einer zeitlichen Verzögerung von fünf Jahren aufgenommen. Irrtumswahrscheinlichkeit: *** ≤ 1 Prozent, ** ≤ 5 Prozent, * ≤ 10 Prozent. Alle Modelle enthalten eine Kontrollvariable für den zyklischen Trend, eine Zeitvariable Jahr sowie T-1 Jahresdummies. Die β-Koeffizienten wurden standardisiert.*

Tabelle 46 Determinanten der totalen Faktorproduktivität 1950-90, lag t-1 (III-a)

erklärende Variable	Alternative: F&E-Kapitalstock I Koeffizient	PCSE	II Koeffizient	PCSE	III Koeffizient	PCSE
FE-Stock	0,1400***	0,0198	–0,1667***	0,0182	–0,1432***	0,0198
Humankapital	*0,1685*	*0,0478*	0,3875***	0,0437	*–0,1155*	*0,0291*
Strukturwandel	–0,2616***	0,0088	–0,2560***	0,0113	–0,0996**	0,0165
Zuwanderung	–0,0282**	0,0058	*0,0051*	*0,0044*	*0,0060*	*0,0037*
Abwanderung	*0,0036*	*0,0041*	*–0,0001*	*0,0035*	*0,0046*	*0,0021*
Offenheit	–0,1168***	0,0235	*0,0291*	*0,0184*	*–0,0212*	*0,0239*
CDU-Wähler	–0,0722**	0,0420	–0,0946***	0,0353	*0,0072*	*0,0276*
Kriminalität	*0,0027*	*0,0439*	*0,0239*	*0,0331*	*0,0086*	*0,0249*
Katholisch	*0,0289*	*0,0078*	*0,0123*	*0,0053*	*–0,0779*	*0,0979*
Wahl	–0,0756*	0,4022	–0,2015***	0,3349	–0,1481***	0,4644
Bergbau	–0,0271*	0,0024	*–0,0058*	*0,0021*	–0,0560*	0,0049
d1					*0,1195*	*0,2042*
d2					*0,0594*	*0,2398*
d3	–		–		–	
d4			–0,1801***	0,0449	*0,0711*	*0,0760*
d5			0,0902***	0,0288	0,2383***	0,0509
d6					*0,1996*	*0,1722*
d7					*0,0852*	*0,1221*
d8					*0,2062*	*0,2198*
d9					*0,0703*	*0,2212*
d10					*0,1298*	*0,2603*
N	219		219		219	
rho	0,6659		0,6681		0,6006	
chi2	399,61		103,22		32,93	

*Anmerkungen: Eigene Berechnungen. Alle Modelle mit korrekt geschätzten Standardfehlern (panel corrected standard errors, PCSE) und AR1 Autokorrelation. Alle erklärenden Variablen wurden mit einer zeitlichen Verzögerung von einem Jahr aufgenommen. Irrtumswahrscheinlichkeit: *** ≤ 1 Prozent, ** ≤ 5 Prozent, * ≤ 10 Prozent. Alle Modelle enthalten eine Kontrollvariable für den zyklischen Trend, eine Zeitvariable Jahr sowie T-1 Jahresdummies. Die β-Koeffizienten wurden standardisiert.*

Tabelle 47 Determinanten der totalen Faktorproduktivität 1950-90, lag t-1 (III-b)

erklärende Variable	Alternative: F&E-Kapitalstock					
	I		II		III	
	Koeffizient	PCSE	Koeffizient	PCSE	Koeffizient	PCSE
FE-Stock	0,1374***	0,0193	−0,1292***	0,0166	−0,1019***	0,0191
Humankapital	*0,0468*	*0,0494*	*0,1007*	*0,0429*	−0,1536*	0,0270
Strukturwandel	−0,3200***	0,0072	−0,2821***	0,0103	−0,0946*	0,0158
Zuwanderung	*−0,0104*	*0,0045*	*−0,0010*	*0,0037*	*0,0051*	*0,0036*
Abwanderung	*0,0102*	*0,0034*	*0,0044*	*0,0025*	*0,0019*	*0,0021*
Offenheit	−0,0980***	0,0237	0,0412**	0,0171	*−0,0294*	*0,0212*
CDU-Wähler	*−0,0241*	*0,0410*	−0,0641***	0,0263	*−0,0203*	*0,0263*
Kriminalität	*−0,0140*	*0,0331*	*0,0133*	*0,0275*	*0,0166*	*0,0239*
Katholisch	*0,0118*	*0,0087*	*0,0130*	*0,0067*	*−0,0379*	*0,0881*
Wahl	*−0,0286*	*0,3540*	−0,2148***	0,2847	−0,1589***	0,4297
Bergbau	−0,0331***	0,0018	*0,0006*	*0,0018*	−0,0784***	0,0047
d1					*0,0902*	*0,1831*
d2					*0,0340*	*0,2143*
d3	–		–		–	
d4			0,0711***	0,0363	*0,0656*	*0,0700*
d5			0,2383***	0,0265	0,2302***	0,0478
d6					*0,1804*	*0,1547*
d7					*0,0801*	*0,1094*
d8					*0,1993*	*0,1972*
d9					*0,0493*	*0,1993*
d10					*0,1155*	*0,2336*
N	219		219		219	
rhos	0,7817	0,8753	0,5297	0,7725	0,7738	0,6550
chi2	831,39		199,28		36,06	

*Anmerkungen: Eigene Berechnungen. Alle Modelle mit korrekt geschätzten Standardfehlern (panel corrected standard errors, PCSE) und PSAR1 Autokorrelation. Alle erklärenden Variablen wurden mit einer zeitlichen Verzögerung von einem Jahr aufgenommen. Irrtumswahrscheinlichkeit: *** ≤ 1 Prozent, ** ≤ 5 Prozent, * ≤ 10 Prozent. Alle Modelle enthalten eine Kontrollvariable für den zyklischen Trend, eine Zeitvariable Jahr sowie T-1 Jahresdummies. Die β-Koeffizienten wurden standardisiert.*

Tabelle 48 Determinanten der totalen Faktorproduktivität 1950-90, lag t-5 (IV-a)

erklärende Variable	Alternative: F&E-Kapitalstock					
	I		II		III	
	Koeffizient	PCSE	Koeffizient	PCSE	Koeffizient	PCSE
FE-Stock	0,1652***	0,0207	−0,1191***	0,0186	−0,1498***	0,0191
Humankapital	0,5619***	0,0476	0,7783***	0,0425	0,2296***	0,0269
Strukturwandel	−0,2643***	0,0089	−0,1869***	0,0120	*−0,0274*	*0,0145*
Zuwanderung	−0,0286**	0,0053	*0,0021*	*0,0043*	*0,0032*	*0,0031*
Abwanderung	*0,0017*	*0,0037*	*−0,0028*	*0,0032*	*0,0011*	*0,0018*
Offenheit	−0,1056***	0,0238	*0,0228*	*0,0173*	*0,0016*	*0,0207*
CDU-Wähler	*−0,0001*	*0,0419*	*−0,0123*	*0,0365*	0,0839***	0,0287
Kriminalität	*0,0106*	*0,0422*	*0,0246*	*0,0308*	*−0,0002*	*0,0239*
Katholisch	*0,0248*	*0,0083*	0,0281**	0,0055	*−0,0836*	*0,0871*
Wahl	*−0,0156*	*0,4169*	−0,1147***	0,3569	*−0,0251*	*0,3990*
Bergbau	−0,0393***	0,0023	*−0,0036*	*0,0022*	*0,0433*	*0,0044*
d1					*0,1395*	*0,1806*
d2					*0,0535*	*0,2127*
d3	–		–		–	
d4			−0,1136***	0,0517	0,1258**	0,0684
d5			0,1397***	0,0305	0,2785***	0,0446
d6					*0,1750*	*0,1513*
d7					*0,0229*	*0,1071*
d8					*0,1456*	*0,1937*
d9					*0,0641*	*0,1971*
d10					*0,0499*	*0,2286*
N	219		219		219	
rho	0,7240		0,7555		0,6743	
chi2	296,1		73,37		33,05	

*Anmerkungen: Eigene Berechnungen. Alle Modelle mit korrekt geschätzten Standardfehlern (panel corrected standard errors, PCSE) und PSAR1 Autokorrelation. Alle erklärenden Variablen wurden mit einer zeitlichen Verzögerung von einem Jahr aufgenommen. Irrtumswahrscheinlichkeit: *** ≤ 1 Prozent, ** ≤ 5 Prozent, * ≤ 10 Prozent. Alle Modelle enthalten eine Kontrollvariable für den zyklischen Trend, eine Zeitvariable Jahr sowie T-1 Jahresdummies. Die β-Koeffizienten wurden standardisiert.*

Tabelle 49 Determinanten der totalen Faktorproduktivität 1950-90, lag t-5 (IV-b)

	Alternative: F&E-Kapitalstock					
erklärende	I		II		III	
Variable	Koeffizient	PCSE	Koeffizient	PCSE	Koeffizient	PCSE
FE-Stock	0,1609***	0,0210	−0,1478***	0,0199	−0,0778***	0,0186
Humankapital	*0,1804*	*0,0529*	0,2818**	0,0381	0,3747***	0,0279
Strukturwandel	−0,3288***	0,0080	−0,2178***	0,0107	*0,0067*	*0,0144*
Zuwanderung	−0,0270***	0,0044	*−0,0051*	*0,0034*	*0,0042*	*0,0028*
Abwanderung	*0,0039*	*0,0030*	*0,0000*	*0,0023*	*0,0008*	*0,0018*
Offenheit	−0,0464*	0,0210	0,0617***	0,0167	*−0,0063*	*0,0184*
CDU-Wähler	*0,0049*	*0,0398*	*0,0357*	*0,0318*	*0,0218*	*0,0302*
Kriminalität	*0,0007*	*0,0346*	*0,0207*	*0,0258*	*0,0044*	*0,0219*
Katholisch	*0,0127*	*0,0082*	*0,0162*	*0,0070*	*−0,0440*	*0,0838*
Wahl	*−0,0580*	*0,3765*	−0,2061***	0,3341	*0,0035*	*0,3503*
Bergbau	−0,0319***	0,0019	*−0,0063*	*0,0017*	0,0416*	0,0039
d1					*0,1176*	*0,1754*
d2					*0,0289*	*0,2044*
d3	–		–		–	
d4			−0,0697**	0,0432	0,1112**	0,0667
d5			0,1600***	0,0271	0,2617***	0,0438
d6					–	
d7					*0,0024*	*0,1010*
d8					*0,1338*	*0,1844*
d9					*0,0429*	*0,1895*
d10					*0,0173*	*0,2155*
N	219		219		219	
rhos	0,5322	0,8175	0,3779	0,8402	0,2025	0,8546
chi2	482,08		280,44		37,00	

*Anmerkungen: Eigene Berechnungen. Alle Modelle mit korrekt geschätzten Standardfehlern (panel corrected standard errors, PCSE) und PSAR1 Autokorrelation. Alle erklärenden Variablen wurden mit einer zeitlichen Verzögerung von fünf Jahren aufgenommen. Irrtumswahrscheinlichkeit: *** ≤ 1 Prozent, ** ≤ 5 Prozent, * ≤ 10 Prozent. Alle Modelle enthalten eine Kontrollvariable für den zyklischen Trend, eine Zeitvariable Jahr sowie T-1 Jahresdummies. Die β-Koeffizienten wurden standardisiert.*

Tabelle 50 Determinanten der totalen Faktorproduktivität 1950-73, lag t-1 (V-a)

erklärende	Modell 11						Modell 12						Modell 13					
	I		II		III		I		II		III		I		II		III	
Variable	Koeffizient	PCSE	Koeffizient	PCSE	Koeffizient	PCSE	Koeffizient	PCSE	Koeffizient	PCSE	Koeffizient	PCSE	Koeffizient	PCSE	Koeffizient	PCSE	Koeffizient	PCSE
Patentstock	0,1709***	0,0161	0,1308***	0,0140	0,1767***	0,0240	0,2276***	0,0126	0,2066***	0,0124	0,1798***	0,0228	0,2385***	0,0134	0,2171***	0,0130	0,1646***	0,0269
Humankapital	*0,1039*	*0,0393*	0,2239**	0,0369	*–0,1867*	*0,0392*	–0,2853**	0,0418	–0,2036*	0,0397	–0,2916***	0,0374	–0,3256**	0,0476	*–0,2281*	*0,0458*	*–0,1884*	*0,0510*
Strukturwandel	–0,2857***	0,0090	–0,1083***	0,0106	*0,0056*	*0,0106*	–0,3635***	0,0067	–0,1507***	0,0113	*0,0125*	*0,0110*	–0,3787***	0,0071	–0,2005***	0,0147	*0,0328*	*0,0183*
Zuwanderung							0,0305***	0,0046	0,0407***	0,0045	0,0276***	0,0032	0,0359***	0,0057	0,0462***	0,0054	0,0320***	0,0040
Abwanderung							–0,0389***	0,0044	–0,0394***	0,0041	–0,0236***	0,0032	–0,0465***	0,0050	–0,0477***	0,0046	–0,0317***	0,0039
Offenheit	0,0586**	0,0206	0,0842***	0,0177	*0,0369*	*0,0212*	0,0736***	0,0210	0,1069***	0,0189	*0,0170*	*0,0218*	0,0803***	0,0267	0,1176***	0,0249	*0,0280*	*0,0275*
CDU-Wähler	*–0,0021*	*0,0261*	*0,0055*	*0,0234*	*0,0022*	*0,0207*	*0,0066*	*0,0235*	*0,0176*	*0,0222*	*–0,0023*	*0,0194*	*0,0239*	*0,0256*	*0,0268*	*0,0243*	*0,0012*	*0,0222*
Kriminalität	*–0,0067*	*0,0319*	*–0,0016*	*0,0289*	*–0,0051*	*0,0332*	*–0,0211*	*0,0306*	*–0,0176*	*0,0297*	*–0,0106*	*0,0323*	*–0,0085*	*0,0365*	*–0,0034*	*0,0376*	*–0,0127*	*0,0386*
Katholisch	–0,1393***	0,0099	–0,0906***	0,0093	0,4046***	0,0327	–0,1739***	0,0073	–0,1609***	0,0073	0,2388***	0,0347	–0,1679***	0,0084	–0,1647***	0,0081	0,2258**	0,0473
Wahl													0,1133***	0,3761	0,1007***	0,3645	0,1031**	0,4215
Bergbau	*0,0134*	*0,0030*	0,0611***	0,0037	–0,2330***	0,0060	0,0476***	0,0028	0,1116***	0,0040	–0,1999***	0,0055	*0,0347*	*0,0034*	0,0840***	0,0044	–0,1927***	0,0060
d1					–0,3417***	0,0860					–0,2234***	0,0890					–0,1845**	0,1152
d2					–0,4298***	0,0949					–0,2917***	0,0992					–0,2669***	0,1296
d3	–0,2593***	0,0416	–0,0706*	0,0498	–0,1488***	0,0729	–0,2632***	0,0315	–0,0640*	0,0451	*–0,0756*	*0,0703*	–		–		–	
d4			0,1126***	0,0480	*0,0442*	*0,0431*			0,1322***	0,0462	0,0956***	0,0441			0,0943**	0,0523	0,1024**	0,0645
d5			0,2190***	0,0449	0,1791***	0,0410			0,1805***	0,0363	0,2084***	0,0404			0,1431***	0,0413	0,2195***	0,0586
d6					–0,1833***	0,0685					–0,0966***	0,0717					*–0,0970*	*0,0897*
d7					–0,0949***	0,0478					*–0,0282*	*0,0530*					*–0,0291*	*0,0656*
d8					*–0,0901*	*0,0894*					*0,0214*	*0,0957*					*0,0315*	*0,1219*
d9					–0,3915***	0,0871					–0,2610***	0,0928					–0,2527***	0,1195
d10					–0,1881***	0,0933					*–0,0599*	*0,1031*					*–0,0672*	*0,1383*
N	223		223		223		223		223		223		211		211		211	
rho	0,7697		0,7630		0,5638		0,5718		0,5444		0,5170		0,5365		0,4926		0,4728	
chi2	218,58		110,1		69,27		657,47		398,67		95,19		684,61		462,79		101,06	

*Anmerkungen: Eigene Berechnungen. Alle Modelle mit korrekt geschätzten Standardfehlern (panel corrected standard errors, PCSE) und AR1 Autokorrelation. Alle erklärenden Variablen wurden mit einer zeitlichen Verzögerung von einem Jahr aufgenommen. Irrtumswahrscheinlichkeit: *** ≤ 1 Prozent, ** ≤ 5 Prozent, * ≤ 10 Prozent. Alle Modelle enthalten eine Kontrollvariable für den zyklischen Trend, eine Zeitvariable Jahr sowie T-1 Jahresdummies. Die β-Koeffizienten wurden standardisiert.*

Tabelle 51 Determinanten der totalen Faktorproduktivität 1950-73, lag t-1(V-b)

erklärende	Modell 14						Modell 15						Modell 16					
	I		II		III		I		II		III		I		II		III	
Variable	Koeffizient	PCSE	Koeffizient	PCSE	Koeffizient	PCSE	Koeffizient	PCSE	Koeffizient	PCSE	Koeffizient	PCSE	Koeffizient	PCSE	Koeffizient	PCSE	Koeffizienten	PCSE
Patentstock	0,1138***	0,0153	0,0595**	0,0133	0,1964***	0,0206	0,2340***	0,0120	0,1419***	0,0103	0,1942***	0,0199	0,2460***	0,0141	0,1673***	0,0130	0,1868***	0,0224
Humankapital	*0,0369*	*0,0421*	0,1990*	0,0366	−0,1786*	0,0349	−0,4253***	0,0399	−0,2627***	0,0317	−0,2946***	0,0316	−0,4747***	0,0486	−0,2613*	0,0455	*−0,1697*	*0,0433*
Strukturwandel	−0,2889***	0,0093	−0,0815**	0,0109	*0,0053*	*0,0102*	−0,3677***	0,0074	−0,0966**	0,0125	*0,0316*	*0,0101*	−0,3948***	0,0075	−0,1289**	0,0181	*0,0582*	*0,0164*
Zuwanderung							0,0338***	0,0046	0,0500***	0,0042	0,0347***	0,0033	0,0391***	0,0058	0,0560***	0,0052	0,0381***	0,0040
Abwanderung							−0,0567***	0,0044	−0,0546***	0,0039	−0,0346***	0,0032	−0,0682***	0,0051	−0,0668***	0,0046	−0,0381***	0,0037
Offenheit	0,0504**	0,0207	0,0785***	0,0183	*0,0266*	*0,0211*	0,0862***	0,0240	0,0984***	0,0207	*0,0137*	*0,0211*	0,0686**	0,0294	0,1001***	0,0274	*0,0262*	*0,0251*
CDU-Wähler	*0,0157*	*0,0257*	*0,0053*	*0,0227*	*−0,0125*	*0,0189*	*−0,0034*	*0,0269*	*−0,0105*	*0,0222*	*−0,0017*	*0,0183*	*0,0082*	*0,0278*	*0,0020*	*0,0242*	*0,0127*	*0,0209*
Kriminalität	*−0,0137*	*0,0317*	*−0,0010*	*0,0299*	*0,0051*	*0,0314*	−0,0366**	0,0345	*−0,0218*	*0,0301*	*−0,0088*	*0,0298*	*−0,0336*	*0,0414*	*−0,0204*	*0,0366*	*−0,0089*	*0,0349*
Katholisch	−0,2066***	0,0104	−0,0903***	0,0085	0,4059***	0,0308	−0,1768***	0,0076	−0,1334***	0,0072	*0,1096*	*0,0352*	−0,1661***	0,0088	−0,1422***	0,0083	*0,0795*	*0,0459*
Wahl													*0,0812*	*0,4911*	*0,0762*	*0,4693*	0,0795*	0,4641
Bergbau	−0,0453*	0,0039	*−0,0123*	*0,0041*	−0,2810***	0,0050	*0,0007*	*0,0038*	*0,0396*	*0,0045*	−0,1900***	0,0047	*0,0033*	*0,0040*	*0,0412*	*0,0049*	−0,1818***	0,0052
d1					−0,3552***	0,0809					−0,1455**	0,0913					*−0,1037*	*0,1110*
d2					−0,4351***	0,0880					−0,1921***	0,0990					−0,1608*	0,1231
d3	−0,2520***	0,0336	*−0,0146*	*0,0532*	−0,1797***	0,0674	−0,2563***	0,0320	*0,0149*	*0,0519*	*−0,0370*	*0,0663*	–		–		–	
d4			0,1032**	0,0597	*0,0193*	*0,0396*			0,1318***	0,0455	0,1315***	0,0411			0,1171***	0,0561	0,1503***	0,0585
d5			0,2249***	0,0445	0,1682***	0,0386			0,2128***	0,0351	0,2321***	0,0375			0,1872***	0,0460	0,2488***	0,0524
d6					−0,1810***	0,0635					*−0,0324*	*0,0713*					*−0,0222*	*0,0853*
d7					−0,0800**	0,0450					*0,0199*	*0,0531*					*0,0277*	*0,0625*
d8					*−0,0691*	*0,0851*					*0,1123*	*0,0946*					*0,1318*	*0,1146*
d9					−0,3877***	0,0809					−0,1656**	0,0932					*−0,1464*	*0,1154*
d10					−0,1367**	0,0904					*0,0563*	*0,1014*					*0,0718*	*0,1318*
N	223		223		223		223		223		223		211		211		211	
rhos	0,8463	0,7012	0,8235	0,68413	0,8180	0,7559	0,8566	0,0266	0,8599	0,2081	0,8602	0,2936	0,8288	0,0283	0,8636	0,0099	0,8092	0,2808
chi2	498,73		54,34		173,88		2297,9		267,45		176,01		1491,25		244,68		179,99	

*Anmerkungen: Eigene Berechnungen. Alle Modelle mit korrekt geschätzten Standardfehlern (panel corrected standard errors, PCSE) und PSAR1 Autokorrelation. Alle erklärenden Variablen wurden mit einer zeitlichen Verzögerung von einem Jahr aufgenommen. Irrtumswahrscheinlichkeit: *** ≤ 1 Prozent, ** ≤ 5 Prozent, * ≤ 10 Prozent. Alle Modelle enthalten eine Kontrollvariable für den zyklischen Trend, eine Zeitvariable Jahr sowie T-1 Jahresdummies. Die β-Koeffizienten wurden standardisiert.*

Tabelle 52 Determinanten der totalen Faktorproduktivität 1950-73, lag t-5 (VI-a)

erklärende	Modell 17						Modell 18					
	I		II		III		I		II		III	
Variable	Koeffizient	PCSE	Koeffizient	PCSE	Koeffizient	PCSE	Koeffizient	PCSE	Koeffizient	PCSE	Koeffizient	PCSE
Patentstock	0,2449***	0,0093	0,2329***	0,0105	0,3250***	0,0213	0,2567***	0,0094	0,2379***	0,0112	0,2874***	0,0189
Humankapital	–0,3068***	0,0377	–0,2669**	0,0373	–0,3767***	0,0421	–0,3027***	0,0391	–0,2101*	0,0369	–0,2453*	0,0460
Strukturwandel	–0,3410***	0,0064	–0,1222***	0,0120	*0,0156*	*0,0133*	–0,3421***	0,0056	–0,1342***	0,0143	*0,0599*	*0,0151*
Zuwanderung	0,0278***	0,0047	0,0366***	0,0046	0,0283***	0,0035	0,0311***	0,0048	0,0384***	0,0044	0,0309***	0,0032
Abwanderung	–0,0288***	0,0044	–0,0283***	0,0040	–0,0211***	0,0033	–0,0375***	0,0043	–0,0316***	0,0040	–0,0269***	0,0034
Offenheit	*0,0368*	*0,0196*	0,0671***	0,0182	*–0,0010*	*0,0230*	0,0504*	0,0233	0,0798***	0,0227	*0,0038*	*0,0223*
CDU-Wähler	*0,0139*	*0,0216*	0,0312*	0,0218	0,0288**	0,0192	0,0285*	0,0215	0,0380**	0,0225	0,0270*	0,0180
Kriminalität	*0,0119*	*0,0291*	*0,0107*	*0,0263*	0,0281*	0,0300	*0,0212*	*0,0295*	*0,0192*	*0,0277*	0,0272**	0,0246
Katholisch	–0,1695***	0,0075	–0,1664***	0,0076	0,1875**	0,0355	–0,1636***	0,0076	–0,1604***	0,0081	0,1949**	0,0362
Wahl							0,1195***	0,2886	0,0961***	0,2968	0,1440***	0,3168
Bergbau	0,0626***	0,0037	0,1377***	0,0043	–0,1029***	0,0052	0,0476**	0,0038	0,1132***	0,0048	–0,0827**	0,0052
d1					–0,2555***	0,0902					–0,1997***	0,0867
d2					–0,3329***	0,1025					–0,3154***	0,1001
d3	–0,2493***	0,0374	*–0,0539*	*0,0533*	–0,1674***	0,0807	–		–		–	
d4			0,1532***	0,0491	0,0978***	0,0489			0,1305***	0,0532	0,1144***	0,0509
d5			0,1728***	0,0359	0,1543***	0,0452			0,1576***	0,0385	0,1837***	0,0469
d6					–0,1350**	0,0715					–0,1401***	0,0678
d7					*–0,0456*	*0,0506*					*–0,0598*	*0,0498*
d8					*–0,0752*	*0,0986*					*–0,0679*	*0,0948*
d9					–0,2619***	0,0945					–0,2634***	0,0939
d10					*–0,0282*	*0,1042*					*–0,0594*	*0,1053*
N	179		179		179		171		171		171	
rho	0,6318		0,6063		0,4661		0,5792		0,5856		0,4585	
chi2	988,36		274,68		131,22		1568,22		334,52		206,05	

*Anmerkungen: Eigene Berechnungen. Alle Modelle mit korrekt geschätzten Standardfehlern (panel corrected standard errors, PCSE) und PSAR1 Autokorrelation. Alle erklärenden Variablen wurden mit einer zeitlichen Verzögerung von fünf Jahren aufgenommen. Irrtumswahrscheinlichkeit: *** ≤ 1 Prozent, ** ≤ 5 Prozent, * ≤ 10 Prozent. Alle Modelle enthalten eine Kontrollvariable für den zyklischen Trend, eine Zeitvariable Jahr sowie T-1 Jahresdummies. Die β-Koeffizienten wurden standardisiert.*

Tabelle 53 Determinanten der totalen Faktorproduktivität 1950-73, lag t-5 (VI-b)

erklärende Variable	Modell 19						Modell 20					
	I		II		III		I		II		III	
	Koeffizient	PCSE	Koeffizient	PCSE	Koeffizient	PCSE	Koeffizient	PCSE	Koeffizient	PCSE	Koeffizient	PCSE
Patentstock	0,2430***	0,0097	0,2168***	0,0106	0,3358***	0,0187	0,2539***	0,0081	0,2150***	0,0096	0,2992***	0,0157
Humankapital	−0,3155***	0,0361	−0,2163**	0,0330	−0,3204***	0,0392	−0,3525***	0,0336	*−0,1584*	*0,0327*	−0,2115*	0,0386
Strukturwandel	−0,3505***	0,0068	−0,1104***	0,0128	*0,0471*	*0,0126*	−0,3372***	0,0060	−0,1098**	0,0151	*0,0666*	*0,0134*
Zuwanderung	0,0269***	0,0047	0,0380***	0,0043	0,0295***	0,0034	0,0289***	0,0045	0,0408***	0,0040	0,0301***	0,0030
Abwanderung	−0,0342***	0,0043	−0,0304***	0,0038	−0,0228***	0,0034	−0,0447***	0,0040	−0,0412***	0,0039	−0,0280***	0,0034
Offenheit	*0,0278*	*0,0215*	0,0392*	0,0205	*−0,0134*	*0,0234*	*0,0370*	*0,0236*	0,0514*	0,0232	*−0,0116*	*0,0209*
CDU-Wähler	*0,0121*	*0,0236*	*0,0263*	*0,0211*	0,0347**	0,0189	*0,0200*	*0,0223*	0,0302*	0,0205	0,0321**	0,0172
Kriminalität	*0,0094*	*0,0304*	*0,0114*	*0,0265*	0,0332**	0,0280	*0,0129*	*0,0287*	*0,0191*	*0,0251*	0,0334***	0,0245
Katholisch	−0,1502***	0,0075	−0,1344***	0,0079	*0,1148*	*0,0373*	−0,1479***	0,0074	−0,1475***	0,0078	0,1647*	0,0355
Wahl							0,1717***	0,3327	0,1693***	0,3514	0,1186***	0,3026
Bergbau	0,0476*	0,0041	0,1245***	0,0046	−0,1263***	0,0049	*0,0230*	*0,0037*	0,1186***	0,0051	−0,0967***	0,0050
d1					−0,2116***	0,0948					−0,1917***	0,0836
d2					−0,2761***	0,1064					−0,2979***	0,0976
d3	−0,2452***	0,0296	*−0,0484*	*0,0519*	−0,1480**	0,0777	–		–		–	
d4			0,1510***	0,0476	0,1223***	0,0491			0,1408***	0,0512	0,1213***	0,0466
d5			0,1822***	0,0361	0,1772***	0,0458			0,1768***	0,0393	0,1894***	0,0417
d6					*−0,0868*	*0,0758*					−0,1180**	0,0687
d7					*−0,0066*	*0,0561*					*−0,0389*	*0,0535*
d8					*0,0016*	*0,1050*					*−0,0340*	*0,0962*
d9					−0,2034***	0,0993					−0,2388***	0,0932
d10					*0,0745*	*0,1131*					*−0,0011*	*0,1100*
N	179		179		179		171		171		171	
rhos	0,8146	0,6284	0,8195	0,7887	0,8753	0,4841	0,8536	0,5284	0,9223	0,6149	0,8339	0,5419
chi2	783,05		251,03		247,03		2298,88		519,22		289,17	

*Anmerkungen: Eigene Berechnungen. Alle Modelle mit korrekt geschätzten Standardfehlern (panel corrected standard errors, PCSE) und PSAR1 Autokorrelation. Alle erklärenden Variablen wurden mit einer zeitlichen Verzögerung von fünf Jahren aufgenommen. Irrtumswahrscheinlichkeit: *** ≤ 1 Prozent, ** ≤ 5 Prozent, * ≤ 10 Prozent. Alle Modelle enthalten eine Kontrollvariable für den zyklischen Trend, eine Zeitvariable Jahr sowie T-1 Jahresdummies. Die β-Koeffizienten wurden standardisiert.*

Tabelle 54 Determinanten der totalen Faktorproduktivität 1973-90, lag t-1 (VII-a)

erklärende	Modell 21						Modell 22						Modell 23					
	I		II		III		I		II		III		I		II		III	
Variable	Koeffizient	PCSE	Koeffizient	PCSE	Koeffizient	PCSE	Koeffizient	PCSE	Koeffizient	PCSE	Koeffizient	PCSE	Koeffizient	PCSE	Koeffizient	PCSE	Koeffizient	PCSE
Patentstock	0,1524***	0,0087	0,1384***	0,0061	0,0259	0,0179	0,1870***	0,0101	0,1684***	0,0079	0,0252	0,0200	0,2125***	0,0087	0,1662***	0,0100	0,0312	0,0236
Humankapital	0,4573***	0,0514	0,6726***	0,0405	-0,1421	0,0449	0,5837***	0,0468	0,7219***	0,0384	0,0897	0,0646	0,5752***	0,0400	0,7066***	0,0385	0,3746	0,0778
Strukturwandel	-0,2573***	0,0096	-0,1456***	0,0112	-0,2148***	0,0161	-0,2816***	0,0104	-0,2208***	0,0125	-0,5285***	0,0338	-0,2536***	0,0090	-0,1722***	0,0132	-0,5867***	0,0447
Zuwanderung	0,0049	0,0023	0,0125**	0,0027	0,0093*	0,0022	0,0036	0,0024	0,0073	0,0026	0,0081	0,0024	-0,0306***	0,0042	-0,0159*	0,0039	-0,0132	0,0041
Abwanderung	-0,0011	0,0024	-0,0095	0,0024	-0,0047	0,0019	0,0031	0,0024	-0,0014	0,0023	-0,0006	0,0021	0,0096	0,0029	0,0053	0,0026	0,0115*	0,0027
Offenheit	-0,0837***	0,0257	-0,0296	0,0188	-0,0575*	0,0272	-0,0731***	0,0243	-0,0350	0,0197	-0,0536	0,0283	-0,0833***	0,0264	-0,0535**	0,0229	-0,0668*	0,0346
CDU-Wähler	0,0483	0,0434	-0,0190	0,0386	0,0782**	0,0516	0,1067***	0,0484	0,0623*	0,0476	0,0950**	0,0555	0,1195***	0,0564	-0,0174	0,0574	0,0633	0,0617
Kriminalität	-0,0152	0,0306	-0,0077	0,0281	-0,0017	0,0256	-0,0207	0,0309	-0,0151	0,0286	-0,0181	0,0283	-0,0363*	0,0367	-0,0219	0,0332	-0,0262	0,0350
Katholisch	-0,0390	0,0101	-0,0304	0,0084	0,2492	0,0970	-0,0691***	0,0110	-0,0635***	0,0093	0,4468*	0,1047	-0,0928***	0,0110	-0,0600**	0,0101	0,4296	0,1208
Wahl							0,1064***	0,3034	0,0727***	0,2620	-0,0350	0,2479	0,2140***	0,3984	0,0647	0,4202	-0,0430	0,5598
Bergbau													0,0005	0,0014	-0,0093	0,0014	-0,1391**	0,0109
d1					-0,0820	0,2050					-0,2475	0,2219					-0,2868	0,2469
d2					-0,1835	0,2384					-0,3271*	0,2533					-0,2938	0,2855
d3	-0,2359***	0,0285	-0,1385***	0,0418	-0,1163	0,0918	–		–		–		–		–		–	
d4			-0,0256	0,0254	0,0508	0,0764			-0,0347	0,0322	-0,1913*	0,1297			-0,0547*	0,0373	-0,2914**	0,1523
d5			0,0841***	0,0215	0,1599***	0,0449			0,0492***	0,0214	-0,0278	0,0924			0,0359*	0,0264	-0,0936	0,1080
d6					0,0072	0,1663					-0,1487	0,1839					-0,1377	0,2056
d7					-0,0595	0,1225					-0,1333	0,1309					-0,0768	0,1499
d8					-0,0737	0,2166					-0,2925	0,2421					-0,2391	0,2731
d9					-0,1385	0,2218					-0,2814	0,2385					-0,3045	0,2704
d10					-0,1886	0,2579					-0,4357**	0,2889					-0,3628	0,3285
N	187		187		187		170		170		170		129		129		129	
rho	0,7368		0,5773		0,4934		0,7539		0,6393		0,4823		0,5413		0,5363		0,4028	
chi2	362,31		361,14		51,16		324,28		831,23		37,9		1808,85		1885,19		37,68	

*Anmerkungen: Eigene Berechnungen. Alle Modelle mit korrekt geschätzten Standardfehlern (panel corrected standard errors, PCSE) und AR1 Autokorrelation. Alle erklärenden Variablen wurden mit einer zeitlichen Verzögerung von einem Jahr aufgenommen. Irrtumswahrscheinlichkeit: *** ≤ 1 Prozent, ** ≤ 5 Prozent, * ≤ 10 Prozent. Alle Modelle enthalten eine Kontrollvariable für den zyklischen Trend, eine Zeitvariable Jahr sowie T-1 Jahresdummies. Die β-Koeffizienten wurden standardisiert.*

Tabelle 55 Determinanten der totalen Faktorproduktivität 1973-90, lag t-1 (VII-b)

erklärende Variable	Modell 24						Modell 25						Modell 26					
	I		II		III		I		II		III		I		II		III	
	Koeffizient	PCSE	Koeffizient	PCSE	Koeffizient	PCSE	Koeffizient	PCSE	Koeffizient	PCSE	Koeffizient	PCSE	Koeffizient	PCSE	Koeffizient	PCSE	Koeffizient	PCSE
Patentstock	0,1229***	0,0057	0,1239***	0,0043	0,0477*	0,0127	0,1773***	0,0091	0,1448***	0,0068	0,0390	0,0143	0,1999***	0,0075	0,1585***	0,0094	0,0407	0,0170
Humankapital	0,2298	0,0476	0,3736***	0,0351	–0,1603	0,0371	0,6023***	0,0416	0,5528***	0,0390	–0,1013	0,0553	0,4154***	0,0376	0,6015***	0,0371	0,0696	0,0640
Strukturwandel	–0,2320***	0,0089	–0,1704***	0,0080	–0,1794***	0,0126	–0,2523***	0,0092	–0,1741***	0,0092	–0,3552***	0,0290	–0,2412***	0,0081	–0,1882***	0,0145	–0,4063***	0,0351
Zuwanderung	0,0017	0,0020	0,0034	0,0020	0,0086**	0,0019	0,0008	0,0023	0,0039	0,0023	0,0071	0,0021	–0,0319***	0,0040	–0,0191***	0,0034	–0,0155***	0,0028
Abwanderung	0,0010	0,0022	–0,0083	0,0020	–0,0043	0,0019	0,0041	0,0024	–0,0034	0,0022	–0,0018	0,0020	0,0080	0,0029	0,0061	0,0024	0,0077	0,0022
Offenheit	–0,0832***	0,0212	–0,0113	0,0169	–0,0341	0,0213	–0,0777***	0,0231	–0,0236	0,0186	–0,0425*	0,0213	–0,0905***	0,0241	–0,0554**	0,0228	–0,0527*	0,0245
CDU-Wähler	0,0559*	0,0380	0,0260	0,0293	0,0547**	0,0359	0,0905***	0,0450	0,0373	0,0382	0,0662**	0,0421	0,1022***	0,0479	0,0008	0,0460	0,0603	0,0494
Kriminalität	–0,0122	0,0270	0,0100	0,0231	0,0038	0,0223	–0,0186	0,0296	–0,0021	0,0248	–0,0054	0,0237	–0,0387**	0,0342	–0,0165	0,0300	–0,0072	0,0282
Katholisch	–0,1084***	0,0100	–0,0423***	0,0068	0,5855***	0,0863	–0,0911***	0,0111	–0,0582**	0,0098	0,6185***	0,0909	–0,0978***	0,0098	–0,0734***	0,0105	0,6274***	0,1015
Wahl							0,0916***	0,2886	0,0358	0,2324	–0,0382	0,2333	0,1895***	0,3819	0,0566	0,3453	–0,0201	0,3854
Bergbau													0,0020	0,0012	–0,0087	0,0019	–0,0835	0,0086
d1					–0,3243**	0,1863					–0,3554**	0,1960					–0,3930**	0,2137
d2					–0,4683***	0,2175					–0,4857***	0,2258					–0,4737***	0,2473
d3	–0,2332***	0,0356	–0,1357***	0,0350	–0,1991***	0,0875	–		–		–		–		–		–	
d4			–0,0085	0,0214	–0,0128	0,0683			–0,0176	0,0273	–0,1211	0,1089			–0,0555*	0,0422	–0,1916**	0,1245
d5			0,0976***	0,0196	0,1198***	0,0459			0,0754***	0,0221	0,0350	0,0800			0,0312	0,0363	–0,0140	0,0919
d6					–0,1887	0,1507					–0,2197*	0,1609					–0,2296*	0,1762
d7					–0,2057**	0,1111					–0,2087**	0,1157					–0,1832*	0,1282
d8					–0,3217**	0,1946					–0,3764**	0,2102					–0,3607**	0,2325
d9					–0,3948***	0,1989					–0,4084***	0,2083					–0,4397***	0,2296
d10					–0,4661***	0,2293					–0,5288***	0,2491					–0,5094**	0,2753
N	187		187		187		170		170		170		129		129		129	
rhos	0,0309	0,8609	0,4182	0,7280	0,1531	0,7697	0,6971	0,8057	0,6397	0,7449	0,1772	0,7903	0,1640	0,7648	0,1102	0,7402	–0,4094	0,6772
chi2	600,04		434,57		55,09		606,72		357,43		47,1		1953,38		1177,83		44,06	

*Anmerkungen: Eigene Berechnungen. Alle Modelle mit korrekt geschätzten Standardfehlern (panel corrected standard errors, PCSE) und AR1 Autokorrelation. Alle erklärenden Variablen wurden mit einer zeitlichen Verzögerung von einem Jahr aufgenommen. Irrtumswahrscheinlichkeit: *** ≤ 1 Prozent, ** ≤ 5 Prozent, * ≤ 10 Prozent. Alle Modelle enthalten eine Kontrollvariable für den zyklischen Trend, eine Zeitvariable Jahr sowie T-1 Jahresdummies. Die β-Koeffizienten wurden standardisiert.*

Tabelle 56 Determinanten der totalen Faktorproduktivität 1973-90, lag t-5 (VIII-a)

erklärende	Modell 27						Modell 28					
	I		II		III		I		II		III	
Variable	Koeffizient	PCSE	Koeffizient	PCSE	Koeffizient	PCSE	Koeffizient	PCSE	Koeffizient	PCSE	Koeffizient	PCSE
Patentstock	0,1905***	0,0122	0,1751***	0,0070	0,0778*	0,0217	0,2260***	0,0106	0,1880***	0,0095	0,0573	0,0224
Humankapital	0,5800***	0,0604	0,7455***	0,0465	0,1947*	0,0354	0,8013***	0,0551	0,8761***	0,0459	0,4847***	0,0597
Strukturwandel	−0,1723***	0,0111	−0,0533	0,0112	−0,0496	0,0145	−0,2599***	0,0094	−0,1347***	0,0112	−0,4039***	0,0354
Zuwanderung	−0,0032	0,0033	0,0012	0,0037	−0,0087	0,0031	−0,0149*	0,0038	−0,0064	0,0038	−0,0130	0,0035
Abwanderung	−0,0026	0,0020	−0,0076	0,0025	−0,0056	0,0021	0,0020	0,0025	−0,0037	0,0024	−0,0010	0,0025
Offenheit	0,0048	0,0282	0,0230	0,0209	0,0291	0,0300	−0,0318	0,0274	0,0003	0,0224	0,0413	0,0302
CDU-Wähler	0,0326	0,0634	−0,0095	0,0536	0,0401	0,0440	0,1590***	0,0655	0,0479	0,0619	0,0738**	0,0487
Kriminalität	−0,0252	0,0338	−0,0285**	0,0289	−0,0108	0,0260	−0,0470**	0,0365	−0,0382**	0,0305	−0,0245	0,0334
Katholisch	−0,1096***	0,0121	−0,0644***	0,0080	0,2688	0,1060	−0,1144***	0,0106	−0,0783***	0,0083	0,4181	0,1108
Wahl							0,1695***	0,4454	0,0683	0,4988	0,0001	0,4032
Bergbau	0,0276*	0,0025	0,0344***	0,0020	0,0374	0,0087	0,0185	0,0018	0,0191*	0,0017	−0,0084	0,0096
d1					−0,1455	0,2188					−0,2850	0,2325
d2					−0,2290	0,2564					−0,3184	0,2662
d3	−0,2090***	0,0371	−0,0944***	0,0457	−0,0527	0,0939	–		–		–	
d4			0,0203	0,0340	0,0558	0,0786			−0,0080	0,0356	−0,2042**	0,1353
d5			0,1234***	0,0259	0,1845***	0,0468			0,0798***	0,0228	−0,0103	0,0945
d6					−0,0514	0,1819					−0,1686	0,1937
d7					−0,1203	0,1362					−0,1592	0,1382
d8					−0,1545	0,2391					−0,3238*	0,2517
d9					−0,2034	0,2395					−0,3288*	0,2519
d10					−0,2418	0,2845					−0,4423*	0,2973
N	142		142		142		129		129		129	
rho	0,8600		0,6820		0,4506		0,7131		0,6588		0,4083	
chi2	148,19		388,71		29,63		457,93		1067,39		28,09	

*Anmerkungen: Eigene Berechnungen. Alle Modelle mit korrekt geschätzten Standardfehlern (panel corrected standard errors, PCSE) und AR1 Autokorrelation. Alle erklärenden Variablen wurden mit einer zeitlichen Verzögerung von einem Jahr aufgenommen. Irrtumswahrscheinlichkeit: *** ≤ 1 Prozent, ** ≤ 5 Prozent, * ≤ 10 Prozent. Alle Modelle enthalten eine Kontrollvariable für den zyklischen Trend, eine Zeitvariable Jahr sowie T-1 Jahresdummies. Die β-Koeffizienten wurden standardisiert.*

Tabelle 57 Determinanten der totalen Faktorproduktivität 1973-90, lag t-5 (VIII-b)

erklärende Variable	Modell 29 I Koeffizient	Modell 29 I PCSE	Modell 29 II Koeffizient	Modell 29 II PCSE	Modell 29 III Koeffizient	Modell 29 III PCSE	Modell 30 I Koeffizient	Modell 30 I PCSE	Modell 30 II Koeffizient	Modell 30 II PCSE	Modell 30 III Koeffizient	Modell 30 III PCSE
Patentstock	0,1811***	0,0143	0,1410***	0,0090	0,0887**	0,0182	0,2327***	0,0126	0,1142***	0,0139	0,0721*	0,0201
Humankapital	0,6047***	0,0707	0,5645***	0,0429	0,3272***	0,0419	0,8790***	0,0581	0,6128***	0,0472	0,5120***	0,0561
Strukturwandel	–0,1514***	0,0161	–0,0355	0,0162	0,0296	0,0160	–0,2383***	0,0122	–0,1516**	0,0196	–0,3250***	0,0314
Zuwanderung	–0,0047	0,0031	–0,0027	0,0030	–0,0026	0,0027	–0,0153*	0,0036	–0,0043	0,0031	–0,0043	0,0032
Abwanderung	–0,0006	0,0020	–0,0040	0,0021	–0,0037	0,0021	0,0021	0,0025	–0,0022	0,0021	–0,0025	0,0024
Offenheit	0,0137	0,0267	0,0431*	0,0206	0,0268	0,0268	–0,0422	0,0275	0,0153	0,0243	0,0429	0,0282
CDU-Wähler	0,0354	0,0583	0,0230	0,0427	0,0014	0,0412	0,1335***	0,0587	0,0221	0,0499	0,0786***	0,0360
Kriminalität	–0,0232	0,0318	–0,0170	0,0252	–0,0034	0,0266	–0,0457**	0,0370	–0,0236	0,0284	–0,0134	0,0330
Katholisch	–0,0877***	0,0127	–0,0574***	0,0088	0,3430	0,0909	–0,0965***	0,0107	–0,0327	0,0099	0,5169**	0,0985
Wahl							0,1565***	0,4503	–0,0756*	0,4495	0,0092	0,3505
Bergbau	0,0326	0,0035	0,0291*	0,0025	0,0538	0,0100	0,0293**	0,0022	–0,0025	0,0032	–0,0057	0,0103
d1					–0,1898	0,1928					–0,3482**	0,2085
d2					–0,2883*	0,2254					–0,4056**	0,2402
d3	–0,1762***	0,0423	–0,0422	0,0490	–0,0345	0,0930	–		–		–	
d4			0,0531**	0,0296	0,0563	0,0681			–0,0145	0,0299	–0,1757*	0,1199
d5			0,1628***	0,0249	0,1880***	0,0425			0,1175***	0,0282	0,0134	0,0840
d6					–0,1007	0,1586					–0,2169	0,1744
d7					–0,1619*	0,1173					–0,2008**	0,1249
d8					–0,2182	0,2091					–0,3773**	0,2232
d9					–0,2544	0,2067					–0,3991**	0,2252
d10					–0,2989	0,2411					–0,4989***	0,2599
N	142		142		142		129		129		129	
rhos	0,7995	0,8634	0,7029	0,5438	–0,2192	0,6591	0,5248	0,8132	0,6820	0,5245	–0,0759	0,6778
chi2	219,7		239,58		36,73		506,19		481,17		43,41	

*Anmerkungen: Eigene Berechnungen. Alle Modelle mit korrekt geschätzten Standardfehlern (panel corrected standard errors, PCSE) und AR1 Autokorrelation. Alle erklärenden Variablen wurden mit einer zeitlichen Verzögerung von einem Jahr aufgenommen. Irrtumswahrscheinlichkeit: *** ≤ 1 Prozent, ** ≤ 5 Prozent, * ≤ 10 Prozent. Alle Modelle enthalten eine Kontrollvariable für den zyklischen Trend, eine Zeitvariable Jahr sowie T-1 Jahresdummies. Die β-Koeffizienten wurden standardisiert.*

Tabelle 58 Determinanten der totalen Faktorproduktivität 1973-90, lag t-1 (IX-a)

erklärende Variable	Alternative: F&E-Kapitalstock					
	I		II		III	
	Koeffizient	PCSE	Koeffizient	PCSE	Koeffizient	PCSE
FE-Stock	0,1617**	0,0349	–0,1391**	0,0333	–0,4752***	0,0453
Humankapital	0,9418***	0,0719	0,9916***	0,0644	0,3880*	0,0750
Strukturwandel	–0,1993***	0,0137	–0,2073***	0,0217	–0,3988***	0,0411
Zuwanderung	–0,0260**	0,0052	*–0,0095*	*0,0044*	–0,0136*	0,0033
Abwanderung	*0,0026*	*0,0041*	*0,0023*	*0,0043*	*0,0085*	*0,0030*
Offenheit	–0,2394***	0,0383	–0,1050***	0,0268	*–0,0422*	*0,0311*
CDU-Wähler	*–0,0335*	*0,0873*	–0,1223*	0,0857	*0,0387*	*0,0550*
Kriminalität	*–0,0318*	*0,0501*	*–0,0159*	*0,0382*	*–0,0302*	*0,0386*
Katholisch	0,0838***	0,0138	*0,0391*	*0,0114*	*0,3787*	*0,1317*
Wahl	*–0,0199*	*0,3140*	–0,1861***	0,4663	*–0,0484*	*0,5587*
Bergbau	–0,0542***	0,0025	–0,0359***	0,0019	*0,0155*	*0,0102*
d1					*–0,1795*	*0,2709*
d2					*–0,2693*	*0,3156*
d3	–		–		–	
d4			0,0711***	0,0475	–0,2503**	0,1380
d5			*0,2383*	*0,0327*	*0,0182*	*0,1064*
d6					*–0,1013*	*0,2267*
d7					*–0,1228*	*0,1613*
d8					*–0,2562*	*0,2970*
d9					*–0,2883*	*0,2937*
d10					*–0,3375*	*0,3507*
N	129		129		129	
rho	0,6539		0,6978		0,3505	
chi2	356,17		177,22		71,57	

*Anmerkungen: Eigene Berechnungen. Alle Modelle mit korrekt geschätzten Standardfehlern (panel corrected standard errors, PCSE) und AR1 Autokorrelation. Alle erklärenden Variablen wurden mit einer zeitlichen Verzögerung von einem Jahr aufgenommen. Irrtumswahrscheinlichkeit: *** ≤ 1 Prozent, ** ≤ 5 Prozent, * ≤ 10 Prozent. Alle Modelle enthalten eine Kontrollvariable für den zyklischen Trend, eine Zeitvariable Jahr sowie T-1 Jahresdummies. Die β-Koeffizienten wurden standardisiert.*

Tabelle 59 Determinanten der totalen Faktorproduktivität 1973-90, lag t-1 (IX-b)

	Alternative: F&E-Kapitalstock					
erklärende	I		II		III	
Variable	Koeffizient	PCSE	Koeffizient	PCSE	Koeffizient	PCSE
FE-Stock	0,2428***	0,0416	−0,3633***	0,0328	−0,3106***	0,0384
Humankapital	0,7429***	0,0534	0,5043***	0,0492	*0,1635*	*0,0718*
Strukturwandel	−0,2838***	0,0129	−0,1966***	0,0156	−0,3804***	0,0372
Zuwanderung	−0,0209**	0,0043	*−0,0069*	*0,0036*	−0,0184***	0,0030
Abwanderung	*0,0022*	*0,0040*	*0,0012*	*0,0031*	*0,0075*	*0,0025*
Offenheit	−0,2067***	0,0372	−0,0787**	0,0276	*−0,0438*	*0,0258*
CDU-Wähler	*0,0147*	*0,0776*	*−0,0550*	*0,0509*	*0,0519*	*0,0516*
Kriminalität	*−0,0325*	*0,0461*	*−0,0114*	*0,0343*	*−0,0210*	*0,0321*
Katholisch	0,0630*	0,0140	*0,0229*	*0,0101*	0,5355**	0,1062
Wahl	0,0573*	0,3296	−0,1169***	0,4464	*−0,0260*	*0,5066*
Bergbau	−0,0450***	0,0026	0,0380**	0,0028	*0,0203*	*0,0086*
d1					*−0,2794*	*0,2219*
d2					−0,3951**	0,2561
d3	–		–		–	
d4			−0,1062***	0,0529	−0,2109**	0,1217
d5			0,1111***	0,0362	*0,0216*	*0,0949*
d6					*−0,1803*	*0,1827*
d7					−0,1859*	0,1294
d8					−0,3489*	0,2379
d9					−0,3825**	0,2383
d10					−0,4750**	0,2817
N	129		129		129	
rhos	0,8474	0,7864	1,0000	0,7370	0,2408	0,6534
chi2	1394,79		111,95		63,31	

*Anmerkungen: Eigene Berechnungen. Alle Modelle mit korrekt geschätzten Standardfehlern (panel corrected standard errors, PCSE) und PSAR1 Autokorrelation. Alle erklärenden Variablen wurden mit einer zeitlichen Verzögerung von einem Jahr aufgenommen. Irrtumswahrscheinlichkeit: *** ≤ 1 Prozent, ** ≤ 5 Prozent, * ≤ 10 Prozent. Alle Modelle enthalten eine Kontrollvariable für den zyklischen Trend, eine Zeitvariable Jahr sowie T-1 Jahresdummies. Die β–Koeffizienten wurden standardisiert.*

Tabelle 60 Determinanten der totalen Faktorproduktivität 1973–90, lag t-5 (X-a)

erklärende Variable	Alternative: F&E-Kapitalstock I Koeffizient	PCSE	II Koeffizient	PCSE	III Koeffizient	PCSE
FE-Stock	0,2453***	0,0349	*–0,0087*	*0,0339*	–0,3009***	0,0406
Humankapital	1,1060***	0,0723	1,1329**	0,0567	0,5145***	0,0603
Strukturwandel	–0,2171***	0,0122	–0,1470**	0,0182	–0,3051**	0,0360
Zuwanderung	*–0,0154*	*0,0044*	*–0,0033*	*0,0040*	–0,0119*	0,0032
Abwanderung	*–0,0042*	*0,0037*	*–0,0056*	*0,0038*	*–0,0031*	*0,0027*
Offenheit	–0,1651***	0,0409	*–0,0475*	*0,0278*	0,0590*	0,0299
CDU-Wähler	*0,0122*	*0,0849*	*–0,0798*	*0,0835*	*0,0542*	*0,0447*
Kriminalität	*–0,0376*	*0,0521*	*–0,0248*	*0,0348*	*–0,0244*	*0,0329*
Katholisch	*0,0499*	*0,0133*	*0,0246*	*0,0105*	*0,3532*	*0,1087*
Wahl	–0,0669*	0,3979	–0,1904***	0,5307	*0,0152*	*0,3896*
Bergbau	–0,0499***	0,0026	*–0,0257*	*0,0029*	*0,0716*	*0,0091*
d1					*–0,1763*	*0,2300*
d2					*–0,2501*	*0,2622*
d3	–		–		–	
d4			–0,1104***	0,0477	–0,1857*	0,1295
d5			0,0839***	0,0293	*0,0677*	*0,1026*
d6					*–0,1092*	*0,1921*
d7					*–0,1649*	*0,1362*
d8					*–0,2932*	*0,2481*
d9					*–0,2931*	*0,2486*
d10					–0,4003*	0,2924
N	129		129		129	
rho	0,7217		0,7756		0,3126	
chi2	388,09		155,07		57,7	

*Anmerkungen: Eigene Berechnungen. Alle Modelle mit korrekt geschätzten Standardfehlern (panel corrected standard errors, PCSE) und AR1 Autokorrelation. Alle erklärenden Variablen wurden mit einer zeitlichen Verzögerung von fünf Jahren aufgenommen. Irrtumswahrscheinlichkeit: *** ≤ 1 Prozent, ** ≤ 5 Prozent, * ≤ 10 Prozent. Alle Modelle enthalten eine Kontrollvariable für den zyklischen Trend, eine Zeitvariable Jahr sowie T-1 Jahresdummies. Die β-Koeffizienten wurden standardisiert.*

Tabelle 61 Determinanten der totalen Faktorproduktivität 1973-90, lag t-5 (X-b)

erklärende Variable	Alternative: F&E-Kapitalstock I		II		III	
	Koeffizient	PCSE	Koeffizient	PCSE	Koeffizient	PCSE
FE-Stock	0,3571***	0,0418	*0,0742*	*0,0476*	–0,2079**	0,0430
Humankapital	0,8401***	0,0513	0,4144***	0,0422	0,5199***	0,0532
Strukturwandel	–0,3431***	0,0127	–0,1399*	0,0229	–0,2657**	0,0314
Zuwanderung	*–0,0140*	*0,0040*	*–0,0042*	*0,0033*	*–0,0029*	*0,0028*
Abwanderung	*0,0005*	*0,0032*	*–0,0025*	*0,0021*	*–0,0037*	*0,0024*
Offenheit	–0,1035***	0,0351	*0,0055*	*0,0265*	*0,0520*	*0,0283*
CDU-Wähler	*0,0753*	*0,0798*	*0,0020*	*0,0495*	0,0535*	0,0372
Kriminalität	*–0,0324*	*0,0464*	*–0,0119*	*0,0308*	*–0,0133*	*0,0330*
Katholisch	0,0620**	0,0127	*0,0282*	*0,0088*	0,5062**	0,1027
Wahl	*0,0075*	*0,3843*	–0,1792***	0,4441	*0,0260*	*0,3555*
Bergbau	–0,0397**	0,0026	–0,0448**	0,0029	*0,0470*	*0,0087*
d1					*–0,2743*	*0,2179*
d2					–0,3631*	0,2471
d3	–		–		–	
d4			*0,0130*	*0,0738*	–0,1723*	0,1172
d5			0,1732***	0,0423	*0,0711*	*0,0907*
d6					*–0,1784*	*0,1798*
d7					–0,2119**	0,1264
d8					–0,3665**	0,2305
d9					–0,3911**	0,2350
d10					–0,5002**	0,2725
N	129		129		129	
rhos	0,7713	0,7671	0,7961	0,7316	0,0261	0,5386
chi2	839,43		98,24		43,59	

*Anmerkungen: Eigene Berechnungen. Alle Modelle mit korrekt geschätzten Standardfehlern (panel corrected standard errors, PCSE) und PSAR1 Autokorrelation. Alle erklärenden Variablen wurden mit einer zeitlichen Verzögerung von fünf Jahren aufgenommen. Irrtumswahrscheinlichkeit: *** ≤ 1 Prozent, ** ≤ 5 Prozent, * ≤ 10 Prozent. Alle Modelle enthalten eine Kontrollvariable für den zyklischen Trend, eine Zeitvariable Jahr sowie T-1 Jahresdummies. Die β-Koeffizienten wurden standardisiert.*

A 2. Verwendete Daten und ihre Quellen

Tabelle 62 Ausgleichsbeiträge und -zuweisungen im Länderfinanzausgleich in 1000 Euro (in Preisen von 1995), 1950-90

Jahr	BW	BA	HB	HH	HE	NS	NRW	RP	SA	SH
1950	–125.693	67.011	–1.163	–63.523	–53.648	155.519	–246.155	66.621		201.030
1951	–56.532	23.944		–65.891	–34.208	47.349	–149.785	51.849		183.275
1952	–80.045	26.976		–70.876		98.907	–238.369	58.359		205.045
1953	–140.291	48.975		–40.186		107.821	–261.028	34.446		250.263
1954	–142.839	71.332	–1.608	–60.066		129.969	–270.483	32.357		241.343
1955	–204.869	180.186	–22.214	–232.372	–16.572	225.145	–478.676	160.793		388.583
1956	–241.577	188.218	–61.423	–273.661		310.208	–568.255	205.376		441.117
1957	–293.826	232.266	–26.572	–336.375	–77.704	350.503	–598.582	291.135		459.155
1958	–196.791	362.180	–18.084	–435.997	–118.698	438.627	–799.984	369.248		399.498
1959	–244.374	380.773	–2.288	–520.275	–91.476	421.447	–816.760	455.751		415.732
1960	–173.324	297.450		–355.494	–109.013	417.393	–832.698	412.733		342.953
1961	–299.718	343.945		–522.113	–243.571	700.439	–1.180.206	521.957	200.595	478.669
1962	–420.785	349.358		–575.242	–292.734	749.845	–1.103.322	530.675	220.391	541.818
1963	–446.380	287.658		–577.983	–338.638	590.580	–778.942	526.113	239.936	497.658
1964	–518.680	336.901		–520.561	–451.037	623.833	–713.782	471.462	255.935	515.926
1965	–514.515	264.471	16.811	–452.318	–506.529	713.008	–755.452	452.597	292.066	489.860
1966	–587.175	190.180	12.175	–477.881	–554.304	677.664	–550.249	474.907	297.712	516.974
1967	–622.206	162.576	–6.125	–562.953	–560.956	902.750	–563.086	446.849	308.638	494.516
1968	–568.088	132.698	–3.691	–634.897	–576.652	806.997	–490.340	477.688	338.796	517.485
1969	–799.475	300.707	–16.657	–891.662	–805.929	1.146.662	–628.010	631.497	391.215	671.652
1970	–393.066	185.264	111.902	–367.465	–362.548	509.174	–396.215	285.555	178.513	248.885
1971	–452.316	236.463	59.833	–410.170	–232.816	535.688	–437.714	283.798	170.053	247.181
1972	–668.581	201.194	81.978	–349.784	–349.455	689.296	–388.020	329.042	175.627	278.704
1973	–623.572	176.411	74.455	–349.917	–383.531	717.663	–360.471	261.638	194.983	292.343
1974	–502.756	342.534	54.222	–502.416	–317.882	734.609	–565.880	295.317	192.613	269.640
1975	–616.210	343.856	42.401	–507.719	–192.316	669.538	–404.467	274.611	166.936	223.369
1976	–642.923	296.853	46.014	–484.058	–171.675	686.797	–451.028	304.523	174.797	240.703
1977	–913.679	344.870	124.976	–533.959	–223.176	802.394	–308.992	247.492	182.106	277.968
1978	–915.944	251.840	130.349	–492.397	–396.926	746.087	–102.946	299.481	181.949	298.506
1979	–921.617	266.110	190.721	–675.624	–420.124	813.337		236.203	185.044	325.951
1980	–1.159.932	310.445	137.394	–241.529	–229.541	581.113	–58.848	190.211	221.579	249.109
1981	–1.188.169	194.572	116.513	–309.428	–259.451	730.328		219.713	189.122	306.801
1982	–1.230.910	111.879	164.599	–296.507	–192.602	776.693		191.503	180.762	294.581
1983	–952.241	89.682	174.167	–257.297	–221.093	469.425		170.317	203.017	324.025
1984	–951.611	26.915	202.908	–191.769	–374.387	544.361		185.011	216.888	341.684
1985	–921.815	17.583	212.383	–259.586	–462.543	527.764	57.880	238.951	229.302	360.079
1986	–1.115.232	31.234	285.237	–126.768	–501.156	546.801		242.449	244.253	393.184
1987	–1.222.440		321.959	–37.180	–784.896	712.919	106.021	305.434	215.418	382.766
1988	–1.213.436		324.036		–910.047	997.169	17.946	197.100	210.684	376.548
1989	–868.097	–39.776	387.320	–7.618	–1.183.880	1.028.597	–60.757	186.558	202.032	355.623
1990	–1.478.046	–21.439	382.506	–4.726	–864.455	1.152.095	–37.593	292.931	218.980	359.746

Quellen: Eigene Berechnungen auf Basis von Statistisches Bundesamt (1991), Volkswirtschaftliche Gesamtrechnung, Fachserie 18, Stuttgart, S. 15. Statistisches Bundesamt (verschiedene Jahrgänge), Statistisches Jahrbuch für die Bundesrepublik Deutschland, Stuttgart. Sowie Bundesministerium der Finanzen (o. A.), in: http://www.bundesfinanzministerium.de/nn_3264/DE/Wirtschaft__und__Verwaltung/Finanz__und__Wirtschaftspolitik/Foederale__Finanzbeziehungen/Laenderfinanzausgleich/node.html?__nnn=true, zugegriffen am 27.01.2012. Im Jahr 1950 erfolgten nur Vorauszahlungen. Im Jahr 1960 wurde der Länderfinanzausgleich nur für neun Monate durchgeführt. Fehlende Werte bedeuten, dass weder Ausgleichsbeiträge gezahlt, noch Ausgleichszuweisungen empfangen wurden.

Tabelle 63 Arbeitslosenquote bezogen auf abhängige zivile Erwerbspersonen der Bundesländer in Prozent, 1959-90

Jahr	BW	BA	BE	HB	HH	HE	NS	NRW	RP	SA	SH
1959	0,9	3,8	6,5			2,1		1,7			
1960	0,3	2,0	3,7			0,8		0,8			
1961	0,2	1,4	2,3			0,5		0,5			
1962	0,1	1,3	1,4			0,4		0,5			
1963	0,2	1,4	1,3			0,6		0,6			
1964	0,2	1,3	1,3			0,5		0,6			
1965	0,2	1,3	0,9			0,5		0,5			
1966	0,2	1,1	0,7			0,6		0,7			
1967	0,7	2,9	1,6			1,6		2,2			
1968	0,4	2,2	1,1	2,0	0,9	1,1	2,1	1,7	1,7	3,1	2,0
1969	0,2	1,1	0,6	1,0	0,4	0,6	1,4	0,8	0,9	1,7	1,6
1970	0,2	1,0	0,6	0,9	0,4	0,5	1,1	0,6	0,8	1,1	0,9
1971	0,4	1,1	0,8	1,1	0,4	0,7	1,2	0,8	0,9	1,2	1,2
1972	0,5	1,2	1,2	1,7	0,6	1,0	1,7	1,2	1,1	1,6	1,6
1973	0,5	1,3	1,1	1,6	0,8	1,0	1,7	1,3	1,1	1,9	1,5
1974	1,4	2,7	2,0	2,7	1,7	2,4	3,2	2,9	2,8	3,9	3,2
1975	3,5	5,2	3,7	4,5	3,7	4,5	5,5	4,8	5,1	6,1	5,2
1976	3,4	5,0	3,9	5,6	3,9	4,4	5,4	4,9	4,8	6,7	5,2
1977	2,9	4,6	4,5	5,4	4,2	4,0	5,5	5,0	4,6	7,2	5,2
1978	2,6	4,2	4,6	5,4	4,3	3,6	5,2	5,0	4,3	7,6	4,8
1979	2,1	3,6	4,0	4,9	3,6	2,9	4,6	4,6	3,7	6,5	4,2
1980	2,3	3,5	4,3	5,3	3,4	2,8	4,7	4,6	3,8	6,5	4,2
1981	3,3	5,1	5,8	7,2	5,0	4,3	6,8	6,4	5,4	8,1	6,4
1982	4,8	6,9	8,7	10,1	7,4	6,2	9,5	8,6	7,1	9,7	9,1
1983	5,9	8,1	10,4	13,1	10,2	7,6	11,3	10,6	8,5	11,8	10,5
1984	5,6	7,8	10,2	13,8	11,2	7,4	11,9	10,7	8,3	12,7	10,7
1985	5,4	7,7	10,0	15,2	12,3	7,2	12,3	11,0	8,6	13,4	11,1
1986	5,1	7,0	10,5	15,5	13,0	6,8	11,5	10,9	8,3	13,3	10,4
1987	5,1	6,6	10,5	15,6	13,6	6,7	11,4	11,0	8,1	12,7	10,3
1988	5,0	6,3	10,8	15,3	12,8	6,4	11,2	11,0	7,6	11,9	10,0
1989	4,5	5,7	9,8	14,6	11,7	6,1	10,0	10,0	6,9	11,0	9,6
1990	4,1	5,1	9,4	13,5	10,5	5,7	9,4	9,0	6,3	9,7	8,7

Quelle: Statistik der Bundesagentur für Arbeit (2010), Arbeitslosigkeit im Zeitverlauf, Nürnberg, in: http://statistik.arbeitsagentur.de/nn_31892/SiteGlobals/Forms/Rubrikensuche/Rubrikensuche_Form.html?view=processForm&resourceId=210368&input_=&pageLocale=de&topicId=17588&year_month=201012&year_month.GROUP=1&search=Suchen, zugegriffen am 10.06.2012.

Tabelle 64 BIP pro Kopf der Bundesländer in Preisen von 1995, 1950-90

Jahr	BW	BA	BE	HB	HH	HE	NS	NRW	RP	SA	SH
1950	8.096	6.736	6.849	12.298	14.372	7.713	6.338	9.316	6.596		5.664
1951	9.003	7.492	7.706	12.932	15.251	8.734	7.062	10.496	7.485		6.340
1952	10.075	8.133	8.166	14.907	16.942	9.483	7.946	11.735	8.298		7.174
1953	10.773	8.828	9.116	15.632	17.687	10.347	8.813	12.747	8.953		7.979
1954	11.526	9.554	10.246	16.246	18.481	11.196	9.516	13.151	9.464	13.466	8.614
1955	12.797	10.725	11.658	18.517	20.749	12.470	10.631	14.613	10.401	14.399	9.512
1956	13.406	11.306	12.525	19.511	22.451	13.043	11.215	15.503	10.787	14.195	10.360
1957	14.176	12.008	13.467	20.611	24.021	13.564	11.741	16.233	10.956	*14.812*	11.229
1958	14.867	12.552	14.012	20.852	25.167	14.252	12.517	16.187	11.165	*15.250*	12.008
1959	15.839	13.609	15.366	21.769	27.100	15.366	13.466	16.967	11.928	*15.845*	12.690
1960	17.934	15.311	17.219	22.786	26.573	17.329	15.401	18.388	14.401	16.227	14.028
1961	19.308	16.396	18.378	23.184	28.121	18.414	16.234	19.025	15.072	16.804	15.066
1962	20.202	17.127	19.195	24.433	29.126	19.402	17.242	19.698	15.840	16.842	16.630
1963	20.516	17.567	19.596	25.048	29.670	19.894	17.645	19.929	16.475	16.933	16.879
1964	21.997	18.657	20.776	26.704	31.488	21.133	18.802	21.260	17.336	17.342	17.501
1965	23.151	19.361	21.897	28.161	32.555	22.168	19.379	22.280	18.456	17.559	18.358
1966	23.458	20.041	22.633	28.189	34.113	22.450	19.678	22.379	19.182	16.997	18.925
1967	23.400	19.660	22.946	28.511	35.196	22.598	18.994	22.318	19.144	16.635	18.947
1968	24.337	21.339	26.035	29.543	37.372	23.286	20.046	23.990	20.271	17.464	19.945
1969	26.901	23.319	27.787	31.730	39.550	25.997	21.693	25.742	22.446	19.032	21.193
1970	30.090	26.647	30.717	33.182	42.611	28.073	24.049	30.091	25.852	22.860	24.553
1971	31.439	28.006	31.490	34.087	44.912	29.444	25.190	31.235	27.231	24.672	25.991
1972	32.783	28.905	32.031	35.149	45.707	30.503	25.834	31.762	28.201	25.385	26.954
1973	33.910	29.676	33.676	37.493	47.808	31.526	26.989	33.126	28.964	26.229	27.960
1974	33.885	29.713	34.448	38.127	49.326	31.809	27.030	33.798	29.509	27.257	28.788
1975	33.498	30.077	34.844	38.480	48.546	31.717	26.927	32.996	28.831	27.600	29.237
1976	35.138	31.585	36.044	40.242	49.959	33.379	28.487	34.124	30.119	28.698	30.050
1977	36.492	32.900	37.573	41.936	51.700	34.572	29.337	34.841	31.294	28.853	31.068
1978	37.928	34.708	38.295	43.092	53.703	36.364	30.657	36.179	32.333	30.046	31.801
1979	39.502	36.531	39.976	45.024	57.167	38.065	31.782	37.851	33.907	31.832	32.712
1980	40.009	37.021	41.224	47.246	57.207	38.689	32.308	38.230	34.330	32.822	33.050
1981	39.458	36.671	40.463	47.087	56.819	37.355	31.655	37.503	34.091	33.335	31.643
1982	39.006	36.675	40.383	45.529	55.033	37.288	31.247	36.848	34.213	32.977	31.221
1983	39.755	37.482	41.397	45.069	56.241	38.388	31.506	37.116	34.494	33.223	31.687
1984	40.746	38.808	42.892	46.333	59.100	39.858	32.620	37.790	35.359	33.979	32.821
1985	42.038	39.706	44.100	46.513	60.670	41.199	33.290	38.958	35.863	34.736	33.406
1986	44.619	42.095	45.650	48.500	63.139	43.628	34.868	41.029	38.106	36.551	35.756
1987	45.861	43.593	46.942	50.644	63.394	45.229	35.589	41.646	38.793	37.290	36.709
1988	47.629	45.053	47.861	52.781	64.902	47.360	37.075	43.059	40.259	38.564	38.284
1989	49.094	46.404	48.572	53.849	67.437	49.081	38.288	44.210	40.997	39.801	39.094
1990	50.900	48.271	50.552	56.924	71.443	51.634	39.735	45.606	42.018	41.238	41.249

Quellen: Eigene Berechnungen auf Basis von

Quelle Bevölkerung: Statistisches Bundesamt (verschiedene Jahrgänge), Bevölkerungsstruktur und Wirtschaftskraft der Bundesländer: Zusammenfassende Veröffentlichungen, Stuttgart.

BE 1950-1953: Statistisches Landesamt Berlin (1958), Statistisches Jahrbuch Berlin, Berlin, S. 322.

Quelle Bruttoinlandsprodukt: Statistisches Bundesamt (verschiedene Jahrgänge), Bevölkerungsstruktur und Wirtschaftskraft der Bundesländer: Zusammenfassende Veröffentlichungen, Stuttgart.

SA 1954-1956: Statistisches Amt des Saarlandes (1958), Statistisches Handbuch für das Saarland, Saarbrücken, S. 323, Angaben in Francs; Wechselkurse aus Statistisches Bundesamt (1960), Statistisches Jahrbuch für die Bundesrepublik Deutschland, Stuttgart, S. 386.

Quelle Preisindices: Statistisches Bundesamt (1991), Volkswirtschaftliche Gesamtrechnung, Fachserie 18, Stuttgart, S. 15. Statistisches Bundesamt (verschiedene Jahrgänge), Statistisches Jahrbuch für die Bundesrepublik Deutschland, Stuttgart.

Fehlende Werte für das Saarland von 1957 bis 1959 wurden linear interpoliert (Werte kursiv).

Tabelle 65 σ-Konvergenz der BIP pro Kopf in Preisen von 1995 (Variationskoeffizient), 1950-90

Jahr	VarK aller Bundesländer	Vark der Flächenstaaten
1950	0,32	0,16
1951	0,29	0,16
1952	0,30	0,16
1953	0,28	0,15
1954	0,25	0,16
1955	0,25	0,15
1956	0,26	0,14
1957	0,26	0,14
1958	0,26	0,12
1959	0,26	0,12
1960	0,20	0,09
1961	0,20	0,09
1962	0,19	0,09
1963	0,19	0,08
1964	0,20	0,09
1965	0,20	0,10
1966	0,21	0,10
1967	0,22	0,11
1968	0,22	0,10
1969	0,21	0,11
1970	0,18	0,10
1971	0,18	0,09
1972	0,17	0,09
1973	0,18	0,09
1974	0,18	0,08
1975	0,18	0,08
1976	0,17	0,08
1977	0,18	0,08
1978	0,18	0,08
1979	0,18	0,08
1980	0,18	0,08
1981	0,18	0,08
1982	0,17	0,08
1983	0,18	0,08
1984	0,18	0,08
1985	0,18	0,09
1986	0,18	0,09
1987	0,17	0,09
1988	0,17	0,09
1989	0,17	0,10
1990	0,18	0,10

Quelle: Eigene Berechnungen auf Basis von Tabelle 64.

Tabelle 66 BIP pro Kopf in Preisen von 1995 in den Regionen Nord-, Süd- und Westdeutschland, 1950-90

Jahr	Norddeutschland	Süddeutschland	Westdeutschland	VarK
1950	7.558	7.289	8.198	0,05
1951	8.345	8.122	9.256	0,06
1952	9.430	8.944	10.288	0,06
1953	10.308	9.650	11.189	0,06
1954	11.052	10.399	11.691	0,05
1955	12.402	11.623	12.991	0,05
1956	13.278	12.226	13.725	0,05
1957	14.103	12.965	14.317	0,04
1958	14.927	13.578	14.454	0,04
1959	15.990	14.602	15.263	0,04
1960	17.361	16.484	17.553	0,03
1961	18.320	17.704	18.278	0,02
1962	19.451	18.512	18.997	0,02
1963	19.850	18.899	19.327	0,02
1964	21.023	20.170	20.538	0,02
1965	21.771	21.084	21.541	0,01
1966	22.279	21.599	21.733	0,01
1967	22.048	21.363	21.702	0,01
1968	23.229	22.706	23.072	0,01
1969	24.877	24.959	25.066	0,00
1970	27.458	28.228	28.819	0,02
1971	28.786	29.581	30.070	0,02
1972	29.509	30.685	30.772	0,02
1973	30.805	31.623	31.967	0,02
1974	31.223	31.632	32.559	0,02
1975	31.145	31.649	31.964	0,01
1976	32.520	33.214	33.220	0,01
1977	33.554	34.546	34.073	0,01
1978	34.809	36.183	35.459	0,02
1979	36.234	37.894	37.130	0,02
1980	36.728	38.393	37.590	0,02
1981	35.960	37.952	36.854	0,02
1982	35.279	37.746	36.433	0,03
1983	35.648	38.525	36.871	0,03
1984	36.986	39.697	37.734	0,03
1985	37.712	40.776	38.830	0,03
1986	39.581	43.254	40.989	0,04
1987	40.359	44.636	41.824	0,04
1988	41.906	46.239	43.388	0,04
1989	43.208	47.644	44.607	0,04
1990	45.247	49.484	46.196	0,04

Quelle: Vgl. Tabelle 64

Tabelle 67 Nettowertschöpfung der Bundesländer in Preisen von 1970, 1950-90

Jahr	BW	BA	BE	HB	HH	HE	NS	NRW	RP	SA	SH
1950	20.162	24.571	5.852	2.387	8.461	13.156	16.800	46.439	7.562		5.697
1951	22.274	26.110	6.286	2.487	8.751	14.521	17.688	51.257	8.560		5.864
1952	24.200	27.377	6.488	2.765	9.448	15.807	19.230	56.762	9.400		6.350
1953	26.325	29.699	7.514	3.098	10.008	16.626	21.248	63.373	10.301		6.948
1954	29.305	32.548	8.489	3.465	10.799	18.097	23.093	68.053	11.153		7.441
1955	33.242	33.041	9.663	4.146	12.238	20.721	25.713	77.405	12.467	5.277	8.058
1956	35.701	38.530	10.392	4.526	13.500	21.929	27.283	84.427	13.101	5.594	8.740
1957	38.187	41.167	10.964	4.877	14.490	23.319	28.350	89.117	13.313	5.986	9.447
1958	40.659	43.122	11.231	5.078	15.378	24.426	30.173	89.470	13.627	*6.102*	10.102
1959	43.397	46.501	11.387	5.413	16.355	26.163	32.235	93.445	14.439	*6.289*	10.513
1960	50.313	53.685	13.154	5.827	16.480	31.460	36.946	103.833	17.527	6.387	11.263
1961	53.783	56.615	13.646	5.805	17.106	32.981	38.225	105.531	18.007	6.565	11.904
1962	56.478	59.069	13.922	6.048	17.468	34.276	40.436	108.413	18.853	6.577	13.074
1963	57.977	60.981	14.317	6.172	17.690	35.231	41.646	109.874	19.699	6.654	13.401
1964	62.603	64.813	15.353	6.613	18.903	37.566	44.685	117.371	20.656	6.822	14.031
1965	67.097	67.991	16.141	6.998	19.475	40.197	46.634	124.324	22.241	6.935	14.831
1966	68.898	70.829	16.425	7.004	20.206	41.036	47.562	125.870	23.350	6.739	15.419
1967	68.367	69.047	15.844	6.829	20.334	41.165	45.650	125.082	23.171	6.559	15.357
1968	72.294	76.012	17.501	7.133	20.824	43.679	49.028	135.720	24.608	7.085	16.588
1969	78.330	80.350	18.541	7.368	21.296	48.341	51.285	140.689	26.476	7.388	17.228
1970	86.568	87.313	19.887	8.308	25.287	50.914	54.683	159.127	28.929	7.953	18.972
1971	89.177	90.641	20.058	8.204	25.769	52.940	55.956	161.958	29.746	8.403	19.765
1972	94.650	95.389	20.362	8.480	26.225	56.000	58.230	166.706	31.184	8.743	20.873
1973	100.052	99.676	21.362	9.130	27.398	59.074	61.996	176.367	32.492	9.121	21.964
1974	99.526	99.324	21.601	9.131	27.866	59.797	61.547	179.115	32.980	9.413	22.627
1975	97.298	100.119	21.496	9.080	26.811	59.271	61.059	173.011	31.896	9.489	23.000
1976	103.095	106.432	22.328	9.581	27.773	63.110	65.602	180.527	33.667	9.947	23.837
1977	106.740	110.822	23.122	9.899	28.416	65.340	67.261	183.490	34.843	9.914	24.664
1978	109.554	115.853	23.099	9.953	29.030	68.111	69.575	188.420	35.428	10.214	24.915
1979	113.571	121.045	23.600	10.260	30.555	71.053	71.118	195.646	36.701	10.795	25.189
1980	114.224	121.507	24.302	10.699	30.200	71.813	71.345	195.750	36.587	11.021	25.142
1981	115.350	123.071	24.092	10.823	30.381	70.869	71.143	195.106	37.047	11.320	24.353
1982	114.299	124.145	24.172	10.378	29.440	71.402	70.742	191.770	37.496	11.144	24.165
1983	116.840	127.666	24.771	10.210	30.139	73.834	71.405	192.475	38.060	11.334	24.525
1984	119.604	132.197	25.651	10.424	31.501	76.495	74.129	195.017	39.000	11.503	25.479
1985	123.126	134.562	26.308	10.193	31.959	78.351	75.237	199.595	39.362	11.818	25.696
1986	127.999	139.241	26.551	10.241	32.190	80.407	76.730	204.166	40.748	11.833	26.825
1987	130.471	142.293	27.027	10.569	31.896	82.613	76.665	204.822	40.717	12.008	27.027
1988	136.786	148.168	27.884	11.067	32.887	87.320	79.835	212.206	42.381	12.340	28.423
1989	141.808	152.249	28.759	11.330	34.189	90.838	82.068	218.066	42.915	12.706	28.683
1990	150.633	161.308	30.491	12.249	37.095	97.646	86.121	227.859	44.687	13.275	30.769

Quellen: Eigene Berechnungen auf Basis von Statistisches Bundesamt (verschiedene Jahrgänge), Bevölkerungsstruktur und Wirtschaftskraft der Bundesländer: Zusammenfassende Veröffentlichungen, Stuttgart. Volkswirtschaftliche Gesamtrechnung der Länder (verschiedene Jahrgänge), Entstehung, Verteilung und Verwendung des Sozialprodukts in den Ländern der Bundesrepublik Deutschland: Gemeinschaftsveröffentlichung der Statistischen Landesämter, Stuttgart. Statistisches Bundesamt (1991), Volkswirtschaftliche Gesamtrechnung, Fachserie 18, Stuttgart, S. 15.

SA 1955-1957: Statistisches Amt des Saarlandes (1958), Statistisches Handbuch für das Saarland, Saarbrücken, S. 323, Angaben in Francs; Wechselkurs aus Statistisches Bundesamt (1960), Statistisches Jahrbuch für die Bundesrepublik Deutschland, Stuttgart, S. 386; Werte 1958 und 1959 wurden linear interpoliert.

BE 1950-1959: Statistisches Landesamt Berlin (1958), Statistisches Jahrbuch Berlin, Berlin, S. 321.

Tabelle 68 Erwerbstätige in 1000 Personen der Bundesländer, 1950-90

Jahr	BW	BA	BE	HB	HH	HE	NS	NRW	RP	SA	SH
1950	3.149	4.180	773	224	658	1.882	2.630	5.526	1.420	*404*	825
1951	3.229	*4.219*	807	*238*	*690*	*1.921*	*2.663*	*5.684*	*1.429*	407	*835*
1952	3.294	*4.257*	803	*252*	*722*	*1.959*	*2.697*	*5.842*	*1.437*	*413*	*844*
1953	3.379	*4.296*	839	*266*	*755*	*1.997*	*2.730*	*6.001*	*1.446*	*418*	*853*
1954	3.473	*4.334*	894	*280*	*787*	*2.035*	*2.763*	*6.159*	*1.454*	*424*	*863*
1955	3.607	*4.373*	927	*294*	*819*	*2.074*	*2.797*	*6.317*	*1.463*	*429*	*872*
1956	3.709	*4.411*	967	*308*	*852*	*2.112*	*2.830*	*6.476*	*1.471*	*435*	*882*
1957	3.762	*4.450*	988	*322*	*884*	*2.150*	*2.863*	*6.634*	*1.480*	*440*	*891*
1958	3.833	*4.488*	1.002	*336*	*916*	*2.188*	*2.896*	*6.792*	*1.488*	*446*	*900*
1959	3.880	*4.527*	1.010	*350*	*949*	*2.227*	*2.930*	*6.951*	*1.497*	*451*	*910*
1960	3.935	4.565	1.026	364	981	2.265	2.963	7.109	1.505	457	919
1961	4.030	4.647	1.020	371	995	2.318	2.976	7.169	1.527	453	936
1962	4.055	4.695	997	373	987	2.356	2.963	7.183	1.529	448	949
1963	4.089	4.728	990	374	981	2.390	2.977	7.159	1.508	446	954
1964	4.116	4.740	984	376	975	2.403	2.979	7.137	1.506	445	957
1965	4.195	4.797	980	375	970	2.425	2.994	7.111	1.511	446	965
1966	4.177	4.821	968	372	967	2.416	2.982	7.060	1.512	449	961
1967	4.053	4.706	925	357	948	2.361	2.981	6.742	1.456	435	944
1968	4.045	4.733	923	357	943	2.373	2.904	6.725	1.460	435	941
1969	4.166	4.811	937	360	953	2.417	2.940	6.812	1.461	435	948
1970	4.221	4.773	945	362	998	2.449	2.940	6.982	1.512	440	968
1971	4.230	4.762	939	364	991	2.469	2.938	7.082	1.508	448	980
1972	4.259	4.827	930	368	985	2.503	2.948	7.088	1.508	450	989
1973	4.340	4.902	926	378	987	2.524	2.973	7.174	1.523	451	1.002
1974	4.330	4.839	914	377	970	2.490	2.946	7.115	1.504	439	1.001
1975	4.195	4.747	886	370	937	2.437	2.845	6.939	1.470	434	988
1976	4.167	4.750	877	368	928	2.427	2.830	6.917	1.456	433	986
1977	4.133	4.769	874	369	925	2.420	2.852	6.958	1.467	436	994
1978	4.192	4.861	879	369	923	2.449	2.877	6.993	1.479	428	1.007
1979	4.277	4.960	890	376	930	2.501	2.920	7.141	1.503	438	1.032
1980	4.382	5.052	898	378	940	2.526	2.950	7.269	1.525	446	1.054
1981	4.405	5.066	892	378	945	2.533	2.955	7.250	1.525	449	1.054
1982	4.392	5.054	881	372	930	2.511	2.923	7.173	1.514	445	1.046
1983	4.359	5.053	878	363	920	2.488	2.886	7.059	1.504	438	1.043
1984	4.415	5.138	898	360	916	2.515	2.889	7.092	1.514	438	1.051
1985	4.486	5.226	925	361	916	2.563	2.917	7.185	1.526	437	1.064
1986	4.585	5.352	941	365	926	2.625	2.976	7.304	1.544	443	1.079
1987	4.668	5.434	957	368	934	2.666	3.023	7.381	1.561	444	1.094
1988	4.740	5.503	972	373	946	2.717	3.060	7.479	1.580	450	1.116
1989	4.827	5.619	992	379	967	2.765	3.099	7.635	1.602	458	1.137
1990	4.983	5.852	1.036	388	988	2.844	3.196	7.841	1.641	472	1.169

Quellen: 1950: Differenz aus Erwerbspersonen und Arbeitslosen aus Bundesministerium für Arbeit (1952), Wohnbevölkerung und Erwerbspersonen in den Ländern, Landesarbeitsamtsbezirken und Arbeitsamtsbezirken der Bundesrepublik am 13. September 1950 nach den Ergebnissen der Volks- und Berufszählung des Statistischen Bundesamtes, Bonn, S. 39 und Bundesminister für Arbeit und Sozialordnung (1955), Arbeits- und Sozialstatistische Mitteilungen, Bonn, S. 75.

BW 1950-1959: Statistisches Landesamt Baden-Württemberg (1994), Lange Reihen zur demografischen, wirtschaftlichen und gesellschaftlichen Entwicklung, Stuttgart, CD-Rom.

BE 1950-1959: Berliner Statistik Volkswirtschaftliche Gesamtrechnungen (1974), Das Sozialprodukt von Berlin 1950-73, Berlin, S. 95.

SA: Statistisches Amt des Saarlandes (1958), Statistisches Handbuch für das Saarland, Saarbrücken S. 79 und 93.

Ab 1960: Statistisches Bundesamt (verschiedene Jahrgänge), Bevölkerungsstruktur und Wirtschaftskraft der Bundesländer: Zusammenfassende Veröffentlichungen, Stuttgart.

Die fehlenden Werte wurden linear interpoliert (Werte kursiv). Im Fall Saarland wurde der Wert für 1950 unter der Annahme einer konstanten Wachstumsrate für 1950/51 und 1951/52 zurückgerechnet.

Tabelle 69 Arbeitsvolumen je Erwerbstätiger der BRD in Stunden pro Jahr, 1950-90

Jahr	Stunden	Jahr	Stunden
1950	2.472	1970	1.956
1951	*2.457*	1971	1.925
1952	2.441	1972	1.900
1953	*2.435*	1973	1.870
1954	2.429	1974	1.837
1955	*2.390*	1975	1.797
1956	2.350	1976	1.809
1957	*2.274*	1977	1.794
1958	2.197	1978	1.772
1959	*2.180*	1979	1.758
1960	2.163	1980	1.739
1961	*2.132*	1981	1.717
1962	2.100	1982	1.702
1963	*2.091*	1983	1.692
1964	2.081	1984	1.681
1965	*2.061*	1985	1.659
1966	2.041	1986	1.640
1967	*2.016*	1987	1.618
1968	1.991	1988	1.613
1969	*1.974*	1989	1.589
		1990	1.566

*Quelle: Allmendinger, Jutta; Eichhorst, Werner; Walwei, Ulrich (Hrsg.) (2005), IAB Handbuch Arbeitsmarkt * Analysen, Daten, Fakten. (IAB-Bibliothek, 01), Frankfurt a. M., S. 159. Fehlende Werte (kursiv) wurden linear interpoliert.*

Tabelle 70 Anteil der Bundesländer am Bruttoanlagevermögen der BRD in Prozent, 1960er Jahre

Zeitraum	BW	BA	BE	HB	HH	HE	NS	NRW	RP	SA	SH
1960er	15,5	17,9	3,1	1,4	3,4	9,5	11,5	25,7	6,0	2,0	4,0

Quelle: Eigene Berechnungen auf Basis von Volkswirtschaftliche Gesamtrechnung der Länder (Hrsg.) (1979), Entstehung, Verteilung und Verwendung des Sozialprodukts in den Ländern der Bundesrepublik Deutschland: Gemeinschaftsveröffentlichung der Statistischen Landesämter, Stuttgart.

Tabelle 71 Geschätztes Brutto-Anlagevermögen in den Bundesländern in Mio. DM in Preisen von 1970, 1950-59

Jahr	BW	BA	BE	HB	HH	HE	NS	NRW	RP	SA	SH	BRD
1950	139.436	161.111	28.253	12.573	30.825	85.244	103.659	231.734	54.234	18.445	36.348	901.990
1951	143.758	166.105	29.129	12.962	31.780	87.886	106.872	238.918	55.915	19.016	37.474	929.950
1952	148.556	171.649	30.101	13.395	32.841	90.820	110.440	246.892	57.781	19.651	38.725	960.990
1953	154.339	178.331	31.273	13.916	34.120	94.355	114.739	256.503	60.030	20.416	40.233	998.400
1954	161.313	186.389	32.686	14.545	35.661	98.618	119.923	268.093	62.743	21.339	42.050	1.043.510
1955	169.817	196.214	34.409	15.312	37.541	103.817	126.245	282.226	66.050	22.464	44.267	1.098.520
1956	179.832	207.787	36.438	16.215	39.755	109.940	133.691	298.871	69.946	23.788	46.878	1.163.310
1957	190.363	219.954	38.572	17.165	42.083	116.378	141.519	316.372	74.042	25.181	49.623	1.231.430
1958	201.110	232.372	40.749	18.134	44.459	122.948	149.509	334.233	78.222	26.603	52.425	1.300.950
1959	212.835	245.920	43.125	19.191	47.051	130.117	158.225	353.720	82.782	28.154	55.481	1.376.800

Quelle: Eigene Berechnungen auf Basis von Görzig, Bernd u.a. (1977), Daten zur Entwicklung des Produktionspotenzials, des Einsatzes von Arbeitskräften und Anlagevermögen sowie der Einkommensverteilung in den Wirtschaftsbereichen der Bundesrepublik Deutschland, 1950-75, Berlin, S. A19 sowie Tabelle 71. Erläuterungen zum Vorgehen finden sich in Abschnitt 4.2.1. Analog zum Jahr 1950 wurde das Brutto-Anlagevermögen für die Jahre 1951 bis 1959 geschätzt.

Tabelle 72 Brutto-Anlagevermögen der Bundesländer in Mio. DM in Preisen von 1970, 1950-90

Jahr	BW	BA	BE	HB	HH	HE	NS	NRW	RP	SA	SH
1950	139.436	161.111	28.253	12.573	30.825	85.244	103.659	231.734	54.234	18.445	36.348
1951	143.758	166.105	29.129	12.962	31.780	87.886	106.872	238.918	55.915	19.016	37.474
1952	148.556	171.649	30.101	13.395	32.841	90.820	110.440	246.892	57.781	19.651	38.725
1953	154.339	178.331	31.273	13.916	34.120	94.355	114.739	256.503	60.030	20.416	40.233
1954	161.313	186.389	32.686	14.545	35.661	98.618	119.923	268.093	62.743	21.339	42.050
1955	169.817	196.214	34.409	15.312	37.541	103.817	126.245	282.226	66.050	22.464	44.267
1956	179.832	207.787	36.438	16.215	39.755	109.940	133.691	298.871	69.946	23.788	46.878
1957	190.363	219.954	38.572	17.165	42.083	116.378	141.519	316.372	74.042	25.181	49.623
1958	201.110	232.372	40.749	18.134	44.459	122.948	149.509	334.233	78.222	26.603	52.425
1959	212.835	245.920	43.125	19.191	47.051	130.117	158.225	353.720	82.782	28.154	55.481
1960	270.955	314.658	56.574	23.867	55.945	161.137	206.132	443.665	110.455	38.617	75.959
1961	275.768	321.042	57.866	24.693	58.261	164.808	210.596	456.952	112.090	39.467	76.854
1962	282.583	329.847	59.105	25.682	60.800	169.552	215.910	472.079	114.178	40.435	78.170
1963	296.496	346.545	61.450	27.064	64.622	178.600	226.324	498.325	118.819	42.134	81.294
1964	312.806	363.838	64.082	28.501	68.164	188.398	237.610	524.389	124.016	43.863	84.497
1965	325.773	377.339	66.084	29.531	70.909	196.914	246.539	545.160	128.009	45.017	86.799
1966	340.021	391.778	68.446	30.694	73.844	206.273	255.541	566.634	132.382	46.388	89.377
1967	364.309	419.123	73.061	32.763	79.262	222.367	272.128	605.959	141.092	49.159	94.694
1968	386.167	445.099	77.749	34.841	84.850	237.345	287.637	643.073	148.965	51.648	99.877
1969	384.582	444.774	77.859	34.801	85.459	237.360	285.390	641.594	148.347	50.916	99.075
1970	387.170	447.570	78.551	34.978	86.584	238.982	285.669	645.295	149.290	50.505	99.122
1971	417.944	482.740	85.855	37.411	93.680	258.759	307.312	695.407	160.713	53.600	106.393
1972	460.121	530.543	95.069	40.751	102.786	285.370	336.744	761.812	175.728	58.354	116.723
1973	486.813	563.073	100.831	42.824	108.233	302.680	355.147	801.332	185.292	60.860	123.351
1974	497.419	575.216	103.038	43.128	110.146	308.866	360.983	814.618	188.680	61.001	125.856
1975	515.284	594.396	107.001	44.451	114.356	318.916	372.671	840.347	194.833	62.131	130.081
1976	527.446	607.419	109.704	45.232	116.317	326.212	380.275	859.264	198.859	63.059	132.950
1977	549.582	635.083	114.094	46.690	120.106	339.065	395.230	891.824	207.222	65.166	139.050
1978	579.700	670.250	119.974	49.153	126.047	356.822	415.561	936.673	218.835	68.070	147.162
1979	617.459	716.379	126.843	51.772	132.509	378.461	441.001	990.872	233.266	71.756	156.819
1980	670.051	778.649	136.348	54.872	140.488	407.752	476.257	1.064.826	252.461	77.162	170.225
1981	715.176	830.941	144.532	57.524	147.109	431.443	506.297	1.127.680	268.917	81.749	182.431
1982	731.656	850.096	147.125	58.222	148.541	437.789	515.440	1.147.006	274.584	82.937	186.838
1983	744.626	868.171	149.289	58.734	149.560	441.581	520.898	1.159.742	279.049	84.311	190.227
1984	775.685	905.207	155.022	60.455	153.888	455.458	538.890	1.199.772	289.604	87.442	198.187
1985	794.307	925.784	158.486	60.775	155.225	462.088	547.062	1.219.907	295.074	88.551	202.413
1986	808.607	945.647	161.532	61.160	155.778	469.034	551.561	1.237.758	299.185	89.747	204.586
1987	831.134	975.138	165.817	61.575	156.907	479.299	561.095	1.261.256	305.822	91.185	208.902
1988	856.071	1.009.717	170.500	62.042	158.235	491.707	572.653	1.286.484	313.327	92.753	213.259
1989	882.684	1.047.117	175.669	62.731	159.695	506.289	586.490	1.316.185	322.037	94.535	218.280
1990	919.054	1.095.432	182.655	63.847	162.819	524.280	606.436	1.358.301	333.857	97.500	225.227

Quellen: 1950-1959: Eigene Berechnungen siehe Tabelle 71.
Ab 1960: Volkswirtschaftliche Gesamtrechnung der Länder (Hrsg.) (verschiedene Jahrgänge), Volkswirtschaftliche Gesamtrechnung der Länder, Entstehung, Verteilung und Verwendung des Sozialprodukts in den Ländern der Bundesrepublik Deutschland: Gemeinschaftsveröffentlichung der Statistischen Landesämter, Stuttgart.

Tabelle 73 Arbeitsproduktivität der Bundesländer (Netto-Wertschöpfung in Preisen von 1970 bezogen auf das Arbeitsvolumen), 1950-90

Jahr	BW	BA	BE	HB	HH	HE	NS	NRW	RP	SA	SH
1950	2,6	2,4	3,1	4,3	5,2	2,8	2,6	3,4	2,2		2,8
1951	2,8	2,5	3,2	4,3	5,2	3,1	2,7	3,7	2,4		2,9
1952	3,0	2,6	3,3	4,5	5,4	3,3	2,9	4,0	2,7		3,1
1953	3,2	2,8	3,7	4,8	5,4	3,4	3,2	4,3	2,9		3,3
1954	3,5	3,1	3,9	5,1	5,6	3,7	3,4	4,5	3,2		3,6
1955	3,9	3,2	4,4	5,9	6,3	4,2	3,8	5,1	3,6	5,1	3,9
1956	4,1	3,7	4,6	6,3	6,7	4,4	4,1	5,5	3,8	5,5	4,2
1957	4,5	4,1	4,9	6,7	7,2	4,8	4,4	5,9	4,0	6,0	4,7
1958	4,8	4,4	5,1	6,9	7,6	5,1	4,7	6,0	4,2	6,2	5,1
1959	5,1	4,7	5,2	7,1	7,9	5,4	5,0	6,2	4,4	6,4	5,3
1960	5,9	5,4	6,0	7,4	7,8	6,4	5,8	6,8	5,4	6,5	5,7
1961	6,3	5,7	6,3	7,3	8,1	6,7	6,0	6,9	5,5	6,8	6,0
1962	6,6	6,0	6,6	7,7	8,4	6,9	6,5	7,2	5,9	7,0	6,6
1963	6,8	6,2	6,9	7,9	8,6	7,1	6,7	7,3	6,2	7,1	6,7
1964	7,3	6,6	7,5	8,5	9,3	7,5	7,2	7,9	6,6	7,4	7,0
1965	7,8	6,9	8,0	9,1	9,7	8,0	7,6	8,5	7,1	7,5	7,5
1966	8,1	7,2	8,3	9,2	10,2	8,3	7,8	8,7	7,6	7,4	7,9
1967	8,4	7,3	8,5	9,5	10,6	8,6	7,6	9,2	7,9	7,5	8,1
1968	9,0	8,1	9,5	10,0	11,1	9,2	8,5	10,1	8,5	8,2	8,9
1969	9,5	8,5	10,0	10,4	11,3	10,1	8,8	10,5	9,2	8,6	9,2
1970	10,5	9,4	10,8	11,7	12,9	10,6	9,5	11,7	9,8	9,2	10,0
1971	11,0	9,9	11,1	11,7	13,5	11,1	9,9	11,9	10,3	9,7	10,5
1972	11,7	10,4	11,5	12,1	14,0	11,8	10,4	12,4	10,9	10,2	11,1
1973	12,3	10,9	12,3	12,9	14,8	12,5	11,2	13,1	11,4	10,8	11,7
1974	12,5	11,2	12,9	13,2	15,6	13,1	11,4	13,7	11,9	11,7	12,3
1975	12,9	11,7	13,5	13,7	15,9	13,5	11,9	13,9	12,1	12,2	13,0
1976	13,7	12,4	14,1	14,4	16,5	14,4	12,8	14,4	12,8	12,7	13,4
1977	14,4	13,0	14,7	14,9	17,1	15,0	13,1	14,7	13,2	12,7	13,8
1978	14,7	13,5	14,8	15,2	17,8	15,7	13,6	15,2	13,5	13,5	14,0
1979	15,1	13,9	15,1	15,5	18,7	16,2	13,8	15,6	13,9	14,0	13,9
1980	15,0	13,8	15,6	16,3	18,5	16,3	13,9	15,5	13,8	14,2	13,7
1981	15,3	14,2	15,7	16,7	18,7	16,3	14,0	15,7	14,1	14,7	13,5
1982	15,3	14,4	16,1	16,4	18,6	16,7	14,2	15,7	14,6	14,7	13,6
1983	15,8	14,9	16,7	16,6	19,4	17,5	14,6	16,1	15,0	15,3	13,9
1984	16,1	15,3	17,0	17,2	20,5	18,1	15,3	16,4	15,3	15,6	14,4
1985	16,5	15,5	17,2	17,0	21,0	18,4	15,5	16,7	15,5	16,3	14,6
1986	17,0	15,9	17,2	17,1	21,2	18,7	15,7	17,1	16,1	16,3	15,2
1987	17,3	16,2	17,5	17,7	21,1	19,2	15,7	17,2	16,1	16,7	15,3
1988	17,9	16,7	17,8	18,4	21,5	19,9	16,2	17,6	16,6	17,0	15,8
1989	18,5	17,0	18,2	18,8	22,3	20,7	16,7	18,0	16,9	17,4	15,9
1990	19,3	17,6	18,8	20,2	24,0	21,9	17,2	18,6	17,4	18,0	16,8

Quelle: Eigene Berechnungen auf Basis von Tabelle 67, Tabelle 68 und Tabelle 69.

Tabelle 74 Kapitalintensität der Bundesländer (Brutto-Anlagevermögen in Preisen von 1970 bezogen auf das Arbeitsvolumen), 1950-90

Jahr	BW	BA	BE	HB	HH	HE	NS	NRW	RP	SA	SH
1950	17,9	15,6	14,8	22,7	19,0	18,3	15,9	17,0	15,4	18,5	17,8
1951	18,1	16,0	14,7	22,2	18,8	18,6	16,3	17,1	15,9	19,0	18,3
1952	18,5	16,5	15,4	21,8	18,6	19,0	16,8	17,3	16,5	19,5	18,8
1953	18,8	17,0	15,3	21,5	18,6	19,4	17,3	17,6	17,1	20,1	19,4
1954	19,1	17,7	15,0	21,4	18,7	19,9	17,9	17,9	17,8	20,7	20,1
1955	19,7	18,8	15,5	21,8	19,2	21,0	18,9	18,7	18,9	21,9	21,2
1956	20,6	20,0	16,0	22,4	19,9	22,2	20,1	19,6	20,2	23,3	22,6
1957	22,3	21,7	17,2	23,5	20,9	23,8	21,7	21,0	22,0	25,2	24,5
1958	23,9	23,6	18,5	24,6	22,1	25,6	23,5	22,4	23,9	27,2	26,5
1959	25,2	24,9	19,6	25,2	22,8	26,8	24,8	23,3	25,4	28,6	28,0
1960	31,8	31,9	25,8	30,3	26,4	32,9	32,2	28,9	33,9	39,1	38,2
1961	32,1	32,4	26,6	31,2	27,5	33,4	33,2	29,9	34,4	40,9	38,5
1962	33,2	33,5	28,2	32,8	29,3	34,3	34,7	31,3	35,6	43,0	39,2
1963	34,7	35,1	29,7	34,6	31,5	35,7	36,4	33,3	37,7	45,2	40,8
1964	36,5	36,9	31,3	36,4	33,6	37,7	38,3	35,3	39,6	47,4	42,4
1965	37,7	38,2	32,7	38,2	35,5	39,4	40,0	37,2	41,1	49,0	43,6
1966	39,9	39,8	34,6	40,4	37,4	41,8	42,0	39,3	42,9	50,6	45,6
1967	44,6	44,2	39,2	45,5	41,5	46,7	45,3	44,6	48,1	56,1	49,8
1968	47,9	47,2	42,3	49,0	45,2	50,2	49,7	48,0	51,2	59,6	53,3
1969	46,8	46,8	42,1	49,0	45,4	49,8	49,2	47,7	51,4	59,3	53,0
1970	46,9	47,9	42,5	49,3	44,3	49,9	49,7	47,2	50,5	58,7	52,3
1971	51,3	52,7	47,5	53,5	49,1	54,4	54,4	51,0	55,4	62,2	56,4
1972	56,9	57,9	53,8	58,3	54,9	60,0	60,1	56,6	61,3	68,2	62,1
1973	60,0	61,4	58,3	60,6	58,7	64,1	63,9	59,7	65,1	72,1	65,8
1974	62,5	64,7	61,4	62,2	61,9	67,6	66,7	62,3	68,3	75,6	68,5
1975	68,3	69,7	67,2	66,9	67,9	72,8	72,9	67,4	73,8	79,7	73,3
1976	70,0	70,7	69,1	67,9	69,3	74,3	74,3	68,7	75,5	80,6	74,5
1977	74,1	74,2	72,8	70,5	72,4	78,1	77,2	71,4	78,7	83,3	78,0
1978	78,0	77,8	77,0	75,3	77,1	82,2	81,5	75,6	83,5	89,7	82,5
1979	82,1	82,1	81,1	78,2	81,0	86,0	85,9	78,9	88,3	93,3	86,4
1980	87,9	88,6	87,3	83,4	85,9	92,8	92,8	84,2	95,2	99,4	92,9
1981	94,6	95,5	94,3	88,7	90,7	99,2	99,8	90,6	102,7	106,0	100,9
1982	97,9	98,8	98,1	91,9	93,8	102,4	103,6	93,9	106,6	109,4	105,0
1983	101,0	101,6	100,5	95,5	96,1	104,9	106,7	97,1	109,7	113,7	107,8
1984	104,5	104,8	102,7	100,0	99,9	107,7	111,0	100,6	113,8	118,8	112,2
1985	106,8	106,8	103,4	101,4	102,2	108,7	113,1	102,4	116,6	122,0	114,7
1986	107,6	107,8	104,7	102,3	102,6	109,0	113,0	103,4	118,2	123,6	115,7
1987	110,1	110,9	107,1	103,3	103,9	111,1	114,7	105,6	121,1	126,9	118,0
1988	112,0	113,8	108,8	103,1	103,7	112,2	116,0	106,7	123,0	127,9	118,5
1989	115,1	117,3	111,5	104,3	103,9	115,2	119,1	108,5	126,5	129,8	120,8
1990	117,8	119,5	112,6	105,1	105,2	117,7	121,2	110,6	129,9	132,0	123,1

Quelle: Eigene Berechnungen auf Basis von Tabelle 68, Tabelle 69 und Tabelle 72.

Tabelle 75 Bereinigte Lohnquote der Bundesländer, 1960-90

Jahr	BW	BA	BE	HB	HH	HE	NS	NRW	RP	SA	SH	BRD
1950			0,73									0,71
1951			0,75									0,69
1952			0,74									0,67
1953			0,71									0,68
1954			0,70									0,68
1955			0,68									0,67
1956			0,70									0,67
1957			0,68									0,66
1958			0,68									0,66
1959			0,66									0,65
1960	0,63	0,59	0,69	0,84	0,70	0,63	0,57	0,62	0,55	0,87	0,52	0,64
1961	0,65	0,64	0,69	0,75	0,66	0,65	0,64	0,68	0,65	0,82	0,57	0,65
1962	0,66	0,65	0,69	0,77	0,68	0,66	0,64	0,70	0,65	0,83	0,57	0,66
1963	0,65	0,64	0,70	0,77	0,68	0,66	0,64	0,70	0,64	0,82	0,57	0,66
1964	0,65	0,63	0,69	0,76	0,68	0,65	0,63	0,70	0,63	0,82	0,57	0,65
1965	0,64	0,63	0,69	0,77	0,69	0,65	0,63	0,70	0,62	0,82	0,57	0,65
1966	0,65	0,64	0,71	0,77	0,70	0,65	0,64	0,71	0,62	0,83	0,58	0,66
1967	0,65	0,65	0,72	0,77	0,71	0,66	0,66	0,70	0,62	0,82	0,58	0,67
1968	0,62	0,63	0,69	0,76	0,70	0,63	0,62	0,68	0,60	0,81	0,56	0,64
1969	0,62	0,63	0,67	0,77	0,72	0,63	0,62	0,69	0,59	0,80	0,57	0,65
1970	0,63	0,64	0,76	0,68	0,66	0,65	0,70	0,70	0,67	0,79	0,68	0,67
1971	0,63	0,65	0,79	0,69	0,67	0,68	0,71	0,71	0,67	0,79	0,69	0,68
1972	0,63	0,64	0,81	0,68	0,66	0,68	0,71	0,72	0,67	0,80	0,69	0,68
1973	0,65	0,65	0,82	0,67	0,66	0,69	0,70	0,73	0,68	0,80	0,69	0,68
1974	0,68	0,67	0,84	0,70	0,68	0,70	0,73	0,74	0,69	0,81	0,72	0,70
1975	0,68	0,67	0,85	0,71	0,68	0,70	0,73	0,74	0,70	0,81	0,72	0,70
1976	0,66	0,65	0,84	0,71	0,67	0,68	0,71	0,73	0,68	0,80	0,71	0,69
1977	0,66	0,65	0,85	0,71	0,68	0,69	0,71	0,73	0,69	0,80	0,71	0,69
1978	0,65	0,64	0,86	0,70	0,66	0,67	0,70	0,72	0,68	0,79	0,70	0,68
1979	0,65	0,64	0,87	0,71	0,65	0,67	0,70	0,72	0,67	0,79	0,70	0,68
1980	0,67	0,66	0,86	0,74	0,68	0,71	0,71	0,74	0,69	0,80	0,72	0,70
1981	0,68	0,67	0,87	0,75	0,69	0,71	0,72	0,75	0,70	0,81	0,73	0,71
1982	0,68	0,67	0,86	0,75	0,69	0,71	0,71	0,76	0,71	0,82	0,73	0,71
1983	0,66	0,65	0,85	0,73	0,66	0,68	0,69	0,74	0,70	0,80	0,73	0,69
1984	0,64	0,64	0,83	0,72	0,66	0,67	0,68	0,72	0,68	0,81	0,71	0,68
1985	0,63	0,63	0,83	0,71	0,67	0,66	0,67	0,72	0,68	0,82	0,71	0,67
1986	0,62	0,63	0,83	0,70	0,68	0,66	0,67	0,71	0,66	0,82	0,69	0,66
1987	0,63	0,63	0,83	0,71	0,66	0,66	0,68	0,71	0,66	0,83	0,70	0,67
1988	0,62	0,61	0,83	0,71	0,63	0,64	0,67	0,69	0,65	0,82	0,70	0,66
1989	0,62	0,60	0,82	0,71	0,59	0,63	0,66	0,68	0,64	0,81	0,68	0,64
1990	0,61	0,59	0,80	0,69	0,59	0,63	0,65	0,67	0,63	0,81	0,66	0,64

Quellen: Eigene Berechnungen auf Basis von Volkswirtschaftliche Gesamtrechnung der Länder (verschiedene Jahrgänge), Entstehung, Verteilung und Verwendung des Sozialprodukts in den Ländern der Bundesrepublik Deutschland: Gemeinschaftsveröffentlichung der Statistischen Landesämter, Stuttgart.
BE 1950-59: Berliner Statistik Volkswirtschaftliche Gesamtrechnungen (1974), Das Sozialprodukt von Berlin 1950-73, Berlin.

Tabelle 76 Totale Faktorproduktivität (Variante I) der Bundesländer, 1950-90

Jahr	BW	BA	BE	HB	HH	HE	NS	NRW	RP	SA	SH
1950	1,01	0,97	1,27	1,55	1,98	1,09	1,04	1,34	0,88		1,09
1951	1,09	1,01	1,31	1,54	1,97	1,18	1,08	1,45	0,98		1,10
1952	1,16	1,05	1,35	1,64	2,05	1,26	1,16	1,56	1,07		1,18
1953	1,22	1,12	1,50	1,75	2,09	1,29	1,26	1,69	1,15		1,26
1954	1,32	1,20	1,61	1,87	2,16	1,37	1,34	1,77	1,23		1,33
1955	1,45	1,21	1,77	2,15	2,37	1,54	1,47	1,96	1,36	1,87	1,42
1956	1,52	1,39	1,84	2,26	2,53	1,60	1,53	2,09	1,41	1,95	1,52
1957	1,61	1,48	1,92	2,37	2,66	1,69	1,59	2,18	1,44	2,08	1,63
1958	1,71	1,55	1,96	2,41	2,77	1,75	1,68	2,16	1,47	2,11	1,74
1959	1,78	1,64	1,95	2,46	2,84	1,83	1,76	2,19	1,53	2,13	1,78
1960	1,90	1,75	2,06	2,42	2,66	2,04	1,85	2,24	1,69	1,94	1,72
1961	2,01	1,83	2,14	2,37	2,72	2,11	1,91	2,27	1,73	2,01	1,80
1962	2,10	1,89	2,22	2,46	2,78	2,17	2,03	2,32	1,82	2,04	1,97
1963	2,12	1,92	2,27	2,47	2,78	2,18	2,06	2,33	1,90	2,04	1,99
1964	2,25	2,01	2,42	2,60	2,94	2,28	2,18	2,46	1,97	2,08	2,06
1965	2,36	2,08	2,55	2,74	3,02	2,41	2,25	2,59	2,11	2,11	2,16
1966	2,41	2,15	2,60	2,74	3,12	2,45	2,29	2,62	2,21	2,03	2,25
1967	2,41	2,10	2,55	2,71	3,14	2,45	2,17	2,65	2,22	2,00	2,24
1968	2,52	2,28	2,79	2,80	3,18	2,56	2,35	2,85	2,33	2,14	2,40
1969	2,70	2,40	2,94	2,89	3,24	2,81	2,46	2,95	2,52	2,26	2,50
1970	2,97	2,63	3,15	3,26	3,73	2,95	2,64	3,29	2,70	2,43	2,73
1971	3,01	2,69	3,13	3,18	3,77	3,00	2,67	3,27	2,75	2,52	2,79
1972	3,11	2,75	3,12	3,20	3,77	3,07	2,71	3,30	2,82	2,56	2,87
1973	3,22	2,82	3,25	3,36	3,91	3,20	2,85	3,44	2,90	2,66	2,97
1974	3,22	2,85	3,34	3,40	4,04	3,28	2,87	3,53	2,99	2,82	3,08
1975	3,23	2,92	3,39	3,44	3,99	3,32	2,93	3,49	2,95	2,89	3,17
1976	3,39	3,06	3,51	3,61	4,12	3,50	3,12	3,60	3,09	3,01	3,25
1977	3,51	3,15	3,61	3,70	4,20	3,60	3,16	3,62	3,16	2,97	3,31
1978	3,53	3,22	3,57	3,69	4,27	3,70	3,22	3,68	3,17	3,08	3,28
1979	3,56	3,27	3,57	3,71	4,42	3,75	3,21	3,72	3,19	3,17	3,22
1980	3,45	3,18	3,59	3,81	4,29	3,70	3,15	3,62	3,10	3,14	3,10
1981	3,43	3,17	3,54	3,83	4,27	3,61	3,10	3,57	3,10	3,18	2,96
1982	3,40	3,20	3,58	3,72	4,19	3,66	3,10	3,54	3,15	3,15	2,95
1983	3,49	3,28	3,68	3,72	4,33	3,81	3,16	3,59	3,20	3,24	2,99
1984	3,51	3,33	3,72	3,81	4,52	3,90	3,26	3,60	3,24	3,26	3,07
1985	3,58	3,35	3,75	3,74	4,61	3,96	3,30	3,67	3,26	3,37	3,07
1986	3,67	3,42	3,74	3,75	4,64	4,01	3,34	3,72	3,37	3,36	3,19
1987	3,70	3,45	3,77	3,87	4,61	4,09	3,31	3,72	3,34	3,41	3,19
1988	3,81	3,53	3,82	4,02	4,70	4,24	3,40	3,80	3,43	3,47	3,30
1989	3,90	3,57	3,89	4,10	4,85	4,36	3,48	3,86	3,45	3,54	3,30
1990	4,04	3,67	3,99	4,38	5,21	4,59	3,57	3,96	3,52	3,62	3,47

Quelle: Eigene Berechnungen auf Basis von Tabelle 67 bis Tabelle 69 sowie Tabelle 72 und Tabelle 75.

Tabelle 77 Totale Faktorproduktivität (Variante II) der Bundesländer, 1950-90

Jahr	BW	BA	BE	HB	HH	HE	NS	NRW	RP	SA	SH
1950	0,93	0,88	1,73	1,86	1,98	1,07	1,05	1,49	0,84		1,05
1951	1,01	0,93	1,79	1,84	1,97	1,16	1,09	1,61	0,95		1,06
1952	1,07	0,96	1,86	1,96	2,05	1,24	1,16	1,74	1,03		1,14
1953	1,13	1,02	2,06	2,09	2,08	1,27	1,26	1,89	1,11		1,22
1954	1,22	1,10	2,20	2,23	2,16	1,35	1,34	1,97	1,18		1,28
1955	1,34	1,10	2,44	2,57	2,37	1,51	1,47	2,19	1,30	2,88	1,37
1956	1,40	1,26	2,54	2,70	2,52	1,57	1,54	2,34	1,35	3,03	1,46
1957	1,49	1,34	2,67	2,84	2,65	1,65	1,59	2,44	1,37	3,26	1,57
1958	1,57	1,40	2,75	2,90	2,76	1,72	1,69	2,43	1,41	3,35	1,67
1959	1,64	1,48	2,75	2,97	2,83	1,80	1,77	2,47	1,46	3,40	1,71
1960	1,73	1,56	3,01	2,95	2,65	2,00	1,86	2,54	1,61	3,24	1,64
1961	1,83	1,63	3,13	2,90	2,71	2,07	1,92	2,58	1,65	3,39	1,72
1962	1,92	1,69	3,28	3,01	2,77	2,13	2,04	2,65	1,73	3,45	1,88
1963	1,93	1,71	3,37	3,03	2,77	2,13	2,07	2,65	1,80	3,49	1,90
1964	2,04	1,79	3,61	3,20	2,93	2,23	2,19	2,81	1,87	3,57	1,97
1965	2,15	1,85	3,82	3,39	3,01	2,36	2,27	2,97	2,00	3,63	2,06
1966	2,19	1,91	3,92	3,40	3,11	2,39	2,31	3,01	2,09	3,52	2,14
1967	2,18	1,86	3,91	3,38	3,13	2,39	2,19	3,06	2,10	3,51	2,13
1968	2,28	2,01	4,31	3,51	3,17	2,50	2,37	3,29	2,20	3,79	2,29
1969	2,44	2,11	4,54	3,63	3,23	2,75	2,48	3,41	2,38	3,99	2,38
1970	2,68	2,31	4,86	4,09	3,72	2,88	2,65	3,80	2,55	4,30	2,60
1971	2,71	2,37	4,90	4,00	3,75	2,93	2,68	3,79	2,59	4,49	2,66
1972	2,79	2,41	4,95	4,05	3,75	3,00	2,73	3,84	2,66	4,62	2,72
1973	2,89	2,46	5,22	4,27	3,89	3,12	2,87	4,01	2,73	4,84	2,82
1974	2,89	2,48	5,38	4,32	4,03	3,20	2,88	4,13	2,81	5,18	2,92
1975	2,89	2,54	5,53	4,39	3,98	3,23	2,94	4,09	2,77	5,34	3,00
1976	3,04	2,66	5,73	4,61	4,11	3,41	3,14	4,23	2,91	5,57	3,08
1977	3,13	2,74	5,95	4,74	4,19	3,51	3,18	4,26	2,97	5,52	3,14
1978	3,15	2,80	5,91	4,75	4,25	3,60	3,24	4,33	2,97	5,78	3,11
1979	3,17	2,83	5,94	4,78	4,41	3,65	3,23	4,38	2,99	5,98	3,04
1980	3,07	2,74	6,04	4,92	4,27	3,60	3,17	4,28	2,90	5,98	2,93
1981	3,04	2,73	6,00	4,97	4,26	3,51	3,12	4,24	2,90	6,11	2,80
1982	3,01	2,75	6,10	4,83	4,18	3,56	3,12	4,20	2,94	6,08	2,79
1983	3,09	2,82	6,28	4,85	4,32	3,70	3,18	4,27	2,99	6,28	2,83
1984	3,10	2,86	6,37	4,97	4,50	3,79	3,28	4,29	3,03	6,37	2,89
1985	3,16	2,88	6,42	4,89	4,59	3,85	3,32	4,37	3,05	6,60	2,90
1986	3,25	2,93	6,42	4,91	4,63	3,90	3,36	4,44	3,14	6,59	3,01
1987	3,27	2,96	6,49	5,07	4,59	3,97	3,33	4,44	3,12	6,72	3,01
1988	3,36	3,03	6,59	5,26	4,68	4,12	3,42	4,54	3,20	6,84	3,11
1989	3,44	3,06	6,72	5,37	4,83	4,23	3,50	4,61	3,21	6,99	3,10
1990	3,56	3,13	6,91	5,74	5,19	4,46	3,59	4,73	3,28	7,18	3,27

Quelle: Eigene Berechnungen auf Basis von Tabelle 67 bis Tabelle 69 sowie Tabelle 72 und Tabelle 75.

Tabelle 78 Variationskoeffizienten der TFP-Varianten, 1950-90

Jahr	VarK der TFP_I	VarK der TFP_I ohne Stadtstaaten	VarK der TFP_II	VarK der TFP_II ohne Stadtstaaten
1950	0,26	0,13	0,32	0,19
1951	0,23	0,13	0,29	0,19
1952	0,22	0,13	0,29	0,20
1953	0,21	0,14	0,29	0,21
1954	0,20	0,13	0,28	0,20
1955	0,21	0,16	0,32	0,34
1956	0,20	0,15	0,31	0,33
1957	0,20	0,15	0,32	0,34
1958	0,19	0,13	0,31	0,33
1959	0,19	0,12	0,30	0,31
1960	0,14	0,09	0,27	0,27
1961	0,13	0,08	0,26	0,27
1962	0,12	0,07	0,25	0,25
1963	0,11	0,06	0,25	0,25
1964	0,12	0,07	0,25	0,24
1965	0,12	0,07	0,25	0,23
1966	0,12	0,08	0,24	0,21
1967	0,13	0,09	0,25	0,22
1968	0,11	0,08	0,25	0,22
1969	0,10	0,08	0,25	0,22
1970	0,12	0,09	0,25	0,22
1971	0,11	0,08	0,25	0,22
1972	0,11	0,08	0,24	0,23
1973	0,11	0,08	0,25	0,23
1974	0,11	0,08	0,26	0,25
1975	0,10	0,07	0,27	0,26
1976	0,09	0,06	0,27	0,26
1977	0,10	0,07	0,26	0,24
1978	0,09	0,07	0,27	0,26
1979	0,10	0,07	0,27	0,27
1980	0,10	0,07	0,29	0,28
1981	0,11	0,07	0,30	0,30
1982	0,10	0,07	0,30	0,30
1983	0,10	0,07	0,30	0,30
1984	0,11	0,07	0,30	0,30
1985	0,11	0,08	0,31	0,31
1986	0,11	0,07	0,30	0,30
1987	0,11	0,08	0,30	0,31
1988	0,11	0,08	0,30	0,30
1989	0,11	0,09	0,30	0,31
1990	0,13	0,09	0,30	0,31

Quelle: Eigene Berechnungen auf Basis von Tabelle 76 und Tabelle 77.

Tabelle 79 Malmquist-Index der Bundesländer, 1950-90

Jahr	BW	BA	BE	HB	HH	HE	NS	NRW	RP	SA	SH
1950/51	1,08	1,06	1,03	0,99	0,99	1,09	1,05	1,08	1,13	1,09	1,02
1951/52	1,07	1,05	1,04	1,06	1,04	1,07	1,08	1,08	1,10	1,07	1,08
1952/53	1,06	1,08	1,11	1,06	1,02	1,03	1,09	1,09	1,09	1,06	1,08
1953/54	1,09	1,09	1,06	1,07	1,04	1,07	1,08	1,05	1,08	1,06	1,06
1954/55	1,11	1,02	1,12	1,16	1,11	1,14	1,12	1,13	1,13	1,07	1,09
1955/56	1,06	1,18	1,05	1,06	1,08	1,06	1,07	1,08	1,06	1,06	1,09
1956/57	1,09	1,09	1,07	1,07	1,07	1,08	1,06	1,07	1,04	1,09	1,11
1957/58	1,08	1,07	1,05	1,03	1,06	1,07	1,09	1,01	1,05	1,04	1,10
1958/59	1,06	1,08	1,01	1,03	1,04	1,06	1,06	1,03	1,06	1,03	1,04
1959/60	1,15	1,15	1,16	1,04	0,98	1,19	1,14	1,09	1,22	1,01	1,07
1960/61	1,06	1,05	1,05	0,99	1,04	1,04	1,05	1,02	1,03	1,05	1,05
1961/62	1,06	1,05	1,06	1,05	1,04	1,04	1,08	1,04	1,06	1,03	1,10
1962/63	1,02	1,03	1,04	1,02	1,02	1,02	1,03	1,02	1,06	1,02	1,02
1963/64	1,08	1,06	1,08	1,07	1,08	1,07	1,08	1,08	1,05	1,03	1,05
1964/65	1,06	1,05	1,07	1,07	1,05	1,07	1,05	1,07	1,08	1,02	1,06
1965/66	1,04	1,05	1,04	1,02	1,05	1,03	1,03	1,03	1,06	0,97	1,05
1966/67	1,04	1,01	1,02	1,03	1,04	1,04	0,97	1,05	1,04	1,02	1,03
1967/68	1,07	1,11	1,12	1,06	1,04	1,07	1,12	1,10	1,07	1,09	1,10
1968/69	1,06	1,05	1,05	1,03	1,02	1,10	1,04	1,03	1,08	1,05	1,04
1969/70	1,10	1,11	1,07	1,13	1,14	1,05	1,08	1,11	1,06	1,07	1,09
1970/71	1,04	1,06	1,03	1,00	1,04	1,05	1,04	1,02	1,05	1,06	1,05
1971/72	1,07	1,05	1,04	1,03	1,04	1,06	1,05	1,04	1,06	1,05	1,06
1972/73	1,05	1,05	1,07	1,07	1,06	1,06	1,07	1,06	1,05	1,06	1,06
1973/74	1,01	1,03	1,04	1,02	1,05	1,04	1,02	1,04	1,05	1,08	1,05
1974/75	1,03	1,05	1,05	1,04	1,02	1,03	1,05	1,01	1,01	1,04	1,05
1975/76	1,06	1,06	1,04	1,05	1,04	1,06	1,07	1,04	1,06	1,04	1,03
1976/77	1,05	1,05	1,05	1,04	1,04	1,05	1,03	1,02	1,04	1,00	1,04
1977/78	1,02	1,04	1,01	1,02	1,04	1,04	1,04	1,03	1,02	1,06	1,01
1978/79	1,02	1,03	1,02	1,02	1,05	1,03	1,01	1,02	1,03	1,04	0,99
1979/80	0,99	1,00	1,03	1,05	0,99	1,01	1,00	0,99	0,99	1,01	0,99
1980/81	1,02	1,02	1,01	1,03	1,01	1,00	1,01	1,01	1,03	1,03	0,98
1981/82	1,00	1,02	1,03	0,98	0,99	1,03	1,01	1,00	1,03	1,00	1,01
1982/83	1,04	1,03	1,03	1,01	1,04	1,05	1,03	1,03	1,03	1,04	1,02
1983/84	1,02	1,02	1,02	1,04	1,06	1,03	1,04	1,02	1,02	1,02	1,04
1984/85	1,03	1,01	1,01	0,99	1,03	1,02	1,02	1,02	1,01	1,04	1,01
1985/86	1,03	1,02	1,00	1,01	1,01	1,01	1,01	1,02	1,04	1,00	1,04
1986/87	1,01	1,02	1,02	1,04	1,00	1,03	1,00	1,01	1,00	1,03	1,01
1987/88	1,04	1,03	1,02	1,04	1,02	1,04	1,03	1,03	1,03	1,02	1,03
1988/89	1,03	1,02	1,03	1,02	1,03	1,04	1,03	1,02	1,01	1,02	1,01
1989/90	1,04	1,03	1,03	1,07	1,08	1,06	1,03	1,03	1,03	1,03	1,06

Quelle: Eigene Berechnungen auf Basis von Tabelle 67 bis Tabelle 69 sowie Tabelle 72.

Tabelle 80 Produktivitätsniveau der Bundesländer auf Basis des Malmquist-Index, 1950-90

Jahr	BW	BA	BE	HB	HH	HE	NS	NRW	RP	SA	SH
1950	0,50	0,46	0,59	0,83	1,00	0,54	0,50	0,65	0,41	*0,71*	0,54
1951	0,54	0,48	0,61	0,82	0,99	0,59	0,52	0,71	0,47	*0,77*	0,55
1952	0,58	0,51	0,64	0,86	1,03	0,64	0,56	0,76	0,51	*0,82*	0,59
1953	0,61	0,55	0,71	0,92	1,05	0,66	0,61	0,83	0,56	*0,88*	0,64
1954	0,67	0,59	0,75	0,98	1,09	0,70	0,66	0,87	0,61	*0,93*	0,68
1955	0,74	0,61	0,84	1,13	1,20	0,80	0,74	0,99	0,69	0,99	0,74
1956	0,79	0,71	0,88	1,20	1,30	0,85	0,79	1,07	0,73	1,05	0,81
1957	0,86	0,78	0,94	1,28	1,39	0,92	0,84	1,14	0,76	1,15	0,90
1958	0,93	0,84	0,98	1,32	1,47	0,98	0,91	1,15	0,80	1,20	0,98
1959	0,99	0,91	0,99	1,36	1,52	1,04	0,97	1,18	0,85	1,23	1,02
1960	1,14	1,04	1,15	1,42	1,49	1,23	1,11	1,30	1,03	1,24	1,09
1961	1,20	1,10	1,21	1,41	1,55	1,28	1,16	1,33	1,06	1,31	1,15
1962	1,27	1,15	1,28	1,48	1,62	1,33	1,25	1,38	1,13	1,34	1,26
1963	1,30	1,19	1,33	1,52	1,66	1,35	1,29	1,41	1,20	1,37	1,29
1964	1,40	1,26	1,44	1,62	1,79	1,44	1,38	1,52	1,27	1,42	1,35
1965	1,49	1,32	1,54	1,74	1,87	1,55	1,45	1,63	1,37	1,45	1,43
1966	1,55	1,38	1,60	1,77	1,97	1,60	1,50	1,68	1,45	1,41	1,51
1967	1,61	1,40	1,63	1,82	2,04	1,66	1,46	1,77	1,52	1,44	1,55
1968	1,72	1,55	1,83	1,93	2,13	1,78	1,63	1,95	1,63	1,57	1,70
1969	1,83	1,63	1,93	1,99	2,18	1,95	1,70	2,01	1,76	1,65	1,77
1970	2,01	1,80	2,07	2,25	2,49	2,04	1,83	2,24	1,88	1,77	1,92
1971	2,10	1,90	2,13	2,25	2,59	2,14	1,90	2,28	1,97	1,87	2,01
1972	2,25	2,00	2,21	2,33	2,69	2,26	2,00	2,38	2,09	1,96	2,13
1973	2,37	2,09	2,37	2,48	2,85	2,40	2,14	2,53	2,19	2,08	2,25
1974	2,40	2,15	2,47	2,53	3,01	2,51	2,19	2,63	2,29	2,24	2,36
1975	2,48	2,25	2,59	2,62	3,06	2,60	2,29	2,67	2,32	2,34	2,49
1976	2,63	2,38	2,70	2,76	3,18	2,76	2,46	2,77	2,46	2,44	2,57
1977	2,77	2,49	2,83	2,87	3,29	2,89	2,53	2,82	2,54	2,44	2,66
1978	2,83	2,58	2,85	2,93	3,41	3,02	2,62	2,92	2,60	2,59	2,68
1979	2,90	2,67	2,90	2,98	3,59	3,10	2,66	2,99	2,67	2,70	2,67
1980	2,88	2,66	2,99	3,12	3,55	3,14	2,67	2,97	2,65	2,73	2,64
1981	2,93	2,72	3,02	3,21	3,60	3,13	2,69	3,01	2,72	2,82	2,59
1982	2,94	2,77	3,10	3,15	3,57	3,21	2,73	3,02	2,80	2,82	2,61
1983	3,04	2,87	3,20	3,19	3,72	3,37	2,81	3,10	2,87	2,94	2,67
1984	3,10	2,94	3,26	3,31	3,93	3,48	2,93	3,14	2,94	3,00	2,77
1985	3,18	2,98	3,30	3,27	4,04	3,54	2,99	3,22	2,99	3,13	2,80
1986	3,27	3,05	3,30	3,29	4,07	3,59	3,02	3,28	3,09	3,13	2,91
1987	3,32	3,11	3,35	3,41	4,06	3,68	3,01	3,30	3,10	3,21	2,93
1988	3,44	3,21	3,42	3,53	4,14	3,83	3,11	3,38	3,20	3,27	3,03
1989	3,55	3,28	3,51	3,62	4,28	3,97	3,20	3,45	3,24	3,35	3,05
1990	3,71	3,38	3,61	3,88	4,61	4,21	3,31	3,57	3,34	3,45	3,23

Quelle: Eigene Berechnungen auf Basis von Tabelle 67 bis Tabelle 69 sowie Tabelle 72.

Tabelle 81 Gewährte Patente der Stichprobe in den Bundesländern, 1950-90

Jahr	BW	BA	BE	HB	HH	HE	NS	NRW	RP	SA	SH
1950	156	170	78	6	34	79	82	286	32	5	21
1951	160	214	121	13	30	93	57	243	32	3	25
1952	82	112	58	10	15	50	25	172	17	0	13
1953	96	96	66	1	19	53	23	152	18	2	12
1954	92	96	73	3	16	32	23	128	17	2	7
1955	56	95	66	1	10	34	18	99	15	1	7
1956	79	82	68	2	11	41	21	119	11	2	6
1957	66	80	56	3	10	40	18	103	17	1	3
1958	63	79	46	4	7	41	16	108	17	2	7
1959	76	101	54	5	10	37	13	118	27	1	1
1960	51	75	51	1	10	54	16	101	29	1	3
1961	83	71	54	2	4	32	10	88	20	0	5
1962	56	80	41	3	7	33	20	82	16	0	2
1963	56	53	32	1	11	38	17	74	22	0	10
1964	45	58	38	1	7	25	9	71	15	0	6
1965	41	41	26	0	12	18	10	60	6	1	4
1966	40	29	18	0	5	19	12	47	5	1	1
1967	43	29	15	0	3	32	7	65	8	0	2
1968	30	34	16	1	6	27	12	72	10	3	4
1969	48	41	18	2	4	24	16	94	9	2	2
1970	61	72	43	4	7	41	18	75	14	0	3
1971	80	84	45	2	19	47	23	109	7	1	3
1972	78	79	50	2	11	43	24	105	10	3	8
1973	96	119	65	4	13	46	18	115	19	0	7
1974	100	94	39	4	9	44	19	110	16	3	8
1975	115	115	62	4	8	46	21	139	13	2	3
1976	106	106	48	2	10	51	21	148	16	4	12
1977	104	128	60	1	9	54	24	139	19	2	7
1978	105	116	59	3	19	44	26	130	12	4	4
1979	110	77	27	1	12	44	29	112	10	2	6
1980	119	109	36	0	10	39	21	114	10	3	4
1981	109	122	46	1	11	42	21	130	8	0	2
1982	115	100	33	2	6	40	17	96	8	2	6
1983	97	90	20	2	6	34	29	114	16	3	11
1984	111	73	19	0	9	33	20	102	9	2	8
1985	80	96	10	0	10	28	29	115	8	2	3
1986	91	95	20	1	10	34	24	94	7	1	7
1987	93	91	17	3	7	57	24	106	16	2	12
1988	93	99	16	2	8	55	23	91	13	2	9
1989	96	90	12	2	4	41	12	96	9	2	5
1990	98	68	10	2	6	37	27	94	9	3	8

Quelle: Eigene Stichprobe auf Basis von Deutsches Patent- und Markenamt, DEPATISnet, in: http://depatisnet.dpma.de/DepatisNet/depatisnet?window=1&space=menu&content=index&action=index, zugegriffen am 21.06.2012.

Tabelle 82 Gewährte Patente der Stichprobe je 1 Mio. Einwohner in den Bundesländern, 1950-90

Jahr	BW	BA	BE	HB	HH	HE	NS	NRW	RP	SA	SH
1950	25	19	36	11	22	19	12	22	11	5	8
1951	25	24	56	23	19	22	9	18	11	3	10
1952	13	12	27	17	9	12	4	13	6	0	5
1953	14	11	30	2	11	12	4	11	6	2	5
1954	14	11	33	5	9	7	4	9	5	2	3
1955	8	10	30	2	6	8	3	7	5	1	3
1956	11	9	31	3	6	9	3	8	3	2	3
1957	9	9	25	5	6	9	3	7	5	1	1
1958	9	9	21	6	4	9	2	7	5	2	3
1959	10	11	24	7	6	8	2	8	8	1	0
1960	7	8	23	1	5	11	2	6	9	1	1
1961	11	7	25	3	2	7	2	6	6	0	2
1962	7	8	19	4	4	7	3	5	5	0	1
1963	7	5	14	1	6	8	3	5	6	0	4
1964	6	6	17	1	4	5	1	4	4	0	3
1965	5	4	12	0	6	4	1	4	2	1	2
1966	5	3	8	0	3	4	2	3	1	1	0
1967	5	3	7	0	2	6	1	4	2	0	1
1968	4	3	7	1	3	5	2	4	3	3	2
1969	6	4	8	3	2	5	2	6	2	2	1
1970	7	7	20	6	4	8	3	4	4	0	1
1971	9	8	21	3	11	9	3	6	2	1	1
1972	9	7	24	3	6	8	3	6	3	3	3
1973	10	11	32	5	7	8	2	7	5	0	3
1974	11	9	19	6	5	8	3	6	4	3	3
1975	13	11	31	6	5	8	3	8	4	2	1
1976	12	10	24	3	6	9	3	9	4	4	5
1977	11	12	31	1	5	10	3	8	5	2	3
1978	12	11	31	4	11	8	4	8	3	4	2
1979	12	7	14	1	7	8	4	7	3	2	2
1980	13	10	19	0	6	7	3	7	3	3	2
1981	12	11	24	1	7	7	3	8	2	0	1
1982	12	9	18	3	4	7	2	6	2	2	2
1983	10	8	11	3	4	6	4	7	4	3	4
1984	12	7	10	0	6	6	3	6	2	2	3
1985	9	9	5	0	6	5	4	7	2	2	1
1986	10	9	11	2	6	6	3	6	2	1	3
1987	10	8	8	5	4	10	3	6	4	2	5
1988	10	9	8	3	5	10	3	5	4	2	4
1989	10	8	6	3	2	7	2	6	2	2	2
1990	10	6	5	3	4	6	4	5	2	3	3

Quelle: Eigene Berechnungen auf Basis von Tabelle 81 sowie der Quelle für die Bevölkerung: Statistisches Bundesamt (verschiedene Jahrgänge), Bevölkerungsstruktur und Wirtschaftskraft der Bundesländer: Zusammenfassende Veröffentlichungen, Stuttgart

Tabelle 83 Patentstock je 1000 Einwohner der Bundesländer (Stichprobe), 1950-90

Jahr	BW	BA	BE	HB	HH	HE	NS	NRW	RP	SA	SH
1950	25	19	36	11	22	21	12	22	11	5	8
1951	45	39	87	32	37	42	19	37	20	8	17
1952	51	46	100	45	40	48	20	43	22	6	20
1953	57	50	113	39	45	56	21	47	24	7	23
1954	61	53	131	37	47	55	21	48	26	8	23
1955	58	55	141	33	45	54	21	47	26	8	23
1956	60	56	149	30	44	56	21	47	25	9	22
1957	59	56	152	29	42	57	21	46	26	8	20
1958	58	56	149	30	40	57	20	46	27	9	20
1959	59	58	152	33	39	58	19	46	31	9	18
1960	56	57	153	28	38	62	18	45	35	8	16
1961	57	55	155	27	35	60	17	44	35	7	16
1962	55	54	152	27	33	59	17	42	34	6	14
1963	53	51	144	24	34	58	17	40	35	5	16
1964	50	49	139	22	33	54	16	38	34	4	16
1965	46	45	129	18	34	49	15	36	30	4	15
1966	43	41	119	15	32	45	14	33	27	4	13
1967	42	37	109	13	29	44	13	32	25	4	12
1968	39	35	101	12	28	43	13	32	23	6	12
1969	38	33	95	13	26	41	13	32	22	7	11
1970	38	35	101	17	26	43	14	32	22	6	10
1971	41	37	106	17	33	47	15	33	21	6	10
1972	43	39	114	17	34	49	16	34	20	8	11
1973	47	44	128	20	37	51	16	36	22	6	12
1974	51	46	128	23	37	53	16	37	23	8	14
1975	56	50	139	25	36	55	17	39	23	9	13
1976	59	52	143	24	37	58	17	42	24	11	16
1977	62	56	152	22	37	61	18	44	26	11	16
1978	64	58	159	23	43	61	19	45	25	14	15
1979	67	57	150	21	44	60	20	45	24	13	15
1980	69	58	146	18	44	59	20	45	23	14	14
1981	70	60	147	17	44	58	20	46	21	12	13
1982	72	60	143	17	41	57	19	45	20	12	13
1983	72	60	132	18	39	55	20	45	22	13	16
1984	74	58	122	15	39	54	20	45	21	13	16
1985	71	58	108	13	39	51	21	45	20	13	15
1986	70	58	101	13	40	50	21	44	19	12	16
1987	69	57	94	15	39	53	22	44	20	12	18
1988	68	57	86	16	38	55	22	42	21	12	19
1989	67	56	78	17	34	54	20	41	20	12	18
1990	66	53	69	17	32	52	20	40	19	13	18

Quelle: Eigene Berechnungen auf Basis von Tabelle 81 sowie der Quelle für die Bevölkerung: Statistisches Bundesamt (verschiedene Jahrgänge), Bevölkerungsstruktur und Wirtschaftskraft der Bundesländer: Zusammenfassende Veröffentlichungen, Stuttgart.

Tabelle 84 Öffentliche Wissenschaftsausgaben an Hochschulen und Hochschulkliniken je 1000 DM des BIP in den Bundesländern, 1962, 1964, 1966-90

Jahr	BW	BA	BE	HB	HH	HE	NS	NRW	RP	SA	SH
1960											
1961											
1962	7,0	5,0	8,3	0,2	4,4	5,9	4,0	3,0	3,9	8,0	3,9
1963											
1964	8,1	5,4	9,6	3,8	5,2	7,6	4,9	4,1	4,9	9,6	4,6
1965											
1966	8,1	6,4	10,9	0,5	5,5	7,7	4,9	4,2	5,2	12,5	5,2
1967	7,9	6,6	11,6	0,2	5,8	8,6	4,7	4,5	5,4	12,3	5,4
1968	8,3	7,1	12,8	0,4	6,9	10,1	5,4	5,2	5,6	13,1	6,1
1969	8,7	7,5	14,2	0,4	7,1	9,7	6,7	5,8	5,5	14,3	6,0
1970	9,3	6,9	15,9	1,0	7,1	10,4	7,2	6,6	5,3	12,9	6,0
1971	10,9	8,2	21,0	3,2	9,2	11,6	8,7	5,5	7,0	13,6	6,3
1972	9,9	8,2	23,1	2,8	9,3	11,4	8,7	6,6	6,4	13,7	7,2
1973	10,1	8,5	24,4	7,8	10,6	11,7	9,0	8,2	7,1	14,5	7,7
1974	11,5	9,9	25,6	7,9	11,6	12,5	10,2	9,8	7,6	15,6	9,8
1975	11,8	10,2	27,2	8,1	10,9	13,0	10,7	10,3	8,0	15,7	10,1
1976	11,0	9,3	25,2	7,1	10,4	11,7	10,1	10,1	8,1	15,3	9,7
1977	11,0	9,4	25,9	6,3	10,3	11,4	10,2	10,0	7,8	15,1	9,8
1978	10,5	9,1	26,3	5,7	10,2	11,3	10,1	9,8	7,7	15,2	8,5
1979	10,8	9,1	26,9	5,9	10,0	11,0	10,4	9,9	7,6	14,7	10,2
1980	11,2	9,4	27,4	6,3	11,4	11,3	10,9	10,2	8,1	14,8	10,5
1981	10,9	9,4	27,9	7,0	11,5	11,7	11,2	10,2	8,1	13,1	11,4
1982	11,1	9,4	27,1	7,1	12,2	11,6	11,2	10,1	8,2	14,4	11,8
1983	11,4	9,5	26,7	7,6	12,1	11,7	11,5	10,1	8,4	15,4	11,6
1984	11,1	9,5	25,2	7,1	11,7	11,5	11,1	10,1	8,3	15,4	11,6
1985	11,0	9,7	25,4	7,2	12,1	11,7	11,4	10,8	7,9	15,3	11,7
1986	11,0	9,7	25,2	7,0	12,4	11,6	11,5	10,3	8,9	16,1	13,1
1987	11,3	10,0	27,5	7,4	13,1	11,6	11,9	10,3	9,1	17,4	13,6
1988	11,2	10,0	29,6	8,4	12,8	11,1	11,6	10,4	9,2	17,0	13,2
1989	10,8	9,7	28,6	8,4	12,3	10,9	11,2	10,2	9,1	18,1	13,2
1990	10,8	9,6	27,7	8,3	11,8	10,6	11,0	10,0	9,5	15,9	12,9

Quelle: Eigene Berechnungen auf Basis von Bundesministerium für Bildung und Forschung (verschiedene Jahrgänge), Bundesbericht Forschung, Bonn.

Tabelle 85 Öffentliche Wissenschaftsausgaben außerhalb von Hochschulen und Hochschulkliniken je 1000 DM des BIP in den Bundesländern, 1962, 1964, 1966-90

Jahr	BW	BA	BE	HB	HH	HE	NS	NRW	RP	SA	SH
1960											
1961											
1962	0,72	0,75	1,29	0,46	1,46	0,75	1,19	1,18	0,50	0,47	0,81
1963											
1964	1,08	0,95	1,97	1,07	1,61	0,86	1,19	1,80	0,59	0,41	0,90
1965											
1966	1,09	1,28	1,78	1,48	2,01	0,97	1,23	1,74	0,70	0,75	0,95
1967	1,12	1,35	1,97	1,69	2,11	0,97	1,42	1,87	0,79	0,86	1,03
1968	1,18	1,34	1,87	1,92	2,26	1,14	1,33	1,61	0,88	0,66	1,07
1969	1,21	1,33	1,93	1,83	2,35	1,14	1,39	1,62	0,86	0,67	1,08
1970	1,20	1,24	2,11	0,94	1,43	1,23	1,46	1,33	0,72	0,58	1,01
1971	1,22	1,27	1,72	1,10	1,37	1,22	1,45	1,37	0,78	0,63	1,50
1972	1,16	1,31	2,06	1,24	1,39	1,20	1,29	1,29	0,78	0,57	1,08
1973	1,15	1,32	2,10	1,25	1,17	1,29	1,26	1,26	0,80	0,73	1,08
1974	1,18	1,40	2,13	1,37	1,16	1,53	1,21	1,31	0,88	0,69	1,36
1975	1,20	1,39	2,09	1,40	1,24	1,43	1,35	1,34	1,00	0,69	1,55
1976	1,23	1,27	2,03	1,00	0,75	1,29	1,17	1,16	0,73	0,36	1,22
1977	1,13	1,40	1,81	1,14	1,14	1,22	1,48	1,25	0,99	0,65	1,00
1978	1,21	1,37	1,72	1,16	1,17	1,25	1,36	1,27	1,02	0,58	1,22
1979	1,25	1,34	1,94	1,46	1,24	1,26	1,39	1,32	1,04	0,65	1,17
1980	1,30	1,36	2,03	1,25	1,19	1,19	1,47	1,35	0,99	0,64	1,19
1981	1,36	1,39	2,08	1,30	1,10	1,28	1,54	1,32	0,97	0,60	1,23
1982	1,35	1,42	2,17	1,32	1,38	1,34	1,48	1,29	0,95	0,58	1,35
1983	1,18	1,19	2,22	1,26	1,00	1,16	1,14	1,02	0,76	0,33	0,99
1984	1,24	1,15	2,45	1,11	1,02	1,06	1,12	1,03	0,79	0,37	1,03
1985	1,33	1,17	2,49	1,37	1,15	1,08	1,20	1,26	0,87	0,38	1,17
1986	1,46	1,09	2,86	1,40	1,26	1,06	1,35	1,10	1,08	0,41	1,11
1987	1,42	1,22	2,20	1,25	1,31	1,08	1,73	1,11	1,18	0,47	1,34
1988	1,40	1,34	2,18	1,19	1,25	1,11	1,26	1,09	1,19	0,39	1,71
1989	1,41	1,27	1,99	1,39	1,17	1,09	1,27	0,96	1,22	0,40	1,59
1990	1,33	1,21	1,97	1,24	1,04	1,05	1,42	0,91	0,98	0,82	1,33

Quelle: Eigene Berechnungen auf Basis von Bundesministerium für Bildung und Forschung (verschiedene Jahrgänge), Bundesbericht Forschung, Bonn.

Tabelle 86 Öffentliche Wissenschaftsausgaben in Mio. DM in den Bundesländern, 1962, 1964, 1966-90

Jahr	BW	BA	BE	HB	HH	HE	NS	NRW	RP	SA	SH
1960											
1961											
1962	411	321	135	4	105	211	202	448	81	52	61
1963											
1964	581	410	186	33	141	316	277	727	117	68	80
1965											
1966	687	589	236	16	177	380	314	832	152	96	106
1967	685	607	259	16	197	430	309	903	163	95	114
1968	763	714	318	19	240	534	367	1055	184	105	137
1969	919	839	377	21	267	592	486	1268	205	127	148
1970	1155	926	481	19	266	717	603	1654	230	141	177
1971	1473	1213	657	46	365	884	789	1584	334	170	220
1972	1499	1328	783	47	395	956	842	1952	340	184	257
1973	1698	1527	918	121	482	1103	972	2621	412	217	305
1974	2043	1877	1042	133	567	1288	1156	3362	479	255	428
1975	2189	2057	1174	145	560	1392	1292	3606	521	274	480
1976	2240	2050	1162	133	546	1373	1323	3746	556	282	481
1977	2385	2263	1262	132	595	1431	1460	3944	594	294	509
1978	2447	2381	1321	127	623	1530	1540	4143	625	312	480
1979	2734	2578	1467	147	676	1636	1700	4543	675	333	600
1980	3039	2852	1617	164	795	1778	1918	4984	752	362	658
1981	3139	3032	1715	191	834	1915	2059	5220	800	345	726
1982	3339	3195	1751	197	914	1996	2127	5329	854	392	783
1983	3521	3348	1818	210	924	2093	2201	5345	881	427	785
1984	3622	3511	1833	203	955	2163	2264	5554	918	447	838
1985	3807	3748	1952	214	1032	2315	2417	6297	915	462	881
1986	4090	3954	2043	216	1100	2430	2562	6243	1104	509	1037
1987	4340	4285	2241	231	1161	2526	2784	6343	1159	563	1122
1988	4561	4556	2515	271	1180	2596	2776	6700	1236	572	1182
1989	4760	4716	2586	293	1218	2743	2856	6938	1289	647	1241
1990	5125	5054	2752	316	1285	2947	3089	7367	1409	629	1312

Quellen: Eigene Berechnungen auf Basis von Bundesministerium für Bildung und Forschung (Hrsg.) (verschiedene Jahrgänge), Bundesbericht Forschung, Bonn.

Quelle Bruttoinlandsprodukt in jeweiligen Preisen: Statistisches Bundesamt (verschiedene Jahrgänge), Bevölkerungsstruktur und Wirtschaftskraft der Bundesländer: Zusammenfassende Veröffentlichungen, Stuttgart.

BE 1950-1953: Statistisches Landesamt Berlin (1958), Statistisches Jahrbuch Berlin, Berlin, S. 322.

SA 1954-1956: Statistisches Amt des Saarlandes (1958), Statistisches Handbuch für das Saarland, Saarbrücken, S. 323, Angaben in Francs; Wechselkurse aus Statistisches Bundesamt (1960), Statistisches Jahrbuch für die Bundesrepublik Deutschland, Stuttgart, S. 386.

Tabelle 87 F&E-Kapitalstock je 1000 DM des BIP in den Bundesländern, 1962, 1964, 1966-90

Jahr	BW	BA	BE	HB	HH	HE	NS	NRW	RP	SA	SH
1960											
1961											
1962	7,67	5,80	9,63	0,63	5,86	6,64	5,22	4,22	4,42	8,47	4,72
1963											
1964	15,01	10,76	19,17	5,34	11,46	13,49	10,14	9,20	8,84	16,86	9,28
1965											
1966	20,59	15,94	27,44	6,16	16,39	19,03	14,09	13,14	12,45	27,49	13,21
1967	27,22	22,24	37,74	7,31	22,14	26,20	18,97	18,01	17,17	38,01	17,98
1968	32,56	26,58	44,62	8,56	27,86	33,78	22,71	21,71	20,90	46,08	22,30
1969	35,34	29,96	53,20	9,28	32,76	37,13	26,42	25,13	22,92	52,38	25,45
1970	37,56	30,66	60,12	9,68	35,16	41,16	29,26	26,52	23,21	51,52	26,08
1971	42,51	34,13	72,44	12,34	39,19	45,95	33,89	28,58	26,50	54,99	28,64
1972	45,56	37,45	86,07	14,25	43,86	50,10	38,05	31,77	28,98	59,94	31,65
1973	48,01	40,37	95,99	20,41	47,41	53,54	40,80	35,07	31,62	64,33	34,35
1974	52,98	45,17	107,31	26,32	51,75	58,62	45,61	40,09	34,63	68,77	39,24
1975	58,74	49,56	120,07	31,86	57,19	64,53	51,02	46,59	39,17	74,43	44,49
1976	60,82	51,35	128,36	34,60	59,49	66,08	52,95	50,22	41,29	77,74	48,32
1977	63,17	53,69	136,09	36,62	61,93	68,21	56,42	54,09	43,44	83,44	51,46
1978	64,99	55,15	146,23	38,39	64,17	69,41	58,88	56,88	45,71	86,60	53,81
1979	65,96	55,75	151,00	39,43	63,88	69,65	60,99	58,34	46,48	86,62	56,68
1980	67,82	57,61	155,02	39,73	67,46	70,85	63,60	60,84	48,22	87,46	59,52
1981	70,13	59,86	164,08	42,07	70,28	74,97	67,56	64,00	50,14	86,68	65,11
1982	73,04	61,84	170,52	45,77	75,86	77,09	71,11	67,20	51,87	90,03	69,45
1983	75,19	63,49	175,03	49,56	78,31	78,41	74,17	69,61	53,99	93,94	72,32
1984	76,96	64,60	176,68	51,24	78,80	79,36	75,45	71,71	55,44	96,71	74,20
1985	78,00	66,58	178,92	54,15	81,47	80,74	78,08	73,71	57,06	99,29	77,26
1986	78,44	67,34	182,66	55,65	84,67	81,46	80,19	74,58	58,48	101,89	79,42
1987	81,01	69,57	188,04	56,77	90,46	83,14	84,37	77,45	62,01	107,80	84,62
1988	81,37	70,78	193,11	58,06	92,49	82,42	84,89	77,76	63,43	110,37	86,96
1989	80,42	70,48	193,56	59,13	90,76	80,87	83,89	76,80	64,40	111,76	88,95
1990	78,49	68,94	188,44	57,65	86,46	77,64	82,00	75,07	64,59	109,96	86,91

Quellen: Eigene Berechnungen auf Basis von Bundesministerium für Bildung und Forschung (Hrsg.) (verschiedene Jahrgänge), Bundesbericht Forschung, Bonn.

Quelle Bruttoinlandsprodukt in jeweiligen Preisen: Statistisches Bundesamt (verschiedene Jahrgänge), Bevölkerungsstruktur und Wirtschaftskraft der Bundesländer: Zusammenfassende Veröffentlichungen, Stuttgart.

BE 1950-1953: Statistisches Landesamt Berlin (1958), Statistisches Jahrbuch Berlin, Berlin, S. 322.

SA 1954-1956: Statistisches Amt des Saarlandes (1958), Statistisches Handbuch für das Saarland, Saarbrücken, S. 323, Angaben in Francs; Wechselkurse aus Statistisches Bundesamt (1960), Statistisches Jahrbuch für die Bundesrepublik Deutschland, Stuttgart, S. 386.

Quelle Bevölkerung: Statistisches Bundesamt (verschiedene Jahrgänge), Bevölkerungsstruktur und Wirtschaftskraft der Bundesländer: Zusammenfassende Veröffentlichungen, Stuttgart.

Tabelle 88 Schüler-Lehrer-Rate in den Bundesländern, 1950-90

Jahr	BW	BA	BE	HB	HH	HE	NS	NRW	RP	SA	SH
1950	21	22				22	22	22	22	20	19
1951	22	22				23	22	21	21	20	23
1952	24	21				24	23	20	22	20	22
1953	24	22				25	24	21	21	21	21
1954	24	22				24	24	21	22	21	23
1955	24	21				23	24	21	22	20	21
1956	23	21				22	24	19	21	20	20
1957	22	20				20	22	19	21	20	19
1958	23	19				20	21	18	20	20	20
1959	22	19				19	21	18	21	20	19
1960	22	18				18	20	18	21	20	18
1961	21	18				17	19	19	21	20	18
1962	21	17				16	19	17	22	20	17
1963	21	17				16	18	17	23	20	16
1964	22	17				16	18	17	23	21	16
1965	22	18				17	19	20	24	24	17
1966	23	17				17	19	21	24	26	17
1967	26	17	14			18	20	23	26	24	19
1968	25	18	13	20	17	18	20	23	25	24	19
1969	22	18	13	20	17	18	20	23	23	22	19
1970	22	18	13	19	18	17	18	22	22	21	19
1971	23	19	14	19	19	17	19	22	21	21	20
1972	23	20	14	18	21	20	19	21	21	22	22
1973	21	20	14	17	20	22	20	23	21	21	19
1974									21		
1975	22	23	17	17	21	24	23	26	21	22	23
1976									20		
1977									21		
1978									20		
1979									20		
1980	20	20	17	26	20	28	21	21	19	19	20
1981									18		
1982									18		
1983									17		
1984									16		
1985	19	17	15	15	17	23	17	17	15	15	17
1986									14		
1987									14		
1988											
1989											
1990	17	16	14	13	18	23	14	17	17	16	18

Quellen: Eigene Berechnungen auf Basis von 1950-1970: Ständige Konferenz der Kultusminister der Länder in der Bundesrepublik Deutschland (1965; 1974), Allgemeinbildende Schulen: Statistisches Material, Bonn.

1971: Statistisches Bundesamt (1973), Statistisches Jahrbuch für die Bundesrepublik Deutschland, Stuttgart, S. 85

1972, 1973: Statistisches Bundesamt (1974, 1975), Bildung im Zahlenspiegel, Stuttgart.

1975,1980,1985,1990: Statistisches Bundesamt (verschiedene Jahrgänge), Bildung und Kultur, Fachserie 11, Stuttgart, 1950-99

1981-1984, 1986-1989: Ständige Konferenz der Kultusminister der Länder in der Bundesrepublik Deutschland (verschiedene Jahrgänge), Schüler, Klassen, Lehrer, Bonn.

RP: Statistsisches Landeamt Rheinland-Pfalz (1989), Zeitreihen, Bildung und Kultur, 1950-1988, Schüler, Klassen, Schulen, hauptamtliche, hauptberufliche Lehrer, Bad-Ems

BW: Statistisches Landesamt Baden-Württemberg (verschiedene Jahrgänge), Lange Reihen Baden-Württemberg, Stuttgart.

Tabelle 89 Abiturienten je 1000 der 18- bis 21-jährigen Bevölkerung in den Bundesländern, 1950-90

Jahr	BW	BA	BE	HB	HH	HE	NS	NRW	RP	SA	SH
1950	16	14	36	22	20	18	13	15	12		11
1951	16	14	42	21	18	17	14	15	13		12
1952	13	12	4	21	15	13	12	12	19		11
1953	10	11	24	18	13	12	1	10	9		11
1954	12	12	28	24	16	12	9	10	9		10
1955	13	16	32	24	17	15	12	13	11		14
1956	14	13	35	23	16	16	13	14	12		17
1957	15	13	30	25	15	19	15	14	12	10	17
1958	15	14	38	20	12	20	15	14	13	11	17
1959	16	16	33	20	15	22	18	14	12	10	20
1960	19	19	33	25	17	27	21	18	17	13	21
1961	21	22	36	28	20	30	23	19	20	17	23
1962	24	24	42	30	22	36	24	21	19	20	25
1963	26	26	41	35	23	37	30	22	26	23	27
1964	25	24	33	35	26	36	29	25	26	25	27
1965	23	21	33	31	24	33	25	22	22	24	24
1966	22	20	37	31	24	30	24	22	23	22	22
1967	34	22	33	37	26	35	27	24	28	26	25
1968	34	25	37	40	28	38	27	30	31	30	27
1969	37	25	38	42	31	37	29	30	34	28	29
1970	38	29	50	52	51	45	31	36	38	34	32
1971	41	32	50	60	42	50	38	47	42	43	37
1972	45	43	58	73	61	58	43	58	45	52	40
1973	57	49	63	30	71	64	53	64	53	59	41
1974	64	50	71	103	124	67	59	70	61	62	49
1975	66	52	83	112	107	70	60	71	59	67	53
1976	70	55	140	117	110	78	63	77	70	72	53
1977	73	55	94	123	122	91	71	83	74	69	59
1978	67	55	94	126	133	92	75	91	67	75	59
1979	62	53	39	93	61	78	53	77	56	73	53
1980	67	60	89	108	126	79	72	77	57	63	56
1981	78	63	91	126	127	95	81	91	72	80	66
1982	84	66	91	137	133	104	87	103	76	76	72
1983	92	70	90	142	137	109	95	110	79	80	75
1984	90	72	99	132	147	108	92	110	81	82	76
1985	94	70	98	126	148	106	90	111	76	81	76
1986	87	72	105	128	144	104	90	114	78	79	77
1987	94	74	82	130	161	110	94	119	83	82	84
1988	101	79	69	138	166	116	99	124	90	91	92
1989	104	81	60	133	168	116	101	126	96	86	96
1990	108	87	63	140	172	121	106	130	100	91	103

Quellen: Eigene Berechnungen auf Basis von Statistisches Bundesamt (verschiedene Jahrgänge) Bevölkerungsstruktur und Wirtschaftskraft der Bundesländer: Zusammenfassende Veröffentlichungen, Stuttgart.

SA, 1950-1956: Die fehlenden Werte wurden mit Hilfe der Formel (30) auf Seite 91 geschätzt.

Quellen für 18-21 jährige Bevölkerung der Bundesländer

1950-1957: Ständige Konferenz der Kultusminister der Länder in der Bundesrepublik Deutschland (1965), Allgemeinbildende Schulen: Statistisches Material, Bonn

1974-1978: Statistisches Bundesamt (verschiedene Jahrgänge), Bevölkerung und Erwerbstätigkeit, Bevölkerung nach Alter und Familienbestand, Reihe 1.3, Stuttgart

Statistisches Bundesamt (1991), Bevölkerungsstruktur und Wirtschaftskraft der Bundesländer: Zusammenfassende Veröffentlichungen, Stuttgart, S. 37

1991: Statistisches Bundesamt (1994), Bevölkerungsstruktur und Wirtschaftskraft der Bundesländer: Zusammenfassende Veröffentlichungen, Stuttgart, S. 34

1961, 1987, 1988, 1990: linear interpoliert.

Tabelle 90 Deutsche Studenten je 1 Mio. Einwohner der Bundesländer, 1950-90

WS	BW	BA	BE	HB	HH	HE	NS	NRW	RP	SA	SH
1950/51	3.463	2.788	4.531		3.071	2.911	1.528	1.728	1.845	1.105	1.109
1951/52	3.343	2.676	4.712		3.110	3.013	1.577	1.873	1.451	1.180	1.034
1952/53	3.371	2.503	4.501		3.302	3.104	1.667	1.947	1.280	1.158	926
1953/54	3.338	2.432	4.457	321	3.468	3.154	1.719	1.940	1.145	1.296	846
1954/55	3.350	2.555	5.067	342	3.830	3.298	1.802	1.928	1.062	1.365	796
1955/56	3.423	2.441	6.148	352	4.216	3.494	1.905	1.971	1.088	1.459	853
1956/57	3.576	2.601	7.106	338	4.648	3.508	2.103	2.064	1.225	1.703	1.054
1957/58	3.785	2.858	8.049	380	5.149	3.617	2.249	2.168	1.323	1.978	1.263
1958/59	4.143	3.300	8.349	451	5.720	3.824	2.424	2.366	1.401	2.455	1.546
1959/60	4.414	3.702	8.498	521	6.332	4.018	2.507	2.467	1.508	2.948	1.796
1960/61	4.574	4.195	8.941	531	6.902	4.217	2.604	2.630	1.645	3.564	2.036
1691/62	4.808	4.596	9.107	653	7.431	4.687	2.746	2.814	1.766	4.097	2.194
1962/63	5.023	4.692	9.982	740	7.914	5.203	2.843	2.969	1.923	4.645	2.236
1963/64	5.146	4.834	9.877	812	8.290	5.571	2.876	3.119	1.990	5.113	2.289
1964/65	5.103	4.930	10.656	944	8.798	5.751	2.878	3.225	2.026	5.182	2.339
1965/66	5.037	5.005	10.624	950	8.988	5.758	2.836	3.268	2.046	5.137	2.493
1966/67	5.289	4.988	10.433	1.241	9.412	6.201	2.930	3.610	2.326	5.629	2.766
1967/68	5.411	5.005	10.284	1.382	9.663	6.622	2.971	3.708	2.512	5.702	2.783
1968/69	5.784	5.215	10.105	1.272	10.172	7.234	3.254	4.065	2.844	6.184	2.842
1969/70	6.057	5.359	10.019	1.298	10.885	7.314	3.477	4.404	3.026	7.103	2.969
1970/71	6.352	5.727	10.805	4.946	11.225	7.256	3.610	4.631	3.089	6.700	3.115
1971/72	10.314	7.838	18.505	5.980	16.772	10.454	6.907	9.170	6.228	10.272	6.404
1972/73	10.819	8.210	22.080	7.672	17.259	11.484	7.490	10.357	6.849	10.719	6.711
1973/74	12.043	8.956	25.656	8.559	17.606	12.315	8.463	11.511	7.842	10.781	6.857
1974/75	12.891	9.721	28.734	9.484	18.551	13.185	9.269	12.618	8.665	11.202	7.029
1975/76	13.475	10.484	30.438	9.757	19.891	13.716	9.776	13.696	9.308	11.911	7.401
1976/77	13.928	10.938	31.850	11.441	20.781	14.018	10.191	14.801	9.581	12.352	7.287
1977/78	14.241	11.667	32.639	13.150	21.807	14.091	10.508	15.708	9.914	12.542	7.375
1978/79	14.237	12.265	33.337	13.698	23.604	14.275	10.876	16.631	10.106	13.271	7.638
1979/80	14.353	12.639	34.180	14.897	25.222	14.641	11.368	17.294	10.558	13.237	7.980
1980/81	15.011	13.263	36.309	16.406	27.316	15.371	12.112	18.451	11.069	13.873	8.461
1981/82	16.421	14.380	39.459	17.570	30.749	16.626	13.258	19.763	12.444	14.901	9.338
1982/83	17.394	15.860	42.175	18.865	30.895	17.761	14.488	20.868	13.755	15.926	10.407
1983/84	18.418	17.008	43.410	19.416	33.033	18.821	15.431	22.201	14.927	16.980	11.015
1984/85	19.111	17.796	43.948	19.893	35.006	19.621	16.002	23.094	15.617	17.934	11.283
1985/86	19.404	18.216	45.356	20.505	36.214	19.997	16.497	23.474	15.761	18.403	11.463
1986/87	19.608	18.831	46.664	22.140	36.517	20.280	16.915	23.874	16.054	18.846	11.577
1987/88	19.946	19.805	45.066	23.542	35.962	21.130	17.342	24.581	16.413	19.194	12.487
1988/89	20.304	20.653	47.034	25.689	36.584	22.047	17.824	25.487	16.938	20.074	13.171
1989/90	20.425	20.764	46.002	27.121	36.012	22.591	18.376	25.635	17.551	20.307	13.849
1990/91	20.612	21.489	58.696	29.981	35.332	24.371	19.041	26.021	18.219	20.751	14.642

Quelle: Eigene Berechnungen auf Basis von Statistisches Bundesamt (verschiedene Jahrgänge), Bevölkerungsstruktur und Wirtschaftskraft der Bundesländer: Zusammenfassende Veröffentlichungen, Stuttgart.

Tabelle 91 Potenzieller tertiärer Humankapitalstock je 1 Mio. Einwohner der Bundesländer, 1950-90

Jahr	BW	BA	BE	HB	HH	HE	NS	NRW	RP	SA	SH
1950	745	614	1.005	847	696	726	560	683	576	211	445
1951	1.362	1.185	2.054	1.540	1.232	1.321	1.083	1.273	1.108	459	886
1952	1.854	1.635	2.069	2.248	1.696	1.777	1.555	1.742	1.889	741	1.316
1953	2.232	2.058	2.785	2.841	2.138	2.219	1.525	2.130	2.199	1.055	1.755
1954	2.697	2.544	3.792	3.755	2.742	2.679	1.907	2.513	2.533	1.398	2.188
1955	3.199	3.203	4.944	4.679	3.387	3.240	2.460	3.035	2.946	1.771	2.847
1956	3.725	3.661	6.086	5.466	3.934	3.836	3.027	3.564	3.388	2.170	3.640
1957	4.297	4.140	7.097	6.335	4.463	4.537	3.663	4.062	3.787	2.587	4.447
1958	4.898	4.668	8.540	6.980	4.847	5.329	4.297	4.555	4.238	3.005	5.263
1959	5.506	5.264	9.836	7.594	5.381	6.179	5.055	5.105	4.596	3.339	6.198
1960	6.133	5.899	11.070	8.411	5.925	7.108	5.845	5.685	5.143	3.740	6.996
1961	6.699	6.520	12.243	9.259	6.543	7.987	6.592	6.201	5.699	4.203	7.754
1962	7.269	7.097	13.627	10.096	7.166	8.951	7.226	6.685	6.084	4.683	8.461
1963	7.806	7.642	14.708	10.974	7.710	9.800	7.950	7.112	6.641	5.184	9.136
1964	8.214	8.074	14.994	11.719	8.278	10.465	8.543	7.583	7.114	5.676	9.671
1965	8.458	8.341	15.135	12.196	8.680	10.937	8.932	7.881	7.404	6.073	10.038
1966	8.743	8.627	15.483	12.736	9.131	11.400	9.322	8.240	7.793	6.498	10.333
1967	9.646	9.053	15.859	13.510	9.652	12.185	9.905	8.734	8.472	7.239	10.770
1968	10.515	9.548	16.483	14.360	10.216	13.083	10.509	9.470	9.363	8.217	11.263
1969	11.347	9.997	17.089	15.243	10.814	13.812	11.125	10.141	10.345	9.116	11.789
1970	12.164	10.533	17.942	16.314	11.981	14.756	11.752	10.988	11.427	10.180	12.399
1971	13.096	11.163	18.448	17.589	12.765	15.803	12.577	12.236	12.608	11.599	13.074
1972	14.198	12.249	19.282	19.367	14.153	17.189	13.615	13.951	13.916	13.433	13.830
1973	15.765	13.597	20.314	19.600	15.889	18.771	15.031	15.876	15.541	15.496	14.641
1974	17.665	14.976	21.527	22.586	19.355	20.464	16.647	18.010	17.500	17.678	15.767
1975	19.741	16.484	22.978	25.960	22.223	22.368	18.352	20.197	19.345	20.047	17.047
1976	21.988	18.125	26.054	29.595	25.192	24.573	20.167	22.649	21.673	22.647	18.378
1977	24.278	19.703	27.817	33.555	28.653	27.254	22.302	25.337	24.153	25.132	19.956
1978	26.223	21.271	29.656	37.588	32.558	29.925	24.626	28.355	26.260	27.941	21.534
1979	27.988	22.795	29.692	40.130	33.632	32.006	25.982	30.701	27.838	30.597	22.937
1980	29.950	24.601	31.638	43.301	37.469	34.064	28.257	32.952	29.381	32.536	24.466
1981	32.453	26.553	33.779	47.377	41.380	36.941	31.012	35.919	31.724	35.329	26.532
1982	35.358	28.646	36.052	52.140	45.602	40.295	34.133	39.594	34.240	37.774	29.033
1983	38.671	30.907	38.321	57.160	50.026	43.895	37.651	43.649	36.824	40.351	31.746
1984	41.722	33.144	40.708	61.726	54.830	47.330	40.895	47.580	39.350	42.759	34.478
1985	44.581	35.093	42.565	65.606	59.401	50.349	43.861	51.200	41.427	44.796	37.048
1986	46.655	36.847	44.239	69.024	63.277	52.827	46.529	54.448	43.338	46.522	39.442
1987	48.721	38.444	45.537	71.886	67.244	55.128	49.013	57.443	45.186	48.005	41.883
1988	50.551	39.777	46.214	74.272	70.286	57.056	51.232	59.907	46.807	49.562	44.137
1989	51.897	40.821	46.554	75.343	72.412	58.364	52.903	61.717	48.105	50.294	45.991
1990	52.553	41.407	46.498	75.485	73.354	58.886	53.801	62.660	48.721	50.416	47.177

Quellen: Eigene Berechnungen auf Basis von Statistisches Bundesamt (verschiedene Jahrgänge), Bevölkerungsstruktur und Wirtschaftskraft der Bundesländer: Zusammenfassende Veröffentlichungen, Stuttgart.
SA, 1950-1956: Die fehlenden Werte der Abiturienten wurden mit Hilfe der Formel (30) auf Seite 91 geschätzt.

Tabelle 92 Erwerbstätigenanteil im primären Sektor der Bundesländer in Prozent, 1950-90

Jahr	BW	BA	BE	HB	HH	HE	NS	NRW	RP	SA	SH
1950	26,1	30,5	2,1	3,6	2,5	23,3	30,4	11,9	36,1	14,9	24,5
1951	*25,0*	*29,9*	*1,9*	*3,5*	*2,4*	*22,3*	*29,2*	*11,3*	*34,5*	*13,6*	*23,9*
1952	*24,0*	*29,3*	*1,7*	*3,3*	*2,3*	*21,4*	*28,1*	*10,7*	*32,9*	*12,2*	*23,4*
1953	*22,9*	*28,6*	*1,5*	*3,2*	*2,2*	*20,4*	*26,9*	*10,1*	*31,3*	*10,9*	*22,8*
1954	*21,9*	*28,0*	*1,3*	*3,1*	*2,1*	*19,5*	*25,8*	*9,4*	*29,7*	*9,5*	*22,2*
1955	*20,8*	*27,4*	*1,1*	*3,0*	*2,0*	*18,5*	*24,6*	*8,8*	*28,0*	*8,2*	*21,7*
1956	*19,7*	*26,8*	*0,9*	*2,8*	*2,0*	*17,6*	*23,5*	*8,2*	*26,4*	*6,8*	*21,1*
1957	18,7	26,2	0,7	2,7	1,9	16,6	22,3	7,6	24,8	5,5	20,5
1958	17,7	25,1	0,6	0,0	1,3	15,7	21,8	7,5	23,7	6,2	19,1
1959	17,0	23,6	0,5	0,0	1,4	15,2	20,7	7,2	22,6	6,1	17,2
1960	15,6	21,6	0,0	0,0	1,6	14,0	19,2	6,7	22,2	4,1	15,8
1961	14,9	21,5	0,6	0,0	1,6	13,9	19,3	6,6	21,1	4,6	16,9
1962	15,1	19,1	0,0	1,9	1,4	12,8	18,9	5,3	20,4	6,3	13,5
1963	14,3	18,8	0,6	1,6	1,4	12,3	18,3	5,2	19,7	5,6	13,3
1964	12,0	19,0	0,6	0,0	2,1	10,9	17,2	5,6	20,3	6,0	12,0
1965	11,5	18,5	0,6	0,0	1,7	9,8	16,7	5,6	20,0	5,9	12,2
1966	11,6	17,2	0,0	0,0	1,5	8,3	14,8	5,2	17,8	5,7	11,6
1967	11,5	16,8	0,0	0,0	1,3	8,3	15,3	5,1	17,7	4,1	12,3
1968	11,3	16,6	0,5	0,0	1,9	8,5	15,7	4,8	17,4	3,8	12,1
1969	10,4	16,0	0,6	0,0	1,9	8,3	15,2	4,7	16,4	3,0	11,8
1970	9,5	14,4	0,2	0,9	0,8	7,9	12,7	3,6	12,8	5,3	11,8
1971	8,6	13,6	0,2	0,8	0,8	7,2	12,1	3,5	11,6	4,7	10,9
1972	8,0	13,1	0,2	0,8	0,9	6,9	11,4	3,4	10,9	4,4	10,3
1973	7,5	12,3	0,2	0,7	0,9	6,6	10,8	3,3	10,3	4,1	9,5
1974	7,1	11,7	0,2	0,6	0,9	6,3	10,2	3,3	9,9	4,0	9,2
1975	7,0	11,4	0,2	0,6	0,9	6,2	10,1	3,0	9,7	3,7	9,1
1976	6,5	10,7	0,2	0,6	0,9	5,7	9,4	2,8	9,0	3,3	8,4
1977	6,1	10,2	0,3	0,6	0,9	5,4	9,0	2,6	8,5	2,9	7,9
1978	5,9	9,8	0,3	0,6	0,9	4,9	8,8	2,5	8,2	2,7	7,8
1979	5,4	9,1	0,3	0,5	0,9	4,4	8,4	2,3	7,3	2,4	7,3
1980	5,2	8,9	0,3	0,5	0,9	4,3	8,1	2,4	7,3	2,2	7,2
1981	5,1	8,5	0,3	0,5	0,9	4,2	8,0	2,4	7,1	2,1	6,8
1982	5,0	8,4	0,3	0,5	0,9	3,9	7,7	2,4	6,9	1,9	6,8
1983	4,8	8,2	0,3	0,5	0,8	3,8	7,6	2,4	6,9	1,8	6,6
1984	4,6	7,9	0,3	0,5	0,9	3,5	7,4	2,4	6,3	1,7	6,4
1985	4,3	7,4	0,4	0,5	0,8	3,4	7,1	2,3	6,2	1,6	6,2
1986	4,2	7,2	0,4	0,4	0,8	3,2	6,8	2,3	6,0	1,5	5,9
1987	4,0	6,8	0,4	0,4	0,8	2,9	6,4	2,2	5,8	1,5	5,8
1988	3,9	6,4	0,4	0,4	0,8	2,7	6,2	2,1	5,5	1,4	5,4
1989	3,6	6,0	0,4	0,4	0,8	2,5	5,8	2,0	5,3	1,3	5,1
1990	3,4	5,6	0,5	0,4	0,7	2,4	5,4	1,9	5,1	1,3	4,7

Quellen: Eigene Berechnungen auf Basis von 1950: Kommission der europäischen Gemeinschaft (1969), Regionale Entwicklung der landwirtschaftlichen Erwerbsbevölkerung, Teil 2 BR Deutschland, Brüssel, S 42.
1957-1990: Statistisches Bundesamt (verschiedene Jahrgänge), Bevölkerungsstruktur und Wirtschaftskraft der Bundesländer: Zusammenfassende Veröffentlichungen, Stuttgart
1951-1956: Fehlende Werte wurden linear interpoliert.

Tabelle 93 Erwerbstätigenanteil im sekundären Sektor der Bundesländer in Prozent, 1950, 1960-90

Jahr	BW	BA	BE	HB	HH	HE	NS	NRW	RP	SA	SH
1950	44,5	36,2	43,1	41,5	37,9	39,3	35,7	57,2	36,2	55,0	34,1
1951											
1952											
1953											
1954											
1955											
1956											
1957	50,0	41,3	46,3	41,0	39,0	45,4	40,8	57,9	41,3	60,1	37,6
1958	51,9	42,0	47,6	41,1	38,3	45,6	42,0	57,3	41,9	60,1	38,0
1959	51,9	43,2	47,5	42,3	40,0	46,4	42,2	56,4	42,4	57,2	38,3
1960	52,9	44,8	47,8	40,1	39,1	47,0	43,0	56,4	45,2	57,3	38,2
1961	53,6	44,4	47,7	38,9	38,7	46,6	43,0	56,2	43,5	56,2	38,4
1962	53,0	45,3	46,0	39,3	38,8	47,0	42,6	57,1	42,9	54,5	39,2
1963	53,3	45,4	44,7	39,5	38,9	47,4	43,2	56,9	43,2	55,0	39,3
1964	53,9	45,5	44,1	42,0	36,7	49,3	42,7	55,8	41,4	53,8	39,8
1965	54,2	45,3	44,0	38,7	38,7	50,0	43,2	55,3	41,5	55,7	39,0
1966	55,1	45,6	45,9	35,9	38,0	50,7	43,3	55,2	43,4	55,2	38,8
1967	53,6	44,4	45,2	37,0	35,8	49,9	41,9	53,8	42,9	54,6	36,9
1968	52,9	44,4	44,4	40,8	36,7	49,4	41,4	54,2	42,1	52,9	38,3
1969	54,5	45,2	44,3	41,5	37,9	49,8	41,5	55,1	43,5	53,6	37,6
1970	52,7	43,0	42,0	38,4	35,4	45,6	41,4	52,8	41,3	49,2	33,5
1971	52,4	43,0	40,8	38,3	34,7	45,3	41,4	52,0	41,5	50,2	33,4
1972	51,6	42,2	39,3	37,1	33,6	44,3	40,5	51,0	41,0	49,8	32,3
1973	51,5	42,0	39,0	37,0	32,9	44,4	40,5	50,2	40,9	48,8	32,2
1974	50,7	41,5	37,8	36,7	31,5	43,2	39,7	49,0	40,4	47,1	31,4
1975	49,0	40,2	35,9	35,4	29,9	41,1	37,8	47,3	38,9	45,8	30,2
1976	48,4	39,9	34,9	34,2	29,1	40,4	37,5	46,4	38,5	45,4	29,9
1977	48,1	40,0	34,4	33,9	29,3	39,9	37,8	46,4	39,5	46,2	30,2
1978	47,7	40,1	33,6	33,0	28,5	39,5	37,3	45,6	39,3	44,7	30,1
1979	47,8	40,1	33,3	33,0	28,3	39,3	37,0	45,1	39,8	44,6	30,2
1980	47,8	40,1	33,2	33,3	28,3	38,9	37,0	44,7	39,7	44,9	30,2
1981	47,4	39,6	32,5	33,0	28,1	38,5	36,4	43,6	39,5	44,3	29,8
1982	46,4	38,9	31,8	32,2	27,4	37,6	35,5	42,8	38,8	43,7	28,8
1983	45,6	38,3	31,1	31,0	26,6	37,1	34,9	41,8	38,1	42,8	28,3
1984	45,3	38,1	30,8	30,1	25,8	36,8	34,3	41,2	38,0	42,3	27,8
1985	45,0	37,9	30,7	29,7	25,1	36,7	33,8	40,6	37,4	41,6	27,1
1986	44,8	37,8	30,7	29,9	24,9	36,5	33,6	40,2	37,1	40,7	27,0
1987	44,2	37,5	30,2	29,7	24,3	35,9	33,2	39,6	36,6	39,8	26,6
1988	43,6	37,2	29,7	29,6	23,7	35,3	32,8	39,2	36,3	39,2	26,3
1989	43,4	37,0	29,3	29,7	23,3	35,0	32,7	38,9	36,1	39,0	26,6
1990	43,2	37,4	28,9	29,4	22,9	34,6	32,9	38,6	35,8	39,0	26,9

Quellen: Eigene Berechnungen auf Basis von 1950: Kommission der europäischen Gemeinschaft (1969), Regionale Entwicklung der landwirtschaftlichen Erwerbsbevölkerung, Teil 2 BR Deutschland, Brüssel, S 42.

1957-1990: Statistisches Bundesamt (verschiedene Jahrgänge), Bevölkerungsstruktur und Wirtschaftskraft der Bundesländer: Zusammenfassende Veröffentlichungen, Stuttgart

Tabelle 94 Erwerbstätigenanteil im tertiären Sektor der Bundesländer in Prozent, 1950, 1960-90

Jahr	BW	BA	BE	HB	HH	HE	NS	NRW	RP	SA	SH
1950	29,4	33,3	54,8	54,9	59,6	37,4	33,9	30,9	27,7	29,9	41,4
1951											
1952											
1953											
1954											
1955											
1956											
1957	31,3	32,5	53,0	56,3	59,1	37,9	36,9	34,5	33,9	34,4	41,8
1958	30,5	32,9	51,8	58,9	60,4	38,7	36,2	35,2	34,4	33,7	42,9
1959	31,2	33,2	52,0	57,7	58,6	38,5	37,1	36,4	35,0	36,6	44,5
1960	31,5	33,6	52,2	59,9	59,3	39,0	37,8	36,9	32,7	38,6	45,9
1961	31,4	34,1	51,7	61,1	59,8	39,4	37,8	37,1	35,4	39,2	44,7
1962	31,9	35,6	54,0	58,8	59,8	40,3	38,5	37,6	36,7	39,2	47,3
1963	32,4	35,7	54,8	58,9	59,7	40,3	38,5	38,0	37,1	39,4	47,3
1964	34,1	35,4	55,3	58,0	61,2	39,8	40,1	38,6	38,4	40,2	48,1
1965	34,3	36,2	55,4	61,3	59,7	40,2	40,1	39,1	38,5	38,4	48,8
1966	33,4	37,2	54,1	64,1	60,5	41,0	41,9	39,6	38,8	39,0	49,7
1967	34,9	38,8	54,8	63,0	62,9	41,9	42,9	41,1	39,4	41,3	50,8
1968	35,8	38,9	55,1	59,2	61,4	42,2	42,9	41,0	40,5	43,3	49,6
1969	35,1	38,8	55,1	58,5	60,2	42,0	43,3	40,2	40,1	43,4	50,6
1970	37,8	42,7	57,8	60,7	63,8	46,5	45,9	43,6	45,9	45,5	54,7
1971	39,0	43,4	59,0	60,9	64,4	47,5	46,5	44,5	46,9	45,1	55,7
1972	40,4	44,8	60,4	62,1	65,5	48,8	48,1	45,6	48,1	45,9	57,4
1973	41,0	45,7	60,8	62,3	66,3	49,0	48,7	46,5	48,8	47,1	58,2
1974	42,1	46,8	61,9	62,7	67,6	50,5	50,1	47,7	49,7	48,9	59,4
1975	44,0	48,3	63,9	63,9	69,1	52,7	52,2	49,7	51,4	50,5	60,8
1976	45,1	49,4	64,9	65,2	70,0	54,0	53,0	50,8	52,5	51,3	61,8
1977	45,8	49,7	65,3	65,5	69,8	54,8	53,2	51,0	52,1	50,9	62,0
1978	46,4	50,1	66,1	66,4	70,6	55,6	53,9	51,9	52,5	52,6	62,1
1979	46,8	50,7	66,4	66,5	70,8	56,2	54,6	52,5	52,8	53,0	62,5
1980	46,9	51,0	66,5	66,3	70,8	56,8	54,8	52,9	53,0	52,9	62,6
1981	47,4	51,8	67,2	66,5	71,1	57,3	55,6	54,0	53,4	53,6	63,4
1982	48,7	52,7	67,9	67,2	71,8	58,5	56,8	54,8	54,3	54,3	64,4
1983	49,6	53,5	68,5	68,5	72,6	59,2	57,5	55,8	55,0	55,4	65,1
1984	50,0	54,0	68,8	69,4	73,4	59,7	58,3	56,5	55,7	56,1	65,8
1985	50,7	54,7	68,9	69,8	74,1	60,0	59,1	57,0	56,4	56,9	66,7
1986	51,0	55,0	68,9	69,8	74,3	60,3	59,5	57,5	56,9	57,8	67,1
1987	51,8	55,7	69,4	69,9	74,9	61,1	60,3	58,2	57,7	58,7	67,6
1988	52,5	56,4	69,9	70,0	75,6	62,0	61,0	58,7	58,2	59,3	68,2
1989	53,0	56,9	70,3	69,9	76,0	62,5	61,4	59,1	58,6	59,6	68,3
1990	53,4	57,0	70,7	70,2	76,4	63,0	61,6	59,5	59,1	59,8	68,3

Quellen: Eigene Berechnungen auf Basis von 1950: Kommission der europäischen Gemeinschaft (1969), Regionale Entwicklung der landwirtschaftlichen Erwerbsbevölkerung, Teil 2 BR Deutschland, Brüssel, S 42.

1957-1990: Statistisches Bundesamt (verschiedene Jahrgänge), Bevölkerungsstruktur und Wirtschaftskraft der Bundesländer: Zusammenfassende Veröffentlichungen, Stuttgart

Tabelle 95 Entwicklung der Arbeitsproduktivität in den drei Sektoren der Bundesländer

	Jahr	BW	BA	BE	HB	HH	HE	NS	NRW	RP	SA	SH
Arbeitsproduktivität in Land- und Forstwirtschaft, Fischerei je 1000 Stunden	1960	4.215	4.526	9.336	43.088	14.021	4.929	6.446	5.619	4.116	5.984	9.163
	1970	5.660	4.412	11.955	4.782	10.655	6.214	8.321	9.798	5.901	7.484	13.369
	1980	7.772	4.212	15.567	15.482	13.497	5.476	12.914	11.542	7.416	6.550	13.130
	1990	14.660	6.476	17.866	15.603	9.264	12.336	18.398	11.564	11.522	18.334	15.509
	Wachstum 1960/90 in %	71,2	30,1	47,7	-176,2	-51,3	60,0	65,0	51,4	64,3	67,4	40,9
Arbeitsproduktivität im warenproduzierenden Gewerbe je 1000 Stunden	1960	13.128	11.887	12.885	18.627	16.989	13.773	13.467	15.197	12.278	15.855	10.812
	1970	21.965	19.924	21.849	30.260	30.791	20.741	20.421	23.404	22.884	18.147	19.662
	1980	29.328	23.786	30.410	46.563	39.430	26.412	24.946	28.727	25.347	26.905	22.895
	1990	35.859	30.334	36.101	55.293	48.142	34.269	29.590	34.920	31.860	35.483	31.132
	Wachstum 1960/90 in %	63,4	60,8	64,3	66,3	64,7	59,8	54,5	56,5	61,5	55,3	65,3
Arbeitsproduktivität im Dienstleistungsbereich je 1000 Stunden	1960	13.756	12.476	11.199	15.396	17.340	15.360	12.144	13.478	12.491	13.731	10.710
	1970	23.924	21.630	20.049	28.180	33.250	26.269	20.021	24.977	20.080	22.624	20.512
	1980	31.206	31.873	32.127	36.829	46.644	39.040	26.973	33.312	27.319	32.666	25.923
	1990	39.242	40.403	36.771	34.333	48.283	49.841	35.798	37.701	38.558	33.939	35.838
	Wachstum 1960/90 in %	64,9	69,1	69,5	55,2	64,1	69,2	66,1	64,3	67,6	59,5	70,1
Arbeitsproduktivität in allen Wirtschaftsbereichen je 1000 Stunden	1960	11.768	10.421	11.772	16.798	16.906	12.996	11.558	13.671	10.450	14.345	10.516
	1970	20.684	17.906	20.289	27.946	31.270	21.574	18.357	22.962	19.084	19.306	19.237
	1980	28.684	25.065	30.811	39.250	43.043	31.354	24.857	30.071	24.846	28.836	23.794
	1990	36.488	33.434	35.681	38.810	46.619	42.053	32.121	35.421	33.732	33.920	32.842
	Wachstum 1960/90 in %	67,7	68,8	67,0	56,7	63,7	69,1	64,0	61,4	69,0	57,7	68,0

Quelle: Eigene Berechnungen auf Basis von Tabelle 96, Tabelle 97 und Tabelle 98.

Tabelle 96 Arbeitsproduktivität im primären Sektor je 1000 Stunden in den Bundesländern, 1960-90

Jahr	BW	BA	BE	HB	HH	HE	NS	NRW	RP	SA	SH
1960	4.215	4.526	9.336	43.088	14.021	4.929	6.446	5.619	4.116	5.984	9.163
1961	3.755	4.109	7.593	40.282	14.367	4.062	5.747	4.844	3.766	5.907	8.256
1962	3.995	5.033	8.583	25.818	11.191	4.403	6.121	6.139	3.870	4.026	11.638
1963	4.499	5.290	7.149	32.849	12.312	4.967	6.612	6.697	4.093	5.458	12.302
1964	4.725	4.608	6.919	38.374	9.400	4.493	6.623	5.855	3.276	3.862	12.735
1965	4.932	4.510	6.712	43.148	12.401	5.432	7.329	6.248	4.164	4.449	11.437
1966	5.049	4.844	7.294	54.708	14.659	6.135	7.839	6.293	4.339	4.179	12.710
1967	6.072	6.050	8.936	56.301	21.143	7.146	8.838	7.765	4.944	7.805	15.038
1968	5.290	5.684	7.706	37.381	12.384	6.278	8.038	8.034	4.490	7.767	14.545
1969	5.287	5.604	6.763	31.955	10.807	5.809	8.117	7.123	4.901	8.675	13.542
1970	5.660	4.412	11.955	4.782	10.655	6.214	8.321	9.798	5.901	7.484	13.369
1971	5.874	4.221	11.796	2.846	14.106	6.352	8.348	10.274	7.225	7.115	11.888
1972	6.708	5.492	12.312	2.205	35.430	6.288	10.766	11.959	7.530	7.952	16.543
1973	7.852	5.386	11.972	3.873	25.469	6.249	11.908	11.566	6.908	6.914	18.432
1974	6.873	4.647	12.341	4.936	23.131	6.455	11.411	11.029	6.721	6.779	19.918
1975	7.189	4.817	12.653	4.421	33.538	7.853	12.994	11.605	8.758	7.114	19.929
1976	8.163	5.503	13.044	16.415	20.388	7.308	15.726	13.851	9.986	8.500	17.734
1977	8.484	5.836	14.735	9.725	16.916	7.010	16.254	13.676	11.388	9.178	19.194
1978	8.320	5.134	13.905	12.360	16.783	7.103	14.610	13.557	9.831	8.024	15.618
1979	8.382	4.848	15.021	13.054	14.365	7.173	14.440	12.597	9.421	8.136	13.822
1980	7.772	4.212	15.567	15.482	13.497	5.476	12.914	11.542	7.416	6.550	13.130
1981	8.445	3.949	15.199	16.641	12.192	5.254	13.865	11.898	9.108	6.920	11.789
1982	9.513	5.025	16.228	18.031	12.282	6.881	14.304	13.441	11.131	9.972	14.302
1983	6.645	4.021	16.892	12.082	10.541	4.488	12.334	7.923	5.444	6.354	12.063
1984	7.060	4.258	16.911	12.416	10.037	6.210	14.112	8.932	9.777	11.773	11.809
1985	6.315	4.137	12.903	7.820	9.373	8.527	13.334	9.724	10.399	11.416	14.236
1986	8.395	4.856	13.031	10.650	9.763	7.954	15.008	10.565	8.377	13.261	16.404
1987	9.178	4.219	14.334	11.662	10.496	6.167	12.980	9.079	6.621	9.648	13.175
1988	10.416	5.889	16.257	14.368	11.751	9.462	13.028	10.174	8.606	14.061	17.170
1989	14.230	6.351	15.446	15.248	10.099	11.012	16.908	11.864	11.228	9.703	17.700
1990	14.660	6.476	17.866	15.603	9.264	12.336	18.398	11.564	11.522	18.334	15.509

Quellen: Eigene Berechnungen auf Basis von Statistisches Bundesamt (verschiedene Jahrgänge), Bevölkerungsstruktur und Wirtschaftskraft der Bundesländer: Zusammenfassende Veröffentlichungen, Stuttgart. Sowie Volkswirtschaftliche Gesamtrechnung der Länder (verschiedene Jahrgänge), Entstehung, Verteilung und Verwendung des Sozialprodukts in den Ländern der Bundesrepublik Deutschland, Stuttgart.

Quelle Arbeitszeit Wirtschaftsbereiche: Fritz, Wolfgang (2001), Historie der amtlichen Statistiken der Erwerbstätigkeit in Deutschland. Ein fragmentarischer Abriss: Darstellung, Quellen, Daten, Definitionen, Chronik. Historical Social Research, HSR - Supplement No.13. Köln: Zentralarchiv für Empirische Sozialforschung. Erwerbstätigkeitsstatistik in der Bundesrepublik Deutschland. Ausgewählte Daten von 1950 bis 2000.

Tabelle 97 Arbeitsproduktivität im sekundären Sektor je 1000 Stunden in den Bundesländern, 1960-90

Jahr	BW	BA	BE	HB	HH	HE	NS	NRW	RP	SA	SH
1960	14.525	13.152	14.255	20.609	18.796	15.238	14.899	16.814	13.584	17.541	11.962
1961	15.656	14.141	14.646	20.792	20.460	16.392	15.282	17.156	14.217	18.399	12.767
1962	16.739	14.863	15.609	21.448	20.127	17.498	17.183	17.474	15.405	18.760	14.498
1963	16.688	15.172	15.934	22.079	19.702	17.100	17.042	17.243	15.698	18.320	14.290
1964	18.663	16.533	17.720	22.006	22.812	18.071	19.563	19.081	18.358	18.879	14.960
1965	19.983	17.542	18.454	26.394	22.137	18.698	19.591	20.064	19.655	17.834	16.289
1966	19.892	17.954	18.137	27.103	23.051	18.711	19.190	20.107	19.527	16.684	17.052
1967	21.135	17.888	17.731	26.784	24.993	18.967	18.940	21.176	20.498	16.997	18.091
1968	22.592	20.109	21.136	26.135	23.590	19.922	21.143	23.384	21.942	18.670	19.110
1969	23.570	20.571	23.172	25.819	23.781	21.298	22.103	23.514	23.745	19.203	19.671
1970	24.301	22.044	24.174	33.480	34.067	22.948	22.594	25.894	25.319	20.078	21.754
1971	24.600	22.584	23.940	29.814	34.338	23.085	22.147	25.758	24.519	21.193	22.427
1972	25.592	22.582	23.404	36.009	35.720	23.890	21.821	26.133	25.534	22.203	22.296
1973	26.829	22.970	24.429	41.075	39.518	24.772	23.375	27.507	26.551	23.572	24.022
1974	27.295	22.552	26.538	39.939	38.660	24.936	22.746	28.759	26.394	24.915	24.812
1975	27.690	23.898	27.966	41.136	37.956	26.115	23.283	28.277	25.549	26.961	26.820
1976	30.898	25.437	29.972	44.399	41.511	28.557	26.229	30.108	28.401	26.781	26.230
1977	31.893	25.662	33.011	45.553	43.961	28.365	26.522	29.698	29.031	26.696	26.189
1978	32.670	26.867	33.434	44.940	43.822	29.337	27.724	30.950	28.686	28.335	27.325
1979	33.523	27.891	34.932	46.601	49.971	29.723	28.210	32.909	29.818	29.860	28.145
1980	32.448	26.317	33.645	51.516	43.625	29.221	27.600	31.783	28.043	29.768	25.330
1981	32.180	26.713	32.993	49.163	44.064	28.425	27.246	31.133	27.863	32.045	24.858
1982	32.213	27.043	33.248	51.277	41.199	28.543	26.808	31.389	28.360	30.641	25.081
1983	34.234	28.717	39.208	50.200	45.557	32.946	28.609	33.590	31.472	35.203	26.009
1984	34.650	29.880	43.123	62.529	52.749	34.503	31.232	34.280	32.069	36.531	29.168
1985	36.941	30.170	42.390	52.871	54.697	34.107	31.876	35.216	32.297	36.734	27.985
1986	39.741	30.529	42.524	50.274	55.550	34.465	31.472	36.117	33.014	35.726	30.412
1987	40.177	32.813	37.830	58.277	49.928	35.368	31.560	36.135	32.743	36.409	32.163
1988	38.630	32.571	37.668	56.837	48.764	38.017	31.780	37.160	34.459	36.959	32.352
1989	40.046	33.238	39.000	55.797	46.434	37.876	32.064	38.476	34.306	38.274	31.075
1990	39.674	33.561	39.942	61.175	53.264	37.915	32.738	38.635	35.250	39.258	34.444

Quelle: Vgl. Tabelle 96

Tabelle 98 Arbeitsproduktivität im tertiären Sektor je 1000 Stunden in den Bundesländern, 1960-90

Jahr	BW	BA	BE	HB	HH	HE	NS	NRW	RP	SA	SH
1960	15.219	13.804	12.390	17.034	19.185	16.994	13.436	14.911	13.820	15.192	11.849
1961	16.140	14.475	13.276	18.091	20.526	17.602	15.007	15.411	13.298	15.896	13.131
1962	17.112	15.163	13.951	20.295	20.770	17.914	15.015	16.159	13.469	16.930	13.324
1963	17.358	15.835	14.366	20.915	21.095	18.106	15.574	16.728	14.274	17.585	13.999
1964	17.717	16.831	15.269	22.276	22.660	19.284	16.557	17.596	14.696	17.671	15.226
1965	18.881	17.635	15.879	21.720	24.712	20.755	17.728	18.499	15.840	19.850	15.428
1966	20.393	18.334	17.485	21.022	26.469	21.681	17.923	19.428	17.035	20.603	16.416
1967	20.717	18.569	18.358	21.508	27.138	22.362	18.025	20.314	17.572	21.637	17.318
1968	21.301	19.322	19.428	24.730	30.608	24.219	19.082	21.730	17.662	22.351	18.382
1969	22.645	20.207	20.540	26.248	32.187	27.491	19.793	23.014	18.953	22.944	19.239
1970	26.469	23.931	22.182	31.178	36.788	29.063	22.151	27.634	22.216	25.031	22.694
1971	27.797	25.385	24.509	31.948	37.654	30.423	23.672	28.907	23.892	26.155	23.650
1972	28.904	21.108	25.547	29.806	37.029	31.361	23.328	28.591	22.457	28.005	22.907
1973	29.802	27.680	28.084	31.703	38.747	33.460	24.617	30.730	24.236	29.080	23.514
1974	31.043	29.039	29.567	33.886	42.693	35.481	25.804	32.448	25.592	29.737	25.455
1975	33.436	30.706	32.335	36.615	45.582	36.816	26.625	34.331	27.115	31.083	26.160
1976	33.311	31.085	33.754	35.510	46.490	38.805	27.629	34.865	27.100	33.365	27.563
1977	34.331	32.650	33.579	37.407	48.176	41.569	28.865	36.880	28.511	34.524	29.162
1978	34.334	34.164	30.570	38.898	48.421	41.660	28.785	36.435	29.245	34.980	28.199
1979	35.745	34.911	33.574	41.013	51.031	43.343	29.668	37.154	29.544	37.708	28.366
1980	34.526	35.264	35.545	40.747	51.607	43.193	29.842	36.855	30.225	36.141	28.681
1981	36.545	36.433	37.500	43.234	51.872	43.318	30.396	37.877	31.138	37.503	27.770
1982	34.921	36.121	39.063	42.616	52.071	43.109	30.276	37.022	30.805	36.240	27.612
1983	36.513	39.049	38.413	48.849	56.392	42.589	31.774	39.007	32.270	37.281	28.607
1984	36.501	38.112	38.402	47.638	55.704	43.415	31.497	38.137	31.965	37.538	27.862
1985	36.709	37.449	36.830	48.914	58.887	44.925	32.751	38.642	32.437	35.819	28.253
1986	34.880	37.213	36.304	45.238	54.930	44.722	32.708	37.933	33.279	35.239	28.082
1987	36.685	37.909	34.684	46.656	55.100	45.988	33.507	38.638	32.957	35.471	29.581
1988	40.291	39.780	35.019	48.309	59.680	46.824	34.911	40.157	33.392	36.738	31.079
1989	41.059	40.456	35.273	50.475	63.048	50.002	34.681	40.734	33.606	37.476	31.237
1990	43.416	44.701	40.682	37.985	53.419	55.143	39.606	41.712	42.660	37.549	39.651

Quelle: Vgl. Tabelle 96

Tabelle 99 Partieller Struktureffekt zwischen 1950 und t der Bundesländer, 1960-90

Jahr	BW	BA	BE	HB	HH	HE	NS	NRW	RP	SA	SH
1960	982	792	-106	-871	-204	886	954	181	1.330	789	406
1961	1.061	800	-265	-1.020	-473	883	978	78	1.372	629	418
1962	1.128	1.041	-307	-558	-439	1.082	1.117	180	1.515	657	377
1963	1.213	1.102	-246	-626	-354	1.121	1.167	248	1.655	761	354
1964	1.528	1.209	-370	-888	-549	1.312	1.392	141	1.762	719	407
1965	1.765	1.401	-311	-1.118	-449	1.489	1.491	208	1.907	949	597
1966	1.807	1.597	-313	-1.704	-437	1.628	1.603	318	2.310	1.101	620
1967	1.661	1.321	-297	-1.602	-391	1.475	1.137	205	2.141	1.095	81
1968	2.112	1.809	-299	-771	-358	1.872	1.697	367	2.506	1.315	657
1969	2.445	2.012	-268	-563	-415	2.237	1.872	600	2.924	1.383	859
1970	2.811	2.516	-378	-264	-506	2.533	2.205	811	3.665	1.718	1.195
1971	3.010	2.748	-385	-214	-531	2.791	2.444	967	3.797	1.967	1.491
1972	3.517	2.908	-143	-228	-422	3.244	2.440	1.150	3.815	2.385	1.149
1973	3.566	3.421	-128	-351	-398	3.459	2.502	1.378	4.296	2.629	959
1974	4.004	3.590	-120	-205	-195	3.846	2.763	1.546	4.885	2.718	1.009
1975	4.080	3.751	-138	-318	-387	4.120	2.698	1.699	4.817	2.767	1.096
1976	4.329	4.103	-156	-918	-301	4.507	2.545	1.636	4.678	2.960	1.644
1977	4.566	4.490	-310	-557	-259	4.751	2.689	2.030	4.790	3.197	1.647
1978	4.687	4.756	-754	-495	-270	5.008	3.007	1.874	5.306	3.304	2.025
1979	5.089	5.130	-582	-434	-557	5.433	3.273	2.035	5.603	3.697	2.338
1980	5.117	5.177	-218	-881	-7	5.775	3.606	2.233	6.288	3.749	2.597
1981	5.371	5.452	-28	-441	17	5.895	3.571	2.484	6.012	3.901	2.666
1982	4.941	5.563	66	-877	369	6.006	3.478	2.323	5.552	3.502	2.316
1983	5.420	5.754	-782	-446	55	6.354	4.042	2.562	7.416	3.666	2.671
1984	5.404	6.084	-1.137	-2.031	-360	6.632	3.831	2.338	6.336	2.941	2.586
1985	5.829	6.436	-1.225	-454	-266	6.618	4.271	2.347	6.278	2.652	2.416
1986	5.352	6.466	-1.161	-312	-582	6.809	4.008	2.198	7.231	2.537	1.980
1987	5.801	7.049	-579	-960	465	7.542	4.684	2.591	7.798	3.095	2.840
1988	6.175	7.110	-573	-630	1.037	7.347	4.989	2.703	7.456	2.735	2.525
1989	5.733	7.239	-835	-394	1.427	7.615	4.196	2.466	6.746	3.274	2.488
1990	6.124	7.981	-407	-3.864	-678	8.129	4.832	2.709	8.583	1.977	4.375

Quelle: Eigene Berechnungen auf Basis von Tabelle 34 im Textteil sowie Tabelle 96, Tabelle 97 und Tabelle 98.

Tabelle 100 Arbeitsproduktivität der gesamten Wirtschaft je 1000 Stunden in den Bundesländer, 1960-90

Jahr	BW	BA	BE	HB	HH	HE	NS	NRW	RP	SA	SH
1960	13.020	11.529	13.024	18.585	18.705	14.379	12.787	15.125	11.561	15.871	11.635
1961	13.753	11.992	13.483	18.991	19.874	14.855	13.268	15.281	11.562	16.381	12.231
1962	14.650	13.005	14.246	20.414	19.848	15.684	14.203	15.951	12.220	16.637	13.689
1963	14.916	13.481	14.643	21.202	19.993	15.770	14.541	16.129	12.769	16.907	14.037
1964	16.275	14.204	15.780	21.856	21.836	16.672	16.003	17.246	13.661	16.962	14.932
1965	17.496	14.999	16.485	23.313	22.979	17.866	16.722	18.205	14.913	17.356	15.340
1966	17.972	15.679	17.239	23.054	24.441	18.519	16.913	18.631	15.664	17.061	16.345
1967	18.742	15.825	17.593	23.348	25.784	18.957	16.696	19.582	16.213	18.076	17.104
1968	19.809	17.256	19.619	24.998	27.135	20.222	18.157	21.483	16.962	19.423	18.348
1969	20.971	17.897	21.116	25.713	28.051	22.242	18.940	22.080	18.539	20.098	18.850
1970	22.884	19.810	22.448	30.919	34.597	23.869	20.309	25.405	21.115	21.360	21.284
1971	23.663	20.664	23.611	29.801	35.278	24.722	20.913	25.933	21.900	22.504	21.842
1972	25.154	19.787	24.203	31.159	36.071	25.828	21.411	26.435	21.997	24.155	22.289
1973	26.316	22.596	26.043	34.240	38.309	27.164	22.812	28.067	23.115	25.319	23.401
1974	27.071	22.841	27.780	35.151	40.481	28.420	23.101	29.421	23.955	26.322	24.888
1975	28.109	24.096	29.901	37.014	42.003	29.982	23.986	29.948	24.738	27.949	25.955
1976	30.002	25.341	31.533	37.593	43.649	31.945	26.056	31.370	26.071	28.933	26.344
1977	31.066	26.431	32.628	39.234	45.538	33.078	26.883	32.130	27.307	29.570	27.353
1978	31.491	27.424	30.700	39.955	45.617	33.774	27.104	32.542	27.340	30.542	26.844
1979	32.703	28.331	33.188	41.892	49.155	34.996	27.791	33.937	27.982	32.606	27.065
1980	31.735	27.731	34.089	43.425	47.622	34.690	27.501	33.270	27.489	31.903	26.325
1981	32.640	28.459	35.061	44.295	47.938	34.491	27.817	33.506	28.012	33.770	25.528
1982	32.025	28.913	36.143	44.448	47.325	34.949	27.660	33.411	28.369	32.675	25.804
1983	33.123	30.379	37.522	47.640	51.194	36.276	28.777	34.873	29.713	35.122	26.339
1984	33.397	30.891	38.848	50.519	53.083	37.875	29.948	34.896	30.329	36.012	26.961
1985	34.709	31.090	37.499	48.623	55.795	38.810	30.807	35.694	30.709	35.266	27.143
1986	35.483	31.390	37.335	45.770	53.454	38.933	30.894	35.944	31.424	34.698	27.996
1987	36.861	32.838	35.033	49.259	52.489	40.078	31.256	36.389	31.171	35.163	29.283
1988	37.930	33.944	35.193	49.996	55.381	42.005	32.130	37.689	32.287	36.142	30.630
1989	39.339	34.680	35.628	51.022	56.855	43.767	32.540	38.588	32.527	36.976	30.354
1990	40.370	36.990	39.476	42.939	51.579	46.527	35.539	39.190	37.320	37.528	36.336

Quelle: Vgl. Tabelle 96

Tabelle 101 Anteil des Struktureffekts am Wachstum der gesamtwirtschaftlichen Arbeitsproduktivität der Bundesländer in Prozent, 1960-90

Jahr	BW	BA	BE	HB	HH	HE	NS	NRW	RP	SA	SH
1960	14,7	11,6	1,5	-12,0	0,1	11,6	10,9	5,3	18,9	15,2	0,7
1961	16,2	12,8	1,8	-10,8	0,2	13,3	12,2	6,1	21,0	13,7	2,9
1962	15,1	12,8	1,2	-2,7	0,8	14,0	11,7	6,4	20,6	15,1	-3,2
1963	15,1	12,7	1,4	-4,3	0,6	13,6	11,6	6,5	21,0	14,6	-3,3
1964	16,6	13,8	1,3	-6,5	0,5	15,2	12,1	6,1	21,5	16,2	-4,2
1965	16,9	15,0	1,4	-8,0	0,4	14,4	11,6	5,9	19,3	17,5	0,3
1966	16,2	15,3	1,3	-14,9	0,5	14,1	11,3	6,6	21,3	20,3	-1,5
1967	17,0	16,0	1,2	-9,9	1,0	15,3	13,0	7,0	22,7	19,4	1,2
1968	16,6	14,9	1,4	-4,4	1,3	14,5	11,5	5,4	21,0	16,0	-1,2
1969	17,4	15,7	1,5	-2,5	0,7	15,3	12,0	6,8	21,3	14,8	1,1
1970	17,6	18,4	0,6	2,2	1,1	15,7	13,3	6,3	22,0	16,9	3,9
1971	17,8	19,1	0,9	2,8	1,1	16,3	13,9	6,9	20,3	17,7	6,2
1972	18,1	19,6	1,0	1,4	-0,7	17,2	11,0	6,3	19,6	17,6	0,2
1973	17,0	19,9	1,3	0,8	0,1	17,4	10,1	7,3	21,9	18,5	-1,6
1974	19,1	21,2	1,5	1,7	1,3	18,3	11,6	8,0	24,3	18,4	-2,4
1975	18,5	20,8	2,0	1,9	0,8	18,0	8,8	8,6	21,0	17,4	-2,7
1976	17,5	20,8	1,9	-1,4	1,7	18,4	5,3	7,0	17,9	16,7	1,7
1977	17,6	21,6	0,8	0,1	1,7	18,8	6,3	8,5	17,1	17,1	1,7
1978	17,9	22,3	-0,9	0,7	2,0	19,3	8,3	7,9	20,1	17,4	5,0
1979	18,6	23,3	-0,1	0,7	1,1	20,1	9,6	8,1	21,3	17,5	7,7
1980	19,5	24,4	1,2	-1,0	2,6	22,0	12,2	9,2	26,2	18,5	9,6
1981	19,5	25,1	2,0	0,3	2,7	22,7	11,1	9,9	23,1	17,5	11,0
1982	17,4	24,3	2,2	-1,3	3,8	22,0	10,1	8,7	19,0	15,3	7,1
1983	20,3	24,8	-0,1	1,5	3,8	23,7	13,4	11,0	29,9	16,2	10,3
1984	20,0	25,3	-1,3	-2,7	2,1	22,6	10,3	10,3	21,4	11,6	9,2
1985	20,6	26,4	-1,9	1,3	2,3	20,9	12,1	9,3	20,1	10,1	6,4
1986	17,1	25,6	-2,4	0,8	0,8	21,4	10,4	7,9	24,9	8,9	3,2
1987	17,8	26,7	-0,8	-1,3	3,1	23,5	14,5	9,6	28,8	12,2	9,0
1988	17,7	25,0	-0,9	-0,5	4,5	20,5	14,8	9,2	24,7	8,8	4,7
1989	13,9	24,6	-1,6	0,4	5,9	19,9	8,8	7,7	19,9	11,7	4,0
1990	14,3	25,3	0,2	-12,3	0,6	19,6	9,5	8,1	22,7	3,5	11,2

Quelle: Eigene Berechnungen auf Basis von Tabelle 99 und Tabelle 100.

Tabelle 102 Saldo der Binnenwanderung je 1000 Einwohner, 1950-90

Jahr	BW	BA	BE	HB	HH	HE	NS	NRW	RP	SA	SH
1950	11,9	-9,3		27,7	25,8	3,1	-22,0	9,7	30,5	2,7	-47,3
1951	9,3	-8,3		21,8	15,3	2,6	-21,0	13,5	6,4	2,1	-36,1
1952	10,3	-7,5		15,7	12,7	2,0	-18,5	11,0	5,1		-32,4
1953	9,6	-8,4		18,1	6,7	1,3	-16,3	13,0	2,5		-40,1
1954	8,2	-7,1		16,3	9,5	1,7	-14,4	8,5	0,6	0,8	-22,7
1955	6,7	-5,6		16,9	9,3	2,1	-13,2	6,9	-1,9	-0,2	-17,1
1956	4,9	-4,0		20,4	8,1	1,5	-11,6	4,7	-1,8	0,6	-4,4
1957	3,3	-2,8		17,3	4,9	1,4	-9,8	3,3	-0,9	-1,9	-3,1
1958	2,9	-1,5		7,8	3,0	0,9	-7,5	2,7	-2,2	-1,3	-2,6
1959	2,8	-0,5		13,6	2,8	2,0	-5,6	0,5	-4,5	4,2	-0,2
1960	2,0	0,4		10,2	0,2	3,4	-4,4	-0,9	-2,5	3,2	1,5
1961	1,7	1,1		4,0	-2,1	3,7	-3,6	-1,1	-1,3	0,7	1,9
1962	1,6	1,8		0,1	-2,3	3,7	-2,7	-1,8	0,2	-0,7	1,4
1963	1,8	1,3		1,4	-1,9	3,5	-2,7	-1,2	0,4	-1,5	2,2
1964	1,5	0,9		2,6	-5,1	4,2	-1,8	-1,8	-0,4	-0,7	3,7
1965	1,2	0,9	-0,5	4,0	-7,5	4,1	-1,3	-1,9	0,2	-1,8	5,6
1966	0,9	2,1	-3,2	1,9	-6,7	4,4	-1,3	-2,3	0,7	-2,5	5,9
1967	2,2	2,1	-4,2	0,0	-6,1	3,6	-1,0	-2,3	-0,2	-4,0	5,4
1968	2,0	2,2	-7,2	-2,2	-6,3	4,3	-1,0	-1,8	-0,6	-6,8	5,7
1969	1,3	1,7	-5,5	-4,3	-7,0	2,8	-0,2	-1,2	-0,1	-6,7	5,2
1970	-0,2	1,8	-10,1	-4,9	-7,5	3,4	0,9	-0,5	-0,2	-4,7	5,1
1971	-0,2	2,1	-15,7	-1,2	-9,9	2,1	2,1	-0,6	-0,1	-3,8	7,6
1972	1,1	2,1	-8,1	-7,3	-10,3	2,9	1,5	-1,5	-0,4	-5,1	5,6
1973	0,7	1,5	-4,4	-8,9	-11,1	2,9	2,2	-1,3	-0,4	-6,4	5,0
1974	0,4	1,6	-6,4	-4,8	-5,8	1,7	1,9	0,9	-1,4	-5,7	3,7
1975	-0,6	1,6	-7,2	-3,3	-2,9	1,9	1,1	-0,5	-1,2	-3,1	3,4
1976	-0,3	1,7	-7,4	-3,2	-3,9	2,0	1,0	-0,5	-1,3	-3,6	3,2
1977	0,3	1,9	-5,8	-4,2	-5,5	2,1	1,3	-1,3	-1,1	-6,0	4,6
1978	0,4	2,2	-4,1	-4,3	-6,1	2,4	0,9	-1,5	-1,0	-5,8	4,0
1979	0,9	2,1	-3,9	-3,9	-6,4	1,6	0,7	-1,8	-0,2	-3,9	4,4
1980	1,1	2,1	-7,1	-4,4	-6,8	1,3	1,6	-1,9	0,6	-3,4	4,2
1981	1,0	1,9	-4,7	-3,4	-5,1	0,9	1,5	-2,0	0,3	-3,6	4,1
1982	0,6	2,0	-4,1	-3,3	-2,2	1,3	0,9	-1,7	0,8	-3,5	2,8
1983	-0,3	2,6	0,6	-6,4	-2,4	-1,8	1,9	-2,1	2,7	-1,6	3,4
1984	2,3	1,9	3,0	-6,1	-2,4	-1,5	-0,4	-2,0	-0,2	-0,5	4,2
1985	2,2	1,9	6,9	-6,3	-4,0	-0,4	-1,4	-1,3	-1,9	-4,1	2,6
1986	1,9	2,5	6,8	-8,0	-4,4	0,8	-0,7	-1,7	-1,9	-4,3	0,7
1987	1,8	2,3	8,1	-3,8	-3,3	1,3	-1,5	-2,0	-2,2	-3,2	1,1
1988	1,2	2,3	6,7	-3,5	-0,3	1,0	-2,4	-2,1	0,1	-3,8	1,4
1989	3,2	2,6	2,8	3,2	1,6	2,6	-14,9	0,1	3,0	1,1	3,5
1990	3,6	2,8	1,4	-0,7	1,2	2,6	-14,7	1,9	5,3	-0,4	-11,3

Quelle: Eigene Berechnungen auf Basis von Statistisches Bundesamt (verschiedene Jahrgänge), Bevölkerungsstruktur und Wirtschaftskraft der Bundesländer: Zusammenfassende Veröffentlichungen, Stuttgart.

Tabelle 103 Beschäftigte ausländische Arbeitnehmer je 1000 Erwerbstätiger der Bundesländer, 1959-90

Jahr	BW	BA	BE	HB	HH	HE	NS	NRW	RP	SA	SH
1959	8,71	4,14	3,58	4,18	6,11	4,78	3,22	9,41	2,58	25,88	2,66
1960	20,31	8,10	3,12	6,35	9,06	11,22	4,32	12,06	5,39	28,96	3,05
1961	35,44	14,64	3,83	6,65	11,80	21,64	7,32	23,52	10,27	38,07	5,29
1962	45,46	21,13	5,58	10,18	15,29	29,31	13,02	34,03	13,46	50,14	8,81
1963	51,23	24,81	7,73	12,22	17,10	36,41	17,07	38,73	17,25	49,24	10,32
1964	62,08	30,01	8,82	14,50	19,21	46,07	20,83	44,51	21,02	47,63	12,21
1965	76,60	36,95	12,60	17,19	23,70	55,81	25,42	54,59	25,64	52,48	15,23
1966	83,20	40,83	18,19	22,02	28,36	62,03	26,77	57,17	28,17	51,37	17,61
1967	65,60	31,46	17,48	17,68	25,99	49,60	17,62	44,35	22,26	35,94	14,36
1968	74,63	34,49	23,80	19,14	27,98	53,59	20,40	47,41	23,51	37,09	14,74
1969	98,94	48,54	41,81	25,32	41,41	72,77	28,05	62,51	31,86	42,29	19,89
1970	121,09	65,59	66,27	36,58	50,48	92,21	38,88	78,38	40,99	51,78	27,36
1971	130,54	76,27	80,40	49,49	66,49	107,75	46,86	88,66	48,32	64,14	33,53
1972	135,19	80,45	88,25	52,79	64,82	110,65	46,61	93,51	52,13	68,30	37,14
1973											
1974	129,81	75,65	100,11	62,94	67,54	102,16	47,83	89,96	51,69	66,31	34,56
1975	117,24	67,48	96,48	60,14	65,87	93,38	40,88	84,21	47,39	60,61	32,12
1976	110,41	63,96	94,99	55,32	64,24	88,94	39,92	79,33	41,89	54,55	30,89
1977	109,38	62,32	94,79	52,56	65,55	86,77	38,48	75,03	42,54	52,40	29,81
1978	107,03	62,11	94,83	50,86	66,49	87,24	37,84	73,38	41,82	50,97	29,29
1979	108,82	64,11	98,76	51,38	68,38	90,04	39,35	74,42	43,45	54,46	30,61
1980	110,13	65,31	103,61	52,70	70,08	88,79	40,86	75,32	46,39	57,64	32,82
1981											
1982	96,73	59,27	98,61	46,93	65,28	77,41	34,56	68,05	40,10	49,37	28,09
1983	92,77	57,20	98,16	44,40	62,43	76,16	32,87	65,67	39,05	48,04	26,96
1984	86,93	53,57	95,28	39,64	57,42	72,10	30,08	60,32	36,26	45,64	24,45
1985	84,10	52,44	95,22	38,62	55,46	70,05	28,95	58,52	35,36	43,93	23,32
1986	83,03	52,60	95,94	38,06	55,21	69,36	28,53	57,33	34,83	41,99	22,91
1987	81,68	52,70	95,49	37,39	54,60	69,63	28,34	56,78	34,57	40,83	22,46
1988	82,16	54,08	97,83	39,25	55,64	70,41	28,36	57,41	35,07	40,58	22,83
1989	83,74	55,70	98,59	40,54	55,58	72,03	29,77	58,95	36,57	43,05	23,68
1990	85,10	57,06	97,76	43,36	58,79	74,55	31,07	61,09	38,41	44,15	25,22

Quelle: Eigene Berechnungen auf Basis von Statistisches Bundesamt (verschiedene Jahrgänge), Bevölkerungsstruktur und Wirtschaftskraft der Bundesländer: Zusammenfassende Veröffentlichungen, Stuttgart.

Tabelle 104 Exportquote der Bundesländer in Prozent (Export Spezialhandel in Mio. DM bezogen auf das BIP in Mio. DM), 1950-90

Jahr	BW	BA	BE	HB	HH	HE	NS	NRW	RP	SA	SH
1950	7,3	4,6	2,5	6,5	5,3	7,7	5,2	13,5	8,5		2,2
1951	11,1	7,3	5,0	8,2	8,5	12,0	8,2	17,5	11,8		5,2
1952	12,0	7,8	6,5	8,6	9,8	12,1	8,6	16,9	10,1		6,2
1953	12,7	8,3	6,8	10,0	10,5	13,1	8,8	15,9	11,2		7,0
1954	14,6	9,1	7,2	15,5	10,7	15,0	10,2	16,8	12,2		9,0
1955	15,4	9,6	7,7	15,9	11,7	14,2	11,8	16,2	12,9		9,3
1956	16,6	10,0	8,5	17,8	12,1	15,3	13,2	17,6	13,9		10,3
1957	17,6	10,8	9,3	19,4	11,2	16,2	13,9	19,3	15,7		10,1
1958	17,0	10,5	9,8	19,2	11,3	16,6	14,0	18,0	15,1		9,6
1959	17,5	10,5	10,7	18,8	12,7	16,4	14,7	17,8	15,1	16,0	10,1
1960	17,2	10,5	10,2	19,6	13,6	16,4	14,9	18,0	13,7	33,9	11,7
1961	17,4	10,3	10,7	15,0	10,6	15,7	15,2	17,8	13,2	31,3	9,4
1962	16,7	10,2	9,5	10,2	10,8	14,7	14,6	17,2	12,6	29,6	7,5
1963	17,1	10,6	9,1	13,2	11,0	15,4	15,8	17,8	12,7	28,6	8,4
1964	17,7	10,9	9,3	14,3	10,2	15,6	16,0	17,8	13,4	27,5	7,9
1965	17,4	11,2	9,7	12,5	11,6	15,9	16,3	17,9	13,2	26,2	8,5
1966	18,9	12,0	10,2	12,3	11,3	17,1	16,4	18,9	15,3	26,4	9,5
1967	19,9	13,3	10,8	12,9	11,1	17,9	17,3	20,4	17,8	26,9	8,7
1968	21,1	14,1	9,8	15,5	11,6	18,9	20,4	21,0	18,9	27,3	10,0
1969	21,6	14,7	9,6	15,2	12,0	18,3	19,8	21,7	19,4	27,4	10,4
1970	20,7	13,9	9,1	14,3	11,3	17,6	18,0	19,9	17,6	25,7	8,6
1971	19,5	13,5	8,7	18,9	10,7	16,3	18,0	19,5	17,7	25,1	9,1
1972	19,6	13,8	9,3	19,2	10,7	16,2	16,9	19,4	18,8	24,6	9,7
1973	20,4	15,0	9,6	21,3	12,3	17,0	18,4	20,8	20,1	28,7	9,7
1974	23,1	17,2	10,2	22,2	15,6	19,6	21,0	25,3	25,1	33,7	11,5
1975	21,3	15,9	9,8	23,8	13,0	17,8	18,7	23,1	23,4	30,6	12,0
1976	22,9	16,7	10,5	24,1	14,0	19,6	20,8	24,0	25,3	32,6	12,2
1977	23,2	16,9	10,6	27,0	13,7	19,0	21,1	23,7	24,7	31,7	12,9
1978	22,8	16,8	10,8	21,9	13,1	18,8	19,8	23,3	22,8	30,7	10,6
1979	23,4	16,9	10,1	18,4	11,9	19,0	19,7	23,6	23,9	32,9	10,6
1980	24,3	17,8	9,7	20,6	13,5	19,5	21,2	23,2	26,1	31,8	10,9
1981	25,8	19,4	10,5	25,8	14,6	20,7	22,1	24,6	29,7	31,1	14,8
1982	26,9	20,5	11,0	24,1	15,8	21,0	22,7	24,9	28,9	31,9	13,6
1983	26,0	20,2	11,4	25,3	17,0	20,5	21,0	24,4	26,4	29,5	13,0
1984	27,7	21,6	12,1	31,2	16,6	21,5	22,7	26,1	27,7	31,9	15,2
1985	29,5	23,1	14,2	37,0	15,5	22,3	24,7	27,6	29,3	32,4	14,6
1986	28,9	22,4	13,0	34,3	13,6	20,8	23,0	25,3	26,5	29,4	13,1
1987	28,2	22,0	11,9	36,9	12,9	20,1	22,1	24,2	26,4	28,9	13,5
1988	27,8	22,1	11,7	33,3	12,9	18,8	21,7	25,3	27,6	31,6	14,0
1989	28,8	23,3	12,6	36,5	13,2	19,8	23,1	26,0	28,9	32,5	15,0
1990	26,4	21,4	11,6	37,6	12,0	17,7	22,1	23,6	27,0	28,3	13,0

Quelle: Eigene Berechnungen auf Basis von Statistisches Bundesamt (verschiedene Jahrgänge), Bevölkerungsstruktur und Wirtschaftskraft der Bundesländer: Zusammenfassende Veröffentlichungen, Stuttgart.

Quelle Bruttoinlandsprodukt: Statistisches Bundesamt (verschiedene Jahrgänge), Bevölkerungsstruktur und Wirtschaftskraft der Bundesländer: Zusammenfassende Veröffentlichungen, Stuttgart.

BE 1950-1953: Statistisches Landesamt Berlin (1958), Statistisches Jahrbuch Berlin, Berlin, S. 322.

SA 1954-1956: Statistisches Amt des Saarlandes (1958), Statistisches Handbuch für das Saarland, Saarbrücken, S. 323, Angaben in Francs; Wechselkurse aus Statistisches Bundesamt (1960), Statistisches Jahrbuch für die Bundesrepublik Deutschland, Stuttgart, S. 386.

Tabelle 105 Anteil der CDU/CSU-Wähler bei Landtagswahlen in den Bundesländern in Prozent, (1947-) 1950-90

Jahr	BW	BA	BE	HB	HH	HE	NS	NRW	RP	SA	SH
1947				22			20		47		
1948				19			21		45		
1949				*16*	35		22		43		
1950		38	25	*12*	*38*	19	*23*	37	*41*		20
1951		*40*	*26*	9	*42*	*20*	24	*38*	39		*23*
1952	36	*42*	*28*	*11*	*46*	*21*	*24*	*39*	*41*		*26*
1953	*38*	*44*	*29*	*14*	50	*23*	*25*	*40*	*43*		*29*
1954	*39*	46	30	*16*	*46*	24	*26*	41	*45*		32
1955	*41*	*46*	*32*	18	*41*	*26*	27	*44*	47	25	*35*
1956	43	*47*	*34*	*17*	*37*	*28*	*28*	*46*	*47*	*28*	*38*
1957	*42*	*47*	*36*	*16*	32	*30*	*29*	*48*	*48*	*30*	*41*
1958	*41*	48	38	*16*	*31*	32	*30*	51	*48*	*32*	44
1959	*40*	*48*	*36*	15	*31*	*31*	31	*49*	48	*34*	*45*
1960	40	*48*	*34*	*18*	*30*	*30*	*33*	*48*	*47*	37	*45*
1961	*41*	*48*	*33*	*22*	29	*30*	*34*	*47*	*46*	*38*	*45*
1962	*43*	48	*31*	*25*	*29*	*29*	*36*	46	*45*	*39*	45
1963	*45*	*50*	29	29	*29*	*28*	38	*46*	44	*40*	*45*
1964	46	*52*	*30*	*29*	*30*	*28*	*39*	*45*	*45*	*41*	*45*
1965	*46*	*54*	*31*	*29*	*30*	*27*	*40*	*44*	*46*	43	*46*
1966	*45*	56	*32*	*29*	30	26	*41*	43	*46*	*44*	*46*
1967	*45*	*58*	33	30	*31*	*30*	42	*44*	47	*45*	46
1968	44	*59*	*34*	*30*	*31*	*33*	*43*	*45*	*48*	*46*	*47*
1969	*46*	*61*	*36*	*31*	*32*	*36*	*44*	*45*	*48*	*47*	*49*
1970	*49*	62	*37*	*31*	33	40	46	46	*49*	48	*50*
1971	*51*	*61*	38	32	*35*	*42*	*46*	*46*	50	*48*	52
1972	53	*61*	*40*	*32*	*37*	*44*	*47*	*47*	*51*	*48*	*52*
1973	*54*	*60*	*41*	*33*	*39*	*45*	*48*	*47*	*52*	*49*	*51*
1974	*55*	59	*42*	*33*	41	47	49	*47*	*53*	*49*	*51*
1975	*56*	*59*	44	34	*40*	*47*	*49*	47	54	49	50
1976	57	*59*	*44*	*33*	*39*	*47*	*49*	*46*	*53*	*48*	*50*
1977	*56*	*59*	*44*	*33*	*38*	*46*	*49*	*46*	*52*	*47*	*49*
1978	*55*	58	*44*	*32*	38	46	49	*45*	*51*	*46*	*49*
1979	*54*	*58*	44	32	*38*	*46*	*49*	*44*	50	*45*	48
1980	53	*57*	*46*	*32*	*38*	*46*	*50*	43	*51*	44	*48*
1981	*53*	*56*	48	*33*	*38*	*46*	*50*	*42*	*51*	*43*	*49*
1982	*53*	56	*48*	*33*	39	46	51	*41*	*51*	*41*	*49*
1983	*52*	*56*	*47*	33	*39*	39	*49*	*39*	52	*40*	49
1984	52	*55*	*47*	*31*	*40*	*40*	*48*	*38*	*50*	*39*	*47*
1985	*51*	*55*	46	*28*	*41*	*41*	*46*	37	*49*	37	*46*
1986	*50*	55	*44*	*26*	42	*41*	44	*37*	*47*	*37*	*44*
1987	*50*	*54*	*42*	23	41	42	*44*	*37*	45	*36*	43
1988	49	*54*	*40*	*25*	*39*	*42*	*43*	*37*	*44*	*35*	33
1989	*47*	*53*	38	*27*	*38*	*41*	*43*	*37*	*42*	*34*	*33*
1990	*44*	53	40	*29*	*36*	*41*	42	37	*40*	33	*34*
1991	*42*			31	35	40			39		*34*
1992	40										34

Quelle: Eigene Berechnungen auf Basis von Statistisches Bundesamt (verschiedene Jahrgänge), Bevölkerungsstruktur und Wirtschaftskraft der Bundesländer: Zusammenfassende Veröffentlichungen, Stuttgart. Der Anteil der CDU/CSU-Wähler wurde innerhalb einer Legislaturperiode linear interpoliert (Werte sind kursiv).

Tabelle 106 Verurteilte (Verbrechen u. Vergehen insgesamt) je 1000 Einwohner der Bundesländer, 1951-90

Jahr	BW	BA	BE	HB	HH	HE	NS	NRW	RP	SA	SH
1951	9,1	9,1	8,1	10,2	11,0	7,3	7,8	8,2	8,1		7,5
1952	10,5	11,9	10,2	12,2	9,8	7,9	8,4	9,4	9,5		7,7
1953	11,1	12,0	8,7	13,0	8,4	9,6	8,9	9,5	10,6		7,1
1954	12,1	12,6	8,3	11,3	7,5	10,2	8,2	9,7	11,2	6,0	6,4
1955	13,2	13,0	10,8	10,5	8,1	9,7	9,1	10,1	11,4	5,7	7,0
1956	13,2	13,2	10,1	10,4	7,6	10,1	9,4	10,4	11,5	8,4	7,3
1957	13,0	13,0	12,5	11,4	7,7	10,1	10,1	10,7	11,6	6,2	8,3
1958	13,1	12,6	11,4	11,0	7,4	9,5	9,4	10,2	11,2	7,9	7,7
1959	13,3	12,8	10,5	11,9	7,2	9,6	9,3	10,5	11,3	7,2	8,5
1960	11,8	12,4	10,7	10,1	7,7	9,5	10,1	9,8	11,2	6,0	8,7
1961	12,1	12,1	11,0	12,6	7,6	9,9	10,1	10,5	10,9	6,6	9,0
1962	11,9	11,4	10,3	11,3	7,5	9,9	9,7	10,5	10,8	7,0	9,3
1963	10,9	10,4	10,3	10,6	7,1	9,1	9,6	10,1	9,9	5,3	8,8
1964	11,0	10,7	11,0	11,1	7,5	9,2	9,9	10,2	10,2	6,1	9,0
1965	10,1	10,4	11,0	12,2	7,8	9,2	9,6	9,7	9,6	6,6	8,6
1966	10,5	10,7	11,8	13,2	8,7	9,5	9,6	10,8	10,0	6,9	8,9
1967	10,8	11,9	12,1	13,2	9,5	10,1	10,7	10,2	10,7	6,7	10,0
1968	11,0	11,8	11,8	13,4	11,1	10,0	10,5	11,1	10,8	6,0	10,4
1969	10,6	10,9	12,0	12,8	10,6	9,4	9,9	10,4	10,0	6,0	9,1
1970	10,5	10,9	12,7	13,7	11,2	9,6	10,3	11,0	10,3	7,0	9,2
1971	11,1	11,7	12,8	14,3	11,1	10,0	10,5	11,0	10,1	7,4	9,4
1972	11,5	11,6	13,4	14,6	11,1	10,2	11,0	11,2	10,6	8,7	10,6
1973	11,2	11,5	13,0	15,3	12,6	10,7	11,4	11,1	10,3	9,2	11,4
1974	10,9	11,6	13,1	16,3	12,8	10,8	11,3	11,0	11,1	8,9	10,9
1975	11,1	11,0	10,7	13,0	13,2	9,4	11,1	10,6	10,5	9,4	10,1
1976	11,2	11,3	12,6	16,8	12,1	10,6	12,4	11,2	9,9	9,9	11,5
1977	11,5	10,6	13,9	16,3	11,1	10,4	13,0	12,1	12,5	10,0	12,4
1978	11,2	10,8	15,4	16,2	13,0	10,8	12,8	12,7	12,1	10,6	12,8
1979	11,4	10,7	14,8	15,1	12,8	10,6	11,6	12,4	11,4	10,7	12,0
1980	11,4	11,3	15,3	15,5	13,1	10,9	11,6	12,4	11,6	11,0	11,9
1981	11,5	11,8	15,7	14,8	12,7	11,1	11,9	12,5	12,1	11,7	12,4
1982	12,1	12,1	16,6	15,5	13,6	10,9	12,8	12,8	12,4	12,0	12,6
1983	12,5	12,3	17,0	15,4	14,1	11,3	12,6	12,9	12,8	12,6	13,5
1984	12,3	12,2	16,7	14,6	13,2	11,0	12,0	12,2	11,9	13,1	12,8
1985	12,0	11,4	15,7	13,6	13,6	10,6	11,6	11,6	12,5	12,3	12,2
1986	11,8	11,5	15,7	14,0	14,1	10,6	10,4	10,9	11,8	11,7	12,0
1987	11,7	11,4	15,7	13,1	14,2	10,1	11,0	10,6	11,6	10,8	12,0
1988	11,8	11,4	15,6	14,0	14,5	10,2	11,4	10,8	11,5	11,0	11,9
1989	11,5	11,4	14,4	12,9	14,3	10,4	11,1	10,5	11,0	10,1	11,3
1990	10,9	11,5	14,1	12,3	13,5	10,2	11,0	10,4	10,7	9,7	10,2

Quelle: *Eigene Berechnungen auf Basis von Sensch, Jürgen (2000), Kriminalitätsentwicklung in der Bundesrepublik Deutschland von 1955 bis 2003: Ausgewählte Indikatoren aus der Kriminalstatistik. GESIS-Datenkompilation. Köln. ZA8210 Datenfile Version 1.0.0, doi:10.4232/1.8210*

Quelle Bevölkerung der Bundesländer: Statistisches Bundesamt (verschiedene Jahrgänge), Bevölkerungsstruktur und Wirtschaftskraft der Bundesländer: Zusammenfassende Veröffentlichungen, Stuttgart.

Tabelle 107 Anteil der Angehörigen der katholischen Kirche an der Bevölkerung der Bundesländer in Prozent, 1950-90

Jahr	BW	BA	BE	HB	HH	HE	NS	NRW	RP	SA	SH
1950	40	57		9	7	21	11	52	59	69	3
1951	40	58		9	7	22	12	52	59	69	3
1952	41	59		9	7	23	13	52	58	70	3
1953	41	61		9	7	24	13	52	58	70	3
1954	42	62		9	7	25	14	52	58	70	4
1955	42	63		9	7	26	15	52	57	71	4
1956	43	64		10	7	27	15	52	57	71	4
1957	44	65		10	7	28	16	52	57	71	4
1958	44	67		10	7	29	17	52	57	71	5
1959	45	68		10	7	30	17	52	56	72	5
1960	45	69		10	7	31	18	52	56	72	5
1961	46	70	12	10	7	32	19	52	56	72	6
1962	46	70	12	10	7	32	19	52	56	72	6
1963	46	70	12	10	8	32	19	52	56	73	6
1964	46	70	12	10	8	32	19	52	56	73	6
1965	47	70	12	10	8	32	19	52	56	73	6
1966	47	70	12	10	8	32	19	52	56	73	6
1967	47	70	12	10	8	32	19	52	56	73	6
1968	47	70	12	10	8	33	19	52	56	73	6
1969	47	70	12	10	8	33	19	52	56	74	6
1970	47	70	12	10	8	33	20	52	56	74	6
1971	47	70	12	10	8	33	20	52	56	74	6
1972	47	70	12	10	8	32	20	52	56	74	6
1973	47	69	13	10	8	32	20	52	56	74	6
1974	47	69	13	10	8	32	20	52	55	74	6
1975	47	69	13	10	8	32	20	52	55	73	6
1976	47	69	13	10	8	32	20	51	55	73	6
1977	47	69	13	10	8	32	20	51	55	73	6
1978	46	69	13	10	8	32	20	51	55	73	6
1979	46	68	13	10	8	32	20	51	55	73	6
1980	46	68	13	10	8	31	20	51	55	73	6
1981	46	68	13	10	8	31	20	50	55	73	6
1982	46	68	13	10	8	31	20	50	55	73	6
1983	46	68	13	10	8	31	20	50	55	73	6
1984	46	68	13	10	9	31	20	50	55	73	6
1985	46	68	13	10	9	31	20	50	55	73	6
1986	45	67	13	10	9	31	20	50	55	73	6
1987	45	67	13	10	9	30	20	49	54	73	6
1988	45	67	13	10	9	30	20	49	54	73	6
1989	45	67	13	10	9	30	20	49	54	73	6
1990	45	67	13	10	9	30	20	49	54	73	6

Quelle: Eigene Berechungen auf Basis von Wolf, Christof (1999), Religionszugehörigkeit in Westdeutschland 1939-1987. Universität zu Köln, Forschungsinstitut für Soziologie: unveröffentlichter Forschungsbericht. Die fehlenden Werte wurden linear interpoliert (kursiv). Die Werte nach 1987 wurden als konstant angenommen.

Tabelle 108 Wahlbeteiligung zur Bundestagswahl in den Bundesländern in Prozent, 1949-90

Jahr	BW	BA	BE	HB	HH	HE	NS	NRW	RP	SA	SH
1949	70,6	81,1		81,9	81,2	77,3	77,7	79,6	79,6		82,7
1950	*73,4*	*82,3*		83,3	82,8	79,7	80,5	81,2	81,2		*84,2*
1951	*76,2*	*83,5*		84,7	84,3	82,0	83,2	82,8	82,8		*85,6*
1952	*79,0*	*84,6*		86,0	85,9	84,4	86,0	84,4	84,4		*87,1*
1953	81,8	85,8		87,4	87,4	86,7	88,7	86,0	86,0		88,5
1954	*82,5*	*86,3*		87,7	87,9	87,3	88,8	86,5	86,6		*88,5*
1955	*83,1*	*86,8*		88,1	88,3	87,9	88,9	87,0	87,2		*88,4*
1956	*83,8*	*87,2*		88,4	88,8	88,5	88,9	87,5	87,7		*88,4*
1957	84,4	87,7		88,7	89,2	89,1	89,0	88,0	88,3	89,3	88,3
1958	*84,5*	*87,6*		*88,6*	*89,1*	*89,1*	*88,9*	*88,1*	*88,3*	*88,9*	*88,2*
1959	*84,6*	*87,5*		88,5	88,9	89,2	*88,8*	*88,2*	*88,3*	*88,5*	*88,2*
1960	*84,7*	*87,3*		*88,3*	*88,8*	*89,2*	*88,6*	*88,3*	*88,2*	*88,1*	*88,1*
1961	84,8	87,2		88,2	88,6	89,2	88,5	88,4	88,2	87,7	88,0
1962	*84,8*	*86,9*		87,7	88,1	88,8	88,2	88,2	88,2	88,1	*87,5*
1963	*84,8*	*86,6*		*87,2*	*87,5*	*88,3*	*87,9*	*88,0*	*88,1*	*88,5*	*87,0*
1964	*84,8*	*86,2*		86,6	87,0	87,9	*87,6*	*87,8*	*88,1*	*88,8*	*86,4*
1965	84,8	85,9		86,1	86,4	87,4	87,3	87,6	88,0	89,2	85,9
1966	*84,9*	*85,7*		*86,2*	*86,7*	*87,6*	*87,4*	*87,5*	*87,8*	*89,2*	*85,9*
1967	*85,0*	*85,6*		86,2	87,0	87,8	87,4	87,5	87,5	89,2	*86,0*
1968	*85,0*	*85,4*		*86,3*	*87,3*	*88,0*	*87,5*	*87,4*	*87,3*	*89,1*	*86,0*
1969	85,1	85,2		86,3	87,6	88,2	87,5	87,3	87,0	89,1	86,0
1970	*86,8*	*86,7*		*87,9*	*89,4*	*89,4*	*88,8*	*88,8*	*88,5*	*90,4*	*87,5*
1971	*88,5*	*88,3*		*89,4*	*91,1*	*90,5*	*90,1*	*90,3*	*90,1*	*91,6*	*89,0*
1972	90,2	89,8		91,0	92,9	91,7	91,4	91,8	91,6	92,9	90,5
1973	*89,9*	*89,8*		*90,8*	*92,5*	*91,7*	*91,4*	*91,7*	*91,6*	*92,9*	*90,5*
1974	*89,7*	*89,7*		90,5	92,0	91,7	*91,4*	*91,6*	*91,6*	*92,9*	*90,6*
1975	*89,4*	*89,7*		*90,3*	*91,6*	*91,6*	*91,4*	*91,4*	*91,5*	*92,9*	*90,6*
1976	89,1	89,6		90,0	91,1	91,6	91,4	91,3	91,5	92,9	90,6
1977	*88,5*	*89,1*		89,5	90,5	91,2	90,9	90,7	91,1	92,3	*90,2*
1978	*87,9*	*88,6*		*88,9*	*90,0*	*90,8*	*90,4*	*90,2*	*90,7*	*91,8*	*89,8*
1979	*87,2*	*88,1*		88,4	89,4	90,3	*89,8*	*89,6*	*90,3*	*91,2*	*89,4*
1980	86,6	87,6		87,8	88,8	89,9	89,3	89,0	89,9	90,6	89,0
1981	*87,2*	*87,6*		*88,0*	*88,8*	*90,0*	*89,4*	*89,2*	*90,1*	*90,6*	*89,1*
1982	*87,8*	*87,6*		88,1	88,7	90,1	89,5	89,3	90,2	90,6	*89,1*
1983	88,4	87,6		88,3	88,7	90,2	89,6	89,5	90,4	90,6	89,2
1984	*87,1*	*86,1*		86,9	87,3	89,1	*88,5*	*88,5*	*89,5*	*89,8*	*88,0*
1985	*85,8*	*84,7*		*85,5*	*85,9*	*88,0*	*87,3*	*87,5*	*88,6*	*89,0*	*86,8*
1986	*84,4*	*83,2*		*84,1*	*84,4*	*86,8*	*86,2*	*86,4*	*87,6*	*88,1*	*85,6*
1987	83,1	81,7		82,7	83,0	85,7	85,0	85,4	86,7	87,3	84,4
1988	*81,2*	*79,3*		*80,6*	*81,4*	*84,2*	*83,5*	*83,2*	*85,0*	*86,6*	*82,5*
1989	*79,3*	*76,8*		78,6	79,8	82,6	*82,1*	*80,9*	*83,4*	*85,8*	*80,5*
1990	77,4	74,4	80,6	76,5	78,2	81,1	80,6	78,7	81,7	85,1	78,6

Quelle: Eigene Berechungungen auf Basis von Statistisches Bundesamt (verschiedene Jahrgänge), Bevölkerungsstruktur und Wirtschaftskraft der Bundesländer: Zusammenfassende Veröffentlichungen, Stuttgart. Die fehlenden Werte wurden linear interpoliert (kursiv).

Tabelle 109 Totale Faktorproduktivität in den Industriegruppen der BRD, 1950-87

Jahr	Bergbau	Verarbeitendes Gewerbe	Grundstoff- u. Produktionsgütergewerbe	Investitionsgüter prod. Gewerbe	Verbrauchsgüter prod. Gewerbe	Nahrungs- Genussmittelgewerbe
1950	0,098	0,131	0,108	0,137	0,125	0,256
1951	0,099	0,134	0,111	0,143	0,126	0,258
1952	0,100	0,136	0,112	0,145	0,125	0,257
1953	0,099	0,137	0,114	0,144	0,125	0,263
1954	0,101	0,140	0,117	0,146	0,129	0,263
1955	0,102	0,142	0,121	0,149	0,131	0,264
1956	0,103	0,143	0,122	0,149	0,132	0,264
1957	0,103	0,146	0,125	0,150	0,134	0,267
1958	0,104	0,147	0,127	0,151	0,135	0,269
1959	0,106	0,147	0,132	0,153	0,138	0,270
1960	0,106	0,153	0,136	0,154	0,139	0,270
1961	0,108	0,155	0,137	0,156	0,141	0,271
1962	0,110	0,157	0,141	0,156	0,144	0,271
1963	0,113	0,159	0,143	0,158	0,145	0,271
1964	0,114	0,162	0,149	0,160	0,148	0,272
1965	0,114	0,164	0,151	0,161	0,150	0,273
1966	0,115	0,164	0,154	0,160	0,149	0,272
1967	0,119	0,167	0,159	0,161	0,149	0,272
1968	0,121	0,169	0,165	0,161	0,151	0,271
1969	0,125	0,172	0,169	0,165	0,154	0,271
1970	0,132	0,167	0,167	0,161	0,152	0,251
1971	0,133	0,168	0,168	0,161	0,153	0,254
1972	0,137	0,171	0,172	0,163	0,156	0,255
1973	0,139	0,174	0,177	0,166	0,157	0,257
1974	0,138	0,175	0,178	0,165	0,158	0,261
1975	0,134	0,176	0,175	0,168	0,159	0,264
1976	0,135	0,180	0,180	0,172	0,162	0,268
1977	0,135	0,182	0,182	0,174	0,164	0,271
1978	0,137	0,183	0,185	0,174	0,164	0,274
1979	0,138	0,187	0,190	0,177	0,165	0,276
1980	0,135	0,187	0,187	0,178	0,165	0,278
1981	0,134	0,187	0,186	0,179	0,163	0,280
1982	0,132	0,188	0,185	0,180	0,163	0,281
1983	0,132	0,191	0,189	0,182	0,165	0,284
1984	0,133	0,194	0,192	0,185	0,166	0,285
1985	0,133	0,197	0,194	0,190	0,167	0,287
1986	0,133	0,199	0,195	0,192	0,168	0,289
1987	0,136	0,202	0,199	0,195	0,169	0,288

Quelle: Eigene Berechnungen auf Basis von Krengel, Rolf u.a. (verschiedene Folgen), Produktionsvolumen und -potential, Produktionsfaktoren der Industrie im Gebiet der Bundesrepublik Deutschland - Statistische Kennziffern, DIW Berlin.

Tabelle 110 Beschäftigte im Bergbau je 10.000 Erwerbstätiger der Bundesländer, 1950-90

Jahr	BW	BA	BE	HB	HH	HE	NS	NRW	RP	SA	SH
1950	10	29			4	63	146	862	34		12
1951	8	31			3	72	163	871	37		6
1952	11	31			3	75	169	895	39		7
1953	10	30			3	74	171	899	37		8
1954	7	29		0	3	73	164	869	34		10
1955	8	27			2	72	170	844	35		10
1956	8	30			2	69	169	836	36		10
1957	8	31			2	69	167	835	36	1487	10
1958	8	31			2	66	163	802	34	1422	9
1959	7	29			2	62	154	725	31	1310	8
1960	7	28			2	60	143	645	26	1230	8
1961	7	26			2	59	133	610	23	1136	5
1962	7	25			2	54	123	574	20	1054	6
1963	6	24			2	47	109	543	16	992	6
1964	6	22			2	45	102	530	13	944	5
1965	5	20			2	43	96	522	9	895	4
1966	5	14			4	42	93	484	2	828	3
1967	3	13			4	36	80	429	3	781	3
1968	2	11			4	32	71	386	2	713	2
1969	2	10			3	29	63	352	1	653	2
1970	2	9			3	28	60	348	1	618	2
1971	2	7			3	26	58	337	1	601	1
1972	1	6			3	24	57	312	0	575	1
1973	1	5		0	3	23	54	284	0	515	1
1974	0	5			3	24	53	278	0	494	1
1975	0	5			4	25	55	285	0	522	1
1976	0	5			3	24	52	277	0	524	1
1977	0	5			3	24	50	268	0	510	1
1978	0	4			3	23	50	257	1	510	1
1979	0	4			3	22	50	246	0	514	1
1980	0	4			3	22	50	242	1	541	1
1981	0	4			3	22	51	245	0	575	1
1982	0	3			3	22	52	246	0	584	1
1983	0	2			3	22	52	243	0	584	1
1984	0	2			3	22	52	229	0	565	1
1985	0	2			3	22	52	222	0	562	1

Quelle: *Eigene Berechnungen auf Basis von Tabelle 68 und auf Basis von Fischer, Wolfram (Hrsg.) (1995), Statistik der Montanproduktion Deutschlands 1915 - 1985. Bearbeitet von Philipp Fehrenbach, in: Fischer/Irsigler/Kaufhold/Ott (Hrsg.), Quellen und Forschungen zur historischen Statistik von Deutschland, Band 16, in: http://www.histat.gesis.org/SelectProject.php?open_topic=13#anker, zugegriffen am 21.06.2012.*

Für den Bergbau wurden die folgenden Bereiche berücksichtigt: Asphaltkalkstein, Bauxit, Blei-, Zink-, Silber- und Bleizinkerze, Braunkohle, Eisen- und Manganerze, Erdgas, Erdöl, Graphit, Kalisalze, Kupfererze, Nioberze, Pechkohle, Schwefelkies, Steinkohle, Steinsalze, Uranerze.

HOHENHEIMER VOLKSWIRTSCHAFTLICHE SCHRIFTEN

Band 1 Walter Deffaa: Anonymisierte Befragungen mit zufallsverschlüsselten Antworten. Die Randomized-Response-Technik (RRT). Methodische Grundlagen, Modelle und Anwendungen. 1982.

Band 2 Thomas Michael Baum: Staatsverschuldung und Stabilisierungspolitik in der Demokratie. Zur neoinstitutionalistischen Kritik der keynesianischen Fiskalpolitik. 1982.

Band 3 Klaus Schröter: Die wettbewerbspolitische Behandlung der leitungsgebundenen Energiewirtschaft. Dargestellt am Beispiel der Fernwärmewirtschaft der Bundesrepublik Deutschland. 1986.

Band 4 Hugo Mann: Theorie und Politik der Steuerreform in der Demokratie. 1987.

Band 5 Max Christoph Wewel: Intervallarithmetische Dependenzanalyse in der Ökonometrie. Ein konjekturaler Ansatz. 1987.

Band 6 Heinrich Pascher: Die U.S.-amerikanische Deregulation Policy im Luftverkehrs- und Bankenbereich. 1987.

Band 7 Harald Lob: Die Entwicklung der französischen Wettbewerbspolitik bis zur Verordnung Nr. 86-1243 vom 01. Dezember 1986. Eine exemplarische Untersuchung der Erfassung der Behinderungsstrategie auf der Grundlage des Konzepts eines wirksamen Wettbewerbs. 1988.

Band 8 Ulrich Kirschner: Die Erfassung der Nachfragemacht von Handelsunternehmen. Eine Analyse der ökonomischen Beurteilungskriterien und der wettbewerbsrechtlichen Instrumente im Bereich der Verhaltenskontrolle.1988.

Band 9 Friedhelm Herb: Marktwirtschaftliche Innovationspolitik. 1988.

Band 10 Claus Schnabel: Zur ökonomischen Analyse der Gewerkschaften in der Bundesrepublik Deutschland. Theoretische und empirische Untersuchungen von Mitgliederentwicklung, Verhalten und Einfluß auf wirtschaftliche Größen. 1989.

Band 11 Jan B. Rittaler: Industrial Concentration and the Chicago School of Antitrust Analysis. A Critical Evaluation on the Basis of Effective Competition. 1989.

Band 12 Thomas Märtz: Interessengruppen und Gruppeninteressen in der Demokratie. Zur Theorie des Rent-Seeking. 1990.

Band 13 Andreas Maurer: Statistische Verfahren zur Ermittlung von oligopolistischen Strukturen. 1990.

Band 14 Peter Mendler: Zur ökonomischen und politisch-institutionellen Analyse öffentlicher Kredithilfen. 1992.

Band 15 Heinrich J. Engelke: Die Interpretation der Rundfunkfreiheit des Grundgesetzes: Eine Analyse aus ökonomischer Sicht. 1992.

Band 16 Thomas Fischer: Staat, Recht und Verfassung im Denken von Walter Eucken. Zu den staats- und rechtstheoretischen Grundlagen einer wirtschaftsordnungspolitischen Konzeption. 1993.

Band 17 Stefan Elßer: Innovationswettbewerb. Determinanten und Unternehmensverhalten. 1993.

Band 18 Reinhard Scharff: Regionalpolitik und regionale Entwicklungspotentiale. Eine kritische Analyse. 1993.

Band 19 Karin Beckmann: Probleme der Regionalpolitik im Zuge der Vollendung des Europäischen Binnenmarktes. Eine ökonomische Analyse. 1995.

Band 20 Bernd Nolte: Engpaßfaktoren der Innovation und Innovationsinfrastruktur. Eine theoretische und empirische Analyse für ländliche Wirtschaftsräume in Baden-Württemberg. 1996.

Band 21 Klaus-Rainer Brintzinger: Die Nationalökonomie an den Universitäten Freiburg, Heidelberg und Tübingen 1918 - 1945. Eine institutionenhistorische, vergleichende Studie der wirtschaftswissenschaftlichen Fakultäten und Abteilungen südwestdeutscher Universitäten. 1996.

Band 22 Steffen Binder: Die Idee der Konsumentensouveränität in der Wettbewerbstheorie. Teleokratische vs. nomokratische Auffassung. 1996.

Band 23 Alexander Burger: Deregulierungspotentiale in der Gesetzlichen Rentenversicherung. Reformnotwendigkeiten versus Reformmöglichkeiten. 1996.

Band 24 Burkhard Scherer: Regionale Entwicklungspolitik. Konzeption einer dezentralisierten und integrierten Regionalpolitik. 1997.

Band 25 Frauke Wolf: Lorenzkurvendisparität. Neuere Entwicklungen, Erweiterungen und Anwendungen. 1997.

Band 26 Hans Pitlik: Politische Ökonomie des Föderalismus. Föderative Kompetenzverteilung im Lichte der konstitutionellen Ökonomik. 1997.

Band 27 Stephan Seiter: Der Beitrag Nicholas Kaldors zur Neuen Wachstumstheorie. Eine vergleichende Studie vor dem Hintergrund der Debatte über den Verdoorn-Zusammenhang. 1997.

Band 28 André Schmidt: Ordnungspolitische Perspektiven der europäischen Integration im Spannungsfeld von Wettbewerbs- und Industriepolitik. 1998.

Band 29 Bernd Blessin: Innovations- und Umweltmanagement in kleinen und mittleren Unternehmen. Eine theoretische und empirische Analyse. 1998.

Band 30 Oliver Letzgus: Die Ökonomie internationalen Umweltschutzes. 1999.

Band 31 Claudia Hafner: Systemwettbewerb versus Harmonisierung in Europa. Am Beispiel des Arbeitsmarktes. 1999.

Band 32 Jürgen Kulle: Ökonomie der Musikindustrie. Eine Analyse der körperlichen und unkörperlichen Musikverwertung mit Hilfe von Tonträgern und Netzen. 1998.

Band 33 Michael Ganske: Intertemporale Aspekte von Staatsverschuldung und Außenhandel. 1999.

Band 34 Margit Ströbele: Die Deregulierungswirkungen der europäischen Integration. Das Beispiel der Sondermärkte. 1999.

Band 35 Marion Benesch: Devisenmarktinterventionen in Theorie und Praxis. Eine umfassende Analyse ihrer Zielsetzungen, Wirkungsweisen und wirtschaftspolitischen Bedeutung. 1999.

Band 36 Torsten Gruber: Unterschiedliche geldpolitische Transmissionsmechanismen und Stabilitätskulturen als mögliche Ursachen geldpolitischer Spannungen in der Europäischen Währungsunion. 2000.

Band 37 Bertram Melzig-Thiel: Arbeit in der Informationsgesellschaft. Chancen und Risiken neuer Informations- und Kommunikationstechnologien für die Beschäftigung. 2000.

Band 38 Annette Fritz: Die Entsorgungswirtschaft im Spannungsfeld zwischen Abfallpolitik und Kartellrecht. Eine industrieökonomische Branchenstudie. 2001.

Band 39 Harald Strotmann: Arbeitsplatzdynamik in der baden-württembergischen Industrie. Eine Analyse mit amtlichen Betriebspaneldaten. 2002.

Band 63 Andreas Schaal: Die Relevanz von Venture Capital für Innovation und Beschäftigung. Theoretische Klärung und empirische Analyse. 2010

Band 64 Sybille Sobczak: Geldpolitik und Vermögensmärkte. Volkswirtschaftliche Bedeutung von und geldpolitische Reaktion auf Asset Price Bubbles. 2010

Band 65 Constanze Dobler: The Impact of Formal and Informal Institutions on Economic Growth. A Case Study on the MENA Region. 2011.

Band 66 Tobias Börger: Social Desirability and Environmental Valuation. 2012.

Band 67 Julian Christ: Innovative Places in Europe. Research Clustering, Co-Patenting Networks and the Growth of Regions. 2012.

Band 68 Christian Böber: China in Transition. Poverty, Income Decomposition and Labor Allocation of Agricultural Households in Hebei Province. 2012.

Band 69 Jennifer Schneider: European Business Cycle Convergence. Portfolio Similarity and a Declining Home Bias of Private Investors. 2013.

Band 70 Nicole Waidlein: Ursachen der persistenten Produktivitätsunterschiede zwischen den westdeutschen Bundesländern. Eine empirische Analyse für den Zeitraum von 1950 bis 1990. 2013.

www.peterlang.de

Band 40 Dietrich Benner: Qualitätsungewißheit bei Gütern mit Vertrauenseigenschaften. Entwicklung und Anwendung eines entscheidungstheoretisch fundierten Analyserahmens. 2002.

Band 41 Jürgen M. Schechler: Sozialkapital und Netzwerkökonomik. 2002.

Band 42 Kay-Uwe May: Haushaltskonsolidierung durch Ausgabekürzungen. Restriktionen und Strategien. 2002.

Band 43 Peter Kühnl: Der Wechselkurs als Zwischenziel der Geldpolitik im Aufholprozess. Die monetärkeynesianische Entwicklungsstrategie der Berliner Schule vor dem Hintergrund der makroökonomischen Entwicklung ausgewählter Länder Mittel- und Osteuropas. 2003.

Band 44 Steffen Wirth: Nichtparametrische Analyse von Bildungsertragsraten. Neuere Entwicklungen und Anwendungen. 2003.

Band 45 Bernhard Holwegler: Innovation, Diffusion und Beschäftigung. Die ökonomische Theorie der Technologiediffusion und ihr Beitrag zur Erklärung technologischer Arbeitslosigkeit. 2003.

Band 46 Guntram R. M. Hepperle: Zukunftsorientierte Industriepolitik. Möglichkeiten und Grenzen. 2004.

Band 47 Udo Vullhorst: Stabilisierungspolitik bei supranationaler Geldpolitik und nationaler Fiskalpolitik. Eine spieltheoretische Betrachung. 2004.

Band 48 Matthias Rösch: Die Bedeutung von Investivlöhnen und Gewinnbeteiligungen für Einkommensverteilung und Beschäftigung. 2004.

Band 49 Michael Bubik: Erfolgskriterien für Unternehmenszusammenschlüsse. Eine theoretische und exemplarische Analyse. 2005.

Band 50 Jörg Weltin: Internationale Unternehmensbesteuerung. Allokation der Besteuerungsrechte unter veränderten Rahmenbedingungen. 2005.

Band 51 Susanne Reichart: Zum Konvergenzprozess der mittel- und osteuropäischen EU-Beitrittsländer. 2005.

Band 52 Daniel Hartmann: Geldpolitik und Beschäftigung. Die geldpolitische Strategie der Federal Reserve: Vorbild oder Auslaufmodell? 2005.

Band 53 Marc Peter Radke: Explaining Financial Crises. A Cyclical Approach. 2005.

Band 54 Katja Hölsch: Umverteilungseffekte in Europa. Eine Analyse für ausgewählte Länder. 2006.

Band 55 Ulrike Lehr: Contingent Valuation Daten und Bayes'sche Verfahren. Ein Vorschlag zur Verbesserung von Umweltbewertung und Nutzentransfer. 2006.

Band 56 Jutta Maute: Hyperinflation, Currency Board, and Bust. The Case of Argentina. 2006.

Band 57 Michael Knittel: Geldpolitik und Stabilität des Bankensystems. Das Liquiditätsproblem aus Sicht der Theoriegeschichte und der gegenwärtigen Finanzmarktentwicklung. 2007.

Band 58 Oliver Frör: Rationality Concepts in Environmental Valuation. 2007.

Band 59 Jochen Gert Arend Wiegmann: Produktivitätsentwicklung in Deutschland. 2008.

Band 60 Nicola Meier: China – The New Developmental State? An Empirical Analysis of the Automotive Industry. 2009.

Band 61 Carsten H. Wander: Logistik und Wettbewerb. Zur Rolle logistischer (Re-)Organisation in einer wettbewerbsbasierten Marktwirtschaft. 2009.

Band 62 Sven Wydra: Produktions- und Beschäftigungseffekte neuer Technologien. Am Beispiel der Biotechnologie. 2010.